인생 유니티 VR 교과서

이영호, 박현상, 탁광욱, 이영훈, 김현진, 김정윤, 나유선 지음

BM (주)도서출판 성안당

이영호

/

대표 저자

　VR이 대중의 관심을 끌었다가 다시 멀어지고, 최근 다시 관심이 슬슬 올라가고 있는 추세입니다. CES(Consumer Electronics Show) 2025에서는 정말 많은 VR 기기 및 스마트 글래스가 소개되었습니다. 더불어 AI와 결합된 제품들이 소개되고, 디스플레이 및 성능이 모두 향상된 제품들이 대중에게 어필함으로써 당면한 2025년, 2026년에는 다시 한번 VR/AR에 대한 대중의 관심이 뜨거워질 것으로 판단됩니다. 이 책은 전작 『인생 유니티 VR/AR 교과서』에서 AR 부분은 제거하고, Unity 6 버전이 새로 나옴에 따라 최신 내용으로 업데이트한 VR 중심의 내용을 담고 있습니다. 네트워크를 위한 Photon Pun2도 더이상의 지원이 되지 않기에 Photon Fusion 2를 이용한 네트워크 내용으로 전면적으로 수정되었습니다. AR은 AI와 통합되어 사용되는 것이 앞으로의 트렌드로 잡힐 것으로 생각되어 과감히 삭제했습니다. 이후 스마트 글래스 제품들이 시장에 출시되면 AI와 연계된 MR 콘텐츠 제작 내용으로 업데이트 해보는 것도 생각해 보고 있습니다.

　얼마전까진 '메타버스'가 중요한 키워드였지만, 지금은 AI라는 단어가 모든 것을 빨아들인 것으로 보입니다. 하지만, AI 만으로는 반쪽짜리라고 할 수 있습니다. 결국 최종적으로 사용자인 우리에게 AI가 다가와야 하는데 그러려면 콘텐츠와의 융합을 빼고는 방법이 없습니다. 이 책을 읽는 독자 분들이 특정 플랫폼에 종속되지 않고 그 어떤 콘텐츠라도 척척 만들어낼 수 있는 제작자가 되기를 바랍니다. 마지막으로 항상 곁을 지켜주고 있는 사랑하는 아내와 가을, 아라에게 감사의 마음을 전합니다.

박현상

/

저자

　　VR에서 AR, 메타버스에서 생성형 AI까지 끊임없이 진화하는 미디어 생태계 속에서 우리는 가상과 현실의 경계가 완전히 사라지는 새 시대를 맞이하고 있습니다. 『인생 유니티 VR 교과서』는 이러한 급변하는 환경 속에서도 흔들리지 않는 개발 기술을 익히는 데 필요한 기초 지식을 제공하고자 합니다. 오늘의 VR/AR 기술이 내일 어떤 혁신으로 진화할지 모르지만, 단단한 기초 위에 세워진 지식은 모든 변화를 수용할 수 있습니다. 우리는 단순히 현재의 기술을 가르치는 것이 아닌, 미래의 기술 변화를 주도할 수 있는 사고방식과 접근법을 공유하고자 합니다. 이 책이 그 여정의 든든한 나침반이 되길 희망합니다.

탁광욱

/

저자

　　『인생 유니티 VR/AR 교과서』의 첫 번째 버전 출간 이후로 VR, AR에는 많은 변화가 있었습니다. 다양한 기기가 쏟아졌고, 기기 스펙도 올라갔으며, 개발 편의성도 좋아졌습니다. 무엇보다도 우리는 이미 일상 속에서 가상과 현실이 융합된 경험을 자연스럽게 받아들이고 있으며, 그 흐름은 앞으로도 더욱 가속화될 것입니다. 이러한 변화 속에서, 누군가는 "어떻게 만들까?"라는 질문을 하게 됩니다. 이 책은 바로 그 질문에 대한 실용적인 길잡이가 되고자 합니다.

　　VR, AR 산업의 변화도 있었지만, Unity 엔진도 지속적인 업데이트를 거치며 적지 않은 변화가 있었습니다. 『인생 유니티 VR/AR 교과서』의 두 번째 버전격인 이 책 『인생 유니티 VR 교과서』에서는 그 변화의 흐름을 반영하여, 최신 Unity 기반의 VR 콘텐츠 제작 흐름에 자연스럽게 익숙해질 수 있도록 내용을 재정비했습니다.

　　이 책이 여러분의 창작 여정에 영감을 줄 수 있기를 바랍니다. 기술을 넘어, '경험'을 디자인하는 즐거움을 함께 나눌 수 있다면 더 바랄 것이 없습니다.

이영훈

／

저자

스마트폰 다음의 차세대 기기로 인공지능 기반의 스마트 글래스가 많은 주목받고 있으며 제품이 출시되고 있습니다. 2025년 이후로는 이러한 AI, XR, 스마트 글래스들이 많은 관심을 받고 있고 산업이 점점 커지고 있습니다. 특히 유니티는 이러한 산업에 빠르게 대응하기로 유명합니다.

이 책은 유니티 엔진을 이용해 VR 콘텐츠를 제작하는 방법을 익히는 것에 익히는 것에 중점을 두면서 포톤 네트워크(Photon Network)의 새로운 SDK인 Photon Fusion 2를 활용하여 네트워크 기반의 콘텐츠를 제작하는 방법을 소개하고 있습니다.

『인생 유니티 교과서』로 기본기를 익혔다면 이 책을 통해 응용하는 방법을 익히길 바랍니다.

이영호 대표를 비롯한 ARA XR Lab 식구들께 감사드립니다.

김현진

／

저자

기술은 삶을 바꾸고, 삶은 다시 기술을 바꿉니다. 그 변화의 물결 속에서, VR(가상현실)과 AR(증강현실)은 더 이상 미래의 기술이 아닙니다. 이미 우리의 일상, 교육, 산업, 예술, 심지어는 정체성과 존재 방식에까지 깊숙이 스며들고 있습니다.

『인생 VR 교과서』는 단순히 기술을 설명하는 책이 아닙니다. 이 책은 우리가 살아가는 방식이 어떻게 달라지고 있으며, 앞으로 어떻게 살아가야 하는지를 묻는 하나의 '인생 교과서'입니다.

지금 우리는 현실과 가상이 뒤섞이는 전환점에 서 있습니다. VR과 AR은 단순한 기기가 아니라 인간의 감각과 인식, 관계와 세계관을 다시 설계하는 새로운 언어입니다. 이 책은 그 언어를 배우고자 하는 모든 이들에게 방향을 제시하고자 합니다.

기술은 결국, 사람을 위한 것이어야 합니다. VR · AR의 본질과 가능성을 탐구하며, 우리가 만들어가야 할 미래의 삶을 함께 고민해 봅시다.

이 책이 그 여정의 나침반이 되기를 바랍니다. 가상 너머의 진짜 현실을 향하여.

김정윤

/

저자

이 책은 '혁신 성장 AR · VR 청년 인재 집중 양성' 등 다년 간의 교육 경험을 바탕으로, 기초 과정, 핵심 과정, 심화 과정, 현장 실무자의 요구 사항을 수렴한 내용을 기반으로 관련 산업체의 실무 담당자를 통해 검증된 커리큘럼으로 구성했습니다. 비전공자도 책의 내용을 쉽게 이해하고 실습할 수 있도록 구성된 점이 특징이며, 네이버 카페를 통해 학습 자료, 질의 응답 및 책과 카페 커뮤니티를 이용해 미래의 AR · VR 산업에 함께 일을 할 개발자와 네트워크를 구성하고 협업할 수 있을 것입니다.

나유선

/

저자

『인생 유니티 교과서』로 유니티의 기본을 익히고 콘텐츠 제작법을 배웠다면 이 책에서 좀 더 확장된, 유니티를 이용한 VR 콘텐츠 제작 방법을 배우게 됩니다. 동시에 Photon Network의 새 SDK, Fusion 2를 접해보면서 온·오프라인 컨텐츠의 제작 방법을 익히고 그 둘의 차이를 이해하는데 이 책이 도움이 되었으면 합니다.

이영호 대표님을 비롯한 ARA XR Lab 식구들, 그리고 사랑하는 가족에게 감사드립니다.

이영호 ARA XR Lab 대표

🟧 주요 경력

- 언리얼 공인 강사(Unreal Authorized Instructor)
- 전 가천대 게임영상학과 겸임교수
- 전 유니티 코리아 에반젤리스트
- 17년 이상 넥슨 및 게임 개발사에서 실무 개발
- 전 세종대, 명지전문대 겸임교수
- 2020년 과학기술정보통신부 장관 표창(디지털콘텐츠)
- 『인생 유니티 교과서』, 『인생 유니티 VR/AR 교과서』, 『인생 언리얼 5 프로젝트 교과서』, 『인생 언리얼 교과서』, 『인생 맥스&언리얼 교과서』 집필

박현상 Bricx3 대표, 테크니컬 아티스트

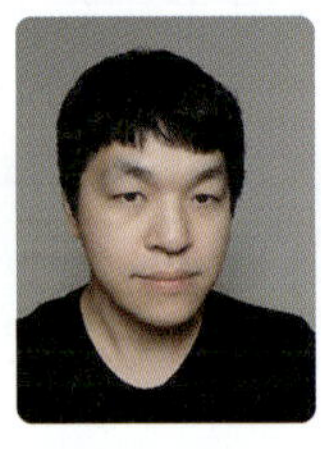

🟩 주요 경력

- 언리얼 공인 강사(Unreal Authorized Instructor)
- 한국전파진흥협회, 정보통신진흥원, 부산정보진흥원 등 다수 기관 및 대학에서 VR/AR/MR 분야 강의
- 스마일게이트, 위메이드 등 게임 개발사에서 10년 실무 개발
- DNA LAB, 마로마브 등 다수 기업 자문.
- 『인생 유니티 교과서』, 『인생 유니티 VR/AR 교과서』, 『인생 언리얼 5 프로젝트 교과서』, 『인생 언리얼 교과서』, 『인생 맥스&언리얼 교과서』 집필

탁광욱 BnT 대표

🟪 주요 경력

- 언리얼 공인 강사(Unreal Authorized Instructor)
- 게임하이, 넥슨GT, 네오싸이언 등 게임 개발사에서 10년 실무 개발
- ㈜하우온라인게임스쿨 원화 강사
- 건국대학교 산업디자인 학사
- 『인생 유니티 교과서』, 『인생 유니티 VR/AR 교과서』, 『인생 언리얼 5 프로젝트 교과서』, 『인생 언리얼 교과서』, 『인생 맥스&언리얼 교과서』 집필

이영훈 위드제이소프트 대표

🟦 주요 경력

- 언리얼 공인 강사(Unreal Authorized Instructor)
- 한국전파진흥협회, 정보통신진흥원 등의 기관 및 대학에서 유니티 및 XR 분야 강의
- 와이디온라인, 넥슨 등의 게임 개발사에서 15년 이상 실무 개발
- 『인생 유니티 교과서』, 『인생 유니티 VR/AR 교과서』, 『인생 언리얼 5 프로젝트 교과서』, 『인생 언리얼 교과서』, 『인생 맥스&언리얼 교과서』 집필

김현진 어플리케 대표

🟩 주요 경력

- 언리얼 공인 강사(Unreal Authorized Instructor)
- 핫독스튜디오, 버드레터, 코이엔터테인먼트 등 게임 개발사에서 10년 실무 개발
- 광운대학교 게임학 석사
- 『인생 유니티 교과서』, 『인생 유니티 VR/AR 교과서』, 『인생 언리얼 5 프로젝트 교과서』, 『인생 언리얼 교과서』, 『인생 맥스&언리얼 교과서』 집필

김정윤 가천대학교 미래산업대학 게임 · 영상학과 학과장, 게임대학원 주임 교수

🟧 주요 경력

- 현(現) 사단법인 한국컴퓨터게임학회 편집위원장
- 2020년 부총리 겸 교육부장관 표창(산학협력 유공 분야)
- 전(前) 사단법인 한국게임개발자협회 부회장
- 중앙대학교 첨단영상대학원 영상학, 게임공학 전공 박사

나유선 테크노이즈 대표

🟪 주요 경력

- NNG Lab, 핫독 스튜디오, 라이징윙스 등의 게임 개발사에서 16년 이상 실무 개발
- 메타버스 아카데미 언리얼 콘텐츠 개발 강의
- 도봉 새싹 언리얼 게임 개발자 양성 과정 강의

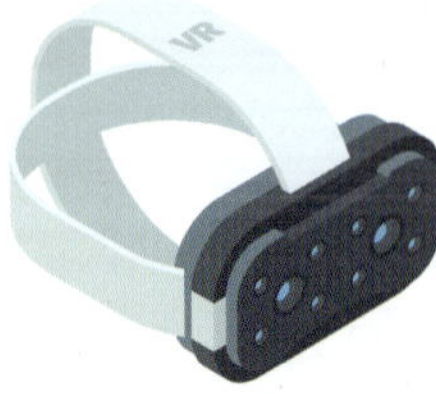

Chapter · 1

VR 개요

· 14

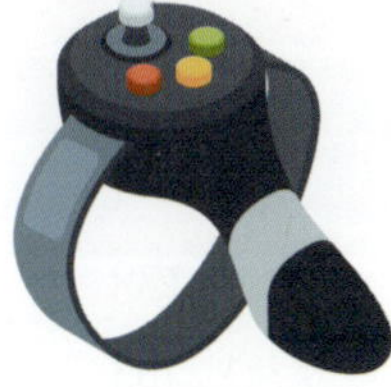

Chapter · 2

Magic Voxel 제작 · 62

Chapter · 3

VR 360 영상 플레이어 제작 ·118

Chapter · 4

VR 타워 디펜스 제작 · 170

〈비트 세이버(Beat Saber)〉-게임

큰 성공을 거둔 VR 리듬 게임으로 오큘러스, 바이브, 플레이스테이션 VR 등 다양한 플랫폼에서 출시

〈본파이어(Bonfire)〉-엔터테인먼트

시네마틱 VR 영화이며 관객들이 실제로 참여, 외계인들과 의사소통하며 스토리의 전개와 결말까지 결정

〈제규어 I-PACE〉-자동차

VR을 활용해 자사 최초 순수 전기 주행 SUV를 소개, 고객에게 디자인과 엔지니어링에 관한 숨은 이야기 전달

1

VR 개요

(Mortenson 건설 프로젝트)-건축(AEC)

사의 고객이 새로운 설계 프로젝트를 실
와 동일하게 경험, 협업하고 개선하도록
원함으로써 건축 설계 및 비용 등을 절감

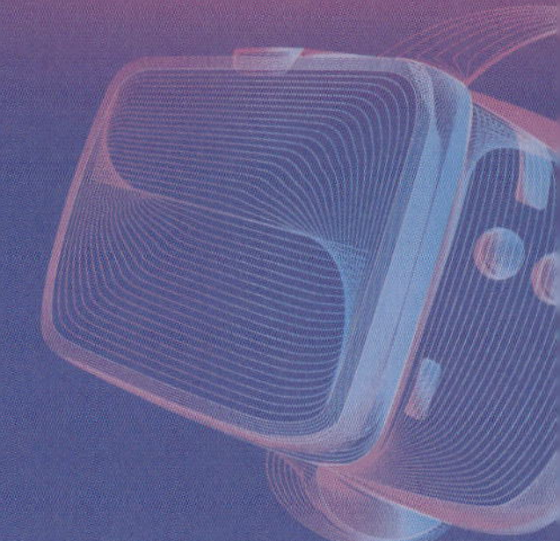

1.1 VR의 현재와 미래

가상현실(Virtual Realty, VR) 산업은 현재 4차 산업혁명이라는 큰 흐름에서 한 축을 차지하고 있을 정도로 중요도가 높은 분야입니다. 물론 코로나19 이후만큼 대중의 관심이 많진 않습니다. 메타버스에 이어 최근 전세계는 AI가 모든 기술 및 미래에 대한 이슈를 다 가져가고 있는 상황입니다. 하지만 2024년에 이어 2025년 CES(Consumer Electronics Show)에서는 많은 VR기기를 비롯해 스마트 글래스들이 앞다퉈 현실에 그 필요성이 한층 더 다가와 있는 제품들을 소개하고 있습니다. 이 책을 읽는 독자분도 그 흐름에 동참할 뜻이 있을 것이라 생각합니다. 이 책에서는 VR 산업에 어떤 가능성이 있을지 진단해 보고 우리가 현재 어떤 것을 할 수 있고 앞으로 무엇을 준비해야 할지 알아보고자 합니다.

이 책은 VR 인사이트(insight)에 관한 내용보다 관련 기술을 학습하고 실제 콘텐츠를 어떻게 제작해 나가야 하는지를 다룹니다. 따라서 VR 콘텐츠를 제작하는 데 필요한 제작 기술과 응용 기술, 플랫폼을 독립적으로 제작하는 방법, 기획을 세분화하고 구현 요소를 찾아 단순화함으로써 점차 프로젝트를 완성해 나가는 방법을 중심으로 다룹니다. 1장에서는 먼저 현재를 진단하고 앞으로의 VR은 어떤 것을 준비해야 하는지를 산업적·기술적 측면에서 접근해 보겠습니다.

> **학습 목표**
>
> VR의 현재와 앞으로 준비해야 할 인사이트를 갖는다.
>
> **순서**
>
> ❶ VR 산업의 발전 과정
> ❷ VR 기기의 발전 흐름과 방향
> ❸ VR의 기술 발전과 미래

VR 산업의 발전 과정

2016~2018년 VR의 대중화 시작

이때에는 VR 세상이 성큼 우리 삶에 다가올 것으로 대중에 기대를 심어준 시기였습니다.

먼저, HTC 바이브(HTC Vive)와 오큘러스 리프트(Oculus Rift)의 출시로 소비자용 VR 시장이 본격화되었습니다. 많은 개발사들이 이 제품들의 개발 키트(Dev Kit)를 이용해 VR 체험에 관한 하드웨어 및 콘텐츠를 만들었습니다.

또한, 플레이스테이션 VR(Playstation VR)의 등장으로 콘솔 기반 VR 경험이 가능해졌습니다. 콘솔에서도 가상현실 게임을 체험할 수 있는 길이 열린 시기였습니다.

[그림 1-1] VR 기기의 종류(출처: https://shorturl.at/rg08P)

2019~2021년 독립형 VR과 콘텐츠 다양화

오큘러스 퀘스트(Oculus Quest) 시리즈의 출시로 PC 없이도 VR 경험이 가능해졌습니다. 그리고 Valve Index는 고해상도 디스플레이와 정밀한 컨트롤러로 주목받았습니다. VR이 게임을 넘어 교육, 헬스케어, 시뮬레이션 등 다양한 분야로 확장되는 시기였습니다.

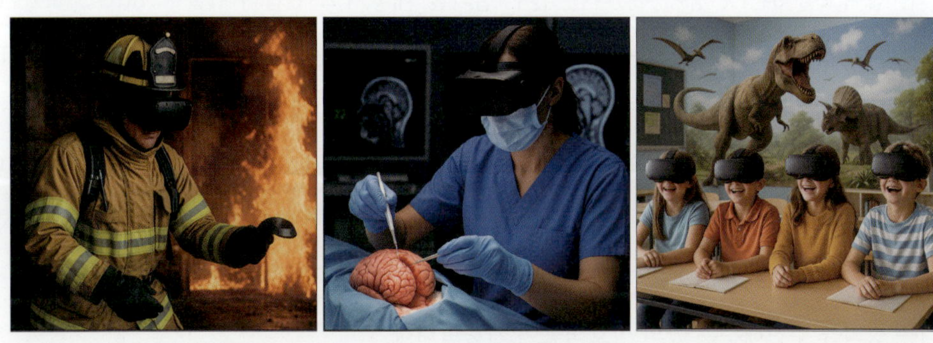

[그림 1-2] VR의 활용 분야

◆ `2022~2023년` **메타버스와 혼합현실의 부상**

메타는 페이스북이라는 회사의 이름을 '메타(Meta)'로 공식 변경하고 메타 퀘스트 프로(Meta Quest Pro)를 출시합니다.또한, PlayStation VR2의 출시로 고급형 VR 기기의 경쟁이 심화되었습니다. Vive는 메타의 저가 공세와 대중적인 인지도에 의해 점유율이 상당히 떨어지게 됩니다.애플도 VR에 대한 참여를 선언했습니다. 'VR'이라는 용어보다는 '공간 컴퓨팅'이라는 용어를 사용하며 애플이 애플 비전 프로(Apple Vision Pro)를 발표했고 대중의 혼합현실(MR) 시장에 대한 관심이 증가했습니다. VR 기술이 메타버스 플랫폼과 결합되어 새로운 소셜 경험을 제공하기 시작했습니다.

[그림 1-3] 애플의 Vision Pro(출처: 애플, 다쏘시스템)

◆ `2024~2025년` **AI 통합과 산업 전반의 확산**

AI 기술이 VR에 통합되어 개인화된 경험과 스마트한 상호작용이 가능해졌습니다.

교육 분야에서는 맞춤형 AI 내레이션을 통한 문화유산을 학습하는데 활용하는 사례를 볼 수 있습니다. 코넬대학에서는 이에 대한 연구로 VR 환경에서 AI를 이용한 시선 추적 지표를 통해 VR 환경에서의 개인화된 AI 내레이션이 사용자 참여도와 주의력에 미치는 영향을 분석하는 연구를 진행했습니다.

그 결과, 참여도를 64.1% 증가시켰다는 연구 결과를 내놓기도 했습니다(출처: https://arxiv.org/abs/2411.18438). 또한 버티(Virti)는 AI와 VR을 결합하여 의료진이 실제 상황을 시뮬레이션하고 피드백을 받을 수 있는 플랫폼을 제공합니다. 이를 통해 의료진은 실제 환자와의 상호작용을 연습하고, 자신의 수행 능력을 향상시킬 수 있습니다. 뿐만 아니라, 메타 퀘스트 3에는 AI 비전 기능이 내제되어 있습니다. 메타는 자사의 VR 헤드셋에 AI 비전 기술을 통합하여,사용자가 보는 장면을 분석하고 관련 정보를 제공하는 기능을 개발 중입니다. 예를 들어, 사용자가 특정 옷을 들고 있으면, AI가 어울리는 상의를 추천해주는 등의 상호작용이 가능합니다.

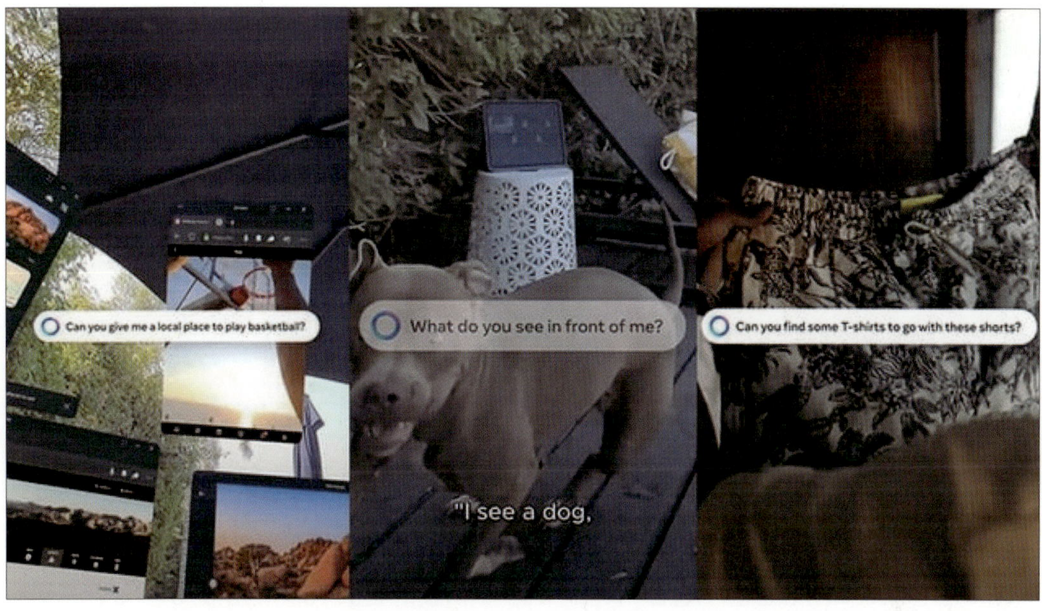

[그림 1-4] 메타 퀘스트에 적용된 AI 앱 사례(출처: https://shorturl.at/km29A)

VR 기기의 발전 흐름과 방향

VR 헤드셋은 예전부터 개발돼 왔지만 대중에게 관심을 끌 만한 요소는 없었습니다. 하지만 오큘러스의 출현으로 많은 투자가 일어납니다. 대표적인 예로는 페이스북의 메타, HTC의 바이브, 플레이스테이션 4 VR을 들 수 있습니다. 구글도 초기에 카드보드, 데이드림 등과 같은 구글 VR 사업을 진행했지만, 현재는 진행되지 않는 상태입니다. 2025년 현재 최신 VR 기기는 메타 퀘스트 3, 바이브의 포커스 비전(Focus Vision), 플레이스테이션 VR2가 있습니다. 이 중 플레이스테이션 VR2 는 2023년 출시 제품으로 다른 제품과는 차이가 있습니다.

[그림 1-5] 메타 퀘스트 3, 바이브 포커스 비전, 플레이스테이션 VR2(좌측부터)

현재는 메타 퀘스트 3가 시장 점유율 80% 이상으로 거의 독보적인 위치에 있습니다. 이유는 무엇 보다도 원화 40만 원 정도의 가격이 다른 제품들과 가장 큰 차이가 아닐까 합니다. 바이브만 하더라도 200만 원에 가까운 비용을 지출해야 하니 비슷한 성능의 제품에 이정도 가격 차이면 당연한 결과라고 볼 수 있습니다. 이렇게 메타의 저가 정책은 VR의 대중화에 큰 영향을 미칠 것으로 보이며, 실제로 최근 VR 스토어에서는 매출이 상당히 많이 일어나는 콘텐츠들이 상당히 많이 나오고 있습니다. 또한 콘텐츠의 퀄리티도 상당히 높아 초기 VR 콘텐츠가 부족하거나 별로라는 인식을 이제는 많이 지웠습니다.

VR의 기술 발전과 미래

다음으로 VR 기술은 앞으로 어떻게 발전할지 생각해 보겠습니다.

2025년 현재, VR(가상현실) 기술은 하드웨어, 소프트웨어, 인공지능(AI) 통합 등 다양한 측면에서 급속한 발전을 이루며 산업 전반에 걸쳐 영향력을 확대하고 있습니다.

AI와의 통합을 통한 개인화된 경험

AI 기술이 VR에 통합되면서 사용자 맞춤형 경험이 가능해졌습니다. 예를 들어, AI는 사용자의 행동과 선호도를 분석하여 가상 환경을 실시간으로 조정하고, 개인화된 콘텐츠를 제공합니다. 이러한 통합은 교육, 의료, 엔터테인먼트 등 다양한 분야에서 활용되고 있습니다.

의료 및 교육 분야에서의 활용 확대

VR은 의료 교육 및 시뮬레이션에서 중요한 도구로 자리잡고 있습니다. 의료진은 VR을 통해 수술 절차나 응급 상황을 시뮬레이션하여 실습할 수 있으며, 이는 실제 환자 치료에 앞서 안전한 환경에서 경험을 쌓는 데 도움이 됩니다. 또한, 교육 분야에서는 학생들이 VR을 통해 역사적 사건이나 과학 실험을 체험함으로써 몰입감 있는 학습이 가능해졌습니다.

엔터테인먼트와 메타버스의 진화

VR 기술은 게임과 엔터테인먼트 분야에서도 혁신을 이끌고 있습니다. 사용자는 VR을 통해 가상 콘서트, 스포츠 경기, 예술 전시 등을 실시간으로 체험할 수 있으며, 이는 새로운 형태의 콘텐츠 소비를 가능하게 합니다. 또한, 메타버스의 발전과 함께 VR은 가상 세계에서의 사회적 상호작용과 경제 활동의 중심 기술로 부상하고 있습니다.

◆ 뇌–컴퓨터 인터페이스(BCI)와의 결합

미래의 VR 기술은 뇌–컴퓨터 인터페이스(BCI)와의 결합을 통해 더욱 직관적인 상호작용을 제공할 것으로 기대됩니다. 사용자는 뇌파를 통해 가상 환경을 제어하거나, 감각 피드백을 통해 현실감 있는 경험을 할 수 있게 됩니다. 이러한 기술은 의료 재활, 교육, 게임 등 다양한 분야에서 응용될 수 있습니다.

[그림 1-6] BCI의 개념 이미지
출처: WSJ, https://on.wsj.com/3pfKgK8대학교)

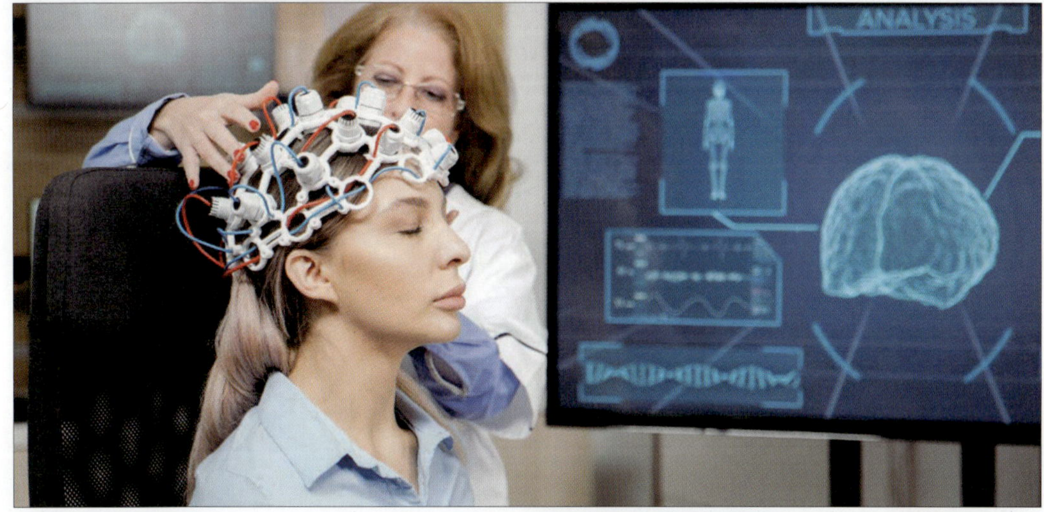

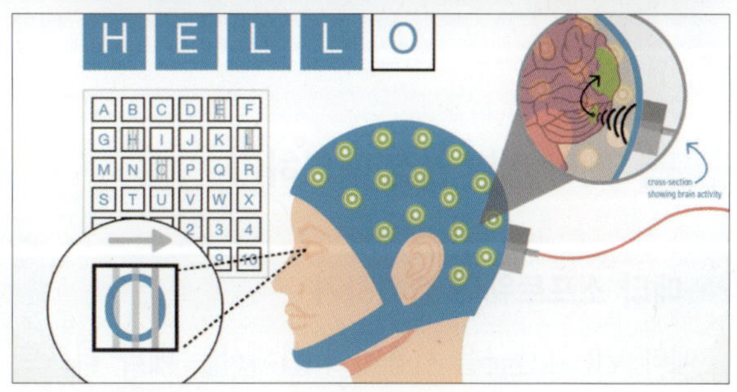

▲ 뇌–컴퓨터 인터페이스의 예(출처: Freepik의 DC Studio, 카네기멜론 대학교)

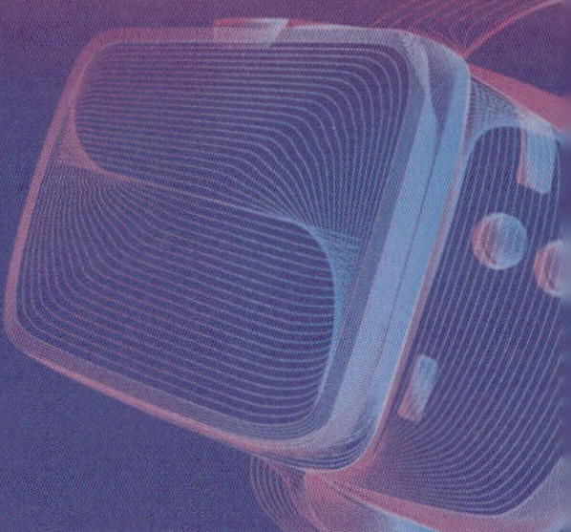

VR 기기의 종류와 개발 환경 설치 및 설정

VR은 크게 '플랫폼'과 '하드웨어'로 나눌 수 있습니다. 플랫폼의 예로는 스팀, 메타호라이즌 스토어, 플레이스테이션 스토어 등을 들 수 있습니다. 하드웨어로는 여러 가지 VR HMD 제품이 나와 있지만, 대표적인 예로는 HTC 바이브, 메타 퀘스트, 플레이스테이션 VR, 마이크로소프트의 WMR(Windows Mixed Reality) 라인업인 VR HMD를 들 수 있습니다.

이외에도 여러 제조 회사가 VR 헤드셋을 만들고 있지만, 이 책은 가장 많이 사용하는 '메타 퀘스트'에 대응하도록 작성됐습니다.

참고로, 메타에서는 VR 작업을 원할히 테스트할 수 있도록 메타 XR 시뮬레이터(Meta XR Simulator)라는 플러그인을 제공하고 있습니다. 이 책의 부록에서 이를 사용하는 방법을 따로 기술해 두었으니 참고하시기 바랍니다.

🔶 학습 목표

VR HMD 플랫폼 설치 및 개발 환경 구성

🔶 순서

1 메타 개발 환경 구성하기

🔷 메타 개발 환경 구성하기

🔹 메타 소프트웨어 설치하기

메타 VR 제품군을 사용하기 위해서는 메타 리프트 소프트웨어를 다운로드해 설치해야 합니다.

구글 검색 창에서 'Setup your Meta Quest'를 검색해 설치하거나 메타 소프트웨어 다운로드 페이지(https://www.meta.com/kr/quest/setup/)에서 해당 소프트웨어를 다운로드해 설치할 수 있습니다.

[그림 1-7] 메타 소프트웨어 다운로드 페이지(출처: https://www.meta.com/kr/quest/setup/)

해당 페이지에서 [Meta Quest 링크 앱 다운로드] 버튼을 클릭해 OculusSetup.exe 파일을 다운로드합니다.

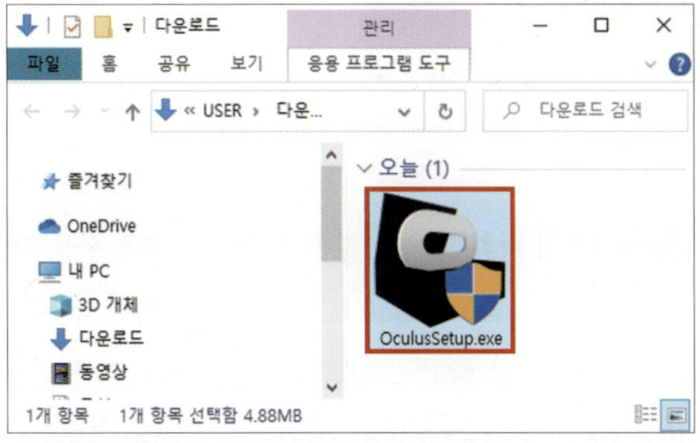

[그림 1-8] 다운로드한 OculusSetup.exe 파일

다운로드한 OculusSetup.exe 파일을 더블클릭해 메타링크 소프트웨어를 설치합니다. 그러면 초기

설치 화면이 나타납니다. 첫 화면에서 언어를 '한국어'로 선택하고 우측 하단의 [시작하기] 버튼을 클릭합니다. 두 번째 이용 약관 검토 화면에서 [동의]를 눌러 메타링크 소프트웨어 설치 화면으로 이동합니다. 이곳에서 설치 경로를 선택한 후 [지금 설치] 버튼을 클릭해 메타 소프트웨어를 설치합니다.

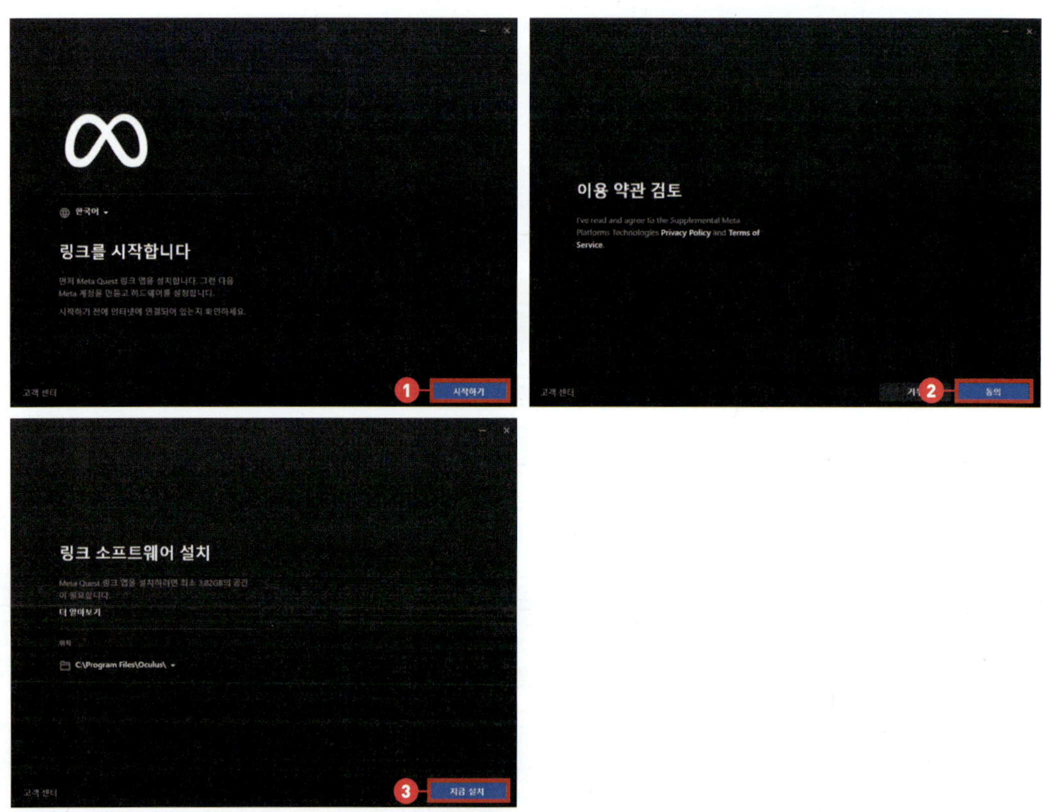

[그림 1-9] 메타 셋업 실행 화면

메타 퀘스트는 현재 Quest 3까지 나와 있으며 기존 제품들도 계속 사용 가능합니다. 메타 퀘스트는 기본적으로 안드로이드 빌드를 지원해 무선으로 퀘스트를 사용할 수 있습니다. 하지만 링크 케이블(C-Type)을 이용해 데스크탑과 연결할 수 있습니다. PC에서 실행하고 퀘스트에서 이를 사용할 수 있도록 제공함으로써 PC급의 실행 사양을 지원하고, 콘텐츠 개발 시 계속 반복적인 실행을 테스트해야 할 경우 편하게 활용할 수 있습니다. 이책에서는 개발시 링크를 이용해 테스트할 수 있도록 작성되었습니다.

설치가 완료되면 메타 계정에 로그인해야 합니다. 다음 그림처럼 메타 로그인 창이 뜨면 [로그인]

버튼을 클릭해 로그인 페이지로 이동합니다. 계정이 없으면 만들고, 있으면 로그인을 진행합니다.

[그림 1-10] 메타 로그인 화면

로그인이 완료되면 메타 스토어에서 구매한 앱을 다운로드 경로를 지정하는 화면이 나옵니다. 경로를 설정하고 [계속] 버튼을 클릭합니다.

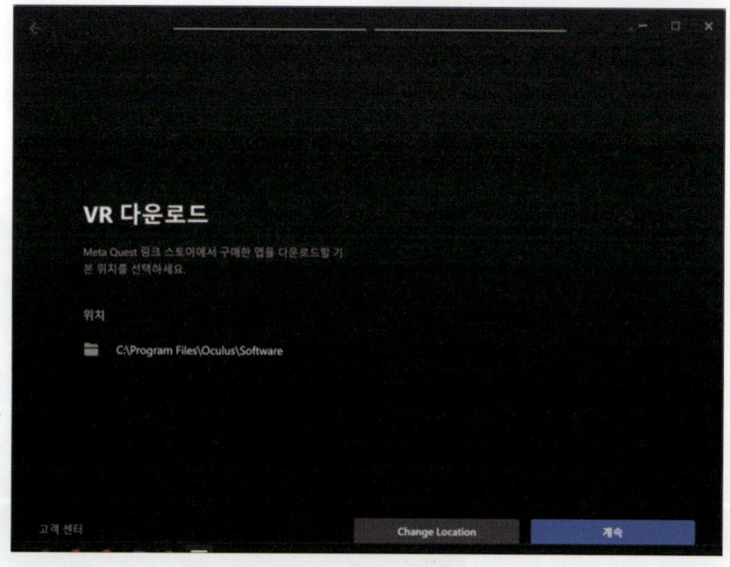

[그림 1-11] 메타스토어 앱 다운로드 경로 지정

다음 그림은 사용할 헤드셋과 링크 연결 방식을 선택하고 USB-C 타입으로 헤드셋과 PC의 연결 과정을 나타낸 것입니다. 먼저 헤드셋을 선택하고 연결 방법을 링크로 선택합니다. 헤드셋과 PC가 링크 캐이블로 연결되어 있으면 [계속] 버튼을 눌러 넘어갑니다.

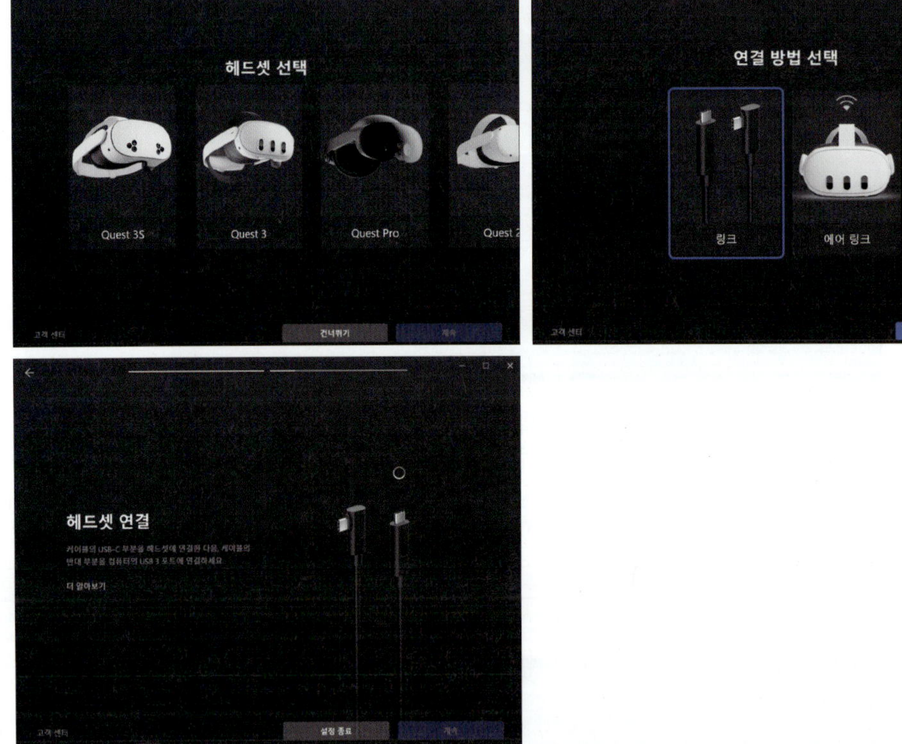

[그림 1-12] 헤드셋 연결

메타 퀘스트 링크가 설치되어 열리면 [설정]-[일반] 텝으로 이동합니다. 이곳에서 알 수 없는 출처를 활성화시켜 줍니다.

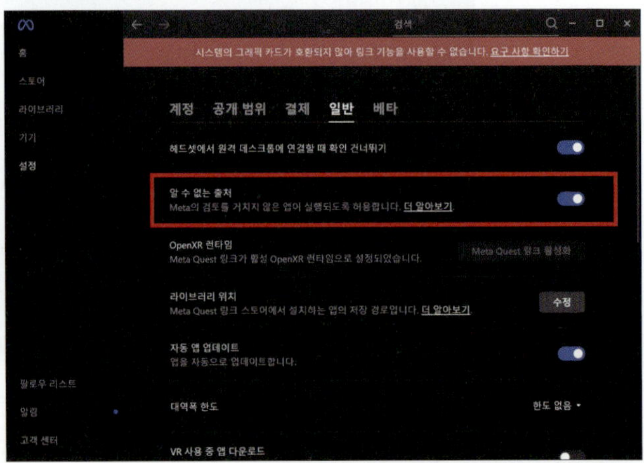

[그림 1-13] 알 수 없는 출처 활성화

이제 메타 리프트를 이용한 소프트웨어 및 기기 설정이 끝났습니다. 이번에는 메타 퀘스트의 개발 설정에 대해 알아보겠습니다. 퀘스트는 안드로이드 설치 파일인 APK를 배포하는 구조로 이뤄져 있습니다. 메타 링크를 이용해 PC 연결 콘텐츠를 실행할 수도 있고 유니티와 연결해 개발 중인 콘텐츠를 바로 실행할 수도 있습니다. 퀘스트의 링크 케이블은 퀘스트 전용 링크 케이블을 사용해도 되고, 스마트폰 C 타입(C type) 데이터 케이블을 사용해도 됩니다.

▶ 유니티 개발 환경 구축하기

메타 소프트웨어 설치가 완료되면 메타 헤드셋을 실행할 준비가 끝납니다. 이번에는 유니티 엔진과 연동해 콘텐츠를 실행시킬 수 있는 환경을 구축해보겠습니다. 웹에서 유니티 에셋 스토어 페이지 (https://assetstore.unity.com/)로 이동합니다. 이곳에서 'Meta XR Integration SDK'을 검색해 [Unity에서 열기]를 클릭합니다.

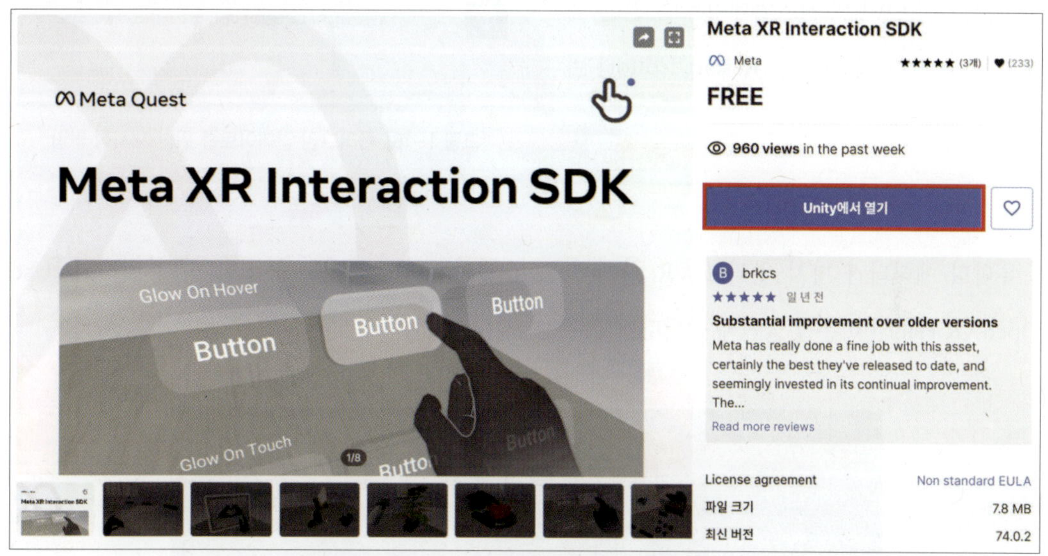

[그림 1-14] 에셋스토어의 Meta XR Integration SDK

유니티 허브를 실행시켜 프로젝트를 하나 만들고 에디터의 [Window-Package Manager] 메뉴를 선택해 패키지 매니저 창을 엽니다. Meta XR Integration SDK 에셋이 패키지 매니저에서 검색되면 [Download] 버튼을 눌러 다운로드 하고 [Install] 버튼이 나타나면 클릭합니다.

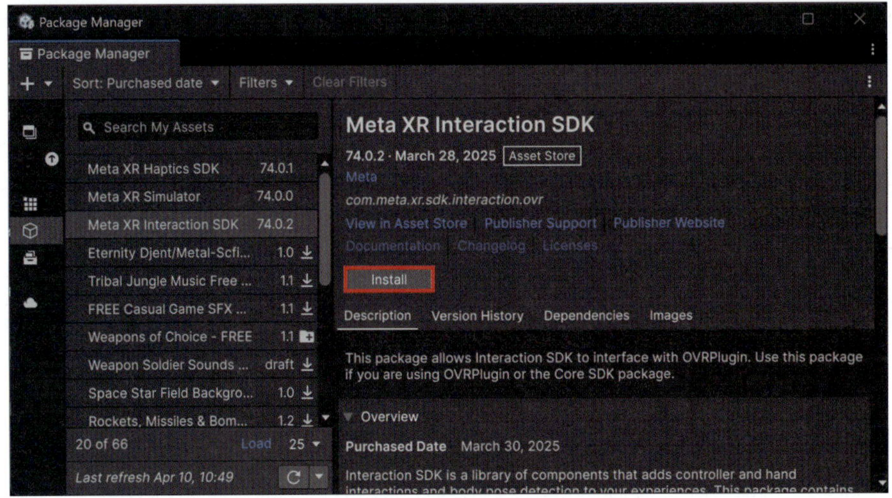

[그림 1-15] 패키지 매니저에서 Meta XR Interaction SDK 설치하기

Meta XR Integration SDK 플러그인이 모두 설치되면 OVRPlugin 업데이트로 인한 재시작 요구 창이 열립니다. [Restart Editor] 버튼을 클릭해 재시작합니다.

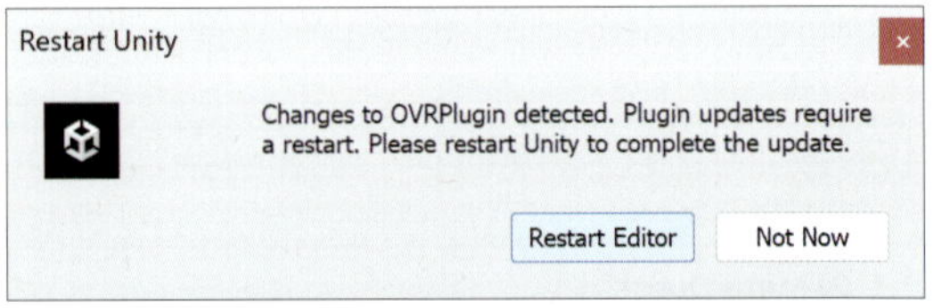

[그림 1-16] 플러그인 업데이트를 위한 재시작 팝업

유니티 에디터가 다시 열리고 VR 상에서 손 스켈레톤 업그레이드를 위한 창이 열리면 [Use OpenXR Hand] 버튼을 클릭해 줍니다.

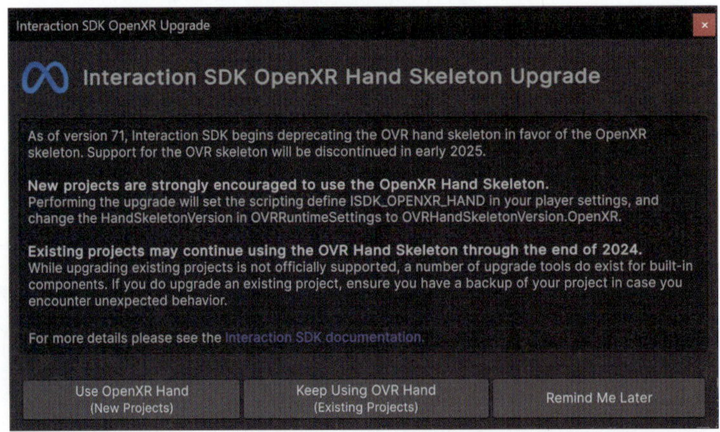

[그림 1-17] Interaction SDK OpenXR Hand Skeleton Upgrade 창

유니티 에디터가 열리면 [Edit-Project Settings] 메뉴로 이동합니다. [프로젝트 세팅] 창이 열리면 [XR Plugin Management] 항목으로 이동한 후 [Install XR Plugin Management] 버튼을 눌러 유니티의 XR 패키지를 설치합니다. 설치가 완료되면 안드로이드 플랫폼을 선택하고 Plug-in Providers가 나타나면, 이곳에서 Oculus를 활성화합니다.

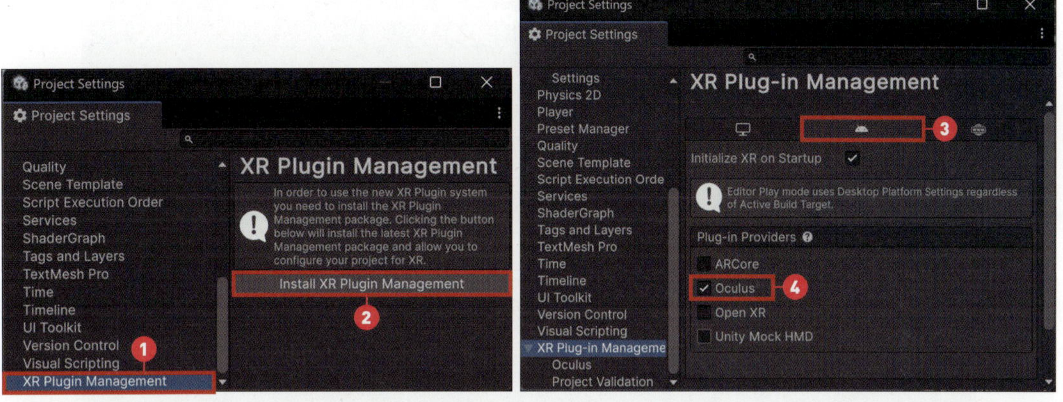

[그림 1-18] XR 플러그인 설치 및 오큘러스 활성화

타깃 플랫폼을 'Meta Quest'로 변경시켜 주도록 하겠습니다. [File-Build Profiles]를 선택하고 Build Profiles 창에서 사용할 플랫폼을 Meta Quest로 선택합니다. 그리고 [Switch Platform] 버튼을 눌러 플랫폼을 전환시켜 줍니다.

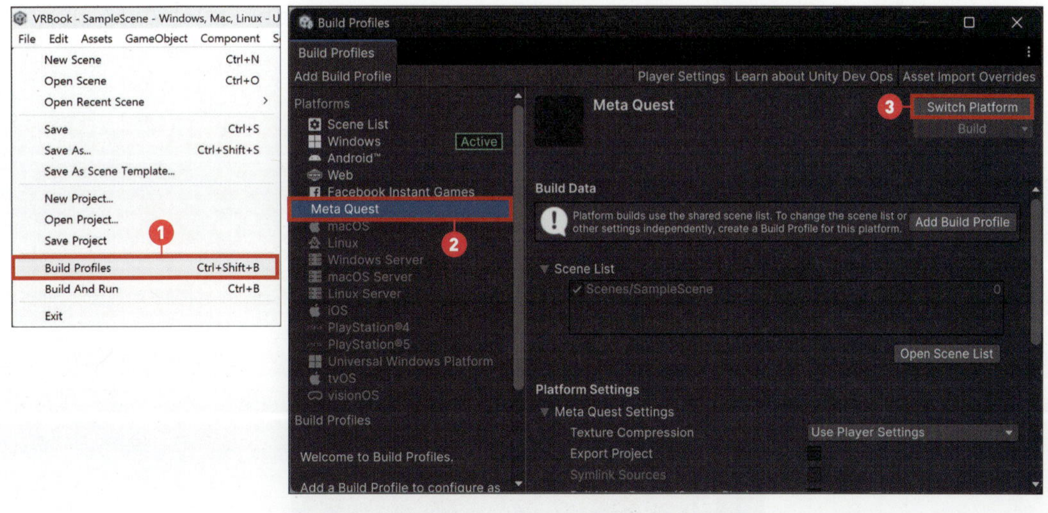

[그림 1-19] Meta Quest로 플랫폼 전환하기

플랫폼 전환하고 Project Settings 창의 Meta XR 카테고리로 이동합니다. 이곳에서 오류 표시된 문제를 해결하기 위해 [Fix All] 버튼을 눌러 줍니다.

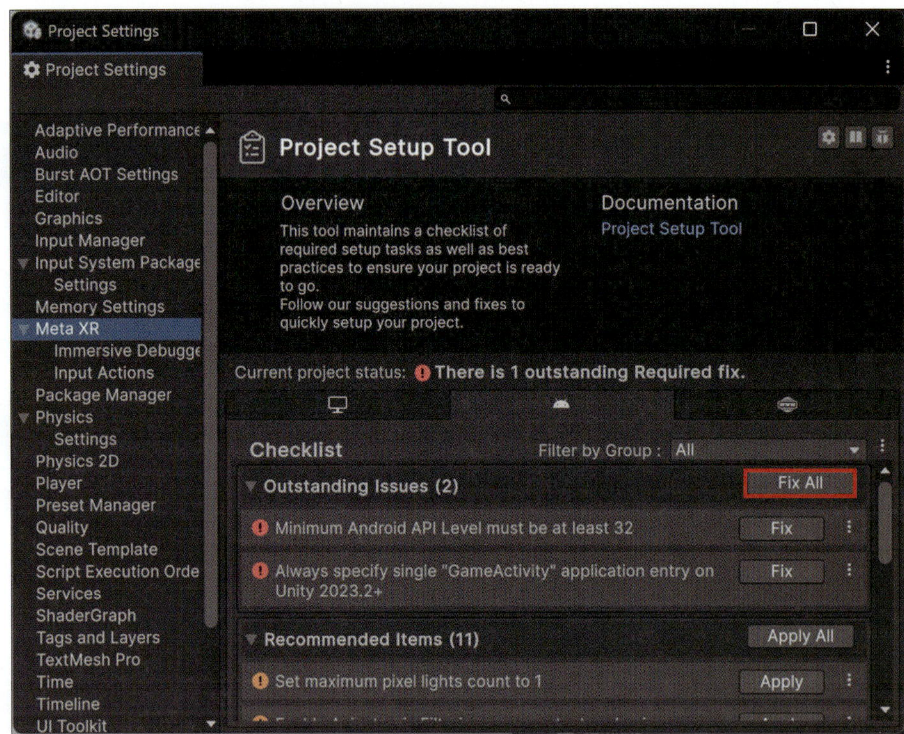

[그림 1-20] Meta XR 프로젝트 셋업 오류 수정

유니티에서 메타를 개발하기 위한 메타 패키지와 XR 패키지 설치 및 환경 설정이 끝났습니다.

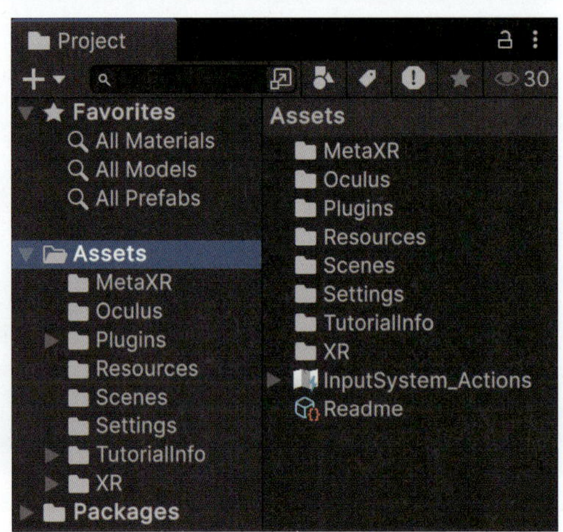

[그림 1-21] 메타 패키지와 XR 패키지가 설치된 결과

이제 잘 동작하는지 간단히 테스트해 보겠습니다. 프로젝트 창에서 [Packages – Meta XR Core SDK – Prefabs] 폴더의 OVRCameraRig 프리팹을 하이어라키 창에 등록합니다. 그런 다음 이미 있는 Main Camera 게임 오브젝트를 삭제합니다.

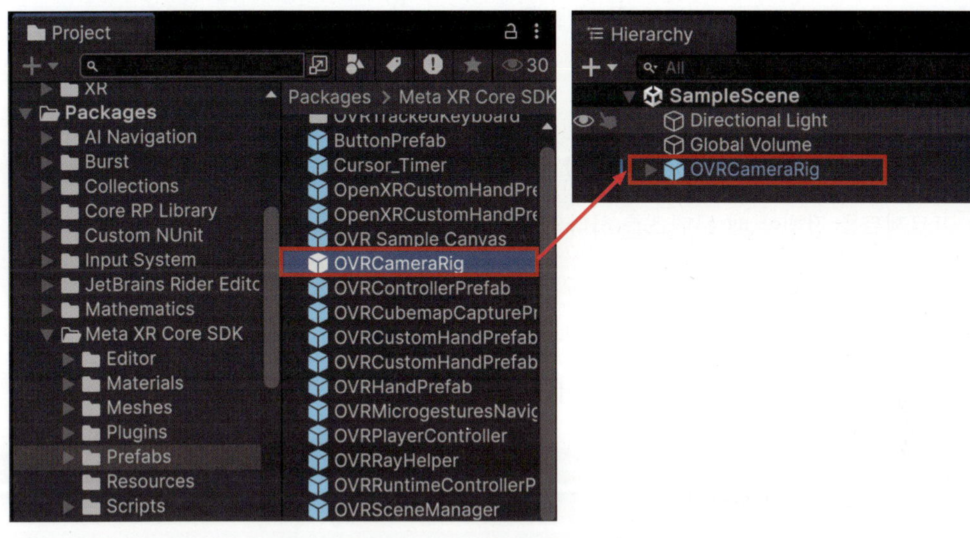

[그림 1-22] OVRCameraRig 프리팹을 하이어라키에 등록

Main Camera를 그냥 사용하면 메타 헤드셋에 오류가 생깁니다. 메타 환경에서는 반드시 OVRCameraRig를 사용해 개발하기 바랍니다. 'Chapter 2. MagicVoxel 제작'도 PC 버전으로 제작한 후 이와 같이 메타에 대응하기 위해 OVRCameraRig 프리팹을 Main Camera 대신 사용하도록 구성돼 있습니다. 참고로 메타 퀘스트를 사용하는 유저는 퀘스트 내에서 메타 링크를 활성화해야 정상적으로 테스트할 수 있습니다. 링크 케이블을 퀘스트 헤드셋과 PC에 연결한 후 퀘스트를 착용하고 오른쪽 컨트롤러의 [홈] 버튼을 누른 다음 [설정] 버튼을 누르고 [빠른 메뉴 – Oculus Link]를 선택하면 메타 링크 화면으로 넘어갑니다.

링크 화면으로 전환되면 유니티에서 [플레이] 버튼을 눌러 잘 동작하는지 확인하기 바랍니다.

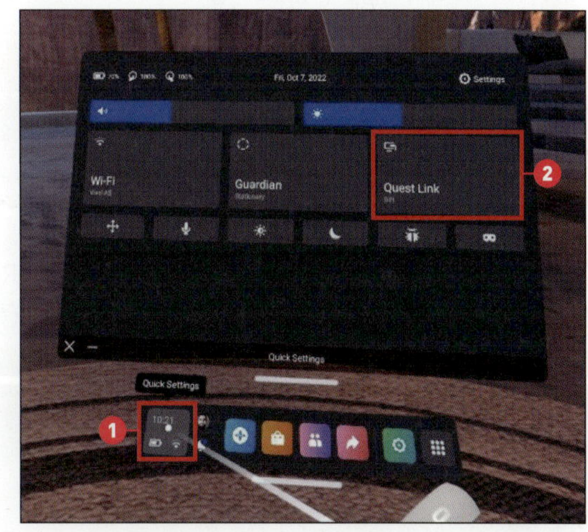

[그림 1-23] 메타 퀘스트의 Oculus Link 활성화

1.3 VR 플랫폼별 대응을 위한 원 소스 멀티 유즈

이번에는 VR 플랫폼별로 제공되는 API 및 플러그인을 통합해 모듈화할 수 있도록 제작하려고 합니다. 프로젝트를 진행할 때 콘텐츠를 하나의 플랫폼에만 서비스하는 경우는 거의 없습니다. 특정 플랫폼에만 동작하는 소스 코드를 작성할 경우, 다른 플랫폼을 전환하려고 할 때 많은 노력이 필요합니다. 또한 VR 기기가 없는 팀원의 경우 테스트가 불가능해 자신의 결과물을 확인하지 못하는 등의 여러 가지 문제를 야기할 수 있습니다. 따라서 이번에는 VR 프로젝트에서 사용하게 될 ARAVRInput.cs 클래스를 미리 학습하겠습니다. 해당 단원은 건너뛰었다가 해당 클래스를 이용하게 됐을 때 되돌아와도 무방합니다.

> **학습 목표**
>
> VR 플랫폼별 대응을 위한 모듈 작업을 하고 싶다.
>
> **순서**
>
> ❶ PC 환경에서 작업할 수 있도록 구성
> ❷ 메타에서 작업할 수 있도록 구성

▶ PC 환경에서 작업할 수 있도록 구성하기

먼저 유니티의 프로젝트 창의 Scripts 폴더에 ARAVRInput.cs 스크립트를 만듭니다.

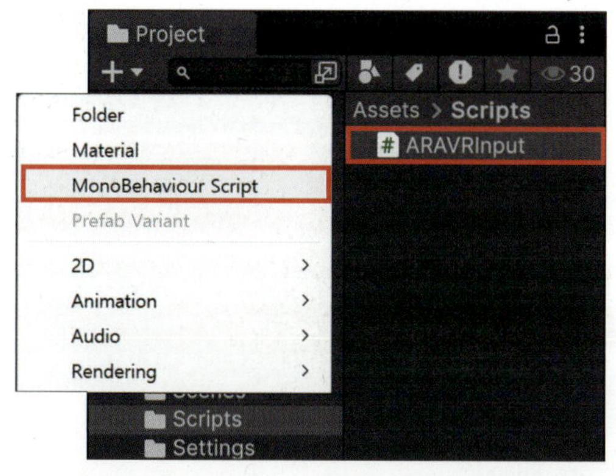

[그림 1-24] ARAVRInput.cs 스크립트 생성하기

　　ARAVRInput.cs 스크립트는 제공된 파일 중 ARAVRInput의 하위 폴더에서 찾을 수 있습니다. 스크립트를 편집기에서 엽니다. 스크립트의 맨 위 상단에 있는 #define 매크로를 이용해 PC를 선언합니다. 이는 뒤에서 PC 플랫폼인지를 검출하는 데 사용됩니다. 또한 ARAVRInput 클래스를 만들 때는 static 키워드를 붙여 정적 클래스로 만듭니다. static 키워드를 붙이면 비정적 클래스와 동일하지만 new 키워드를 이용한 객체를 생성할 수 없다는 차이가 있을 뿐입니다. 일반적으로 유틸리티(Utility) 클래스 제작에 사용됩니다.

```
#define PC
using System.Collections;
using System.Collections.Generic;
using UnityEngine;
public static class ARAVRInput
{
}
```

[코드 1-1] ARAVRInput.cs PC 매크로 선언과 static 클래스로 선언하기

1 프로퍼티 정의

ARAVRInput.cs에서 제공하는 get/set 프로퍼티에는 무엇이 있는지 알아보겠습니다.

```
// 오른쪽 컨트롤러의 위치 얻어오기
public static Vector3 RHandPosition
```

```csharp
// 오른쪽 컨트롤러의 방향 얻어오기
public static Vector3 RHandDirection
// 왼쪽 컨트롤러의 위치 얻어오기
public static Vector3 LHandPosition
// 왼쪽 컨트롤러의 방향 얻어오기
public static Vector3 LHandDirection
// 씬에 등록된 왼쪽 컨트롤러 찾아 반환하기
public static Transform LHand
// 씬에 등록된 오른쪽 컨트롤러 찾아 반환하기
public static Transform RHand
```

[코드 1-2] ARAVRInput.cs 사용하는 get/set 프로퍼티의 종류

[코드 1-2]는 ARAVRInput 클래스에서 사용하는 get/set 프로퍼티들을 나열한 것입니다. 각 각의 프로퍼티는 모두 값을 가져올 수 있도록 get 기능만을 제공합니다. 먼저 ARAVRInput 클래스 안에 LHand 프로퍼티를 구현해 보겠습니다. LHand 프로퍼티는 왼쪽 컨트롤러의 트랜스폼을 반환하는 역할을 합니다. 이 값을 내부에 lHand 변수를 선언해 저장합니다. 하지만 PC에는 컨트롤러가 존재하지 않기 때문에 lHand에 값이 들어 있지 않으면 'LHand'라는 이름으로 게임 오브젝트를 새로 만듭니다. 그리고 만들어진 객체의 트랜스폼을 lHand 변수에 할당합니다. 그런 다음 lHand의 parent 변수에 카메라의 트랜스폼을 할당해줌으로써 카메라의 자식 객체로 lHand를 등록합니다.

```csharp
// 왼쪽 컨트롤러
static Transform lHand;

// 씬에 등록된 왼쪽 컨트롤러를 찾아 반환
public static Transform LHand
{
    get
    {
        if (lHand == null)
        {
#if PC
            // LHand라는 이름으로 게임 오브젝트를 만든다.
            GameObject handObj = new GameObject( "LHand" );
            // 만들어진 객체의 트랜스폼을 lHand에 할당
```

```
                lHand = handObj.transform;
                // 컨트롤러를 카메라의 자식 객체로 등록
                lHand.parent = Camera.main.transform;
#endif
        }
        return lHand;
    }
}
```

[코드 1-3] ARAVRInput.cs LHand 프로퍼티 구현하기

RHand 프로퍼티도 LHand와 같게 구현됩니다.


```
    // 오른쪽 컨트롤러
    static Transform rHand;

    // 씬에 등록된 오른쪽 컨트롤러 찾아 반환
    public static Transform RHand
    {
        get
        {
            // 만약 rHand에 값이 없을경우
            if (rHand == null)
            {
#if PC
                // RHand 이름으로 게임 오브젝트를 만든다.
                GameObject handObj = new GameObject("RHand");
                // 만들어진 객체의 트렌스폼을 rHand에 할당
                rHand = handObj.transform;
                // 컨트롤러를 카메라의 자식 객체로 등록
                rHand.parent = Camera.main.transform;
#endif
            }
            return rHand;
        }
    }
```

[코드 1-4] ARAVRInput.cs RHand 프로퍼티 구현하기

다음으로 오른쪽 컨트롤러의 위치를 나타내는 RHandPosition 변수를 확인해 보겠습니다. 코드를 살펴보면 get만을 지원하는 것을 확인할 수 있습니다. 그 다음에는 전처리문인 #if를 이용해 PC가 정의돼 있을 경우의 처리를 합니다. #if는 #endif로 끝내야 합니다. 추가 조건이 필요하면 #elif 문을 사용하면 됩니다. 다음으로 Input.mousePosition 값을 가져옵니다. 이 값은 마우스의 스크린 좌표를 반환합니다. PC에서 손의 위치는 카메라가 화면에 캡처를 시작하는 거리인 nearClipPlane 보다는 카메라로부터 떨어져 있어야 화면에 보입니다.

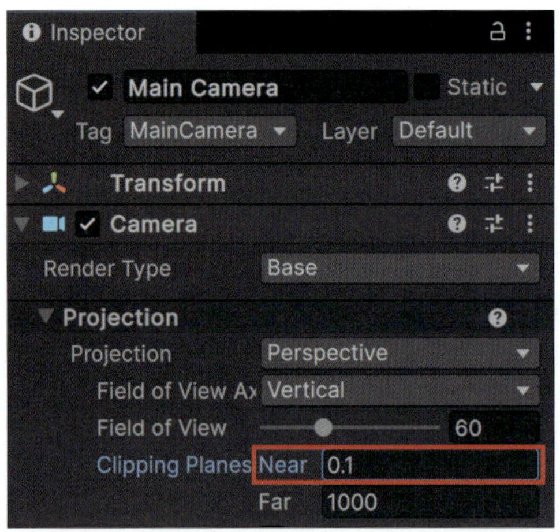

[그림 1-25] Camera 뷰프러스텀의 near plane 값

우리는 0.7m 떨어지도록 z값을 설정합니다. 마지막으로 카메라의 ScreenToWorldPoint() 함수에 스크린 좌표를 넘겨 월드 좌표로 변환된 값을 반환합니다.

```csharp
    public static Vector3 RHandPosition
    {
        get
        {
#if PC
            // 마우스의 스크린 좌표 얻어오기
            Vector3 pos = Input.mousePosition;
            // z 값은 0.7m로 설정
            pos.z = 0.7f;
            // 스크린 좌표를 월드 좌표로 변환
            pos = Camera.main.ScreenToWorldPoint(pos);
```

```
                RHand.position = pos;
                return pos;
    #endif
        }
    }
```

[코드 1-5] ARAVRInput.cs RHandPosition 속성 구현하기

PC에서는 컨트롤러를 마우스로 할당해 테스트하기 위해 이렇게 처리합니다. 먼저 키보드와 마우스로 VR 컨트롤러의 기능을 똑같이 테스트해볼 수 있도록 처리해주면 개발을 진행할 때 여러모로 편리합니다. 다음은 오른쪽 컨트롤러가 가리키는 방향을 반환하는 RHandDirection을 살펴보겠습니다. PC 플랫폼에서는 카메라에서 RHandPosition을 향하는 방향을 찾아 반환합니다. 이 방향은 벡터의 뺄셈을 통해 간단히 구할 수 있습니다. 이 값을 RHand의 forward 방향에도 넣어 손의 위치를 업데이트합니다.

```
    public static Vector3 RHandDirection
    {
        get
        {
#if PC
            Vector3 direction = RHandPosition-Camera.main.transform.position;
            RHand.forward = direction;
            return direction;
#endif
        }
    }
```

[코드 1-6] ARAVRInput.cs RHandDirection 속성 구현하기

LHandPosition과 LHandDirection도 똑같이 구현됩니다. 첨부된 ARAVRInput.cs 스크립트를 참고하시기 바랍니다. PC 환경에서 작업할 때는 마우스 하나로 대응하려고 하기 때문에 결과적으로 RHandPosition과 LHandPosition의 값은 같습니다.

이번에는 ARAVRInput.cs 클래스에서 사용하는 열거형 자료형을 추가하려고 합니다. 이 책에서는

메타 API에서 제공하는 값들과 같은 이름을 사용합니다. 먼저 컨트롤러의 버튼 값에 해당하는 ButtonTarget 열거형 타입을 만듭니다. 이 ButtonTarget은 PC에서만 활용하기 때문에 선언 자체를 #if ~ #endif 안으로 포함시켜 줍니다. 사용하는 상숫값은 유니티의 InputManager에 등록된 값을 그대로 사용하기 위해 상숫값을 Fire1, Fire2, Fire3으로 합니다. 그리고 Button 열거형 타입을 하나 더 만듭니다. One, Two, Thumbstick, IndexTrigger, HandTrigger를 추가하고 ButtonTarget의 값을 각 상수의 값으로 할당합니다. 예를 들어 [One] 버튼을 누르면 Fire1 값이 호출되도록 하려는 것입니다.

```csharp
public static class ARAVRInput
{
#if PC
    public enum ButtonTarget
    {
        Fire1,
        Fire2,
        Fire3,
        Jump,
    }
#endif
    public enum Button
    {
#if PC
        One = ButtonTarget.Fire1,
        Two = ButtonTarget.Jump,
        Thumbstick = ButtonTarget.Fire1,
        IndexTrigger = ButtonTarget.Fire3,
        HandTrigger = ButtonTarget.Fire2
#endif
    }
}
```

[코드 1-7] ARAVRInput.cs ButtonTarget과 Button 열거형 타입 추가하기

이번에는 컨트롤러의 종류를 나타내는 Controller 열거형 타입을 추가합니다. 상숫값은 LTouch, RTouch를 갖도록 추가합니다.

```csharp
public static class ARAVRInput
{
    ... 생략 ...
    public enum Controller
    {
#if PC
        LTouch,
        RTouch
#endif
    }
}
```

[코드 1-8] ARAVRInput.cs Controller 열거형 타입 추가하기

② Get, GetDown, Getup 함수 구현하기

이제 ARAVRInput.cs 클래스에서 사용하는 유틸리티 함수들을 구현해 보겠습니다. 먼저 버튼을 누르고 있는지, 아닌지를 알려주는 Get 함수를 구현합니다. 위에서 선언한 Button 열거형 타입 파라미터인 virtualMask와 컨트롤러의 종류를 받을 hand 파라미터를 갖고 있습니다. 이 함수의 반환 값은 Input 클래스의 GetButton() 함수의 값을 반환합니다. 인자로 virtualMask를 넘기지 않고 ButtonTarget 타입으로 변환하는 것을 눈여겨보시기 바랍니다. Button의 상숫값들은 모두 ButtonTarget의 값들로 맵핑돼 있기 때문에 들어오는 값들이 Fire1, Fire2, Fire3 중 하나로 변환돼 들어가는 것입니다.

```csharp
public static class ARAVRInput
{
    ... 생략 ...
    // 컨트롤러의 특정 버튼을 누르고 있는 동안 true를 반환
    public static bool Get(Button virtualMask, Controller hand = Controller.RTouch)
    {
#if PC
        // virtualMask에 들어온 값을 ButtonTarget 타입으로 변환해 전달한다.
        return Input.GetButton(((ButtonTarget)virtualMask).ToString());
#endif
    }
}
```

[코드 1-9] ARAVRInput.cs Get 함수 구현하기

다음으로 GetDown( ) 함수와 GetUp( ) 함수를 구현해 보겠습니다. GetDown 함수는 Input 클래스의 GetButtonDown( ) 함숫값을 반환하며 인자값 할당은 [코드 1-9]의 Get 함수 구현과 같습니다. 이와 마찬가지로 GetUp( ) 함수는 Input 클래스의 GetButtonUp( ) 함수를 사용합니다.

```csharp
public static class ARAVRInput
{
    … 생략 …
    // 컨트롤러의 특정 버튼을 눌렀을 때 true를 반환
    public static bool GetDown(Button virtualMask, Controller hand = Controller.RTouch)
    {
#if PC
        return Input.GetButtonDown(((ButtonTarget)virtualMask).ToString());
#endif
    }

    // 컨트롤러의 특정 버튼을 눌렀다 떼었을 때 true를 반환
    public static bool GetUp(Button virtualMask, Controller hand = Controller.RTouch)
    {
#if PC
        return Input.GetButtonUp(((ButtonTarget)virtualMask).ToString());
#endif
    }
}
```

[코드 1-10] ARAVRInput.cs GetDown, GetUp 함수 구현하기

③ GetAxis 함수 구현하기

Get, GetDown, GetUp 함수는 버튼을 눌렀는지, 아닌지 여부를 반환하는 함수입니다. 이런 종류의 함수를 Action 함수라고 합니다. 하지만 조이스틱의 썸스틱(Thumbstick)을 조작하는 것처럼 스틱의 값이 얼마나 변화되고 있는지 알고 싶을 때는 Axis 입력 함수를 사용합니다. 이를 위해 GetAxis( ) 함수를 만들겠습니다. 이 함수는 Input 클래스의 GetAxis( ) 함수의 값을 반환합니다. 파라미터 axis는 Horizontal과 Vertical 값을 가질 수 있습니다.

```csharp
public static class ARAVRInput
{
```

```
        … 생략 …
        // 컨트롤러의 Axis 입력을 반환
        // axis: Horizontal, Vertical 값을 갖는다.
        public static float GetAxis(string axis, Controller hand = Controller.LTouch)
        {
#if PC
            return Input.GetAxis(axis);
#endif
        }
    }
```

[코드 1-11] ARAVRInput.cs GetAxis 함수 구현하기

4 진동 함수 PlayVibration 구현하기

VR 콘텐츠에서는 컨트롤러에 진동을 줌으로써 사용자 경험을 높이는 효과를 사용합니다. 이를
위해 진동을 처리할 수 있는 함수를 구현하겠습니다. PC에서는 진동을 표현할 수 없기 때문에 함
수 형태만 만들어 놓습니다.

```
public static class ARAVRInput
{
    … 생략 …
    // 컨트롤러에 진동 호출하기
    public static void PlayVibration(Controller hand)
    {
    }
}
```

[코드 1-12] ARAVRInput.cs 진동을 위한 PlayVibration 함수

5 원하는 방향으로 중심을 재설정하는 Recenter 함수 구현하기

이번에는 카메라가 현재 바라보는 방향으로 전체 맵의 중심을 재설정하는 기능을 알아보겠습니 다.
씬에서는 카메라가 일정 방향을 바라보게 세팅하고 콘텐츠를 시작하는 것이 보통인데, VR을 시작
하면 VR 헤드셋의 초기 정면 방향 설정에 의해 원치 않는 곳을 바라봐야 때가 있습니다. 마치 문을
바라보고 시작하고 싶은데 엉뚱하게 벽면을 바라보고 시작하게 되는 경우를 말하죠. 따라서 이 기

능은 VR 콘텐츠 제작 시 잘 활용해야 사용자 경험이 떨어지지 않게 할 수 있습니다. 해당 기능의 구현 또한 플랫폼별로 달라지기 때문에 일단 함수의 형태만 만들어 놓습니다.

```csharp
public static class ARAVRInput
{
    … 생략 …
    // 카메라가 바라보는 방향을 기준으로 센터를 잡는다.
    public static void Recenter()
    {
    }
}
```

[코드 1-13] ARAVRInput.cs 기준 센터를 다시 잡는 Recenter 함수

VR 콘텐츠를 체험하다 보면 그냥 앉아서 진행하고 싶을 때가 종종 발생합니다. 이럴 때 뒤로 돌기 기능을 제공하면 콘텐츠를 즐기는 사람의 입장에서 상당히 편리합니다. 또한 메타 홈의 화면에서 사용자를 컨트롤하다 보면 오른쪽 컨트롤러의 썸스틱을 움직였을 때 뒤로 돌기 기능을 지원하는 것을 볼 수 있습니다. 이를 Recenter() 함수의 추가 기능으로 제작해 보겠습니다. 이 함수는 회전 하고자 하는 대상 트랜스폼과 회전하길 원하는 방향을 받아 처리합니다. 구현은 간단히 대상 객체의 쿼터니언 회전 값에 원하는 방향 벡터를 곱해 forward 벡터에 할당해주면 됩니다.

```csharp
public static class ARAVRInput
{
    … 생략 …
    // 원하는 방향으로 타깃의 센터를 설정
    public static void Recenter(Transform target, Vector3 direction)
    {
        target.forward = target.rotation * direction;
    }
}
```

[코드 1-14] ARAVRInput.cs 원하는 방향으로 회전하는 Recenter 함수

⑥ 조준점 크로스헤어를 표현하는 DrawCrosshair 함수 구현하기

마지막으로 화면에 조준점 크로스헤어(crosshair)를 표시하는 함수인 DrawCrosshair()를 구현해 보겠습니다. 그 전에 간단한 테스트를 해보겠습니다. 여러분의 눈앞으로 손가락을 하나 가져와 바라보시기 바랍니다. 손가락을 바라볼 때는 손가락이 1개지만, 눈앞에 손가락을 그대로 둔 채 초점을 전방의 다른 곳에 두면 손가락은 왼쪽 눈과 오른쪽 눈 두 쪽에 상이 맺혀 2개로 보입니다. 이런 경우에 문제가 발생합니다. 내가 조준하는 곳을 바라보자니 크로스헤어가 2개로 보이고, 크로스헤어를 보자니 내가 조준해야 할 위치가 2개로 보이는 것입니다. 이 문제를 해결하기 위해서는 내가 조준하고 있는 지점에 크로스헤어를 가져다 놓으면 됩니다. 이때에는 거리가 멀어질수록 작게 보이는게 문제겠죠? 이 문제를 어떻게 해결하는지 알아보겠습니다. 먼저 파라미터를 살펴보겠습니다.

[표 1-1] DrawCrosshair 함수 파라미터

크로스헤어	화면에 표시할 조준점(크로스헤어) 게임 오브젝트의 트랜스폼
isHand	손을 위치와 방향으로 레이를 쏴서 크로스헤어를 그릴지 여부를 알 수 있다. false이면 화면 정중앙으로 레이를 쏴서 크로스헤어를 그린다.
hand	오른손인지 왼손인지 여부를 알 수 있다.

DrawCrosshair() 함수를 호출할 때 호출하는 쪽에서 먼저 crosshair 게임 오브젝트를 만들어 넘겨줘야 합니다. 표현할 크로스헤어의 종류가 다양할 수 있기 때문에 넘겨받아 처리되도록 구현돼 있습니다. isHand는 기본적으로 true 값으로 설정돼 있고, 컨트롤러의 위치와 방향을 이용해 레이(ray)를 제작하도록 돼 있습니다. 이 값이 false이면 카메라의 위치와 방향을 이용해 화면 중앙으로 레이를 쏴서 크로스헤어를 위치시킵니다. 마지막으로 hand 값은 어느 컨트롤러인지를 나타냅니다.

기본값으로 오른쪽 컨트롤러인 RTouch가 할당돼 있습니다. 순서는 다음과 같습니다.

> ➡ **목표:** 광선 레이가 닿는 곳에 크로스헤어를 위치시키고 싶다.
> ➡ **순서:** ❶ 광선 레이 만들기
> ❷ 레이 쏘기
> ❸ 부딪힌 점이 있다면 크로스헤어 위치시키기
> ❹ 부딪히지 않았다면 허공에 크로스헤어 위치시키기

먼저 레이를 만듭니다. isHand 값이 true일 때는 마우스 포인터가 위치한 지점을 레이로 만들어 사용합니다. VR 헤드셋을 이용할 때는 hand를 이용해 해당 컨트롤러의 위치와 방향을 기반으로 레이를 만듭니다. 만약 컨트롤러를 기준으로 조준점 크로스헤어를 사용하고 싶지 않을 때는 카메라 좌표와 방향을 기반으로 화면 정중앙으로 향하는 레이를 만듭니다. 컨트롤러를 사용하지 않는 VR 콘텐츠 같은 경우에는 단순 시선이 닿는 곳을 인터랙션 요소로 사용하곤 합니다. *Chapter 3. VR 360 영상 플레이어 제작*'의 '3.5 Gaze Pointer 구현하기'에서도 이 기법을 사용합니다.

```csharp
// 광선 레이가 닿는 곳에 크로스헤어를 위치시키고 싶다.
public static void DrawCrosshair(Transform crosshair, bool isHand = true, Controller
hand = Controller.RTouch)
{
    Ray ray;
    // 컨트롤러의 위치와 방향을 이용해 레이 제작
    if (isHand)
    {
#if PC
        ray = Camera.main.ScreenPointToRay(Input.mousePosition);
#endif
    }
    else
    {
        // 카메라를 기준으로 화면의 정중앙으로 레이를 제작
        ray = new Ray(Camera.main.transform.position, Camera.main.transform.forward);
    }
}
```

[코드 1-15] ARAVRInput.cs DrawCrosshair 함수로 레이 생성하기

다음으로 레이를 쏴보겠습니다. 유니티에서 제공하는 Plane 클래스를 이용해 레이를 쏘려고 합니다. Plane은 3D 공간에서 눈에 보지 않는 무한의 평면을 말합니다. Plane 클래스의 생성자 함수는 다음과 같습니다.

```csharp
public Plane(Vector3 inNormal, Vector3 inPoint);
public Plane(Vector3 inNormal, float d);
public Plane(Vector3 a, Vector3 b, Vector3 c);
```

다음은 inNormal 값이 Vector3.up이고 inPoint가 (0, 0, 0)일 때를 나타냅니다. 월드 공간의 원점을 지나는 무한한 평면이고, 방향은 up 방향을 갖고 있는 형태입니다. 이것은 원점에서의 거리가 0일 때와 같은 결과를 나타냅니다.

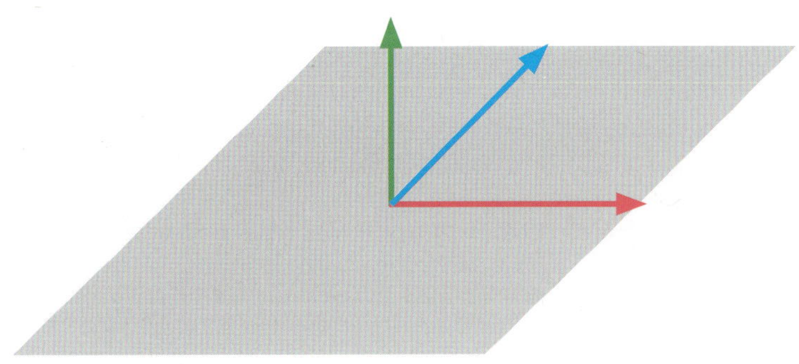

[그림 1-26] 월드 공간의 (0,0,0) 위치에 Vector3.up 방향의 Plane

Plane은 특정 점이 면의 normal 방향에 있는지, 아닌지를 구분하는 기능을 제공합니다. 이를 이용해 축구 경기에서 골이 골라인을 넘어섰는지, 아닌지를 알아낼 때도 사용할 수 있고, VR 게임 중 유명한 〈비트세이버(Beat Saber)〉 같은 게임에서 블록을 자를 때도 절단면을 구분하기 위해 사용합니다.

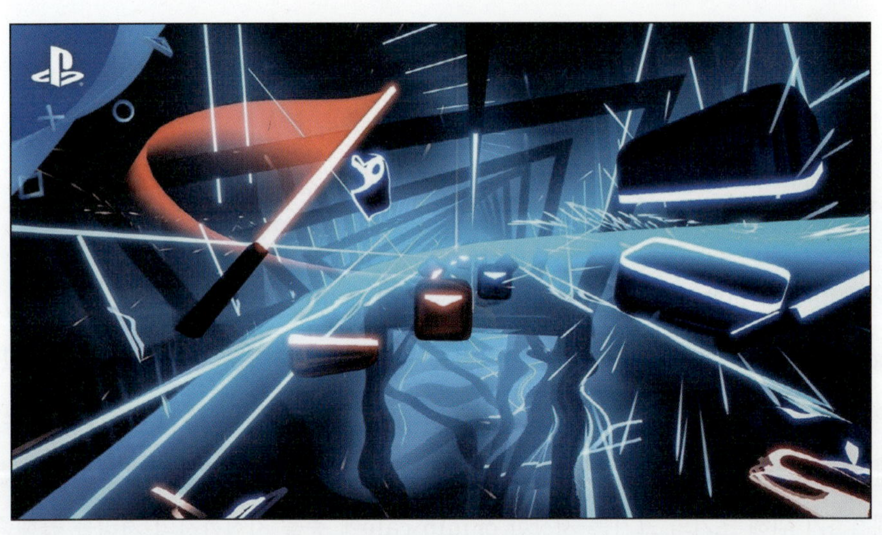

[그림 1-27] 블록을 자르는 〈비트세이버(Beat Saber)〉 게임(출처: https://techrecipe.co.kr/posts/12732)

DrawCrosshair() 함수에서도 이 Plane을 이용해 원점의 위치에 up 방향을 갖는 평면을 만들어 활용합니다. 그리고 이 plane의 Raycast() 함수를 이용해 레이를 쐈을 때 충돌했는지를 검출할 수 있습니다. 다음은 Plane 구조체의 Raycast() 함수입니다.

```
public bool Raycast(Ray ray, out float enter);
```

ray는 사용할 레이, enter는 레이의 시작점에서 부딪힌 지점까지의 거리를 말합니다. 이를 이용해 부딪힌 지점도 구할 수 있습니다. 다음은 Plane 생성과 이를 이용해 레이의 충돌 여부를 검출하는 코드입니다.

```csharp
// 크로스헤어 그리기
public static void DrawCrosshair(Transform crosshair, bool isHand = true, Controller
hand = Controller.RTouch)
{
    … 생략 …
    // 눈에 안 보이는 Plane을 만든다.
    Plane plane = new Plane(Vector3.up, 0);
    float distance = 0;
    // plane을 이용해 ray를 쏜다.
    if (plane.Raycast(ray, out distance))
    {

    }
}
```

[코드 1-16] ARAVRInput.cs Plane을 이용한 레이 충돌 검출하기

충돌이 성공하면 인자로 넘긴 distance에 값이 들어갑니다. 레이 구조체의 GetPoint() 함수에 distance를 넘겨주면 충돌한 지점을 구할 수 있습니다. 크로스헤어는 카메라를 향할 수 있도록 합니다. 이렇게 하면 사용자가 조준하는 위치에 크로스헤어를 배치함으로써 물체가 2개로 보이는 문제를 해결할 수 있습니다. 하지만 거리에 따라 크로스헤어의 크기가 다르게 보이는 문제가 발생하며 이를 해결하기 위해 초기의 크기를 저장한 originScale에 충돌 지점까지의 거리를 곱해줌으로써 떨어진 거리만큼 보정합니다.

```csharp
#if PC
    static Vector3 originScale = Vector3.one * 0.02f;
#endif

// 크로스헤어 그리기
public static void DrawCrosshair(Transform crosshair, bool isHand = true, Controller
hand = Controller.RTouch)
{
    … 생략 …

    if (plane.Raycast(ray, out distance))
    {
        // 레이의 GetPoint 함수를 이용해 충돌 지점의 위치를 가져온다.
        crosshair.position = ray.GetPoint(distance);
        crosshair.forward = -Camera.main.transform.forward;
        // 크로스헤어의 크기를 최소 기본 크기에서 거리에 따라 더 커지도록 한다.
        crosshair.localScale = originScale * Mathf.Max(1, distance);
    }
}
```

[코드 1-17] ARAVRInput.cs 부딪힌 지점에 크로스헤어 배치하기

지금까지는 레이가 충돌했을 경우에 관해 크로스헤어를 처리했습니다. 그럼 이번에는 레이 충돌이 발생하지 않았을 경우를 처리해 보겠습니다. 코드에서는 레이가 시작되는 위치에 레이가 향하는 방향으로 100m 떨어진 곳에 크로스헤어를 위치시켰습니다. 그리고 앞에서와 마찬가지로 카메라의 **forward**를 뒤집어 카메라를 바라보게 합니다. 거리(distance)는 시작 위치와 크로스헤어의 위치 두 점 간격을 구합니다. 코드에서는 벡터의 뺄셈과 그 결과 벡터의 **magnitude**를 이용하지만 Vector3.Distance() 함수를 이용해도 같은 결과를 구할 수 있습니다. 마지막으로 **originScale**과 거리를 곱해 크로스헤어의 크기(localScale)를 구합니다.

```csharp
// 크로스헤어 그리기
public static void DrawCrosshair(Transform crosshair, bool isHand = true, Controller
hand = Controller.RTouch)
{
    … 생략 …
```

```
// plane을 이용해 레이를 쏜다.
if (plane.Raycast(ray, out distance))
{
    … 생략 …
}
else
{
    crosshair.position = ray.origin + ray.direction * 100;
    crosshair.forward = -Camera.main.transform.forward;
    distance = (crosshair.position-ray.origin).magnitude;
    crosshair.localScale = originScale * Mathf.Max(1, distance);
}
}
```

[코드 1-18] ARAVRInput.cs 레이 충돌이 발생하지 않았을 경우의 크로스헤어 그리기

여기까지가 PC 환경에서 VR 작업을 할 수 있도록 모듈화한 것입니다. 다음에는 메타 퀘스트 VR 플랫폼에 대응하는 코드를 작성해보겠습니다.

▶ 메타에서 작업할 수 있도록 구성하기

먼저 개발자 페이지 주소는 https://developers.meta.com/horizon/develop/unity이며, 이곳에서 SDK를 다운로드하거나 개발자 가이드를 찾아볼 수 있습니다. 또한 API도 확인할 수 있으며 https://developers.meta.com/horizon/reference/unity/v74/에서 메타 컨트롤러 API 내용을 확인할 수 있습니다. 이 장에서 주로 사용하는 OVRInput 클래스의 API는 https://developers.meta.com/horizon/reference/unity/v74/class_o_v_r_input에서 확인할 수 있습니다. 메타 API를 사용하기 위해 서는 앞 장에서 설명한 메타 설치 및 환경 구성에서 에셋 스토어의 Meta XR Interaction SDK 플러그인을 다운로드해 프로젝트로 임포트(Import)해야 합니다.

1 프로퍼티 정의

먼저 메타에 대응할 수 있도록 매크로를 추가하겠습니다. ARAVRInput.cs 클래스의 맨 위에 있는 PC 매크로를 주석 처리한 후 #define을 이용해 Oculus 매크로를 추가합니다.

```
// #define PC
#define Oculus
using System.Collections;
using System.Collections.Generic;
using UnityEngine;
public static class ARAVRInput
{
}
```

[코드 1-19] ARAVRInput.cs Oculus 매크로로 추가하기

메타 VR 플랫폼에 대응하기 위해서는 OVRCameraRig의 TrackingSpace 객체 트랜스폼 정보를 기억하고 있다가 컨트롤러의 로컬 위치, 방향을 월드로 변경하는 데 사용해야 합니다.

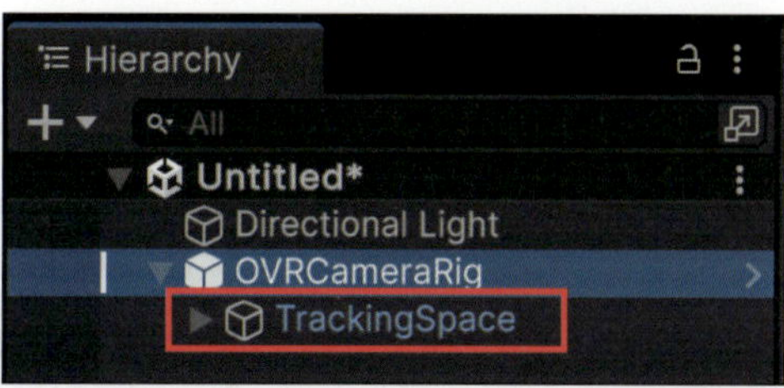

[그림 1-28] TrackingSpace 게임 오브젝트

이 객체의 자식인 TrackingSpace를 기억할 변수 rootTransform을 속성으로 추가해주고 GetTransform() 함수에서 이 객체를 동적으로 찾아 값을 할당해 주는 코드를 작성합니다.

```
# if Oculus
    static Transform rootTransform;
# endif

# if Oculus
    static Transform GetTransform()
    {
        if (rootTransform == null)
        {
            rootTransform = GameObject.Find("TrackingSpace").transform;
        }
```

```
        return rootTransform;
    }
# endif
```

[코드 1-20] ARAVRInput.cs GetTransform() 함수 구현하기

이제 메타에 대응하는 RHandPosition 속성을 구현해보겠습니다. 메타는 OVRInput 클래스의 GetLocalControllerPosition() 함수를 이용해 컨트롤러의 로컬 포지션을 가져올 수 있습니다.

RHandPosition은 월드 포지션을 반환하기 때문에 rootTransform의 TransformPoint() 함수를 통해 월드 포지션 값으로 변환해 반환합니다.

```
    public static Vector3 RHandPosition
    {
        get
        {
#if PC
    … 생략 …
#elif Oculus
            Vector3 pos = OVRInput.GetLocalControllerPosition(OVRInput.Controller.RTouch);
            pos = GetTransform().TransformPoint(pos);
            return pos;
#endif
        }
    }
```

[코드 1-21] ARAVRInput.cs 오큘러스 환경의 RHandPosition 구현하기

다음은 RHandDirection 구현입니다. 컨트롤러의 방향은 OVRInput 클래스의 GetLocalControllerRotation() 함수를 이용해 구할 수 있습니다. 하지만 이 함수는 로컬 방향을 쿼터니언으로 반환합니다. 전방 벡터를 얻기 위해 이 쿼터니언에 Vector3.forward 값을 곱해 Vector3 타입의 방향을 구할 수 있습니다. 마지막으로 GetTransform() 함수로 얻은 rootTransform의 TransformDirection() 함수를 이용해 로컬 방향을 월드 방향으로 바꿔 리턴합니다.

```
    // 오른쪽 컨트롤러의 방향 얻어오기
```

```csharp
    public static Vector3 RHandDirection
    {
        get
        {
#if PC
    … 생략 …
#elif Oculus
            Vector3 direction = OVRInput.GetLocalControllerRotation(OVRInput.Controller.RTou
            ch) * Vector3.forward;
            direction = GetTransform().TransformDirection(direction);
            return direction;
#endif
        }
    }
```

[코드 1-22] ARAVRInput.cs 메타 환경의 RHandDirection 구현하기

LHandPosition과 LHandDirection은 RTouch 대신 LTouch로 컨트롤러 값을 바꿔줍니다. 좀 더 자세한 구현은 첨부된 ARAVRInput.cs 클래스를 참고하시기 바랍니다.

이번에는 왼쪽 컨트롤러를 나타내는 LHand 프로퍼티를 구현해보겠습니다. OvrCameraRig-TrackingSpace 게임 오브젝트 하위의 LeftHandAnchor 게임 오브젝트를 찾아 트렌스폼 값을 할당합니다.

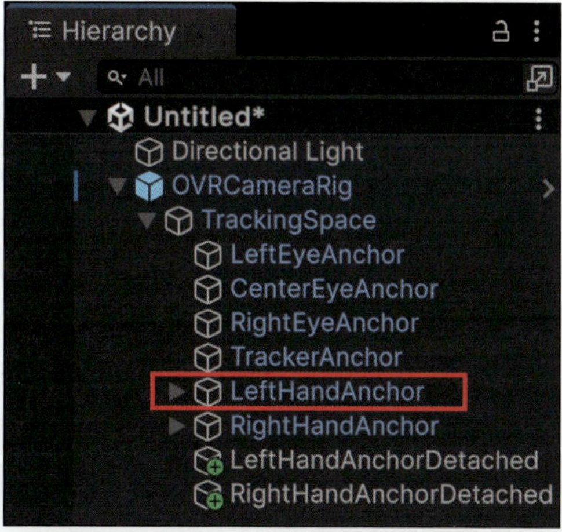

[그림 1-29] LeftHandAnchor 게임 오브젝트

```csharp
        // 씬에 등록된 왼쪽 컨트롤러를 찾아 반환
        public static Transform LHand
        {
            get
            {
                // 만약 lHand에 값이 없을 경우
                if (lHand == null)
                {
#if PC
        … 생략 …
#elif Oculus
                    lHand = GameObject.Find("LeftControllerAnchor").transform;
#endif
                }
                return lHand;
            }
        }
```

[코드 1-23] ARAVRInput.cs 메타 환경의 LHand 구현하기

RHand 프로퍼티의 구현은 RightControllerAnchor를 찾아 할당합니다. LHand와 같으므로 생략하겠습니다. 첨부된 ARAVRInput.cs 스크립트를 참고하시기 바랍니다.

2 열거형 타입 정의

메타에서 사용할 열거형 타입을 정의하겠습니다. Button과 Controller에 OVRInput 클래스의 Button 열거형 타입과 Controller 타입 값을 할당합니다.

```csharp
    public enum Button
    {
#if PC
    … 생략 …
#elif Oculus
        One = OVRInput.Button.One,
        Two = OVRInput.Button.Two,
        Thumbstick = OVRInput.Button.PrimaryThumbstick,
        IndexTrigger = OVRInput.Button.PrimaryIndexTrigger,
```

```
            HandTrigger = OVRInput.Button.PrimaryHandTrigger
#endif
    }
    public enum Controller
    {
#if PC
        LTouch,
        RTouch
#elif Oculus
        LTouch = OVRInput.Controller.LTouch,
        RTouch = OVRInput.Controller.RTouch
#endif
    }
```

[코드 1-24] ARAVRInput.cs 오큘러스 환경의 Button, Controller 열거형 타입

③ Get, GetDown, GetUp 함수 구현하기

Get() 함수의 메타 구현은 OVRInput 클래스의 Get() 함숫값을 반환합니다. 이미 앞에서 우리가 사용하는 Button 열거형 타입의 값들을 OVRInput의 Button 값들로 할당해 놓았기 때문에 virtualMask 값을 형 변환해 넣어주면 됩니다. hand 값도 마찬가지로 OVRInput.Controller 타입으로 형 변환해 할당합니다. OVRInput의 Get() 함수 원형은 다음과 같습니다.

```
public static bool Get(Button virtualMask, Controller controllerMask = Controller.Active)
```

[표 1-2] ARAVRInput의 Get() 함수의 파라미터

virtualMask	OVRInput.Button 열거형 타입의 값
controllerMask	사용할 컨트롤러 RTouch, LTouch 값. Active일 때는 현재 사용하는 컨트롤러

다음은 OvrInput.Get 함수를 이용한 구현입니다.

```
// 컨트롤러의 특정 버튼을 누르고 있는 동안 true를 반환
public static bool Get(Button virtualMask, Controller hand = Controller.RTouch)
{
```

```csharp
#if PC
    … 생략 …
#elif Oculus
        return OVRInput.Get((OVRInput.Button)virtualMask, (OVRInput.Controller)hand);
#endif
    }
```

[코드 1-25] ARAVRInput.cs 오큘러스 환경의 Get 함수 구현하기

GetDown 함수의 구현은 OVRInput 클래스의 GetDown() 함숫값을 반환합니다. 파라미터는 OVRInput 클래스의 Get() 함수와 같습니다.

```csharp
    // 컨트롤러의 특정 버튼을 눌렀을 때 true를 반환
    public static bool GetDown(Button virtualMask, Controller hand = Controller.RTouch)
    {
#if PC
        return Input.GetButtonDown(((ButtonTarget)virtualMask).ToString());
#elif Oculus
        return OVRInput.GetDown((OVRInput.Button)virtualMask, (OVRInput.Controller)hand);
#endif
    }
```

[코드 1-26] ARAVRInput.cs 오큘러스 환경의 GetDown 함수 구현하기

GetUp 함수의 구현은 OvrInput 클래스의 GetUp() 함숫값을 반환합니다. 파라미터는 OvrInput 클래스의 Get() 함수와 같습니다.

```csharp
    // 컨트롤러의 특정 버튼을 눌렀다 떼었을 때 true를 반환
    public static bool GetUp(Button virtualMask, Controller hand = Controller.RTouch)
    {
#if PC
        return Input.GetButtonUp(((ButtonTarget)virtualMask).ToString());
#elif Oculus
        return OVRInput.GetUp((OVRInput.Button)virtualMask, (OVRInput.Controller)hand);
#endif
    }
```

[코드 1-27] ARAVRInput.cs 오큘러스 환경의 GetUp 함수 구현하기

4 GetAxis 함수 구현하기

GetAxis() 함수의 구현은 OVRInput의 Get() 함수를 이용합니다. 이번 Get() 함수는 리턴 타입이 Vector2를 갖습니다. 다음은 OVRInput.Get() 함수의 원형입니다.

```
public static Vector2 Get(Axis2D virtualMask, Controller controllerMask = Controller.Active);
```

리턴 값은 Vector2 타입이고 x는 가로축 입력, y는 세로축 입력을 나타냅니다. 파라미터의 정보는 다음과 같습니다.

[표 1-3] Get() 함수의 파라미터 정보

virtualMask	PrimaryThumbstick, PrimaryTouchpad, SecondaryThumbstick, SecondaryTouchpad, Any 값 중 하나를 갖습니다.
controllerMask	RTouch, LTouch, Active 중 하나를 갖습니다.

파라미터의 Controller에는 더 많은 값들이 있지만, 이 책에서는 RTouch와 LTouch, Active만을 사용합니다. 더 자세한 사항은 API를 참고하시기 바랍니다.

OVRInput.Get() 함수를 이용해 리턴받은 Vector2 타입의 값을 Horizontal 축 값으로 요청할 경우에는 x, Vertical로 요청할 경우 y를 리턴합니다.

```
// 컨트롤러의 Axis 입력을 반환
// axis: Horizontal, Vertical 값을 갖는다.
public static float GetAxis(string axis, Controller hand = Controller.LTouch)
{
#if PC
    return Input.GetAxis(axis);
#elif Oculus
    if (axis == "Horizontal" || axis == "Mouse X")
    {
        return OVRInput.Get(OVRInput.Axis2D.PrimaryThumbstick, (OVRInput.Controller)hand).x;
    }
    else
    {
        return OVRInput.Get(OVRInput.Axis2D.PrimaryThumbstick, (OVRInput.Controller)hand).y;
    }
```

```
#endif
    }
```

[코드 1-28] ARAVRInput.cs 메타 환경의 GetAxis 함수 구현하기

5 진동 함수 PlayVibration 구현하기

메타에서 진동을 호출하는 데는 2개의 PlayVibration( ) 함수를 오버로딩해 사용합니다. 먼저 세부 진동 값을 제어할 파라미터를 갖는 PlayVibration( ) 함수입니다. 이 함수의 파라미터 값은 [표 1-4]와 같습니다.

[표 1-4] PlayVibration() 함수의 파라미터 값

duration	진동의 지속 시간
frequency	진동의 빈도, 0~1 사이 값
amplitude	진동 크기, 0~1 사이 값
hand	왼쪽 또는 오른쪽 컨트롤러

메타에서 진동을 표현하는 방법은 예전에는 진동에서 사용할 오디오 파일을 만들고 그 오디오 파일을 OvrHaptics 클래스를 이용해 재생하는 방식을 취했지만, 최근에는 이 기능은 없어지고 OVRInput의 SetControllerVibration( ) 함수를 사용해 진동을 표현합니다. 하지만 이 함수는 2초간 진동하고 자동 종료되는 함수이기 때문에 원하는 시간 동안 진동을 표현하고자 할 때는 단순히 SetControllerVibration( ) 함수를 호출하는 것으로는 어렵습니다. 따라서 코루틴을 이용해 진동 시간을 제어할 수 있도록 구현해야 합니다. 코루틴을 사용할 수 있는 객체는 MonoBehaviour 클래스를 상속받아 씬에 등록된 객체여야 하는데, ARAVRInput.cs 클래스는 단순 static 클래스로 이를 사용하기 어렵습니다. 이를 위해 메타에서 진동을 위해 사용할 코루틴 객체를 만 들어 사용하겠습니다. ARAVRInput 클래스가 끝나는 아랫부분에 MonoBehaviour를 상속받는 CoroutineInstance 클래스를 만듭니다. 이 클래스는 싱글턴 객체를 갖도록 하며, Awake( ) 함수에서 싱글턴 객체에 값을 할당합니다. 마지막으로 DonDestroyOnLoad( ) 함수를 이용해 해당 객체가 씬이 바뀌더라도 제거되지 않도록 했습니다.

```csharp
public static class ARAVRInput
{
    … 생략 …
}
// ARAVRInput 클래스에서 사용할 코루틴 객체
class CoroutineInstance : MonoBehaviour
{
    public static CoroutineInstance coroutineInstance = null;
    private void Awake()
    {
        if (coroutineInstance == null)
        {
            coroutineInstance = this;
        }
        DontDestroyOnLoad(gameObject);
    }
}
```

[코드 1-29] ARAVRInput.cs 진동을 위한 CoroutineInstance 클래스

그러면 진동을 처리할 코루틴 함수를 만들어보겠습니다. ARAVRInput 클래스 내에 Vibration Coroutine() 코루틴 함수를 만듭니다. 이 코루틴 함수는 메타 플랫폼에서만 동작하게 하려고 하기 때문에 #if Oculus 전처리문을 이용합니다. 파라미터는 [표 1-5]와 같습니다.

[표 1-5] VibrationCoroutine() 코루틴 함수의 파라미터

duration	지속 시간
frequency	빈도
Amplitude	진동 크기
hand	RTouch 또는 LTouch

이 함수 안에서는 OVRInput의 SetControllerVibration() 함수를 호출하게 됩니다. 앞에서 언급했듯이 이 함수는 지속 시간이 최대 2초이기 때문에 while문을 이용해 지속 시간 동안 계속 호출합니다. 시간이 지나 while문이 종료되고 SetControllerVibration() 함수를 0 값으로 초기화 해주면 진동이 종료됩니다.

```csharp
public static class ARAVRInput
{
    … 생략 …
#if Oculus
    static IEnumerator VibrationCoroutine(float duration, float frequency, float amplitude,
    Controller hand)
    {
        float currentTime = 0;
        while (currentTime < duration)
        {
            currentTime += Time.deltaTime;
            OVRInput.SetControllerVibration(frequency, amplitude,
            (OVRInput.Controller)hand);
            yield return null;
        }
        OVRInput.SetControllerVibration(0, 0, (OVRInput.Controller)hand);
    }
#endif
}
```

[코드 1-30] ARAVRInput.cs 진동을 처리할 VibrationCoroutine 코루틴 함수

이제 PlayVibration() 함수의 메타를 구현해 보겠습니다. PlayVibration() 함수 호출 시 코루틴 싱글턴 객체가 없을 경우 씬에 'CoroutineObject'라는 이름으로 게임 오브젝트를 만듭니다. 그리고 이 객체에 AddComponent() 함수를 이용해 앞에서 만들어 놓은 [CoroutineInstance] 클래스를 붙입니다. 마지막으로 진동 코루틴을 실행하기 전에 CoroutineInstance의 싱글턴 객체를 이용해 StopAllCoroutine() 함수를 호출해 줍니다. 이러면 진동을 위해 진행 중인 코루틴이 있으면 모두 정지하게 됩니다. 이렇게 하고 StartCoroutine() 함수로 VibrationCoroutine() 코루틴을 실행시켜 줍니다.

```csharp
// 컨트롤러에 진동 호출하기
// duration: 지속 시간, frequency: 빈도,
// amplify: 진폭, hand: 왼쪽 혹은 오른쪽 컨트롤러
public static void PlayVibration(float duration, float frequency, float amplitude,
Controller hand)
{
```

```csharp
#if Oculus
        if(CoroutineInstance.coroutineInstance == null)
        {
            GameObject coroutineObj = new GameObject("CoroutineInstance");
            coroutineObj.AddComponent<CoroutineInstance>();
        }
        // 이미 플레이중인 진동 코루틴은 정지
        CoroutineInstance.coroutineInstance.StopAllCoroutines();
        CoroutineInstance.coroutineInstance.StartCoroutine(VibrationCoroutine(duration,
        frequency, amplitude, hand));
#endif
    }
```

[코드 1-31] ARAVRInput.cs 세부 설정 값을 갖는 PlayVibration 함수

세부적인 제어가 가능한 진동 재생 함수 외에 간단히 컨트롤러에 진동을 주는 PlayVibration() 오버로딩 함수를 만들어 보겠습니다. 이 함수는 파라미터로 Controller만을 받아 진동을 호출합니다.

```csharp
    // 컨트롤러에 진동 호출하기
    public static void PlayVibration(Controller hand)
    {
#if Oculus
        PlayVibration(0.06f, 1, 1, hand);
#endif
    }
```

[코드 1-32] ARAVRInput.cs 간단한 PlayVibration 함수 구현하기

6 원하는 방향으로 중심을 재설정하는 Recenter 함수 구현하기

메타 환경에서 Recenter() 함수를 구현해보겠습니다. 메타는 센터 재설정을 위해 OVRManager의 display 객체가 갖고 있는 RecenterPos() 함수로 이를 제공합니다.

```csharp
    // 카메라가 바라보는 방향을 기준으로 센터를 잡는다.
    public static void Recenter()
    {
#if Oculus
```

```
        OVRManager.display.RecenterPose();
#endif
    }
```

[코드 1-33] ARAVRInput.cs 메타트 Recenter 함수 구현하기

7 조준점 크로스헤어를 그리는 DrawCrosshair 함수 구현하기

크로스헤어를 그리는 DrawCrosshair() 함수는 PC 플랫폼이 아닐 때는 originScale 값을 다르게 세팅했습니다. 이 부분은 사용자가 수정해서 사용하면 됩니다. 또한 메타와 바이브같은 VR 플랫폼에서는 isHand 값이 true일 때 각 컨트롤러의 위치와 방향을 이용해 레이를 만듭니다. 다른 부분은 PC와 모두 같습니다.

```
#if PC
    static Vector3 originScale = Vector3.one * 0.02f;
#else
    static Vector3 originScale = Vector3.one * 0.005f;
#endif
    // 광선 레이가 닿는 곳에 크로스헤어를 위치시키고 싶다.
    public static void DrawCrosshair(Transform crosshair, bool isHand = true, Controller hand =
Controller.RTouch)
    {
        // 1. 광선 레이 만들기
        Ray ray;
        // 컨트롤러의 위치와 방향을 이용하여 Ray 제작
        if (isHand)
        {
#if PC
            ray = Camera.main.ScreenPointToRay(Input.mousePosition);
#else
            if (hand == Controller.RTouch)
            {
                ray = new Ray(RHandPosition, RHandDirection);
            }
            else
            {
                ray = new Ray(LHandPosition, LHandDirection);
            }
#endif
```

```
        }
    … 생략 …

    }
```


[코드 1-34] ARAVRInput.cs 메타 DrawCrosshair 함수 구현하기

여기까지 ARAVRInput 클래스의 작업을 완료했습니다. 이제 이를 이용한 샘플 프로젝트를 제작해 보겠습니다.

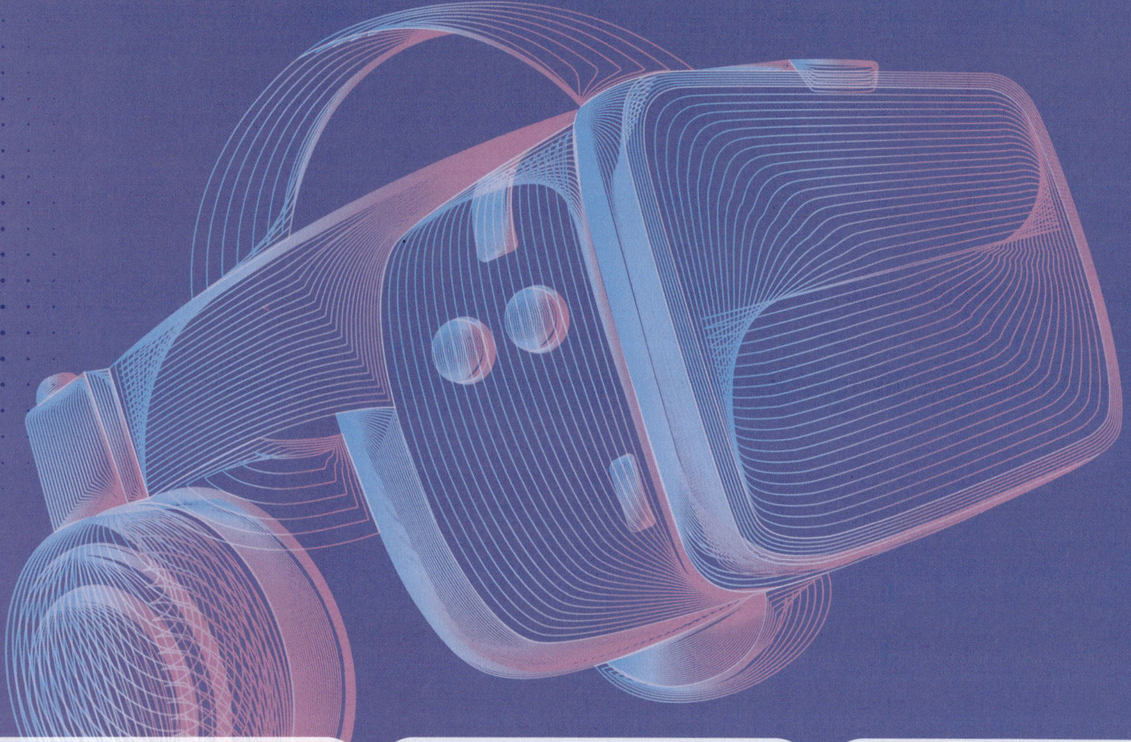

〈테이블 파티(Table Party)〉–XR 게임

디브이엑스알의 〈테이블 파티〉는 보드 게임의 고유한 메커니즘을 생생하게 구현한 XR 게임으로, 다양한 보드 게임과 파티 게임을 플랫폼과 기기 제한 없이 즐길 수 있다.

〈스펙트럴 스크림(Spectral Scream)〉–호러 VR 게임

스토익엔터테인먼트의 〈스펙트럴 스크림〉은 현실과 지옥의 중간인 연옥에 끌려와 동물 가면을 쓰고 탈출 열쇠 등을 찾으며 방해하는 크리처들을 제령하는 4인 멀티 호러 파티 게임이다.

〈하프 라이프 2(Half Life 2) VR〉–재난 훈 VR 게임

밸브 소프트웨어의 〈하프 라이트 2: VR〉 주인공 고든 프리맨이 A 구역의 훈련 시 에서 지나 크로스의 홀로그램에게 HEV 호복을 활용한 재난 대비 훈련을 받는 내 이다.

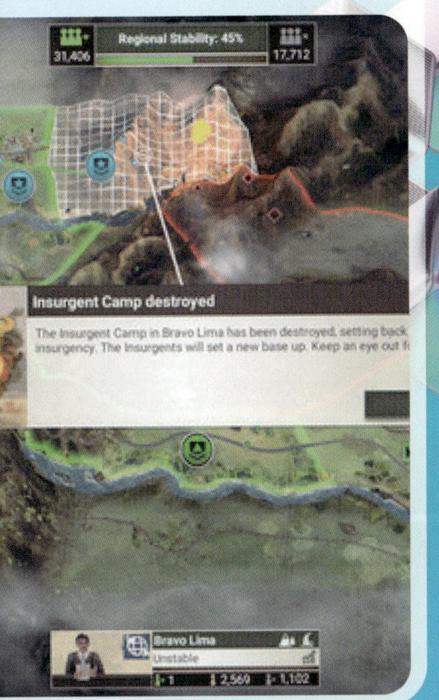

Chapter 2

MagicVoxel 제작

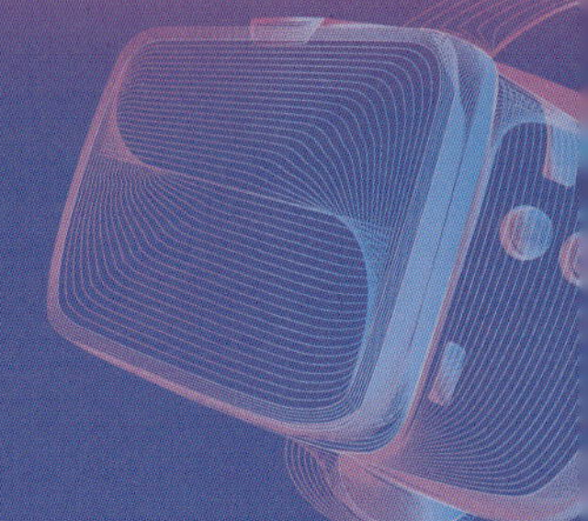

먼저 VR 매직복셀(MagicVoxel) 프로젝트를 만들겠습니다. 기본 PC 기준 3D 콘텐츠로 제작을 먼저 진행하며, 이 장의 후반부에서 VR 컨트롤러 대응으로 변환하는 작업을 진행합니다. 반복적인 수정과 테스트가 필요하기 때문에 먼저 PC 환경에서의 입력 컨트롤러 대응을 진행하는 것이 유리합니다. 이번 장에서 배울 내용은 다음과 같습니다.

학습 목표

VR 매직복셀 프로젝트를 생성하고 싶다.

순서

VR 매직복셀 프로젝트를 생성하기

▲ 복셀(Voxel)은 3D에서 픽셀(왼쪽)과 같은 존재로 3D 픽셀이라고 할 수 있으며, 정육면체이다. 복셀 모델링의 예(오른쪽)

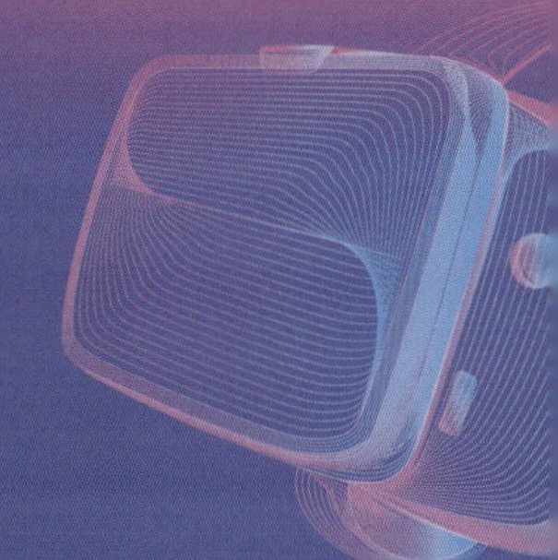

2.2 VR 매직복셀 프로젝트 생성하기

프로젝트를 생성하기 위해 유니티 허브(Unity Hub)를 실행합니다. [그림 2–1]은 유니티허브가 실행된 상태입니다. 유니티 허브는 진행 중인 프로젝트를 관리해주는 런처(Launcher)입니다. 이 툴에서 전체 프로젝트 관리 및 학습과 유니티 버전별 설치까지 모두 진행할 수 있습니다.

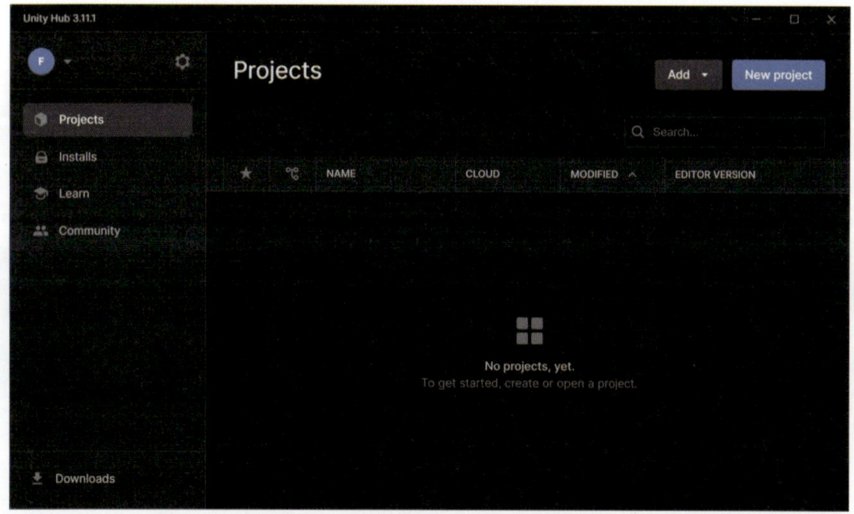

[그림 2–1] Unity Hub 프로젝트 생성하기

프로젝트를 새로 만들기 위해 [그림 2–1]과 같이 프로젝트 메뉴에서 [New project] 버튼을 클릭하겠습니다. 기존에 이미 만들어 놓은 것이 있다면 [Add] 버튼을 클릭해 가져올 수 있습니다.

[New project] 버튼을 클릭하면 [그림 2–2]와 같은 화면이 나타납니다. 이곳에서 진행할 프로젝트 형태를 Universal 3D로 선택하겠습니다. 그리고 프로젝트 이름을 'MagicVoxel'로 지정하겠습니다. 저장 위치는 편한 곳으로 해주세요.

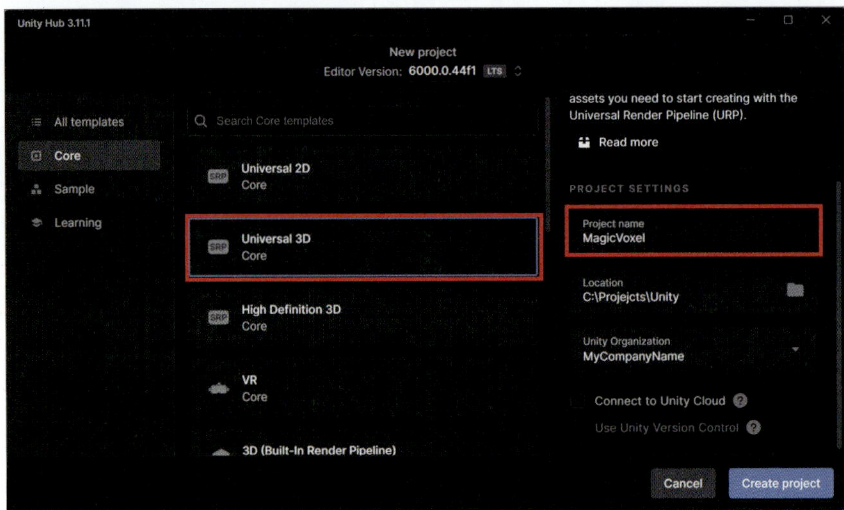

[그림 2-2] 'MagicVoxel'이라는 이름으로 프로젝트 생성

[Create project] 버튼을 클릭해 프로젝트를 만들겠습니다. 그러면 'MagicVoxel'이라는 프로젝트가 만들어지고 유니티 에디터가 열립니다.

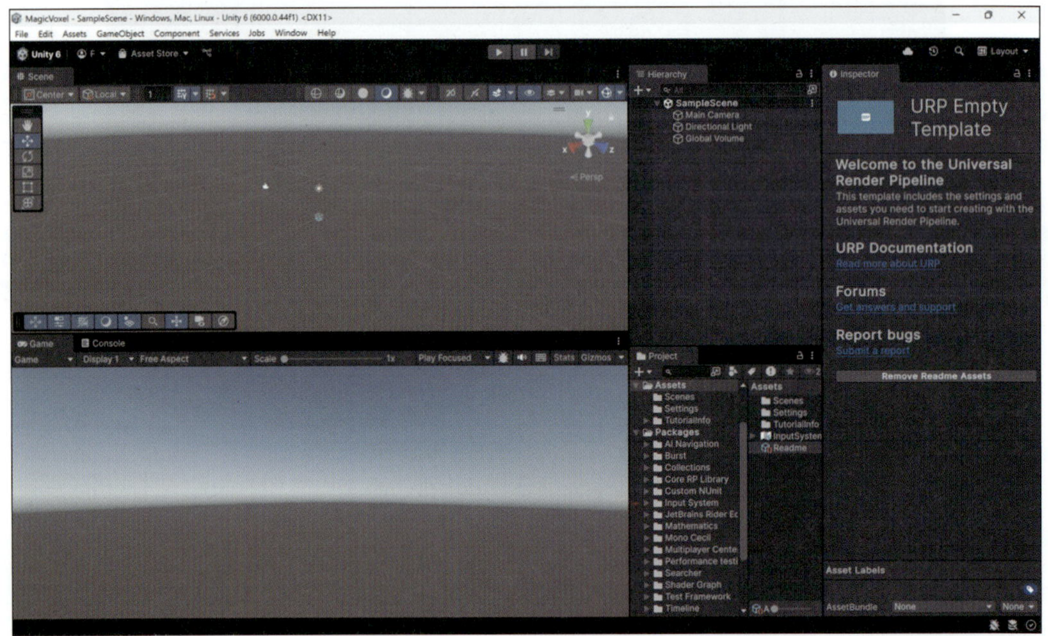

[그림 2-3] 'MagicVoxel'이라는 프로젝트로 열린 유니티 에디터

프로젝트가 생성됐으므로 이제 본격적으로 MagicVoxel 프로젝트 요소를 제작하겠습니다.

2.3 카메라 컨트롤 제작하기

프로젝트가 생성됐으므로 마우스 입력에 따라 회전하는 카메라 컨트롤 기능을 추가해 보겠습니다. 이렇게 하는 이유는 실무에서 프로젝트를 진행할 때 팀을 이뤄 진행하기 때문입니다. 이때 여러 가지 이유로 작업자들 모두 VR HMD를 하나씩 소유하고 작업하기 어렵습니다. VR HMD를 계속 사용하면서 작업해야 하는 직군이 있는 반면, 그렇지 않은 직군의 경우 굳이 VR HMD가 있어야만 작업이 가능하게 되면 여러모로 불편함이 많습니다. 따라서 반복적인 작업 및 테스트를 위한 목적과 VR HMD가 없어도 되는 직군의 작업 효율을 높이기 위해 키보드와 마우스로 먼저 입력을 대응해 주는 것이 좋습니다.

실제 VR HMD를 연결할 경우 마우스 입력에 따라 회전하는 카메라는 구현하지 않아도 됩니다. 이 기능은 자동으로 지원하기 때문입니다. 이 카메라 컨트롤 제작 기능은 VR 모드로 전환시킨 후에 비활성화하겠습니다.

> **🡒 학습 목표**
>
> 마우스 입력에 따라 카메라를 상하좌우로 회전하고 싶다.
>
> **🡒 순서**
>
> ❶ CamRotate 스크립트를 생성해 추가하기
> ❷ CamRotate 스크립트를 구현하기

CamRotate 스크립트 생성해 추가하기

프로젝트 창의 [+] 버튼을 클릭해 폴더를 먼저 만듭니다. 이름은 'Scripts'로 지정하겠습니다.

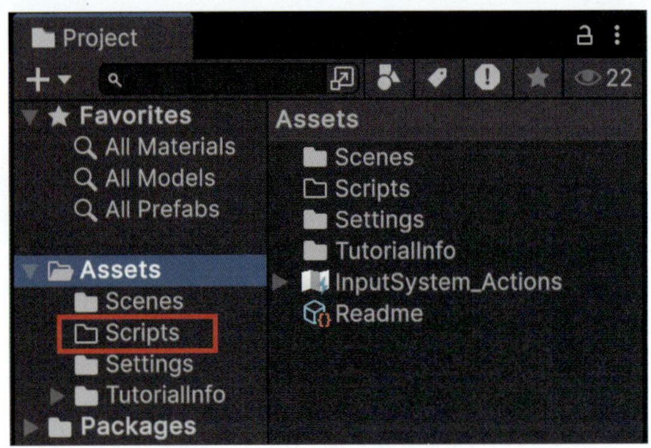

[그림 2-4] Scripts 폴더 생성하기

Scripts 폴더에 다시 [+] 버튼을 클릭해 MonoBehaviour Script(C# 스크립트)를 만듭니다. 이름은 'CamRotate'로 지정합니다. 하이어라키의 Main Camera를 선택하고 인스펙터 창에 CamRotate.cs 파일을 드래그 앤 드롭해 추가합니다.

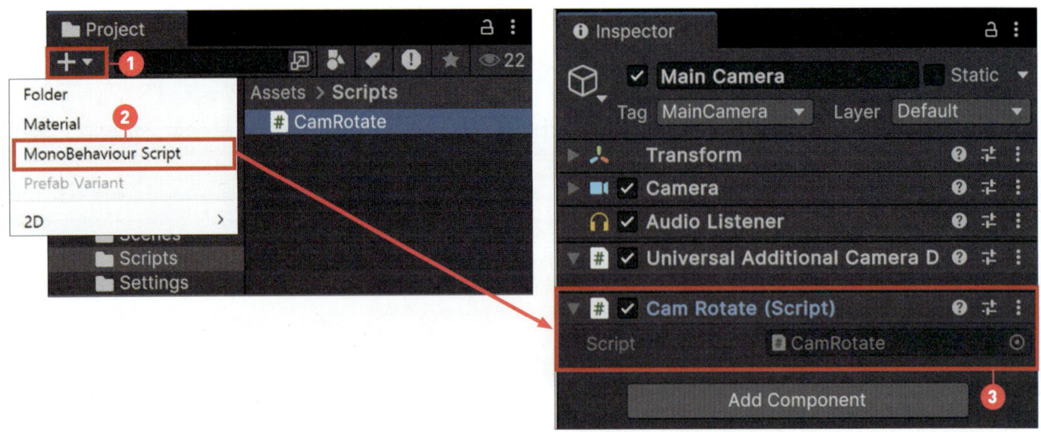

[그림 2-5] CamRotate.cs 파일 생성 및 MainCamera에 할당하기

CamRotate 스크립트 구현하기

CamRotate.cs에서는 마우스 입력에 따라 카메라를 회전시키려고 합니다. 이를 구현 목표와 세부 순서로 나누어 써보겠습니다.

목표에 따른 세부 순서를 도출한 방식은 최종적으로 하고자 하는 것을 기준으로 작성합니다. 이 것으로부터 필요한 세부 사항을 하나씩 뽑아내는 것입니다. '마우스 입력에 따라 카메라를 회전시 키고 싶다.'의 최종 목표는 결국 카메라를 회전시키는 것입니다. 이렇게 최종 목표가 선정되면 질문 을 던집니다. 카메라를 회전시켜야 할 때 필요한 정보는? '방향이 필요하다.'입니다. 방향이 있어야 어디로 회전시켜야 하는지 알 수 있겠죠? 그럼 그 방향은 어디에서 얻어오죠? 바로 '사용자의 마우 스 입력에서'입니다. 이를 정리하면 다음과 같습니다.

① **카메라를 회전시키고 싶다.**

② **방향이 필요하다.**

③ **사용자의 마우스 입력에서**

다시 순서를 **③**—**②**—**①**로 재정렬하면 '사용자의 마우스 입력으로', '방향을 구해', '카메라를 회전 시키고 싶다.'라는 세 가지 문장의 순서를 만들어낼 수 있습니다. 이렇게 우리가 구현할 목표의 최 종 우선순위를 마련했습니다.

이번에는 전체 문장을 구현하는 데 필요한 속성에는 무엇이 있는지 알아보겠습니다. 카메라를 회 전시키려면 현재 카메라의 회전 값을 기억해야 합니다. 그래야만 그 회전 값을 계속 누적해 다음 회전 값을 구할 수 있습니다. 그리고 얼마나 빨리 회전시켜야 하는지에 대한 마우스 이동 민감도를 구해야 합니다. 이 감도에 따라 살짝만 움직여도 회전되도록 할 수 있습니다. 그럼 필요한 속성을 먼저 선언하겠습니다. CamRotate.cs 파일을 편집기에서 엽니다.

```csharp
// 마우스 입력에 따라 카메라를 회전시키고 싶다.
// 필요 속성: 현재 각도, 마우스 감도
public class CamRotate : MonoBehaviour
{
    // 현재 각도
    Vector3 angle;
    // 마우스 감도
```

```
    public float sensitivity = 200;
}
```

[코드 2-1] CamRotate.cs 필요 속성 선언하기

다음으로 카메라가 현재 비추고 있는 각도를 시작할 때 현재 각도에 반영합니다. 이렇게 하지 않으면 무조건 회전 값이 (0, 0, 0)으로 세팅돼 우리가 원하는 각도로 시작할 수 없습니다. Start 함수가 생애주기(Life Cycle) 함수에서 태어날 때 호출되는 함수이기 때문에 Start에서 이를 할당해줍니다.

```csharp
// 마우스 입력에 따라 카메라를 회전시키고 싶다.
// 필요 속성: 현재 각도, 마우스 감도
public class CamRotate : MonoBehaviour
{
    // 현재 각도
    Vector3 angle;
    // 마우스 감도
    public float sensitivity = 200;

    void Start()
    {
        // 시작할 때 현재 카메라의 각도를 적용한다.
        angle = Camera.main.transform.eulerAngles;
        angle.x *= -1;
    }
}
```

[코드 2-2] CamRotate.cs Start 함수에서 카메라의 초기 회전 값 적용하기

우리의 목표는 '마우스 입력에 따라 카메라를 회전시키고 싶다.'입니다. 이 문장은 태어날 때 딱 한 번 실행하고 말 것이 아니라 실행되는 동안 계속 실행하고자 합니다. 따라서 이 문장이 들어가야 하는 곳은 Update 함수가 됩니다.

구현 우선순위에 따라 먼저 사용자의 마우스 입력을 얻어와야 합니다. 이를 위해 Input 클래스의 GetAxis 함수를 이용합니다. 그다음으로는 마우스 입력 값을 이용해 방향을 만듭니다. 방향은 마우스의 x, y 좌푯값만을 활용할 것이기 때문에(스크린 좌표는 x, y만 존재합니다.) angle의 x, y 값

만을 변경시킵니다. 이때 사용하는 공식은 [앞으로의 값 = 현재 값 + 속도 x 시간]입니다. 이렇게 마우스 입력을 이용해 구한 새로운 회전 값을 transform의 eulerAngles에 적용합니다. eulerAngles의 x, y에 들어가는 값은 새로 구한 angle의 -x, y 값으로 각각 할당됩니다. 그 이유는 마우스의 좌 우 입력은 물체의 y축 회전에 해당하고, 마우스의 상하 입력은 x축 회전에 해당하기 때문입니다. 또한 스크린 좌표와 3D 월드 공간상의 좌표는 서로 반대이기 때문에 방향을 바꾸기 위해 음수를 붙여줍니다. 그리고 각도를 −90~90 도 사이로 Clamp 함수를 이용해 제한을 걸어 줍니다. 이를 구현한 코드는 다음과 같습니다.

```csharp
public class CamRotate : MonoBehaviour
{
    … 생략 …

    void Update()
    {
        // 마우스 입력에 따라 카메라를 회전시키고 싶다.
        // 1. 사용자의 마우스 입력을 얻어와야 한다.
        // 마우스의 좌우 입력을 받는다.
        float x = Input.GetAxis("Mouse Y");
        float y = Input.GetAxis("Mouse X");
        // 2. 방향이 필요하다.
        // 이동 공식에 대입해 각 속성별로 회전 값을 누적시킨다.
        angle.x += x * sensitivity * Time.deltaTime;
        angle.y += y * sensitivity * Time.deltaTime;

        angle.x = Mathf.Clamp(angle.x, -90, 90);
        // 3. 회전시키고 싶다.
        // 카메라의 회전 값에 새로 만들어진 회전 값을 할당한다.
        transform.eulerAngles = new Vector3(-angle.x, angle.y, transform.eulerAngles.z);
    }
}
```

[코드 2-3] CamRotate.cs Update 함수에서 카메라의 회전 코드 작성하기

저장을 하고 유니티 에디터로 이동합니다. [플레이] 버튼을 눌러 마우스의 입력에 따라 정상적으로 회전하는지 확인합니다.

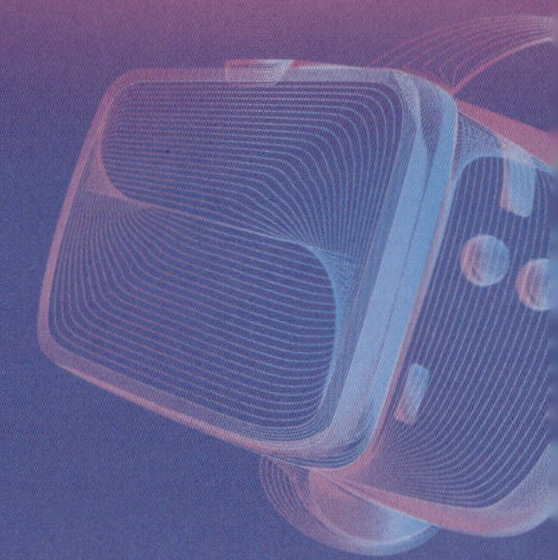

2.4　바닥 만들기

복셀(Voxel)이 만들어질 바닥판을 만들어보겠습니다. 바닥판은 사용자의 시선 입력을 받아 특정한 지점에 복셀이 생성되도록 하기 위한, 배경 같은 요소입니다. 먼저 하이어라키 창으로 이동한 후 툴바의 [+]을 클릭해 팝업 메뉴의 [3D Object-Cube]를 선택합니다. 이렇게 만들어진 Cube의 이름을 'Floor'로 지정합니다.

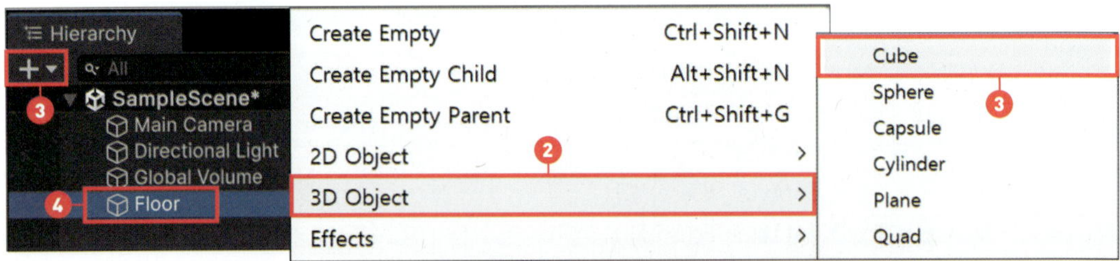

[그림 2-6] 바닥판 Floor 생성

바닥판의 위치, 회전 값은 모두 기본 값으로 설정하고, 크기 값만 (10, 1, 10)으로 설정합니다.

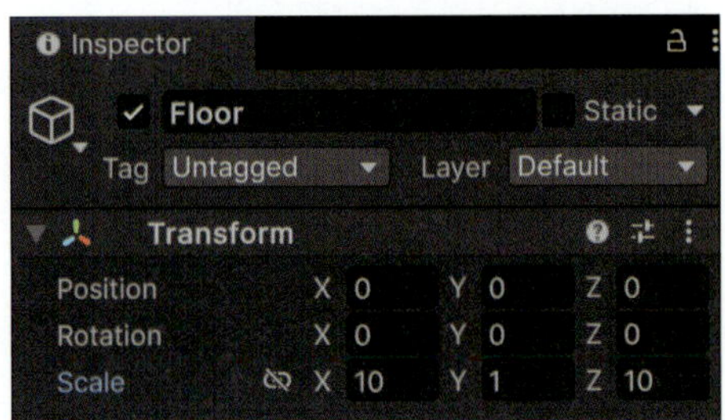

[그림 2-7] Floor의 Transform 값 설정

복셀 만들기

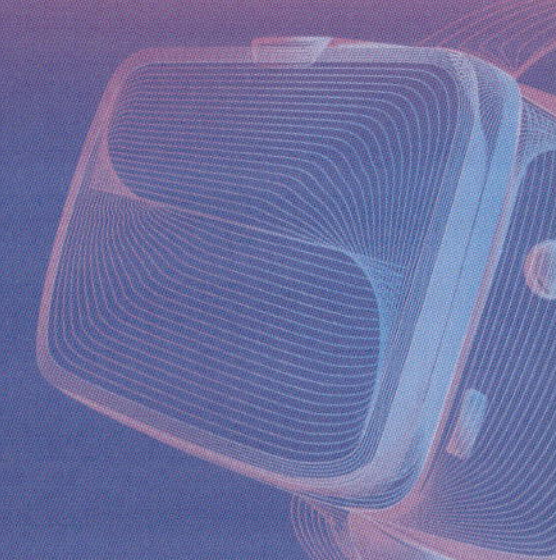

이번에는 이 프로젝트의 메인 요소인 복셀을 제작해 보겠습니다. 사용자의 시선 입력에 따라 복셀이 생성되며 그와 동시에 랜덤한 방향으로 튀어나가는 동작을 실행합니다. 이 복셀은 일정한 시간이 지나면 자동으로 제거되도록 해 메모리가 누수되는 것을 방지합니다.

🔸 학습 목표

복셀을 생성해 랜덤한 방향으로 튀게 하고 싶다.

🔸 순서

① 복셀 게임 오브젝트를 생성한다.
② 복셀 스크립트를 작성한다.

복셀이란?

먼저 복셀이 무엇인지 알아보겠습니다. '복셀 아트(Voxel Art)'라는 말이 있을 정도로 해당 분야는 특징이 있는 디자인 요소를 갖추고 있습니다. 복셀 아트는 '큐브만으로 디자인 된 물체'를 말합니다. 큐브를 여러 개 사용해 물체를 표현하며 이렇게 디자인했을 때의 장점은 데이터는 적게 사용할 수 있고, 만들어진 3D 모델이 픽셀아트(Pixel Art) 같은 느낌을 줄 수 있다는 것입니다. 2D로 말하면 '도트(dot) 디자인'이라고 할 수 있습니다. VR 프로젝트의 경우 성능이 관건이기 때문에 눈여겨봐 둬야 하는 디자인 스타일입니다. 이렇게 폴리곤을 적게 사용하는 것을 통틀어 '로우 폴리(Low Poly) 디자인'이라고도 합니다.

일반적으로 VR 콘텐츠의 성능 권장 사항은 모바일 환경에서는 60fps, PC 환경에서는 90fps입니다. 일반적인 앱의 경우 60fps의 성능을 달성하는 것은 상당히 어려운 작업입니다. 디자인 요소의 최적화 및 프로그래밍 최적화까지 모든 것이 최상으로 달성돼야 표현(출처: GMan Creative Blog, https://bit.ly/2CUg3go)할 수 있는 성능이라 볼 수 있습니다. 또한 VR의 경우에는 결과물을 표시할 화면이 2개(눈이 2개이기 때문)이기 때문에 성능은 더 떨어집니다. 따라서 VR에서 적극적으로 고려해야 하는 디자인 요소가 바로 '로우 폴리 디자인'입니다. 폴리곤의 수를 적게 사용하되 그래픽 결과물의 느낌은 살릴 수 있는 복셀 아트, 로우 폴리 아트를 적극 사용할 것을 추천합니다.

[그림 2-8] HIPSTER WHALE의 Crossy Road(출처: 구글 플레이, https://bit.ly/32lwk6y)

[그림 2-9] Low Poly art를 이용한 3D 디자인

 복셀 게임 오브젝트 생성하기

큐브 형태의 복셀을 만들어보겠습니다. 하이어라키에서 [+] 버튼을 클릭해 [3D Object-Cube]를 만듭니다. Cube의 이름은 'Voxel'로 지정하겠습니다.

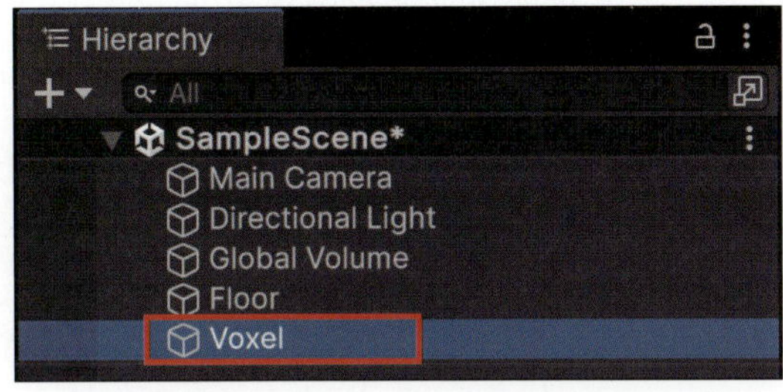

[그림 2-10] Voxel 게임 오브젝트 생성

복셀 스크립트 작성하기

복셀의 행동을 제어할 스크립트를 하나 생성하겠습니다. [Project] 창의 [Scripts] 폴더로 이동합니다. 이곳에서 [+] 버튼을 클릭한 후 [Monobehaivour Script] 메뉴를 선택해 C# 스크립트 파일을 만듭니다. 스크립트 파일의 이름은 'Voxel'로 지정하겠습니다. Voxel.cs 파일을 하이어라키의 Voxel 게임 오브젝트에 드래그 앤 드롭으로 붙입니다.

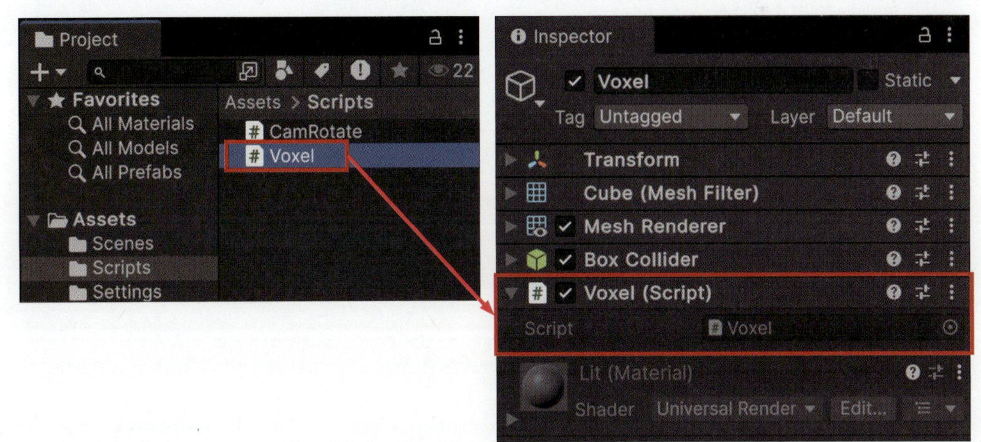

[그림 2-11] Voxel.cs 스크립트 할당

복셀은 세 가지 동작으로 정의될 수 있습니다.

이 중 오브젝트 풀을 이용한 구현은 VoxelMaker.cs에서 알아보겠습니다. 그럼 우리의 목표인 '복셀을 생성해 랜덤한 방향으로 튀게 하고 싶다.'를 위에서 정의한 세 가지 동작으로 구현해보겠습니다. 먼저, 복셀은 태어날 때 랜덤한 방향으로 날아가도록 구현하겠습니다. 편집기에서 Voxel.cs 파일을 엽니다.

Voxel.cs에서 필요한 속성을 선언합니다. 랜덤으로 날아가는 운동을 표현하기 위해 알아야 하는 정보는 바로 '날아갈 속도'입니다. 속성을 speed로 선언하고 Start 함수에서 Random 클래스의 insideUnitSphere를 통해 랜덤한 방향을 구합니다. 마지막으로 리지드보디 컴포넌트를 가져와 linearVelocity에 값을 넣어줌으로써 복셀이 생성되면 날아갈 수 있도록 합니다. 다음은 이 내용을 구현한 코드입니다.

```csharp
// 1. 복셀은 랜덤한 방향으로 날아가는 운동을 한다.
// 필요 속성: 날아갈 속도
public class Voxel : MonoBehaviour
{
    // 1. 복셀이 날아갈 속도 속성
    public float speed = 5;
    void Start()
    {
        // 2. 랜덤한 방향을 찾는다.
        Vector3 direction = Random.insideUnitSphere;
        // 3. 랜덤한 방향으로 날아가는 속도를 준다.
        Rigidbody rb = gameObject.GetComponent<Rigidbody>();
        rb.linearVelocity = direction * speed;
    }
}
```

[코드 2-4] Voxel.cs 랜덤한 방향으로 날려보내기 구현하기

이렇게 만들어진 복셀 코드는 잠재적인 메모리 누수의 위험을 내포하고 있습니다. 계속 생성만 되고 제거되는 코드는 없다 보니 문제의 여지가 있습니다. 따라서 '일정 시간이 지나면 복셀을 제거

하고 싶다.'라는 내용을 추가해 보겠습니다. 이 문장의 최종 목표는 '1. 복셀을 제거하고 싶다.'입니다. 그다음은 질문입니다. '왜 복셀을 제거해야 하나요?' 그 대답은 바로 '2. 제거 시간이 됐으니까.'입니다. 일정 시간이 지났다는 것은 제거 시간이 됐다는 것이니까요. 마지막으로 아주 단순하지만 없으면 안 되는 질문과 대답입니다. '왜 갑자기 제거 시간이 됐나요?', '3. 경과 시간이 흘렀으니까' 입니다. 이를 역순으로 배열하면 다음과 같습니다.

> **목표:** 일정 시간이 지나면 복셀을 제거하고 싶다.
> **순서:** ❶ 경과 시간이 흘러야 한다.
>   ❶ 제거 시간이 되었으니까.
>   ❶ 복셀을 제거하고 싶다.

'❶ 경과 시간이 흘러서', '❷ 제거 시간이 되면', '❸ 복셀을 제거하고 싶다.'의 순서로 구현해야 할 세부 문장을 만들 수 있습니다.

그럼 이 내용을 구현하는 데 필요한 속성을 먼저 선언해 보겠습니다. 제거 시간 정보와 경과 시간이 필요합니다. 구현 내용은 Update 함수 내에서 이뤄집니다. 경과 시간은 deltaTime을 계속 누적 시켜 시간이 흐르게 합니다. 그리고 제거할 시간이 됐다는 것을 '만약 경과 시간이 제거 시간을 초 과 했다면'으로 변경할 수 있습니다. 그리고 이 조건을 만족하면 복셀을 Destory 함수로 제거합니다. 다음은 이를 구현한 코드입니다.

```
// 2. 일정 시간이 지나면 복셀을 제거하고 싶다.
// 필요 속성: 복셀을 제거할 시간, 경과 시간
public class Voxel : MonoBehaviour
{
    … 생략 …
    // 복셀을 제거할 시간
    public float destoryTime = 3.0f;
    // 경과 시간
    float currentTime;
    void Update()
    {
        // 일정 시간이 지나면 복셀을 제거하고 싶다.
        // 1. 시간이 흘러야 한다.
```

```csharp
        currentTime += Time.deltaTime;
        // 2. 제거 시간이 됐으니까.
        // 만약 경과 시간이 제거 시간을 초과했다면
        if (currentTime > destoryTime)
        {
            // 3. 복셀을 제거하고 싶다.
            Destroy(gameObject);
        }
    }
}
```

[코드 2-5] Voxel.cs 제거 시간이 되면 복셀 제거하기

마지막으로 리지드보디 컴포넌트를 복셀에 추가해야 합니다. 유니티 에디터로 이동하겠습니다. 하이어라키로 이동해 [Voxel]을 선택하고 인스펙터 창에서 [Add Component] 버튼을 선택해 [Physics-Rigidbody]를 추가합니다.

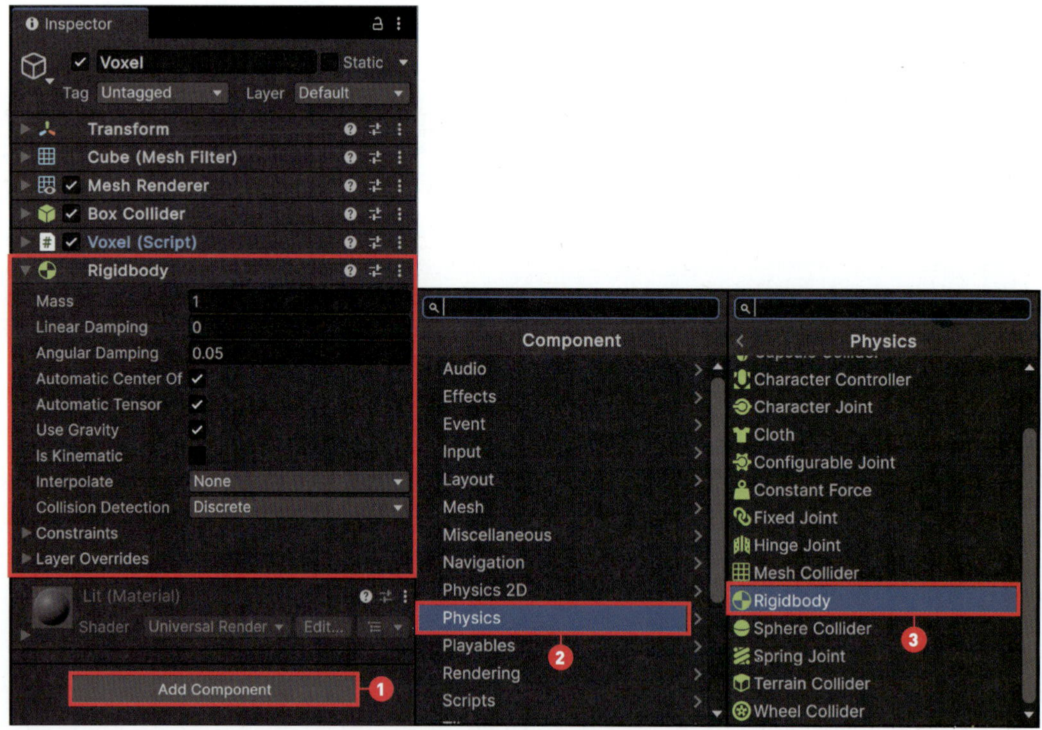

[그림 2-12] Voxel 게임 오브젝트에 리지드보디 컴포넌트 추가하기

이렇게 만든 복셀 게임 오브젝트는 프리팹으로 등록해 사용하겠습니다. 프로젝트 창에서 [+] 버튼을 눌러 Folder를 하나 만들어 줍니다. 폴더 이름은 'Prefabs'로 지정합니다. 하이어라키에 있는 Voxel 게임 오브젝트를 프로젝트 창의 Prefabs 폴더로 드래그 앤 드롭합니다.

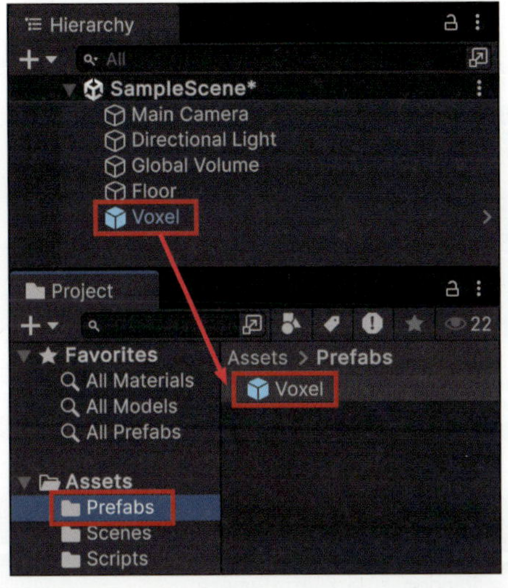

[그림 2-13] Voxel 게임 오브젝트를 프리팹으로 등록하기

하이어라키에 등록된 Voxel 게임 오브젝트는 뒤에서 구현할 VoxelMaker에서 사용할 예정이고, 프리팹으로 등록했으므로 하이어라키에서 Delete 를 눌러 제거하세요. 지금까지 하이어라키에 등록된 게 임 오브젝트들과 프로젝트 창의 폴더는 다음과 같습니다.

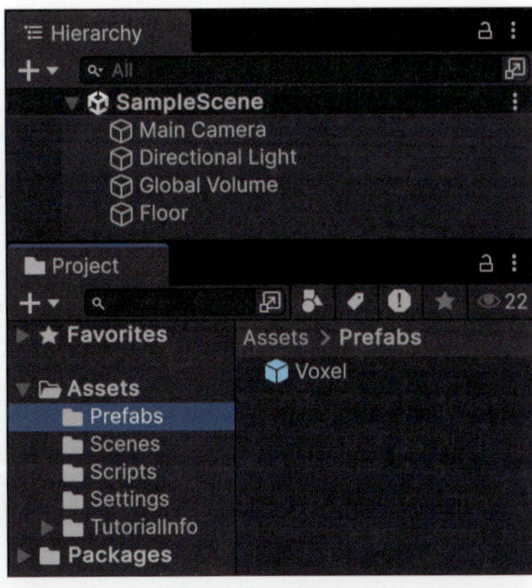

[그림 2-14] Voxel 프리팹이 등록된 후 최종 결과

```csharp
using System.Collections;
using System.Collections.Generic;
using UnityEngine;
// 1. 복셀은 랜덤한 방향으로 날아가는 운동을 한다.
// 필요 속성: 날아갈 속도
// 2. 일정 시간이 지나면 복셀을 제거하고 싶다.
// 필요 속성: 복셀을 제거할 시간, 경과 시간
public class Voxel : MonoBehaviour
{
    // 1. 복셀이 날아갈 속도 구하기
    public float speed = 5;
    // 복셀을 제거할 시간
    public float destoryTime = 3.0f;
    // 경과 시간
    float currentTime;
    void Start()
    {
        // 2. 랜덤한 방향을 찾는다.
        Vector3 direction = Random.insideUnitSphere;
        // 3. 랜덤한 방향으로 날아가는 속도를 준다.
        Rigidbody rb = gameObject.GetComponent<Rigidbody>();
        rb.linearVelocity = direction * speed;
    }
    void Update()
    {
        // 일정 시간이 지나면 복셀을 제거하고 싶다.
        // 1. 시간이 흘러야 한다.
        currentTime += Time.deltaTime;
        // 2. 제거 시간이 됐으니까.
        // 만약 경과 시간이 제거 시간을 초과했다면
        if (currentTime > destoryTime)
        {
            // 3. 복셀을 제거하고 싶다.
            Destroy(gameObject);
        }
    }
}
```

[코드 2-6] Voxel.cs 완성 코드

2.6 복셀 제작자 만들기

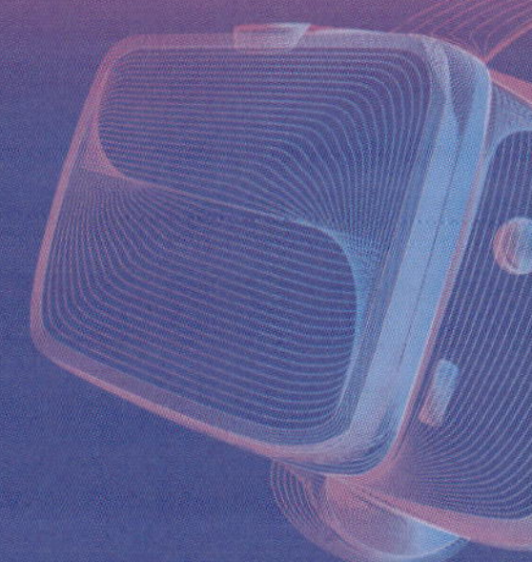

어디로 튈지 모르는 복셀을 만들어 봤습니다. 이번에는 사용자가 찍는 바닥 위치에 이 복셀이 만들어지도록 해보겠습니다. 처음에는 사용자의 마우스의 위치된 곳에 만들어지도록 하고, 그 다음으로는 VR 대응을 위해 사용자가 바라보는 방향으로 복셀이 만들어지도록 내용을 수정하겠습니다. VR에서는 사용자 시선이 오브젝트에 위치하면 이를 감지해 선택 입력으로 활용하곤 합니다.

> **⬇ 학습 목표**
>
> 사용자의 입력이 닿는 곳에 복셀을 만들고 싶다.
>
> **⬇ 순서**
>
> ❶ 복셀 제작자를 만들기
> ❷ 마우스 포인터가 닿는 곳에 복셀을 만들고 싶다.
> ❸ 사용자의 시선이 닿는 곳에 복셀을 만들고 싶다.

복셀메이커 오브젝트

복셀을 만드는 역할을 하는 게임 오브젝트를 1개 만들겠습니다. 복셀 제작자(VoxelMaker)가 되는 이 객체는 씬에 존재하되, 시각적으로 보일 필요는 없습니다. 마치 신처럼 어디엔가 존재는 하되, 우리 눈에 보이지 않는 것과 마찬가지입니다. 이 복셀 제작자의 역할은 사용자의 입력을 받아 복셀을 만들고 바닥의 특정 지점에 배치하는 것입니다. 그럼 복셀 제작자를 만들어보겠습니다.

먼저 빈 게임 오브젝트를 만든 후 이름을 'VoxelMaker'로 지정합니다.

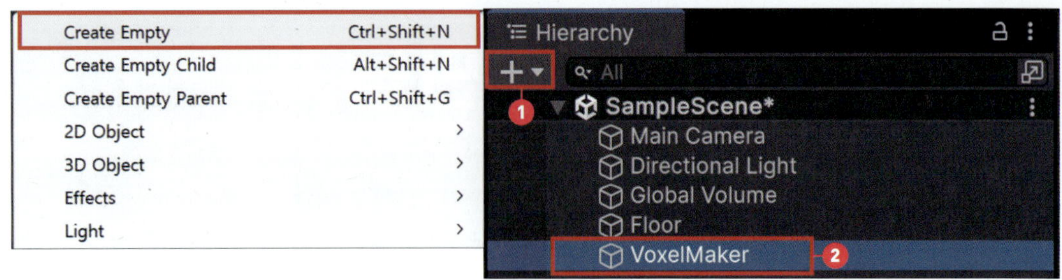

[**그림 2-15**] VoxelMaker 게임 오브젝트 생성

프로젝트 창에서 [+] 버튼을 클릭한 후 MonoBehaviour Script를 만들고 이름을 'VoxelMaker'로 지정합니다. 이 VoxelMaker 스크립트를 VoxelMaker 게임 오브젝트 에 추가하겠습니다.

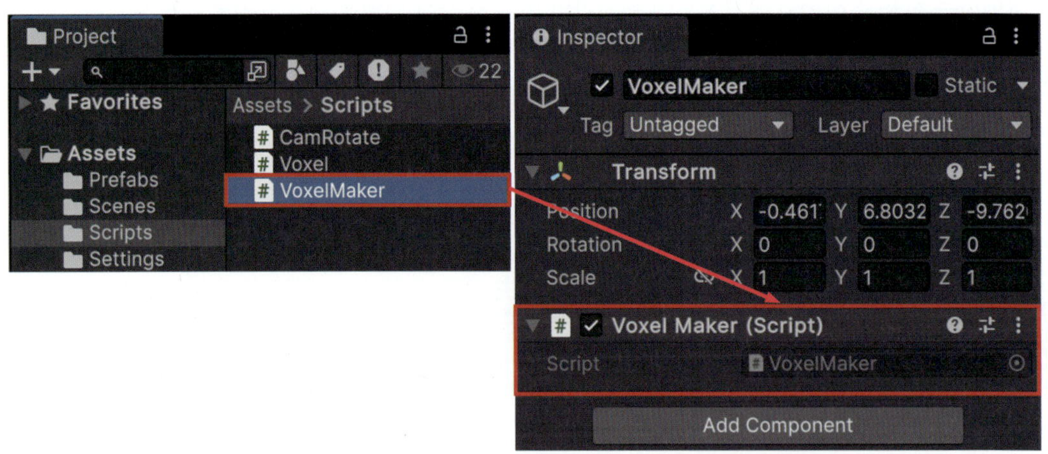

[**그림 2-16**] VoxelMaker.cs 스크립트를 VoxelMaker 게임 오브젝트에 추가하기

🄥 마우스 포인터가 닿는 곳에 복셀을 만들고 싶다

이제 복셀 제작자가 하는 일을 작성해보겠습니다. 먼저 '마우스 포인터가 닿는 곳에 복셀을 만들고 싶다.'를 작업합니다. 그럼 Voxel.cs 스크립트를 편집기에서 엽니다. 우리가 Voxel 스크립트에서 하고자 하는 것은 다음과 같습니다.

> ➲ **목표:** 사용자가 마우스를 클릭한 지점에 복셀을 하나 만들고 싶다.
> ➲ **순서:** ❶ 사용자가 마우스를 클릭했다면
> ❶ 마우스의 위치가 바닥 위에 위치해 있다면

이 목표로 순서를 만들어내는 방법은 먼저 궁극적으로 하고 싶은 최종 목적을 뽑는 것입니다. 이것이 바로 '복셀을 배치하고 싶다.'입니다. 그다음으로 복셀을 배치하려면 복셀이 있어야겠죠? '복셀 공장에서 복셀을 만들어야 한다.'가 됩니다. 그럼 복셀은 왜 만들었죠? 바로 '마우스 위치가 바닥에 위치해 있기 때문'이죠. 다시 질문을 합니다. '마우스가 바닥에 위치하면 왜 복셀을 만들지?', '사용자가 마우스를 클릭했으니까.'가 됩니다. 이렇게 만들어진 세부 내용을 역으로 배치해 얻은 순서가 위 내용입니다. 이제 코드를 구현해보겠습니다.

복셀을 프리팹으로 만들었으므로 사용자가 마우스를 클릭했을 때 이 프리팹을 불러와 생성하려고 합니다. 우리는 이 프리팹을 '복셀 공장'이라는 이름으로 속성에 추가하겠습니다.

```csharp
// 사용자가 마우스를 클릭한 지점에 복셀을 1개 만들고 싶다.
// 필요 속성: 복셀 공장
public class VoxelMaker : MonoBehaviour
{
    // 복셀 공장
    public GameObject voxelFactory;
}
```

[코드 2-7] VoxelMaker.cs 복셀 공장 속성 추가

다음으로 세부 목표를 Update 함수에 추가하겠습니다.

```csharp
public class VoxelMaker : MonoBehaviour
{
    // 복셀 공장
    public GameObject voxelFactory;

    void Update()
    {
        // 사용자가 마우스를 클릭한 지점에 복셀을 1개 만들고 싶다.
```

```
            // 1. 사용자가 마우스를 클릭했다면
            // 2. 마우스의 위치가 바닥 위에 위치해 있다면
            // 3. 복셀 공장에서 복셀을 만들어야 한다.
            // 4. 복셀을 배치하고 싶다.
        }
    }
```

[코드 2-8] VoxelMaker.cs Update에서 해야 할 동작 정의

사용자가 마우스를 클릭했을 때를 넣어보죠. 유니티에서는 대다수의 사용자 입력을 Input 클래스가 담당합니다. Input 클래스의 GetButtonDown 함수에 'Fire1'을 넣어주면 마우스 왼쪽 버튼을 클릭하거나 왼쪽 Ctrl을 눌렀을 때 true 값을 반환합니다.

```csharp
public class VoxelMaker : MonoBehaviour
{
    … 생략 …
    void Update()
    {
        // 사용자가 마우스를 클릭한 지점에 복셀을 1개 만들고 싶다.

        // 1. 사용자가 마우스를 클릭했다면
        if (Input.GetButtonDown("Fire1"))
        {
            // 2. 마우스의 위치가 바닥 위에 위치해 있다면
            // 3. 복셀 공장에서 복셀을 만들어야 한다.
            // 4. 복셀을 배치하고 싶다.
        }
    }
}
```

[코드 2-9] VoxelMaker.cs 사용자의 마우스 클릭 구현하기

마우스의 위치가 바닥 위에 있는 것을 판단하는 것은 레이를 쏴서 구현할 수 있습니다. [그림 2-17]을 보면 시선이 있으며, 이 시선은 보이지 않지만 눈에서부터 시선이 향하는 방향으로 날아가 특정 물체에 부딪힙니다. 이 무형의 시선을 유니티에서는 'Ray', 시선이 던져지는 것을 'Raycast'라

합니다. 시선을 던져(Raycast) 특정 물체에 부딪혔을 때(Hit) 해당 물체에 대한 정보와 부딪힌 위치,
방향 등의 정보가 저장되는 곳을 'RaycastHit'라고 합니다.

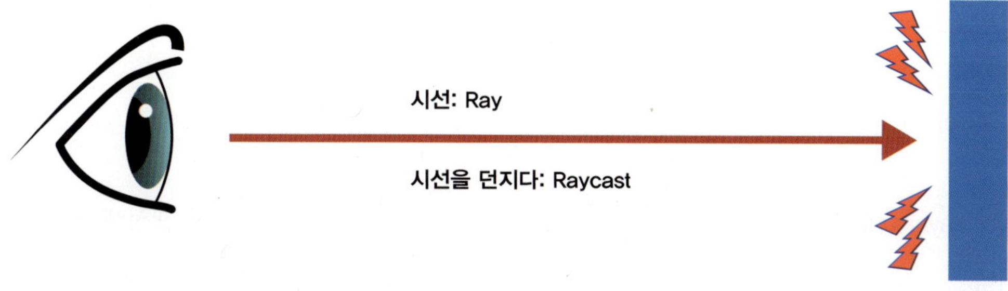

[그림 2-17] 레이(Ray)에 대한 설명

이렇게 시선(Ray)을 던져 특정 물체에 충돌하는 것은 유니티 물리 엔진인 Physics에서 담당합
니다. 레이를 던지는 절차는 다음과 같습니다. 먼저 레이를 만듭니다. 이때 레이는 카메라(Camera)
컴포넌트의 ScreenPointToRay 함수에 마우스의 스크린 좌표인 Input.mousePosition 값을 넘겨
줌으로써 구할 수 있습니다. 그다음으로 Raycast의 인자에 만들어진 레이와 부딪힌 정보를 저장할
RaycastHit를 넘겨 충돌을 체크합니다. 참고로 RaycastHit를 넘겨줄 때 참조 연산자인 out 키워
드 를 붙여주는 것에 주의해야 합니다. 다음은 그 처리 코드입니다.

```csharp
public class VoxelMaker : MonoBehaviour
{
    … 생략 …
    void Update()
    {
        // 사용자가 마우스를 클릭한 지점에 복셀을 1개 만들고 싶다.
        // 1. 사용자가 마우스를 클릭했다면
        if (Input.GetButtonDown("Fire1"))
        {
            // 2. 마우스가 바닥 위에 위치해 있다면
            Ray ray = Camera.main.ScreenPointToRay(Input.mousePosition);
            RaycastHit hitInfo = new RaycastHit();
            if (Physics.Raycast(ray, out hitInfo))
            {
```

```
            // 3. 복셀 공장에서 복셀을 만들어야 한다.
            // 4. 복셀을 배치하고 싶다
        }
    }
}
```

[코드 2-10] VoxelMaker.cs Raycast 구현하기

이제 Raycast로부터 충돌이 검출되면 복셀 공장(복셀 프리팹)에서 복셀을 하나 생성해 배치하고자 합니다.

프리팹인 복셀을 생성하기 위해서는 Instantiate 함수에 프리팹을 저장하고 있는 복셀 공장 변수를 넘겨주면 됩니다. RaycastHit형 변수인 hitInfo의 point 값을 이용하면 부딪힌 지점을 알아낼 수 있습니다. 다음은 복셀을 만들어 배치하는 코드입니다.

```
public class VoxelMaker : MonoBehaviour
{
    … 생략 …
    void Update()
    {
        // 사용자가 마우스를 클릭한 지점에 복셀을 1개 만들고 싶다.
        // 1. 사용자가 마우스를 클릭했다면
        if (Input.GetButtonDown("Fire1"))
        {
            Ray ray = Camera.main.ScreenPointToRay(Input.mousePosition);
            RaycastHit hitInfo = new RaycastHit();
            // 2. 마우스의 위치가 바닥 위에 위치해 있다면
            if (Physics.Raycast(ray, out hitInfo))
            {
                // 3. 복셀 공장에서 복셀을 만들어야 한다.
                GameObject voxel = Instantiate(voxelFactory);
                // 4. 복셀을 배치하고 싶다.
                voxel.transform.position = hitInfo.point;
            }
        }
    }
}
```

[코드 2-11] VoxelMaker.cs 복셀 생성 및 배치

그럼 유니티 에디터로 이동해 하이어라키에서 VoxelMaker 게임 오브젝트를 선택합니다. 혹시 하이어라키에 Voxel 게임 오브 젝트가 남아 있으면 Delete 를 눌러 제거하세요. 프리팹으로 등록해 놓았기 때문에 더 이상 필요가 없습니다. 그런 다음 인스펙 터 창에서 VoxelMaker 컴포넌트의 Voxel Factory 속성에 Voxel 프리팹을 드래그 앤 드롭으로 할당합니다.

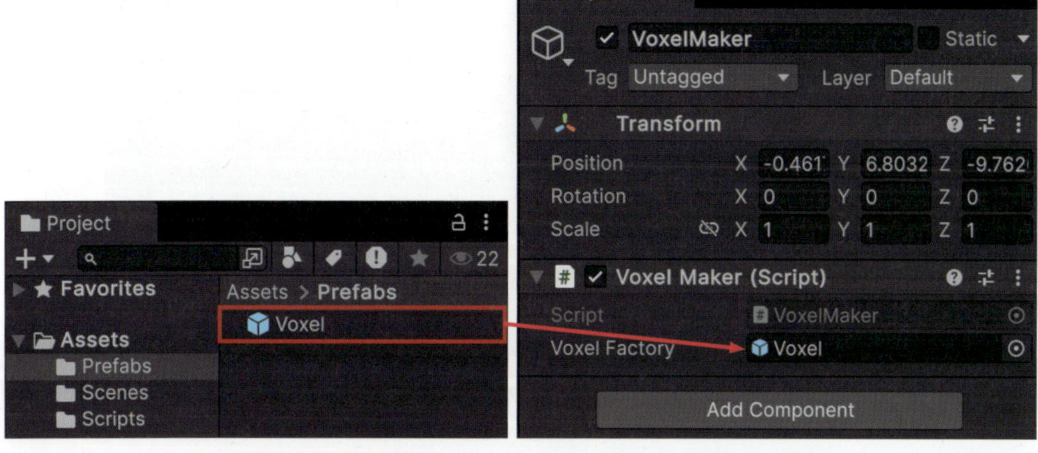

[그림 2-18] VoxelMaker의 Voxel Factory 속성에 Voxel 프리팹 할당

이제 테스트를 하기 위해 메인 카메라의 위치와 회전 값을 수정하겠습니다. 하이어라키에서 Main Camera 게임 오브젝트를 선택한 후 인스펙터 창에서 Transform 컴포넌트의 Position 정보를 (8, 9, 8), Rotation 정보를 (40, 225, 0)으로 변경합니다.

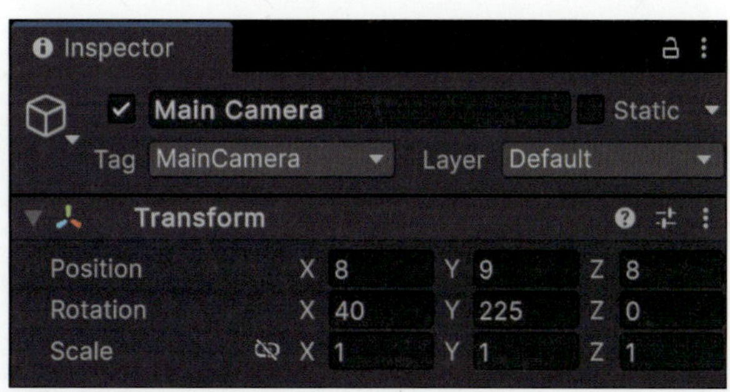

[그림 2-19] Main Camera의 위치와 회전 값 수정하기

이제 [플레이] 버튼을 누른 후 게임(Game) 창에서 바닥 판을 클릭해 보면서 결과를 확인해 봅니다.

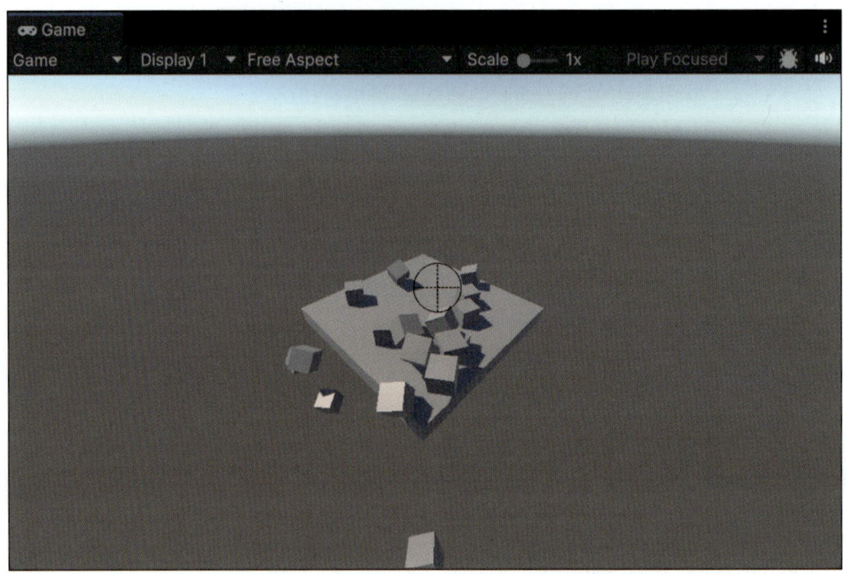

[그림 2-20] 복셀이 생성되는 결과 화면

```
using System.Collections;
using System.Collections.Generic;
using UnityEngine;
// 사용자가 마우스를 클릭한 지점에 복셀을 1개 만들고 싶다.
// 필요 속성: 복셀 공장
public class VoxelMaker : MonoBehaviour
{
    // 복셀 공장
    public GameObject voxelFactory;

    void Update()
    {
        // 사용자가 마우스를 클릭한 지점에 복셀을 1개 만들고 싶다.
        // 1. 사용자가 마우스를 클릭했다면
        if (Input.GetButtonDown("Fire1"))
        {
            Ray ray = Camera.main.ScreenPointToRay(Input.mousePosition);
            RaycastHit hitInfo = new RaycastHit();
            // 2. 마우스의 위치가 바닥 위에 위치해 있다면
            if (Physics.Raycast(ray, out hitInfo))
```

```csharp
        {
            // 3. 복셀 공장에서 복셀을 만들어야 한다.
            GameObject voxel = Instantiate(voxelFactory);
            // 4. 복셀을 배치하고 싶다.
            voxel.transform.position = hitInfo.point;
        }
    }
}
```

[코드 2-12] VoxelMaker.cs 완성 코드

오브젝트 풀 사용하기

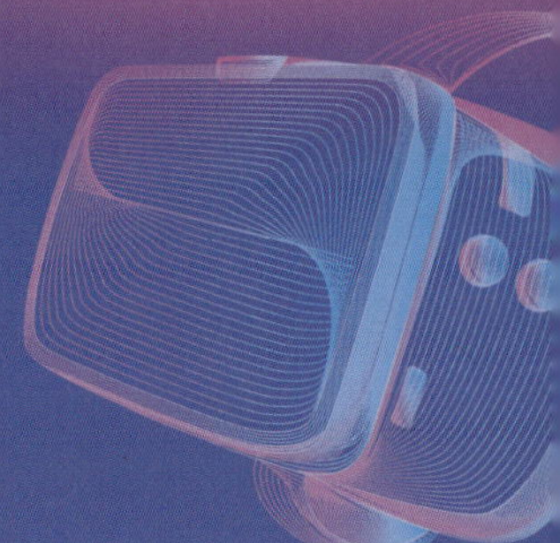

VR에서는 인지 부조화를 막기 위해 여러 가지 요소를 고려해야 합니다. 그중에서도 콘텐츠의 쾌적한 진행이 어려울 경우 상당한 인지 부조화가 생깁니다. 따라서 초당 프레임률(Frame Per Second)인 FPS를 높이는 것이 관건입니다. 따라서 이번 장에서는 최적화 요소 중 하나인 메모리를 효율적으로 관리하기 위한 오브젝트 풀을 사용해 보겠습니다.

🔶 학습 목표

복셀을 오브젝트 풀로 관리하고 싶다.

🔶 순서

1. 오브젝트 풀에 비활성화된 복셀을 담고싶 다.
2. 복셀 오브젝트 풀을 이용하기
3. 복셀 오브젝트 풀에 반환하기

🎮 오브젝트 풀에 비활성화된 복셀 담기

오브젝트 풀은 여러 가지 방식으로 만들어 사용할 수 있습니다. 주목적은 메모리를 효율적으로 관리해 메모리 단편화를 예방하는 효과를 얻을 수 있고, 필요한 리소스를 미리 로드해 놓고 사용함으로써 콘텐츠 안에서 로딩하느라 느려지는 문제를 예방하는 것입니다.

그럼 먼저 VoxelMaker.cs 스크립트에 필요한 속성으로 오브젝트 풀 크기와 복셀 오브젝트 풀을 리스트로 추가하겠습니다. 이 리스트는 비활성화돼 있는 복셀을 담아 관리하게 됩니다.

```
// 1. 오브젝트 풀에 비활성화된 복셀을 담고 싶다.
```

```csharp
// 필요 속성: 오브젝트 풀, 오브젝트 풀의 크기
public class VoxelMaker : MonoBehaviour
{
    // 복셀 공장
    public GameObject voxelFactory;
    // 오브젝트 풀의 크기
    public int voxelPoolSize = 20;
    // 오브젝트 풀
    public static List<GameObject> voxelPool = new List<GameObject>();

    … 생략 …
}
```

[코드 2-13] VoxelMaker.cs 오브젝트 풀 속성 추가하기

그럼 Start 함수에서 오브젝트 풀에 복셀을 생성해 담겠습니다. 순서는 다음과 같습니다.

> **목표:** 오브젝트 풀에 비활성화된 복셀을 담고 싶다.
> **순서:** ❶ 복셀 공장에서 복셀을 생성하기
> ❷ 복셀을 비활성화 시키기
> ❸ 복셀을 오브젝트 풀에 담고 싶다.

시작하면 Start 함수에서 voxelPoolSize만큼 Instantiate 함수로 복셀을 만들어 냅니다. 그런 다음 복셀을 SetActive 함수를 이용해 비활성화해 오브젝트 풀인 voxelPool에 추가합니다.

```csharp
public class VoxelMaker : MonoBehaviour
{
    … 생략 …
    void Start()
    {
        // 오브젝트 풀에 비활성화된 복셀을 담고 싶다.
        for (int i = 0; i < voxelPoolSize; i++)
        {
            // 1. 복셀 공장에서 복셀 생성하기
            GameObject voxel = Instantiate(voxelFactory);
            // 2. 복셀 비활성화하기
            voxel.SetActive(false);
```

```
            // 3. 복셀을 오브젝트 풀에 담고 싶다.
            voxelPool.Add(voxel);
        }
    }
}
```

[코드 2-14] VoxelMaker.cs 오브젝트 풀 생성하기

복셀 오브젝트 풀 이용하기

이번에는 VoxelMaker의 Update 함수에서 복셀을 생성하는 부분을 수정하겠습니다. 기존에는 필요할 때마다 복셀을 프리팹에서 로드해 만들었다면 이제 복셀 오브젝트 풀에 이미 만들어 넣어 놓은 복셀을 가져와 사용하겠습니다. 먼저 voxelPool에 데이터가 있는지를 Count 속성을 이용해 확인합니다. 그런 다음 오브젝트 풀의 첫 번째 요소를 가져옵니다. 이 복셀을 활성화하고, RaycastHit의 point 정보에 위치시킵니다. 마지막으로는 List의 RemoveAt 함수를 이용해 첫 번째 요소를 제거합니다. 이 오브젝트 풀에는 비활성화돼 있는 복셀만을 저장하려고 하기 때문에 활성화 한 복셀은 제거해야 합니다. 이를 구현한 코드는 다음과 같습니다.

```
public class VoxelMaker : MonoBehaviour
{
    … 생략 …
    // Update is called once per frame
    void Update()
    {
        if (Input.GetButtonDown("Fire1"))
        {
            Ray ray = Camera.main.ScreenPointToRay(Input.mousePosition);
            RaycastHit hitInfo = new RaycastHit();
            // 2. 마우스의 위치가 바닥 위에 위치해 있다면
            if (Physics.Raycast(ray, out hitInfo))
            {
                // 복셀 오브젝트 풀 이용하기
                // 1. 만약 오브젝트 풀에 복셀이 있다면
                if (voxelPool.Count > 0)
                {
```

```csharp
            // 2. 오브젝트 풀에서 복셀을 하나 가져온다.
            GameObject voxel = voxelPool[0];
            // 3. 복셀을 활성화한다.
            voxel.SetActive(true);
            // 4. 복셀을 배치하고 싶다.
            voxel.transform.position = hitInfo.point;
            // 5. 오브젝트 풀에서 복셀을 제거한다.
            voxelPool.RemoveAt(0);
        }
    }
  }
}
```

[코드 2-15] VoxelMaker.cs 오브젝트 풀 이용하기

복셀 오브젝트 풀에 반환하기

오브젝트 풀을 생성한 후 Update 함수에서 실제 오브젝트 풀을 이용하는 것까지 알아봤습니다. 비활성화돼 있는 객체를 풀에 담아 사용하는 것이 목적이기 때문에 활성화하고 나면 RemoveAt 함수를 이용해 제거시켜 줬죠. 이번에는 모두 사용한 복셀 객체를 다시 오브젝트 풀에 넣는 것을 추가해 보겠습니다.

먼저 Voxel.cs 파일로 이동합니다. 객체를 활성화, 비활성화해 사용해야 하기 때문에 Life cycle 함수인 Start를 사용하기가 어렵습니다. 그 이유는 Start 함수는 객체의 생애주기상 태어날 때 단 한 번만 호출되기 때문입니다. 그 안에서 처리하는 Rigidbody의 랜덤한 속도 지정에 대한 처리가 활성화될 때마다 설정하기 어렵습니다. 따라서 활성화될 때마다 호출되는 이벤트 함수인 OnEnable 함수로 변경합니다.

그다음으로는 Update 함수에서 제거 시간이 되면 기존에는 Destory 함수로 복셀을 제거했는데 이제는 오브젝트 풀을 사용하기 때문에 모두 사용한 오브젝트를 SetActive(false)를 이용해 비활성화합니다. 그런 다음 VoxelMaker 클래스의 voxelPool 리스트에 Add 함수를 이용해 추가합니다.

마지막으로 경과 시간 currentTime을 0으로 초기화시켜 줍니다.

```csharp
public class Voxel : MonoBehaviour
```

```
{
    … 생략 …
    // void Start()
    void OnEnable()
    {
        currentTime = 0;
        Vector3 direction = Random.insideUnitSphere;
        Rigidbody rb = gameObject.GetComponent<Rigidbody>();
        rb.linearVelocity = direction * speed;
    }
    void Update()
    {
        currentTime += Time.deltaTime;

        if (currentTime > destoryTime)
        {
            // 3. Voxel을 비활성화시킨다.
            gameObject.SetActive(false);
            // 4. 오브젝트 풀에 다시 넣어준다.
            VoxelMaker.voxelPool.Add(gameObject);

        }
    }
}
```

[코드 2-16] Voxel.cs 복셀 오브젝트 풀에 반환하기

복셀 자동 생성하기

복셀을 오브젝트 풀에 담아 사용하도록 처리했습니다. 이번에는 사용자가 클릭하지 않아도 레이가
닿으면 자동으로 복셀이 생성되도록 처리해보겠습니다. 클릭할 때보다 더 다이내믹한 복셀들 간의
움직임이 표현되는 것을 볼 수 있을 것입니다. 목표와 순서는 다음과 같습니다.

> **목표:** 일정 시간마다 복셀을 만들고 싶다.
> **순서:** ❶ 경과 시간이 흐른다.
> ❶ 경과 시간이 생성 시간을 초과하였다면
> ❶ Ray를 쏜다.

VoxelMaker.cs 스크립트 파일을 열어 줍니다. 먼저 필요한 속성인 생성 시간과 경과 시간을 선언합니다.

Update 함수에서 기존 Input.GetButtonDown("Fire1")의 입력을 경과 시간이 흘러 생성 시간을 초과하면 레이를 쏘도록 수정합니다. 마지막으로 레이가 물체와 부딪혀 복셀을 생성했을 경우, 경과 시간을 초기화해 복셀 생성 간격을 유지시켜 주겠습니다.

```csharp
public class VoxelMaker : MonoBehaviour
{
    … 생략 …
    // 생성 시간
    public float createTime = 0.1f;
    // 경과 시간
    float currentTime = 0;


    void Update()
    {
        // 일정 시간마다 복셀을 만들고 싶다.
        // 1. 경과 시간이 흐른다.
        currentTime += Time.deltaTime;
        // 2. 경과 시간이 생성 시간을 초과했다면
        if (currentTime > createTime)
        {
            Ray ray = Camera.main.ScreenPointToRay(Input.mousePosition);
            RaycastHit hitInfo = new RaycastHit();
            // 3. Ray를 쏜다.
            if (Physics.Raycast(ray, out hitInfo))
            {
                // 복셀 오브젝트 풀 이용하기
                // 1. 만약 오브젝트 풀에 복셀이 있다면
                if (voxelPool.Count > 0)
                {
                    // 복셀을 생성했을 때만 경과 시간을 초기화해준다.
                    currentTime = 0;
                    … 생략 …
                }
            }
        }
    }
```

```
    }
```

[코드 2-17] VoxelMaker.cs 일정 시간마다 복셀 생성하기

인스펙터 창에서 VoxelMaker의 Voxel Pool Size와 Create Time 속성을 수정해 가면서 테스트
해 보시기 바랍니다.

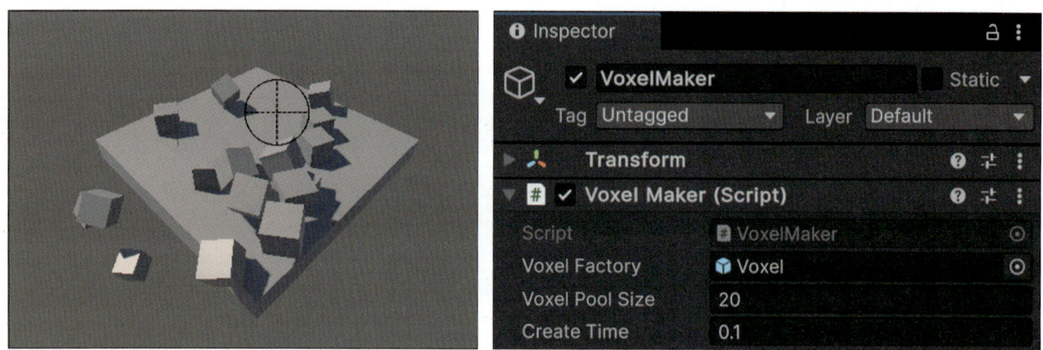

[그림 2-21] 마우스의 위치에 자동으로 생성되는 복셀

다음은 Voxel.cs와 VoxelMaker.cs의 최종 완성 코드입니다.

```csharp
using System.Collections;
using System.Collections.Generic;
using UnityEngine;
public class Voxel : MonoBehaviour
{
    public float speed = 5 ;
    public float destoryTime = 3.0f;
    float currentTime;
    void OnEnable()
    {
        currentTime = 0;
        Vector3 direction = Random.insideUnitSphere;
        Rigidbody rb = gameObject.GetComponent<Rigidbody>();
        rb.linearVelocity = direction * speed;
    }
    void Update()
```

```
    {
        currentTime += Time.deltaTime;
        if (currentTime > destoryTime)
        {
            gameObject.SetActive(false);
            VoxelMaker.voxelPool.Add(gameObject);
        }
    }
}
```

[코드 2-18] Voxel.cs 완료 코드

```
using System.Collections;
using System.Collections.Generic;
using UnityEngine;
public class VoxelMaker : MonoBehaviour
{
    public GameObject voxelFactory;
    public int voxelPoolSize = 20;
    public static List<GameObject> voxelPool = new List<GameObject>();
    public float createTime = 0.1f;
    float currentTime = 0;
    void Start()
    {
        for (int i = 0; i < voxelPoolSize; i++)
        {
            GameObject voxel = Instantiate(voxelFactory);
            voxel.SetActive(false);
            voxelPool.Add(voxel);
        }
    }

    void Update()
    {
        currentTime += Time.deltaTime;
        if (currentTime > createTime)
        {
            Ray ray = Camera.main.ScreenPointToRay(Input.mousePosition);
            RaycastHit hitInfo = new RaycastHit();
```

```csharp
            if (Physics.Raycast(ray, out hitInfo))
            {
                if (voxelPool.Count > 0)
                {
                    currentTime = 0;
                    GameObject voxel = voxelPool[0];
                    voxel.SetActive(true);
                    voxel.transform.position = hitInfo.point;
                    voxelPool.RemoveAt(0);
                }
            }
        }
    }
}
```

[코드 2-19] VoxelMaker.cs 완료 코드

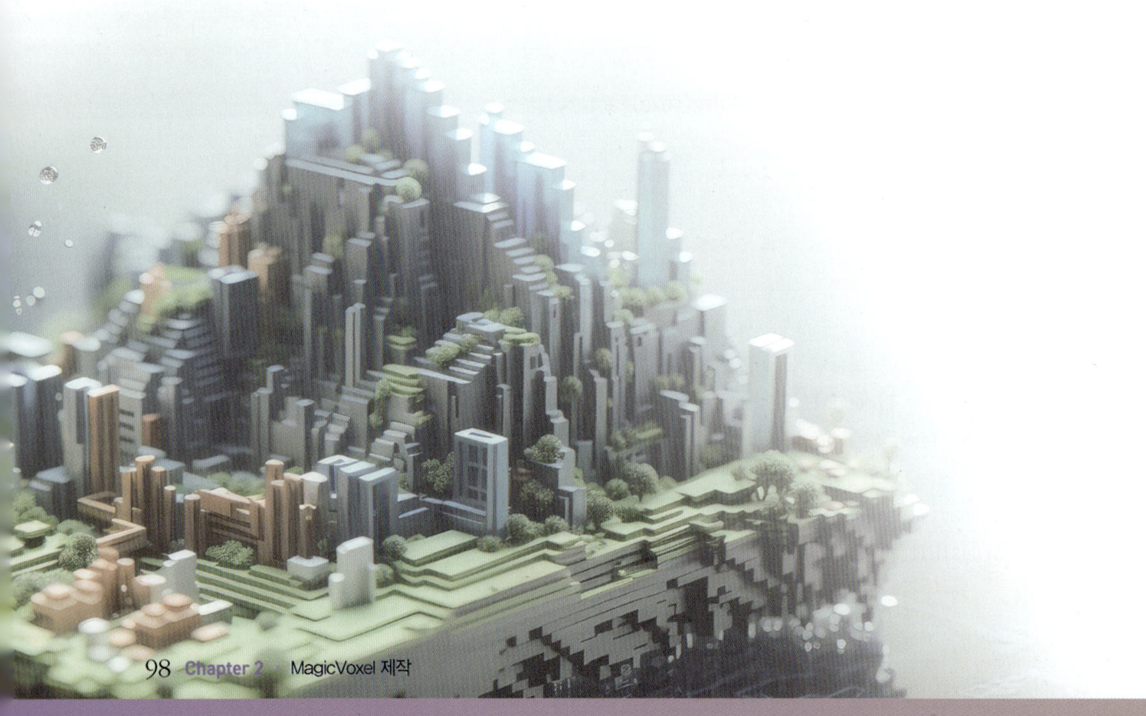

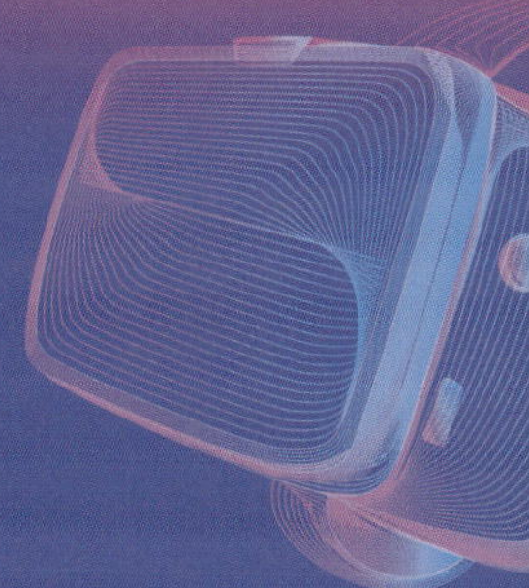

2.8 VR 입력 대응하기

이번에는 VR 기기에 대응하도록 프로젝트를 수정해 보겠습니다. VR 프로젝트를 한다고 해서 바로 VR 기기를 붙여 작업하는 것은 작업의 효율성 측면에서 많은 단점이 있습니다. 실제 현업에서는 팀원들이 모두 VR HMD를 보유하기 어렵기 때문이기도 하고 정작 VR HMD를 갖고 작업한다 하더라도 테스트할 때마다 기기를 착용하는 것도 번거롭습니다. 따라서 먼저 PC 기반의 입력 컨트롤러인 키보드와 마우스를 대응하고 그다음 VR 컨트롤러를 대응하는 것이 좋습니다. 이번에는 VR 컨트롤러를 이용해 사용자의 입력에 대응할 수 있도록 해보겠습니다. 추가로 조준점을 화면에 표시해 컨트롤러가 정확히 어디를 조준하고 있는지도 알아보겠습니다.

> **학습 목표**
>
> VR 컨트롤러로 입력을 전환하고 싶다.
>
> **순서**
>
> ❶ VR 컨트롤러의 발사 버튼을 누르면
> ❷ 컨트롤러가 향하는 방향으로 Ray 만들기
> ❸ 조준점을 표시하고 싶다.

컨트롤러

이번 장에서 사용할 컨트롤러 입력은 PC와 메타 제품군에 해당합니다. 오른쪽 그림은 메타 퀘스트 3 터치 컨트롤러입니다.

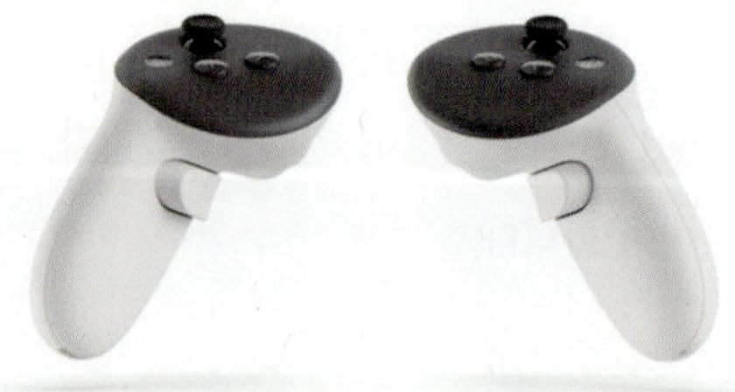

[그림 2-22] 메타 퀘스트 3 터치 컨트롤러

이번 장의 내용은 컨트롤러의 발사 버튼 입력이 들어오면 컨트롤러가 향하는 방향으로 레이를 쏴서 해당 위치에 복셀을 만들고자 하는 것입니다. '1.3 VR 플랫폼별 대응을 위한 원 소스 멀티 유즈'에서 설명한 ARAVRInput.cs 클래스에는 각 제조사별 API에 입력이 대응될 수 있도록 #define 매크로를 통해 지원합니다. 간단한 버튼 입력에 대한 PC와 메타 터치 입력을 처리한 ARAVRInput 클래스 코드는 다음과 같습니다.

```csharp
#define PC
// #define Oculus
public static class ARAVRInput
{
    public enum Button
    {
        One,
        Two,
        Thumbstick,
        IndexTrigger,
        HandTrigger
    }
    public enum Controller
    {
        LTouch,
        Rtouch
    }
    public static bool Get(Button virtualMask, Controller hand = Controller.RTouch);
    public static bool GetDown(Button virtualMask, Controller hand = Controller.RTouch);
    public static bool GetUp(Button virtualMask, Controller hand = Controller.RTouch);
}
```

[코드 2-20] ARAVRInput.cs 사용 함수와 Enum 속성들

이렇게 제공된 ARAVRInput.cs 클래스를 Voxel을 제작하는 데 활용해보겠습니다. 여기에서 우리는 Get 함수를 사용해 처리하겠습니다. 그전에 먼저 ARAVRInput.cs 파일이 프로젝트에 추가되어 있어야 합니다.

 VR 컨트롤러의 발사 버튼을 누르면

컨트롤러의 [One] 버튼(PC는 마우스 왼쪽 버튼, 메타 터치는 [A] 버튼 할당)을 클릭하면 복셀이 생성되도록 작성해 보겠습니다. VoxelMaker.cs 파일로 이동합니다. 기존에는 Update 함수에서 일정 시간 간격으로 자동으로 마우스 위치에 복셀이 생성되도록 하고 있습니다. 이를 사용자가 [One] 버튼을 누르고 있을 때 동작하도록 바꿔줍니다. ARRAVRInput 클래스의 Get은 컨트롤러의 버튼을 누르고 있을 때 계속 true를 반환하는 함수입니다. 인자로 ARAVRInput.Button의 One을 넣어 줍니다.

```csharp
// VR 컨트롤러의 발사 버튼을 누르면 컨트롤러가 향하는 방향으로 복셀을 생성한다.
public class VoxelMaker : MonoBehaviour
{
    … 생략 …
    void Update()
    {
        // 1) VR 컨트롤러의 발사 버튼을 누르면
        if (ARAVRInput.Get(ARAVRInput.Button.One))
        {
            currentTime += Time.deltaTime;

            if (currentTime > createTime)
            {
                … 생략 …
            }
        }
    }
}
```

[코드 2-21] VoxelMaker.cs ARAVRInput.Get 함수를 통한 입력 처리하기

 컨트롤러가 향하는 방향으로 레이 만들기

이번에는 기존 마우스의 스크린 좌표를 이용한 레이 제작에서 VR 컨트롤러의 정보를 기반으로 한 레이 제작으로 수정해 보겠습니다. 이전 코드에서 레이를 Camera 클래스의 ScreenPointToRay를 이용해 만드는 방법은 마우스의 위치가 스크린 좌표 공간에 있기 때문에 이를 월드 공간(3차원 공간)에 존재하는 레이로 만들기 위해 카메라가 제공하는 기능입니다. 공간 변환이 필요한 것이죠.

이번에는 이미 월드 공간에 존재하는 컨트롤러의 위치와 컨트롤러가 향하는 방향을 이용해 Ray를 제작하려고 합니다. 다음은 Ray 클래스의 생성자입니다.

Ray Constructor

```
public Ray(Vector3 origin, Vector3 direction);
```

[그림 2-23] Ray 생성자 함수(출처: Unity API document)

이렇게 시작점 위치인 origin과 Ray가 향할 방향인 direction 파라미터에 각각 ARAVRInput 클래스의 RHandPosition, RHandDirection을 넣어줍니다. 각 변수는 get 프로퍼티로 작성돼 있으며 PC 기반으로 작업할 때는 마우스, VR 기반으로 작업할 때는 오른쪽 컨트롤러에 대응하도록 구현돼 있습니다. 자세한 구현은 ARAVRInput.cs 클래스 설명을 참고하시기 바랍니다.

```csharp
// VR 컨트롤러의 발사 버튼을 누르면 컨트롤러가 향하는 방향으로 복셀을 생성한다.
public class VoxelMaker : MonoBehaviour
{
    … 생략 …
    void Update()
    {
        // 1) VR 컨트롤러의 발사 버튼을 누르면
        if (ARAVRInput.Get(ARAVRInput.Button.One))
        {
            currentTime += Time.deltaTime;

            if (currentTime > createTime)
            {
                // Ray ray = Camera.main.ScreenPointToRay(Input.mousePosition);
                // 2) 컨트롤러가 향하는 방향으로 시선 만들기
                Ray ray = new Ray(ARAVRInput.RHandPosition, ARAVRInput.RHandDirection);
                RaycastHit hitInfo = new RaycastHit();

                … 생략 …
            }
        }
```

```
    }
}
```

[코드 2-22] VoxelMaker.cs 컨트롤러 방향으로 레이 만들기

사용자가 컨트롤러 발사 버튼을 누르면 조준된 지점에 복셀이 생성되도록 했습니다. 아쉬운 점은 현재 사용자가 정확히 어느 곳을 조준하고 있는지 확인하기 어렵다는 것입니다. 따라서 이번에는 조준점을 추가해 사용자에게 조준하고 있는 곳을 표시해 보겠습니다.

조준점 표시하기

이번에는 사용자에게 조준점을 표시해 어느 곳을 조준하고 있는지를 알려주도록 하는 기능을 추가하겠습니다. 여기에서 우리는 조준점을 '크로스헤어(Crosshair)'라고 부르겠습니다. 그럼 몇 가지 VR 환경에서 UI 표현 방식이 PC와 다른 점을 알아보겠습니다.

첫째 시점의 문제입니다. 우리가 흔히 1인칭 모드라고 하는 것도 PC를 기준으로 보면 사용자가 모니터 밖에서 3인칭 시점으로 모니터에서 표현되는 1인칭 이미지를 시청하는 것입니다.

하지만 VR상에서는 가상현실이라도 눈, 즉 모니터의 위치가 사용자의 시점이 됩니다. 이렇기 때문에 VR HMD를 착용하고 콘텐츠를 체험하면 진정한 1인칭이 되기 때문에 몰입도가 비약적으로 상승 하는 것입니다. 가상현실 콘텐츠의 가장 큰 장점은 바로 현실과 같은 몰입감입니다.

따라서 VR에서 UI를 표현할 때는 스크린 공간이 아닌 3D 월드 공간에 표현해야 사용자가 볼 수 있습니다.

[그림 2-24] 일반적인 모니터를 바라보는 사용자의 시점

[그림 2-25] VR HMD상에서 바라보는 사용자의 시점

둘째, 보통 PC 환경에서는 하나의 모니터에 정보를 모두 표현합니다. 듀얼 모니터라고 해도 하나의 화면 정보를 나눠 표현하거나 분리해 표현하기 때문에 결국 하나의 화면 정보를 표현한다고 할 수 있습니다. 결국 눈이 하나인 셈이죠. 하지만 VR의 경우에는 우리의 눈이 2개이기 때문에 [그림 2-25]와 같이 VR HMD 자체도 렌즈가 2개로 각각 표현합니다. 따라서 물체가 2개로 보이는 초점의 문제가 발생합니다. 이를 해결하기 위해 양쪽 눈이 하나의 초점을 보도록 하면 물체가 2개로 보이는 것을 예방할 수 있습니다.

테스트를 하기 위해 손가락을 들어 여러분의 눈앞에 놓아보세요. 손가락을 보고 있으면 손가락에 초점이 있기 때문에 하나로 보이지만, 그 상태로 다른 물체를 보면 눈앞의 손가락은 2개로 보이는 현상이 생기게 되는 것을 확인할 수 있을 것입니다. 그럼 먼저 크로스 헤어 UI를 3D 월드 공간에 표시하도록 하고, 그 다음으로 2개의 스크린에 표시된 물체를 초점이 위치한 곳에 둠으로써 하나로 보이게 하는 방법을 알아보겠습니다.

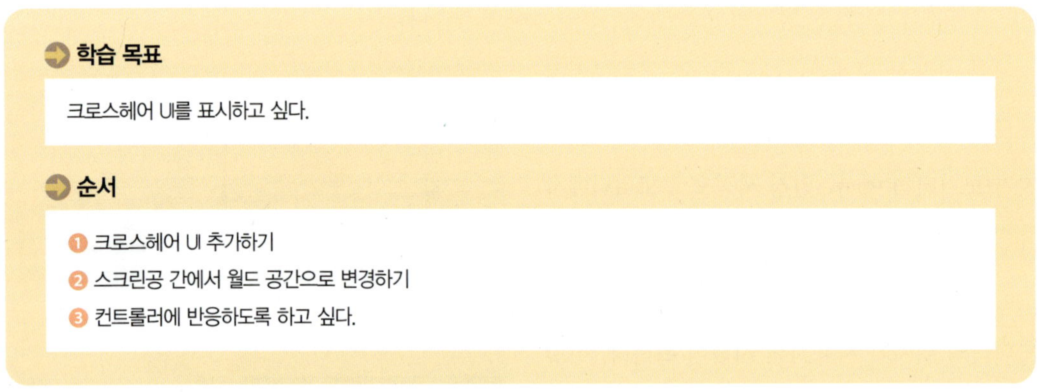

크로스헤어 UI를 추가하기 위해 하이어라키 창의 [+] 버튼을 클릭해 [UI-Image]를 추가합니다.

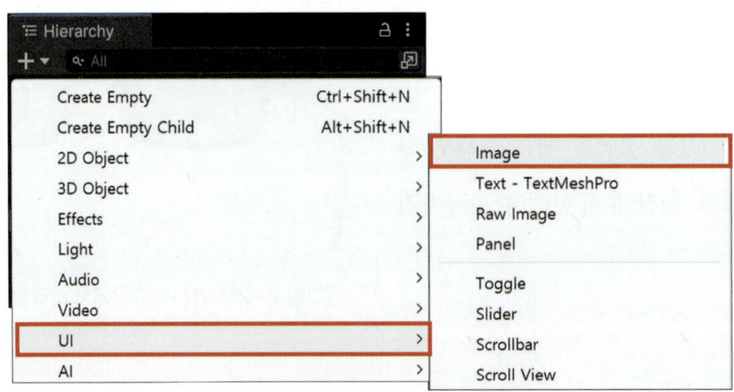

[그림 2-26] Image GUI 추가하기

Image를 추가하면 Canvas 게임 오브젝트 하위의 자식 객체로 등록됩니다. 이는 유니티의 UGUI 구조가 Canvas에 UI 요소들이 추가되는 형태로 돼 있기 때문이며, 만약 Canvas의 자식 객체가 아닐 경우에는 화면에 보이지 않는다는 것에 유의해야 합니다. 이렇게 등록된 Canvas의 이름을 'Crosshair'로 변경합니다.

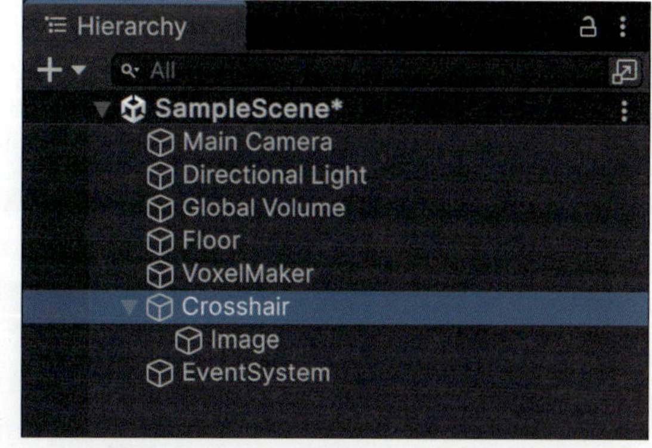

[그림 2-27] Canvas를 Crosshair로 이름 변경하기

이렇게 이름이 변경된 크로스헤어의 Canvas 컴포넌트 Render Mode를 'Screen Space'에서 'World Space'로 변경합니다.

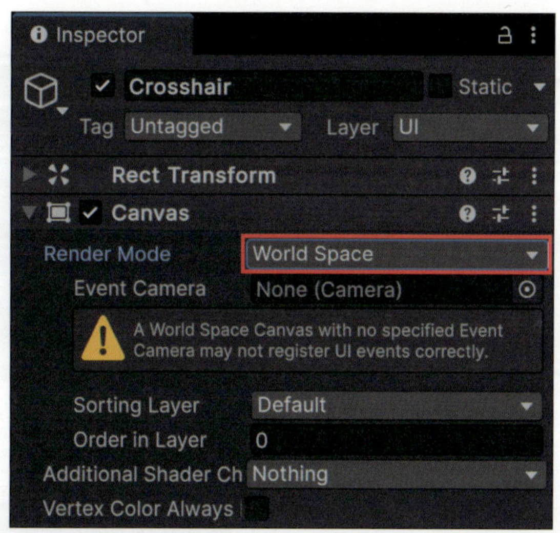

[그림 2-28] Render Mode를 World Space로 변경하기

가상현실상에서의 UI는 이렇게 월드 공간상에 표현돼야 사용자가 볼 수 있습니다. 일반적으로 3D 콘텐츠에서 캐릭터의 머리 위에 이름을 표현해 주거나 어떤 정보를 표현해주는 것을 'HUD(Head Up Display)'라고 하는데, VR에서도 이와 같은 방식을 사용합니다.

크로스헤어가 화면에 나올 수 있도록 Cosshair 게임 오브젝트와 하위 자식 객체인 Image 게임 오브젝트의 Transform 컴포넌트 정보를 각각 다음과 같이 수정합니다.

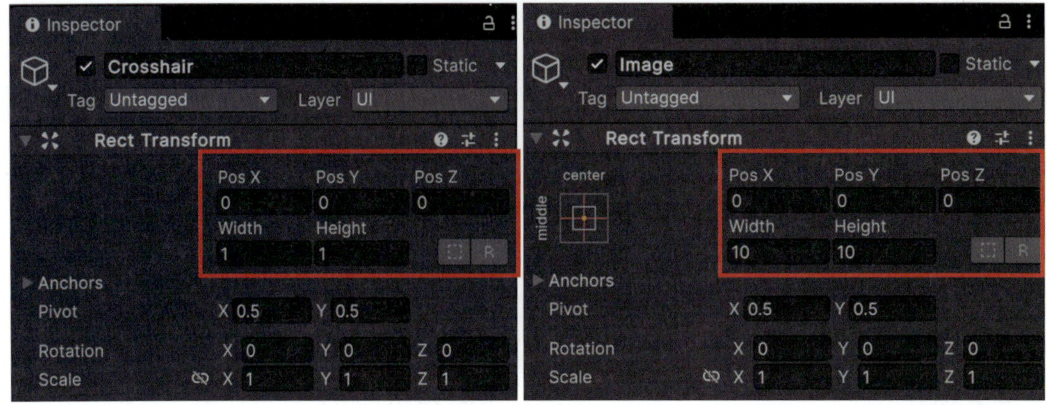

[그림 2-29] Crosshair(좌)와 Image(우)의 Transform 값 수정하기

이번에는 Image 게임 오브젝트에 이미지를 할당해 보겠습니다. 1장의 첨부 파일 중 ch1/ Crosshair. png 파일을 프로젝트 창의 Crosshair 폴더에 추가합니다.

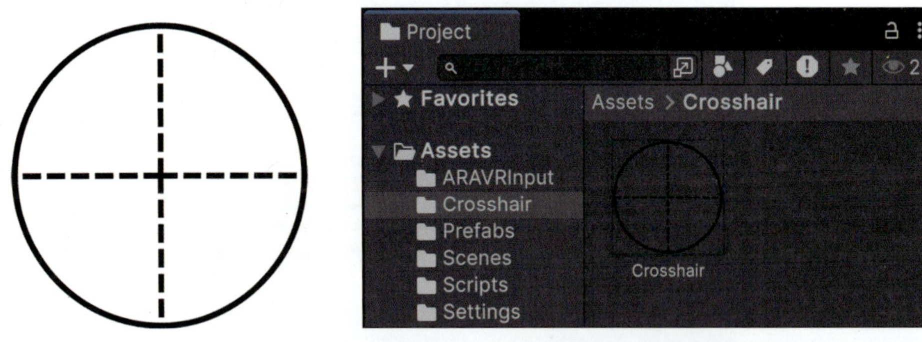

[그림 2-30] crosshair.png 이미지

[그림 2-31] crosshair.png 이미지를 프로젝트에 추가하기

이렇게 추가된 Crosshair.png의 Import Settings에서 Texture Type 속성 값을 'Sprite'로 변경합니다. Sprite는 2D와 UI를 표현하는데 사용하는 이미지 형식입니다. Sprite Mode는 Single로 설정해 줍니다.

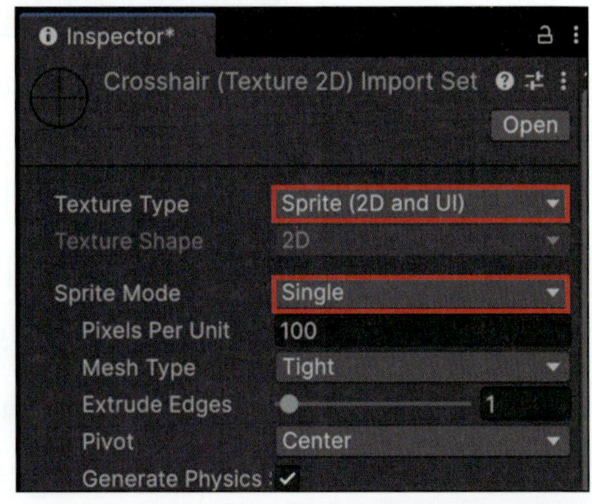

[그림 2-32] crosshair.png의 Texture Type을 'Sprite'로 변경하기

수정이 완료되면 [Apply] 버튼을 눌러 적용합니다. 이제 [Crosshair-Image] 게임 오브젝트의 Image 컴포넌트에 crosshair.png를 할당합니다.

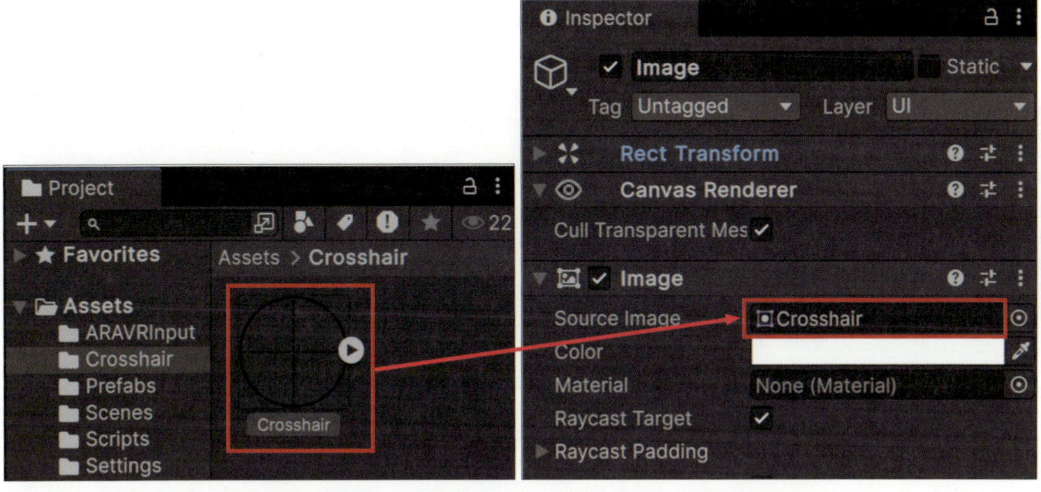

[그림 2-33] crosshair를 Image의 Source Image에 할당하기

이렇게 추가된 클로스헤어는 씬에서 다음과 같이 보입니다.

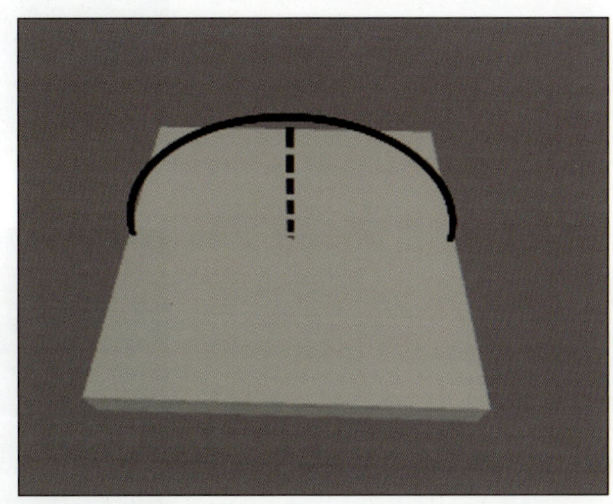

[그림 2-34] 씬에 배치된 크로스헤어 UI

크로스헤어가 Floor 객체에 가려 절반만 보이는 것을 확인할 수 있습니다. 크로스헤어가 스크린 공간에 배치될 때는 UI가 항상 모든 물체의 앞에 그려지지만, 월드 공간으로 배치가 바뀌면 다른

물체들과 함께 존재하기 때문에 서로가 깊이에 의해 가려지는 결과가 초래됩니다. 당연한 결과지만 조준점이 물체에 가려지면 안 되기 때문에 크로스헤어를 모든 물체보다 항상 앞에 그려지도록 셰이더를 수정할 필요가 있습니다.

셰이더 그래프를 하나 만들어서 이를 해결해 주도록 하겠습니다.

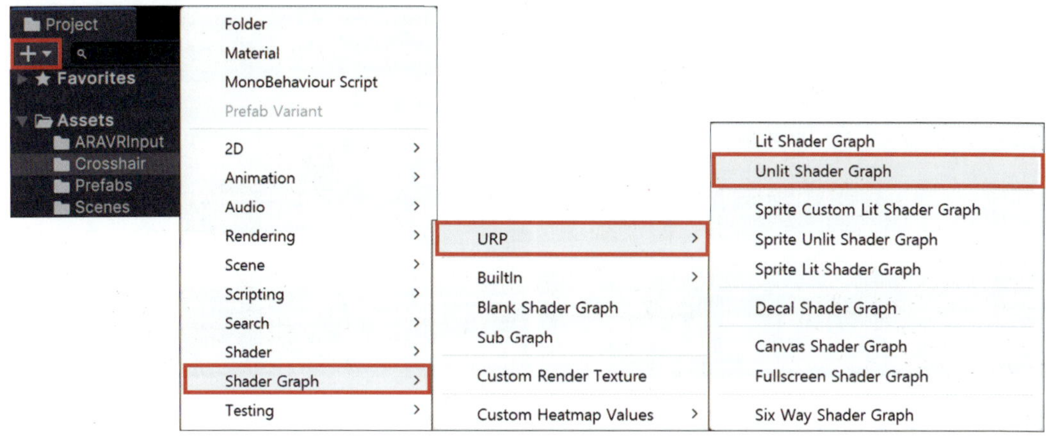

[그림 2-35] Unlit Shader Graph 생성

만들어진 셰이더 그래프의 이름을 'SG_Crosshair'로 변경합니다.

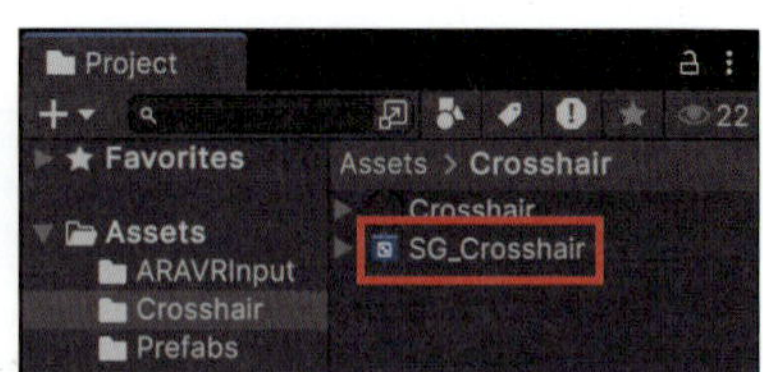

[그림 2-36] SG_Crosshair 생성

SG_Crosshair를 더블클릭해서 편집기를 열어줍니다. 오른쪽 Graph Inspector 창의 Graph Settings 탭으로 이동합니다. Universal 항목에서 다음 그림처럼 표시된 항목을 수정해 줍니다. 이미지의 투명도를 적용하기 위해 Surface Type을 Transparent로, 양면이 그려질 수 있도록 Render Face를 Both로, 다른 물체들 보다 앞에 그려질 수 있도록 Depth Test를 Always로 수정합니다.

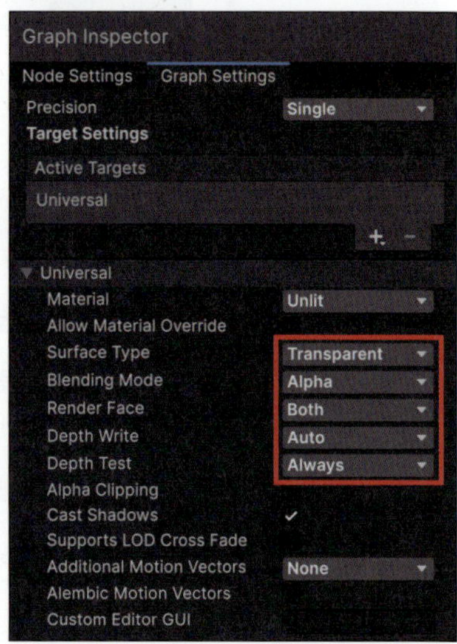

[그림 2-37] Graph Settings 설정

셰이더 그래프 창의 왼쪽에 SG_Crosshair 이름으로 된 창을 볼 수 있습니다. 블랙보드(Blackboard)라는 창이며, 여기에서 필요한 속성을 추가할 수 있습니다. [+] 버튼을 클릭해 Texture 2D 를 하나 추가하고 이름을 MainTex로 합니다. 대소문자까지 같게 이름을 넣어주세요.

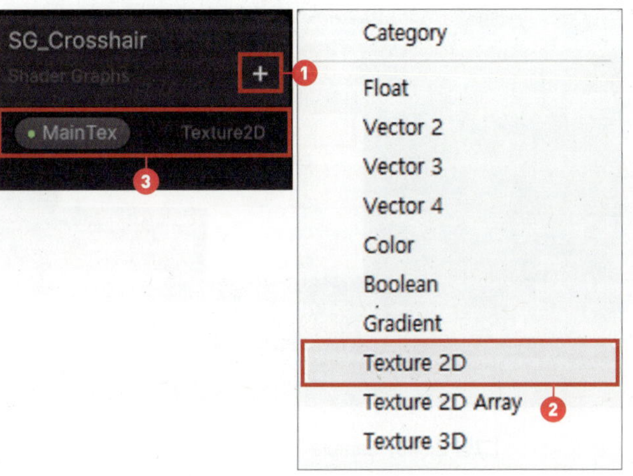

[그림 2-38] MainTex 프로퍼티 생성

블랙보드 창에서 MainTex를 드래그해서 다음 그림처럼 셰이더 작업 창에 드래그 앤 드롭해 줍니다.

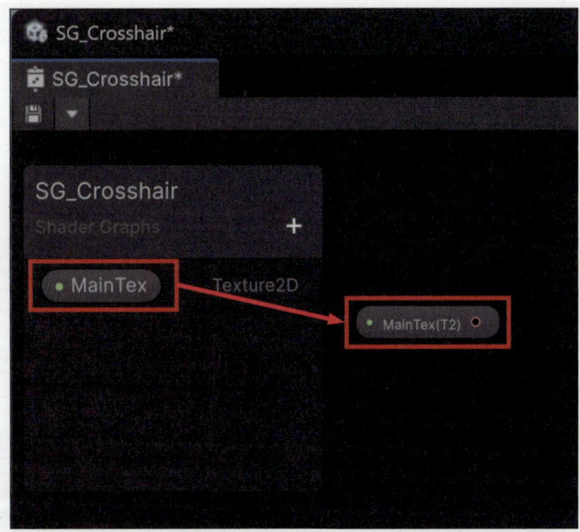

[그림 2-39] MainTex 등록

등록된 MainTex를 활용하기 위해 Sample Texture 2D 노드를 추가하도록 하겠습니다. 빈곳에 마우스 오른쪽 버튼을 클릭하고 [Create Node] 항목을 선택해 줍니다. 그리고 Sample Texture 2D 노드를 찾아서 추가합니다.

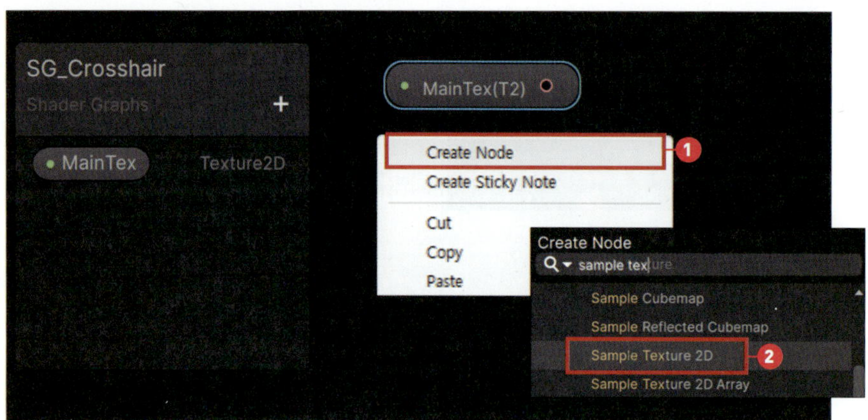

[그림 2-40] Sample Texture 2D 노드 추가

등록된 Sample Texture 2D 노드의 Texture(T2) 입력으로 MainTex를 연결해 줍니다.

출력 데이터 RGBA(4)는 Fragment의 Base Color(3)에 연결하고, A(1)은 Fragment의 Alpha(1)에 연결해 줍니다.

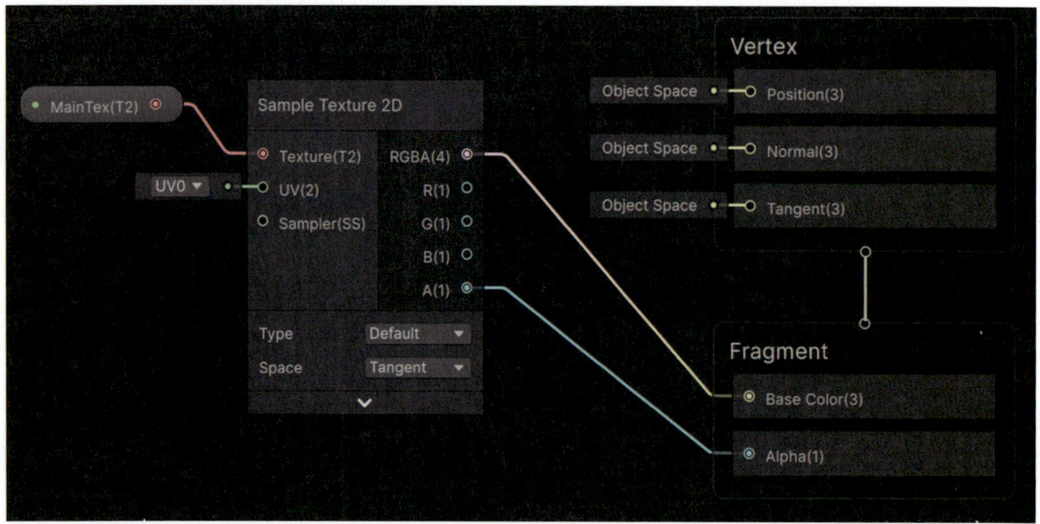

[그림 2-41] Sample Texture 2D 노드 연결

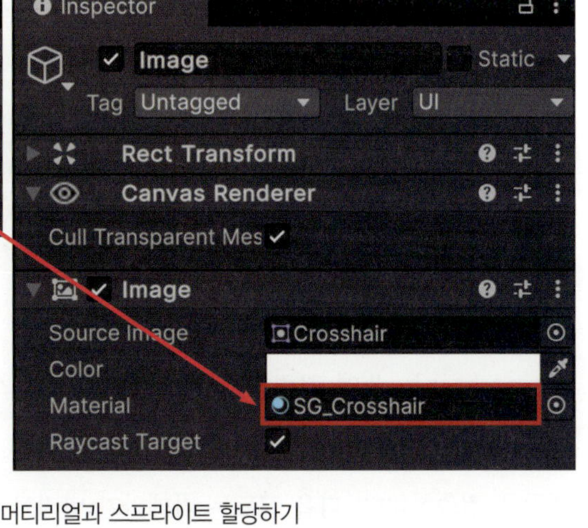

[그림 2-42] SG_Crosshair 머티리얼과 스프라이트 할당하기

여기까지 진행하면 크로스헤어가 다른 물체에 가려지지 않게 됩니다.

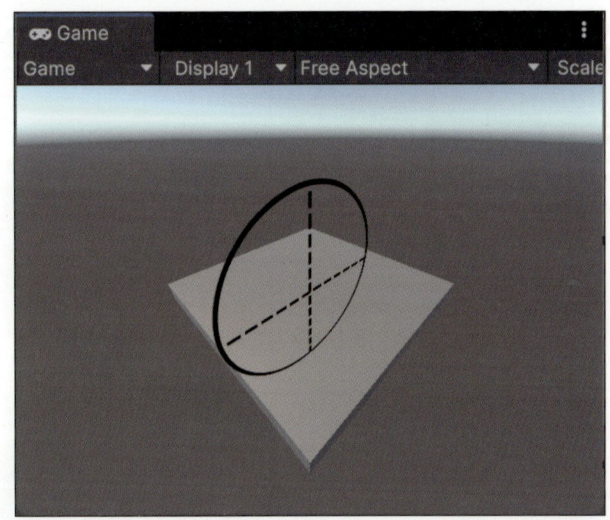

[그림 2-43] Crosshair 머티리얼이 적용된 화면

이제 월드상에 배치된 크로스헤어가 사용자의 컨트롤러에 반응하도록 하겠습니다. 이때 앞에서 언급한 VR상에서 디스플레이가 2개이기 때문에 발생하는 초점 문제를 해결하겠습니다. 이를 해결하는 자세한 구현 사항과 설명은 '1.3 VR 플랫폼별 대응을 위한 원 소스 멀티 유즈'의 '조준점 크로스헤어를 표현하는 *DrawCrosshair* 함수 구현하기'를 확인하면 됩니다.

이 함수를 *VoxelMaker.cs*에서 호출해 주면 크로스헤어를 화면에 표시할 수 있습니다.

VoxelMaker.cs 파일로 이동하겠습니다. 씬에 만들어 놓은 크로스헤어 객체를 받을 crosshair 변수를 선언하고 Update 함수의 맨 위에 ARAVRInput의 DrawCrosshair 함수를 호출합니다. 다음은 DrawCrosshair 함수의 원형입니다.

```csharp
public static void DrawCrosshair(Transform crosshair, bool isHand = true, Controller hand =
Controller.RTouch);
```

crosshair는 씬에 그려질 크로스헤어의 트랜스폼입니다. isHand는 true일 경우 뒤따라오는 hand 컨트롤러의 위치와 방향을 이용해 레이를 쏩니다. false라면 카메라를 기준으로 레이의 충돌을 검출합니다. 다음 코드는 카메라가 바라보는 방향으로 레이의 충돌을 검출해 충돌한 위치에 크로스헤어를 표시하는 구현입니다.

```csharp
public class VoxelMaker : MonoBehaviour
{
    … 생략 …

    // 크로스헤어 변수
    public Transform crosshair;

    void Update()
    {
        // 크로스헤어 그리기
        ARAVRInput.DrawCrosshair(crosshair);

        … 생략 …
    }
}
```

[코드 2-23] VoxelMaker.cs DrawCrosshair 함수 호출하기

이번에는 유니티 하이어라키에서 VoxelMaker 객체를 선택한 후 crosshair 속성에 크로스헤어 게임 오브젝트를 할당해 보겠습니다.

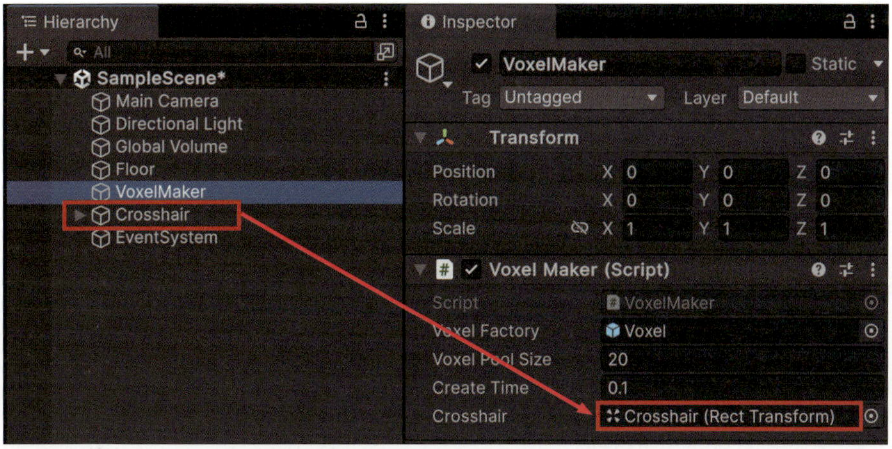

[그림 2-44] VoxelMaker에 Crosshair 할당하기

이제 실행해 보면 컨트롤러가 조준하는 위치에 크로스헤어가 잘 표현되는 것을 확인할 수 있을
것 입니다.

[그림 2-45] 사용자의 조준에 크로스헤어가 표시된 모습

VR 기기별 테스트

지금까지 PC 테스트 환경을 고려해 Main Camera를 사용했다면 이번에는 메타 플러그인을 활용
하겠습니다. 먼저 메타 환경으로 작업을 하겠습니다.

▶ 메타 퀘스트 VR HMD에 대응하기

메타는 앞서의 *VR 플러그인 설치*에서 다룬 것처럼 Meta XR Interaction SDK 패키지를 프
로젝트에 추가합니다. 이제 프로젝트창에서 [Packages-Meta XR Core SDK-Prefabs] 폴더의
OVRCameraRig를 씬에 추가합니다.

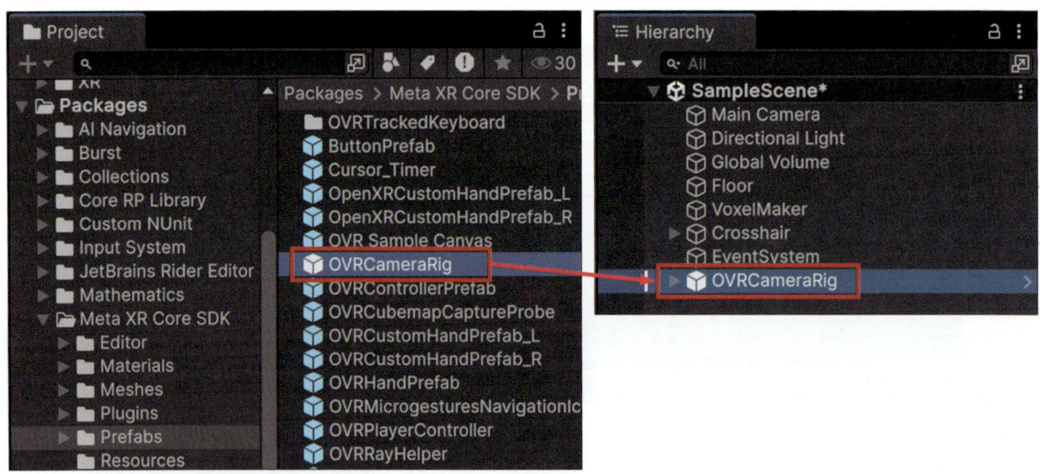

[그림 2-46] Oculus Integration 패키지의 OVRCameraRig를 씬에 추가하기

Main Camera의 역할을 OVRCameraRig로 넘기려고 하기 때문에 Main Camera는 더 이상 필요
가 없습니다. Main Camera를 제거하기 전에 위치와 회전 정보를 복사해 OVRCameraRig에 할당
해주겠습니다.

Main Camera를 선택한 후 인스펙터 창에서 Transform의 설정 버튼을 클릭합니다. 팝업 메뉴가
나타나면 [Copy - Component]를 선택합니다.

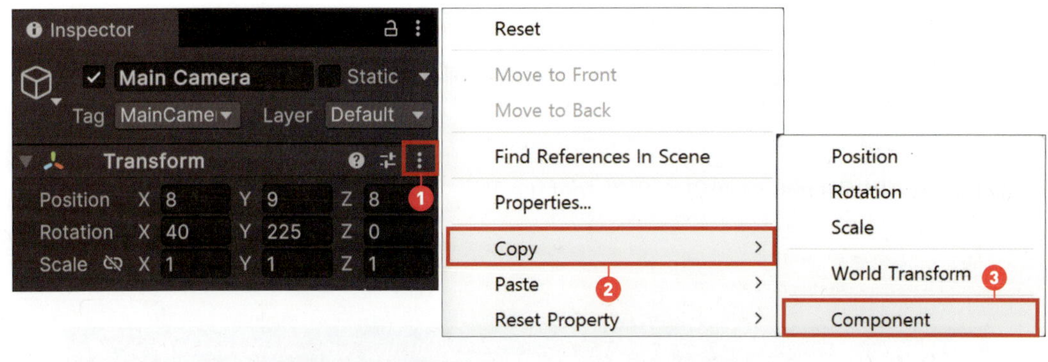

[그림 2-47] Main Camera의 Transform 정보를 복사하기

복사된 정보를 OVRCameraRig의 Transform에 붙여 넣기 합니다.

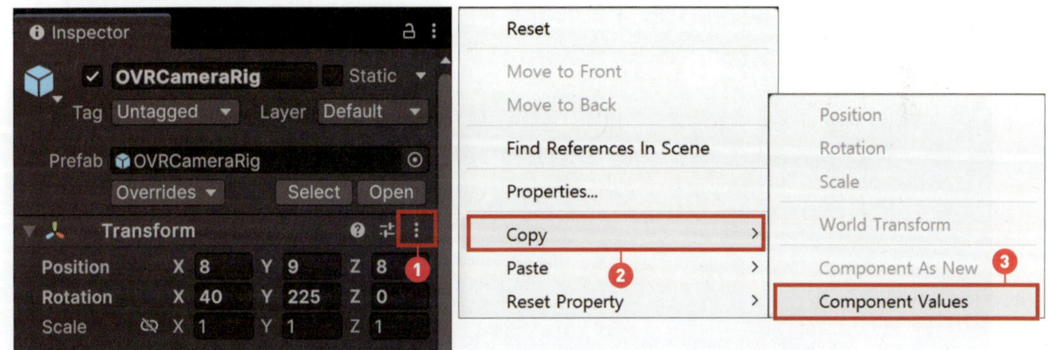

[그림 2-48] OVRCameraRig의 Transform에 값 붙여 넣기

이후 Main Camera 게임 오브젝트는 Delete 를 눌러 삭제합니다.

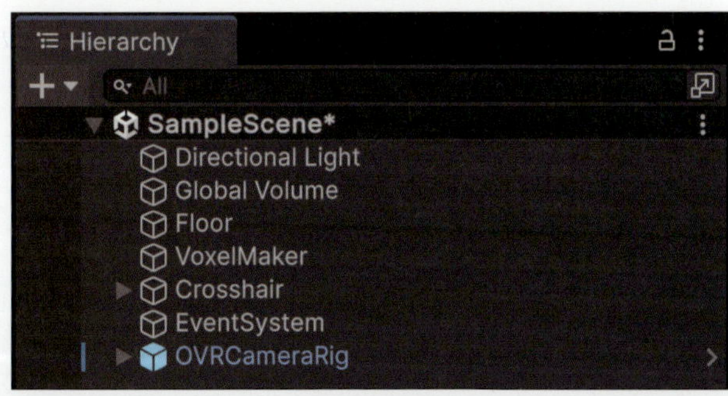

[그림 2-49] Main Camera가 제거된 상태의 씬에 남은 게임 오브젝트들

메타 테스트를 위해 [Edit-Project Settings] 메뉴를 선택해 [Project Settings] 창이 나타나면 [XR Plug-in Management] 항목을 선택하고 우측 디테일 메뉴에서 [Oculus]의 체크박스를 활성화합니다.

마지막으로 ARAVRInput.cs 파일을 열어 #define PC는 주석 처리하고 #define Oculus를 활성화합니다.

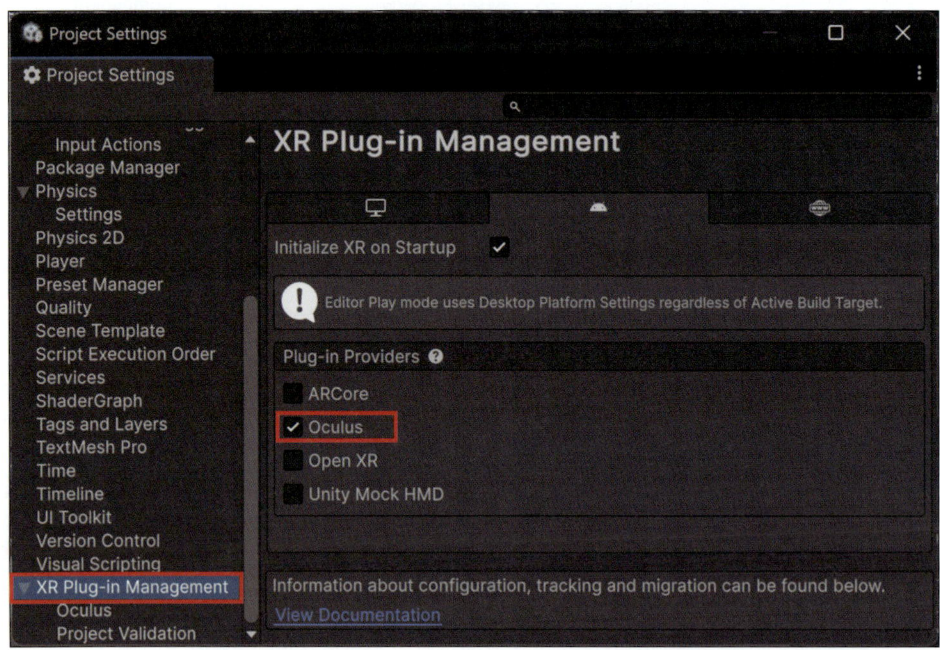

[그림 2-50] XR Plug-in Management에서 Oculus 활성화하기

```
// #define PC
#define Oculus
// #define Vive
using System.Collections;
using System.Collections.Generic;
using UnityEngine;
public static class ARAVRInput
{
... 생략 ...
}
```

[코드 2-24] VoxelMaker.cs Oculus 매크로 활성화하기

이제 메타 HMD를 착용하고 터치 컨트롤러를 조작하면 크로스헤어의 조준점이 사용자의 움직임에 반응하고, 오른쪽 컨트롤러의 [A] 버튼을 누르면 복셀이 생성되는 것을 확인할 수 있습니다.

〈수퍼핫 VR(SUPERHOT VR)〉 – 전략 게임

폴란드의 게임 개발팀 '수퍼핫 팀(SUPERHOT Team)'이 개발한 전략 게임으로 움직이지 않는 동안 시간이 멈추는 것을 이용해 적색 인간들을 모두 제거하는 것이 기본 구성이다.

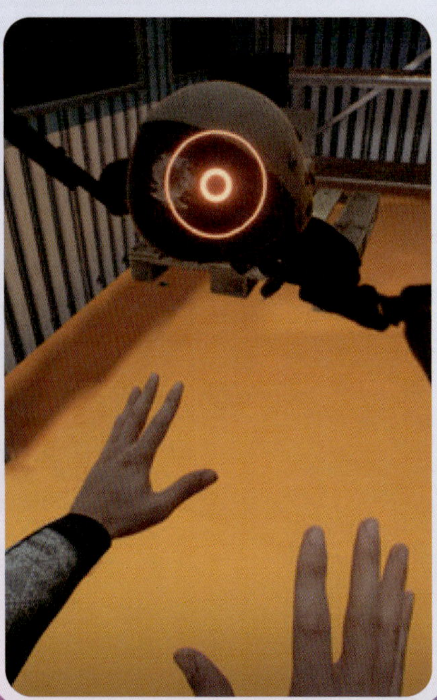

〈보네웍스(BONEWORKS)〉 – 액션 어드벤처 게임

스트레스 레벨 제로(Stress Level Zero)의 가상현실 1인칭 슈팅 게임으로 실험적인 물리 기반 VR 어드벤처 게임이다. 발견된 물리 무기, 도구, 사물로 위험한 놀이터와 신비로운 건축물을 배경으로 전투를 벌인다.

〈팬시 스킹 VR(Fancy Skiing VR)〉 – 스키 체험 게임

중국 해시VR 스튜디오의 〈팬시 스킹 VR〉은 실제 스키를 기반으로 핸들을 스키폴처럼 사용하여 힘을 얻고 좌우로 기울여 방향을 조절하는 방식으로 강렬한 몰입감을 주는 게임이다.

Chapter **3**

VR 360 영상 플레이어 제작

VR 360 영상의 이해

　VR 360 영상이란 기존의 평면적인 영상에서 확장돼 시청자를 모든 방향에서 둘러싸 시청할 수 있는 동영상을 의미합니다. 기존 2D로 제작된 영상 콘텐츠는 수동적이고 제한적인 시선을 기반으로 했는데, 이러한 제약에서 벗어나 영상 속 카메라를 중심으로 360도의 전 방향을 바라볼 수 있게 제작한 콘텐츠입니다. 이러한 VR 360 영상은 시청자가 영상의 공간 안에 있는 것 같은 경험을 할 수 있습니다. 유튜브나 페이스북 등에서 VR 360 영상의 형태로 촬영한 동영상을 볼 수 있습니다.

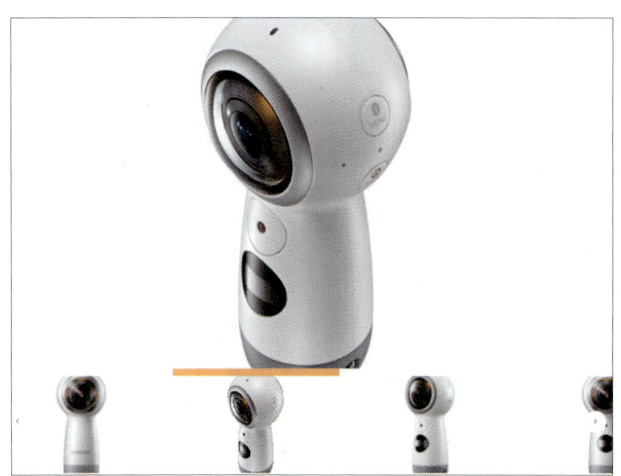

[그림 3-1] VR 360 영상 촬영 장비
(출처: https://news.samsung.com/us/, https://www.insta360.com/kr/product/insta360-pro/)

　컴퓨터 환경에서는 다양한 방향의 영상을 모니터로 드래그해 본다는 관점이라면, VR은 공간 자체에 사용자들이 들어가 현장에 서서 관찰한다는 관점에서 VR 360 영상의 최적화된 경험을 할 수 있습니다. 다만 전후, 좌우, 상하를 모두 비추기 때문에 같은 해상도의 영상이라 하더라도 한눈에 모든 영상이 보이는 평면 영상에 비해 사용자들이 볼 수 있는 영역의 해상도는 낮을 수밖에 없습니다. 그래서 일반적으로 VR 360 영상은 원하는 해상도보다 높게 설정합니다. 또한 일반적인 영상과 달리 1:1.6과 같은 애매한 비율이 아닌 1:2와 같이 딱 떨어지는 화면비를 사용하기도 합니다.

[그림 3-2] VR 360 영상과 평면 영상 비교(출처: 자체 제작한 실습용 영상)

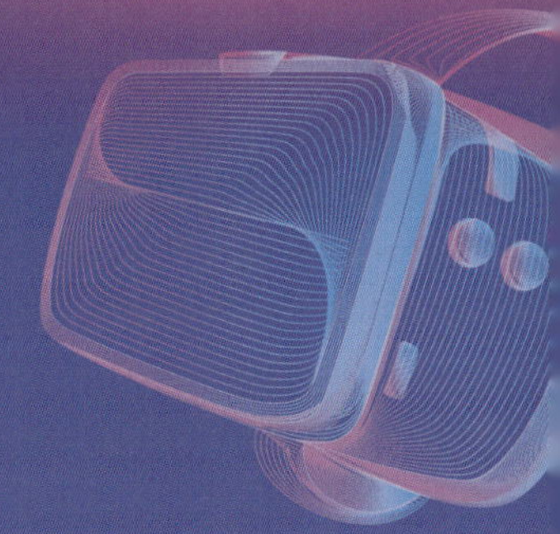

이번 프로젝트에서 다루는 주제는 다음과 같습니다.

❶ 유니티 비디오 플레이어로 영상을 제어한다.
❷ VR 360 영상을 위한 환경을 세팅할 수 있다.
❸ Gaze Pointer(게이즈 포인터, 응시를 이용한 인터랙션)를 구현하고 활용한다.

먼저 VR 360 영상 플레이어 프로젝트를 만들어보겠습니다. 영상 플레이어를 시선을 이용해 제어할 수 있는 기능도 함께 제작할 것입니다. PC를 기준으로 제작을 먼저 진행하고 VR로 빌드해 확인하겠습니다. 참고로 유니티에서 지원하는 영상과 코덱의 종류는 일반 영상 플레이어에 비해 제한적입니다. 다음 링크를 참고하시거나 'Unity Video file compatibility' 또는 '유니티 비디오 호환성'을 검색하면 확인할 수 있습니다. 예제는 국내에서 가장 일반적인 환경이라고 할 수 있는 윈도우 운영체제에서 H.264 코덱의 mp4 파일로 제작돼 있습니다. 모바일 기기는 PC 운영체제보다 지원되는 영상의 종류가 제한적이므로 반드시 확인하시기 바랍니다.

https://docs.unity3d.com/Manual/VideoSources-FileCompatibility.html

⮕ **학습 목표:** VR 360 영상 플레이어 프로젝트를 생성하고 싶다.
⮕ **순서:** VR 360 영상 플레이어 프로젝트 생성하기

VR 360 영상 프로젝트 생성하기

프로젝트를 생성하기 위해 유니티 허브(Unity Hub)를 실행합니다. 그런 다음 그림과 같이 [New project] 버튼을 눌러 프로젝트를 만듭니다.

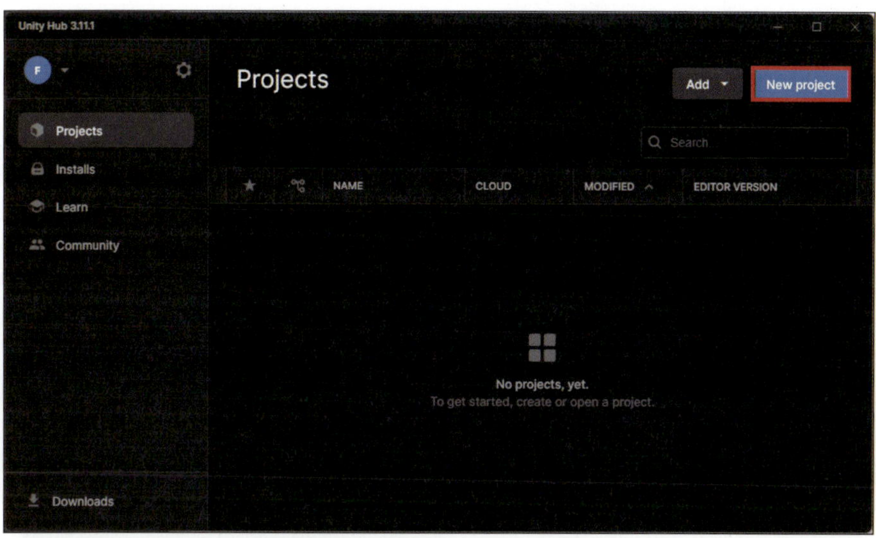

[그림 3-3] Unity Hub 프로젝트 생성하기

[New project] 버튼을 클릭하면 [그림 3-4]와 같은 화면이 나타납니다. 이곳에서 진행할 프로젝트 형태를 3D(Built-in Render Pipeline)로 선택하고, 프로젝트의 이름은 'VR360Player'로 정하겠습니다. 저장 위치는 편한 곳으로 지정하세요.

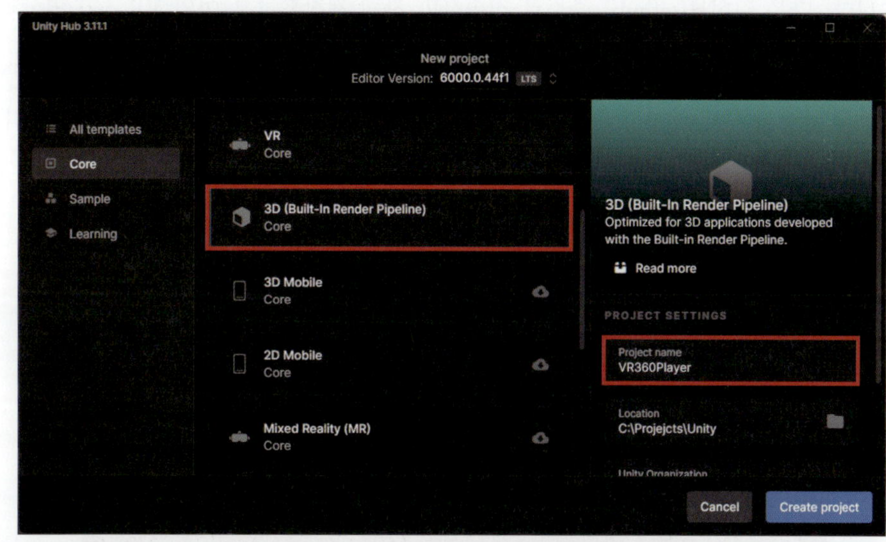

[그림 3-4] 'VR360Player'라는 이름으로 프로젝트 생성하기

[Create project] 버튼을 클릭해 프로젝트를 만들겠습니다. 그러면 VR360Player로 프로젝트가 만들어지고 유니티 에디터가 열립니다.

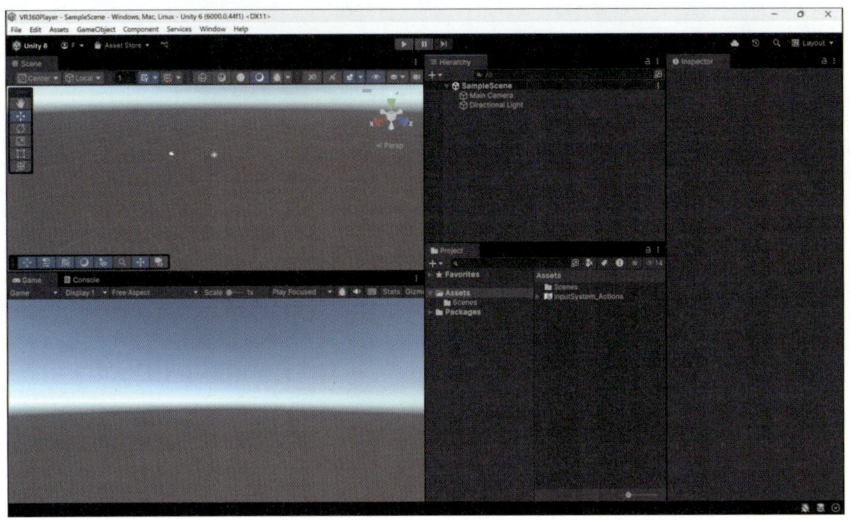

[그림 3-5] VR360Player 프로젝트로 열린 유니티 에디터

프로젝트가 생성됐으므로 이제 본격적으로 VR360Player 프로젝트에 필요한 에셋들을 다운로드하겠습니다. 다음 깃허브(github) 주소로 접속하면 자체 제작된 1분 여의 VR 360 영상과 일반 FHD 영상, 그 외 실습에 필요한 xrlifeunity_vr360player_novideo.unitypackage 파일을 다운로드할 수 있습니다. 용량 문제로 영상 파일은 개별로 올라가 있으므로 각각 다운로드해야 합니다.

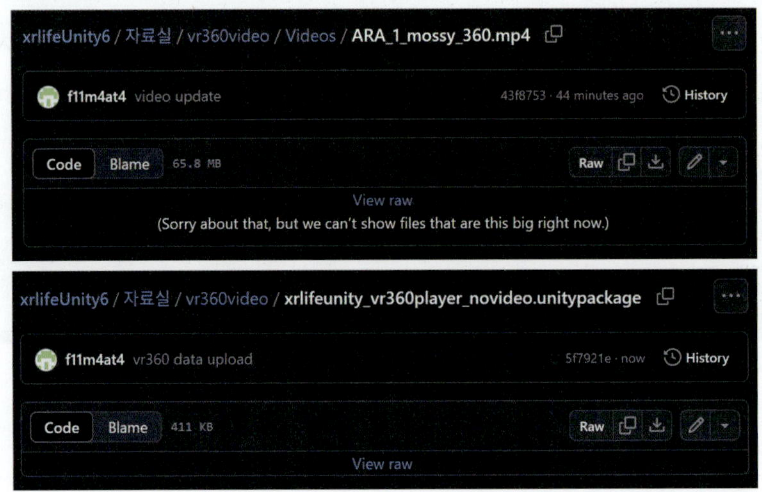

[그림 3-6] Github 예제(출처: https://github.com/araxrlab/xrlifeUnity6/tree/main/자료실/vr360video/Videos)

패키지 다운로드 후 메뉴바의 [Asset-Import Package-Custom Package]를 통해 다운로드된 패키지 파일을 프로젝트에 임포트합니다. 영상 파일은 Videos 폴더를 생성 후 드래그해서 넣으면 됩니다.

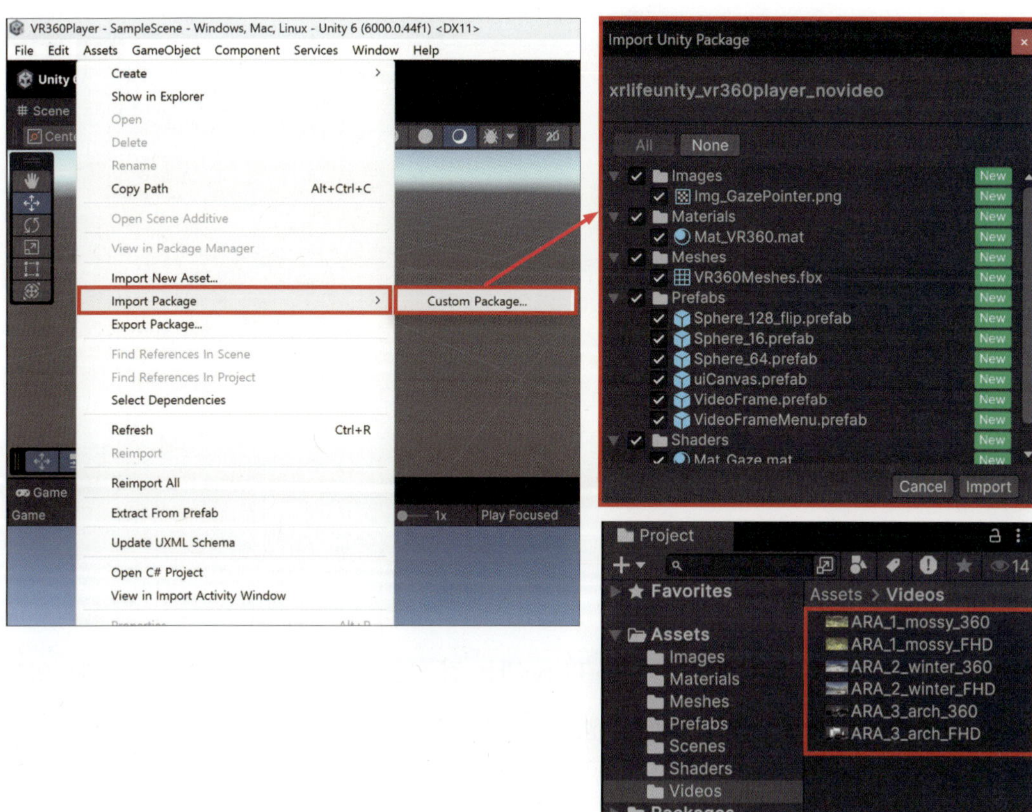

[그림 3-7] VR360Player 패키지 임포트 및 영상 임포트

학습 목표

유니티 플레이어를 활용해 영상을 제어한다.

순서

❶ 비디오 플레이어 컴포넌트를 이해하기
❷ 키보드를 통한 재생 / 일시정지 / 정지를 할 수 있다.

비디오 플레이어 제어

VR 360 영상을 다루고자 한다면 Video Player라는 컴포넌트가 필수입니다. 비디오 플레이어에서 영상을 제어하기 위한 필수 기능인 재생, 일시 정지, 정지 기능을 구현하면서 비디오 플레이어 컴포넌트를 하나하나 파악해 보겠습니다.

가장 먼저 제작할 씬을 만들겠습니다. 메뉴바에서 [File-New Scene]을 클릭해 새로운 Basic(Built-in) 씬을 만들고, [File-Save Scene]을 눌러 씬 이름을 'vr360'으로 저장합니다. 일반적인 360 콘텐츠에서 사용자의 위치는 월드 영점을 기준으로 합니다. Main Camera의 Position 값을 0, 0, 0으로 세팅해 월드 영 점으로 위치시킵니다.

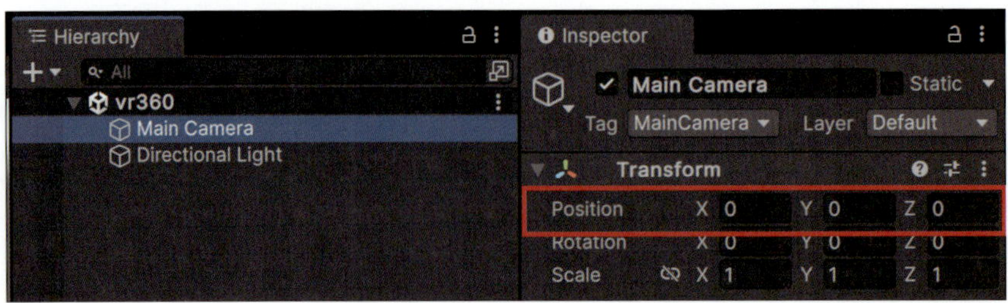

[그림 3-8] 메인 카메라 이동하기

[Prefabs] 폴더 내에 있는 VideoFrameMenu 오브젝트는 VR 360 영상을 선택하기 위한 3D 메뉴로 사용할 목적으로 만들었습니다. 하이어라키로 드래그해 씬으로 불러옵니다. 자식으로 있는 'VideoFrame_1_mossy, winter, arch'라는 오브젝트에는 RayCast가 감지할 수 있도록 메시 콜라이더 가 추가돼 있습니다. [표 3-1]을 참고해 각 오브젝트에 맞는 영상을 VideoPlayer 컴포넌트 의 [VideoClip] 항목으로 드래그해 연결합니다.

[표 3-1] 영상 연결 목록

오브젝트명	Video Clip에 연결할 영상
VideoFrame_1_Mossy	ARA_1_mossy_FHD
VideoFrame_2_Winter	ARA_2_winter_FHD
VideoFrame_3_Arch	ARA_3_arch_FHD

영상 파일을 VideoFrame 오브젝트에 드래그해 넣으면 Video Player 컴포넌트가 자동으로 추가 되면서 [Video Clip] 항목에 드래그했던 영상이 자동으로 연결됩니다. 또는 인스펙터 창의 [Add Component] 버튼을 통해 검색해 추가한 후에 [Video Clip] 항목으로 연결해도 효과는 이와 동일 합니다.

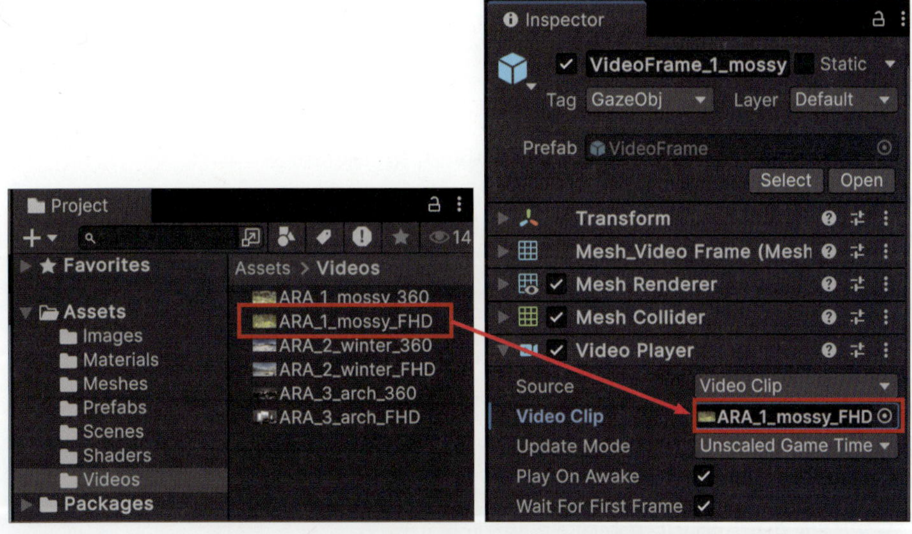

[그림 3-9] 비디오 플레이어 컴포넌트 추가 및 클립 연결하기

에디터를 실행하면 영상이 자동으로 플레이되는 것을 확인할 수 있습니다.

이제 코드를 작성해 제어해 보겠습니다. 프로젝트 창에서 Assets 폴더 하위에 Scripts 폴더를
하나 만들어 줍니다. Scripts 폴더에 MonoBehaviour Script 파일을 생성하고 이름을 'VideoFrame'
으로 지정합니다. VideoFrame.cs를 그림처럼 VideoFrame1_mossy, winter, arch에 각각 컴포넌트로
추가해 줍니다.

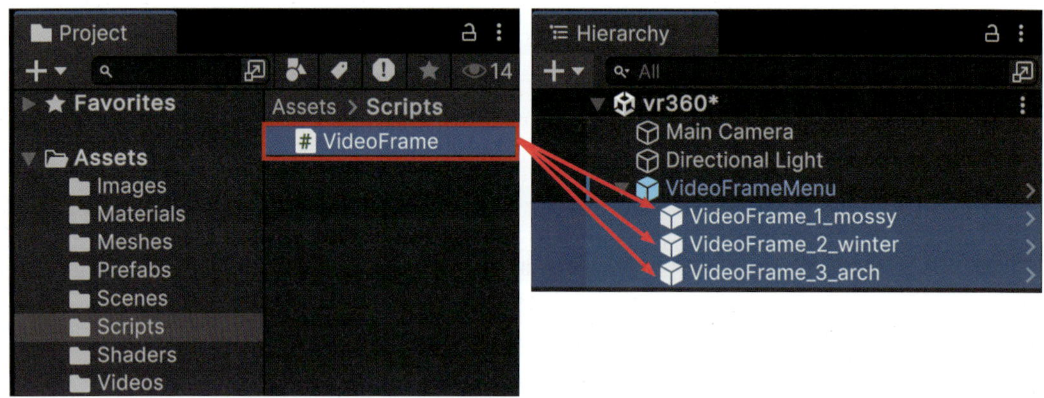

[그림 3-10] Scripts 폴더 생성 및 VideoFrame.cs 스크립트 추가하기

VideoFrame.cs 파일을 더블클릭한 후 다음과 같이 작성합니다.

```csharp
using UnityEngine;
using UnityEngine.Video; // VideoPlayer 기능을 사용하기 위한 네임스페이스
// Video Player 컴포넌트를 제어하자!
public class VideoFrame : MonoBehaviour
{
    // Video Player 컴포넌트
    VideoPlayer vp;

    // Start is called before the first frame update
    void Start()
    {
        // 현재 오브젝트의 비디오 플레이어 컴포넌트 정보를 가지고 온다.
        vp = GetComponent<VideoPlayer>();
        // 자동 재생되는 것을 막는다.
```

```csharp
        vp.Stop();
    }
}
```


[코드 3-1] VideoFrame.cs Start 함수 작성

네임스페이스에 [UnityEngine.Video]라는 항목이 추가된 것을 볼 수 있습니다. VideoPlayer를
제어하기 위해서는 반드시 추가돼야 합니다. 또한 VideoPlayer 컴포넌트의 [Play On Awake] 항목을
체크 해제하더라도 지금과 같이 시작하면서 자동 재생되는 것을 막을 수 있습니다. 사람이 수동으로
해제하는 것은 실수가 발생할 수 있기 때문에 기능의 일관성을 위해 Start 함수에서 정지 시켰습
니다. 이제는 키보드를 이용해 제어하기 위해 다음과 같이 업데이트 부분에 추가로 작성 하겠습니다.

VR 개발 환경에서 우선시해야 하는 것은 VR을 착용하기 이전 개발 단계에서 각 기능이 제대로
작동하는지 확인하기 위한 테스트 기능들이 구현돼야 한다는 것입니다. 따라서 가능한 한 키보드나
마우스를 통해 제어할 수 있게 구현하고, 이후 VR 환경에 맞춰 추가 기능을 연결해 작업해야 합
니다. 현재는 Spacebar를 이용해 재생 여부를 알려주는 'isPlaying'이라는 변수(bool 타입)를 확인해
재생 중이라면 일시 정지를 하고, 일시 정지 중이면 다시 재생할 수 있도록 기능을 만들었습니다.

```csharp
public class VideoFrame : MonoBehaviour
{
    … 생략 …
    void Update()
    {
        // 스페이스 바를 눌렀을 때 재생 또는 일시 정지를 하라.
        if(Input.GetKeyDown("space"))
        {
            // 현재 비디오 플레이어가 플레이 상태인지 확인하라.
            if (vp.isPlaying)
            {
                // 플레이(재생) 중이라면 일시 정지하라.
                vp.Pause();
            }else
            {
                // 그렇지 않다면(일시 정지 중 또는 멈춤) 플레이(재생)하라.
                vp.Play();
```

```
            }
        }
    }
}
```

[코드 3-2] VideoFrame.cs 재생, 일시 정지하기

추가로 완전히 정지시키는 기능을 추가하겠습니다. 정지 기능은 일시 정지처럼 현재까지 재생된 위치를 기억하는 것과 달리, 영상을 정지시킴과 동시에 재생 위치를 시작 지점으로 돌려놓는 것입니다. ⓢ를 눌러 정지 기능이 작동되도록 작성했습니다.

```csharp
public class VideoFrame : MonoBehaviour
{
    … 생략 …
    void Update()
    {
        // S를 누르면 정지하라.
        if(Input.GetKeyDown(KeyCode.S))
        {
            vp.Stop();
        }
        // 스페이스 바를 눌렀을 때 재생 또는 일시 정지하라.
        if(Input.GetKeyDown("space"))
        {
            // 현재 비디오 플레이어가 플레이 상태인지 확인하라.
            if (vp.isPlaying)
            {
                // 플레이(재생) 중이라면 일시 정지하라.
                vp.Pause();
            }
            else
            {
                // 그렇지 않다면(일시 정지 중 또는 멈춤) 플레이하라.
                vp.Play();
            }
        }
```

```
    }
}
```

[코드 3-3] VideoFrame.cs 키보드를 이용한 VideoPlayer 제어하기

에디터의 [플레이] 버튼을 눌러 키보드의 입력에 따라 작동하는지 확인합니다. 현재 사용 중인 'VideoFrame'이라는 3D 오브젝트는 두 가지 머티리얼로 구성돼 있습니다. 이때 비디오 플레이어 컴포넌트는 첫 번째 머티리얼의 _MainTex로 파라미터가 지정돼 있는 [Albedo] 항목에 영상을 업데이트하는 방식으로 작동합니다. 옵션을 통해 다른 셰이더의 파라미터로 접근하는 방법도 있지만, 권장하지는 않습니다.

실행할 때 다음과 같은 Input System package 관련 오류가 발생하면 [Project Settings – Player]로 이동해서 Active Input Handling 속성을 Both로 변경합니다.

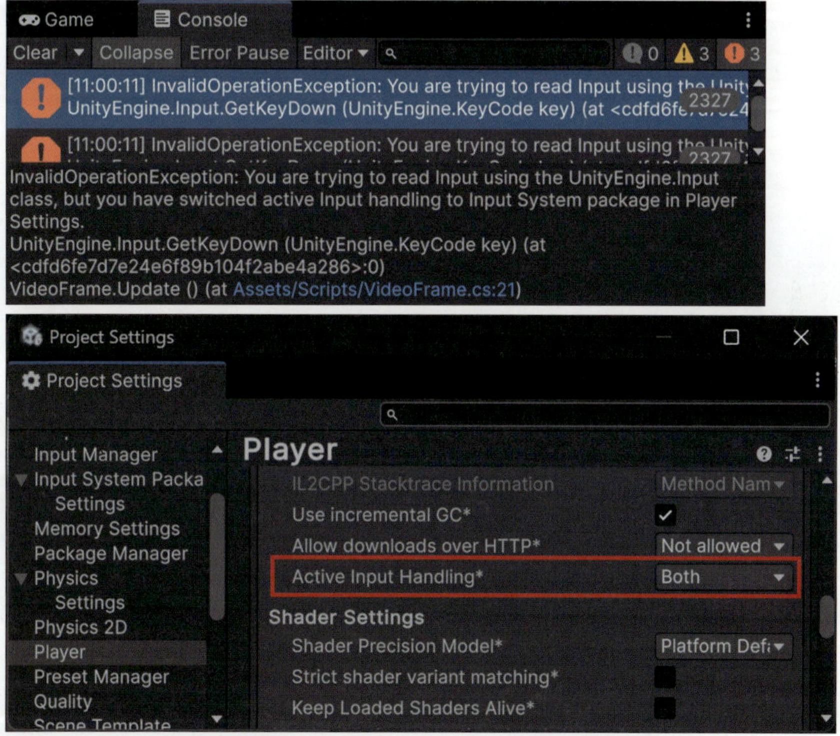

[그림 3-11] Input System package 오류 해결

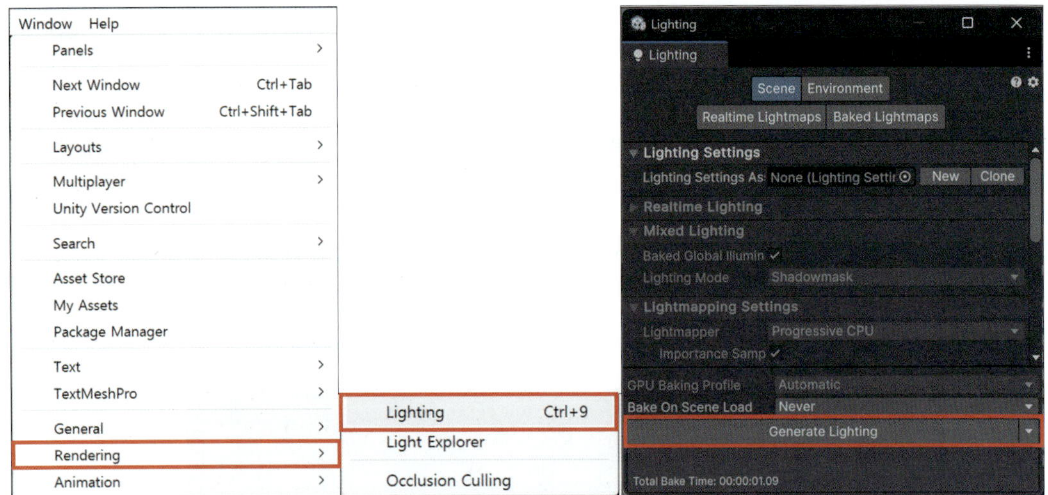

[그림 3-12] Generate Lighting

[그림 3-13] 라이트 데이터 생성 비교

이번에는 VR 360 영상을 제어하는 환경을 만들어보겠습니다. 이전 단계에서는 오브젝트 하나에 비디오 클립 1개가 재생되지만, VR 360 영상의 경우 여러 개의 클립을 번갈아가면서 사용하기 때문에 스피어의 구성이나 비디오 립을 위한 스크립트 설계에서 신경을 써야 합니다.

> **학습 목표**
>
> VR 360 영상을 유니티에서 플레이하고 싶다.
>
> **순서**
>
> ❶ VR 360 영상 스피어 활용하기
> ❷ VR 360 영상을 교체하며 재생하기

🆅🆁 스피어에 360 영상 적용하기

스피어(Sphere, 구체) 오브젝트부터 배치하기 전에 VR 360 영상에 적합한 구체는 어떠한 조건이 있는지 샘플 파일을 이용해 비교해보겠습니다. 프로젝트에는 총 세 가지 구체가 있습니다. [Prefabs]폴더 내에 'Sphere'라는 이름을 가진 파일을 하이어라키로 드래그합니다.

> 📦 **Sphere_16**: 둘레가 16개의 폴리곤(면)으로 나뉜 구체
> 📦 **Sphere_64**: 둘레가 64개의 폴리곤(면)으로 나뉜 구체
> 📦 **Sphere_128_flip**: 둘레가 128개의 폴리곤(면)으로 나뉘어 있고, 안과 밖이 뒤집힌 구체(Scale을 1로 수정)

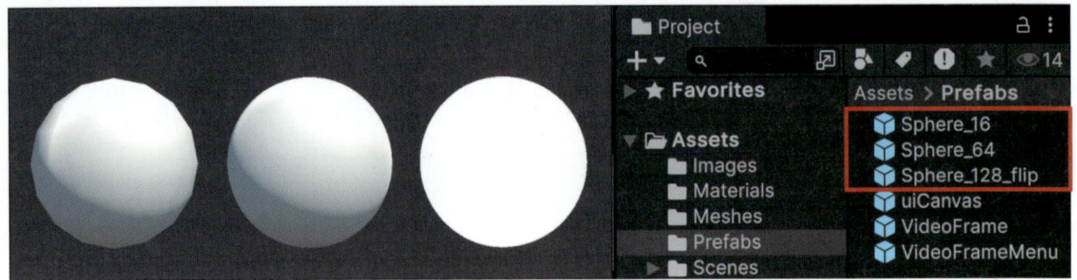

[그림 3-14] 스피어 비교하기

이렇게 세 가지 구체를 [그림 3-15]처럼 하이어라키에 드래그하고 각각 겹치지 않게 사이를 벌려줍니다. 이후 적합한 구체를 선정하면 나머지는 지우고 위치를 재배치할 것이기 때문에 독자분들이 비교해보기 편한 간격으로 맞추면 됩니다.

이제 Videos 폴더에 있는 VR 360 영상 중 ARA_Mossy_360.mp4 파일을 선택해 세 구체에 각각 드래그해 넣습니다. 각각의 구체마다 비디오 플레이어 컴포넌트가 생기면서 ARA_Mossy_360.mp4 비디오 클립이 연결됐습니다. 에디터를 플레이해 영상이 재생되는 것을 비교해 봅시다. 우선 Sphere_16의 경우, 폴리곤이 꺾인 부분에는 영상이 접히듯 왜곡돼 보이기 때문에 적합하지 않다는 것을 쉽게 파악할 수 있습니다.

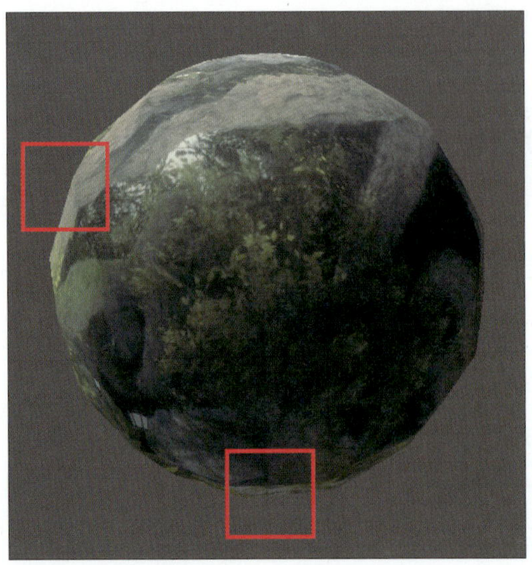

[그림 3-15] Mesh_Sphere_16

후보 중에 Sphere_64와 Sphere_128_flip 두 오브젝트가 남는데, Main Camera를 각각의 구체 중심으로 옮겨 비교해 보겠습니다. Sphere_64 오브젝트는 카메라가 중심으로 들어가게 되면 마치 아무것도 없는 것처럼 영상이 보이질 않지만, Sphere_128_flip은 영상이 제대로 보이는 것을 확인할 수 있습니다.

[그림 3-16] Sphere_64와 Sphere_128_flip 비교하기

Sphere_128_flip 오브젝트와 같은 상태를 "노멀(Normal, 면이 바라보는 방향)이 뒤집혔다."라고 하는데, 일반적으로 밖을 바라보는 일반적인 오브젝트와 달리, 각각의 면들이 안쪽을 향해 있을 때, "노멀이 뒤집혔다." 또는 "플립됐다."라고 이야기합니다.

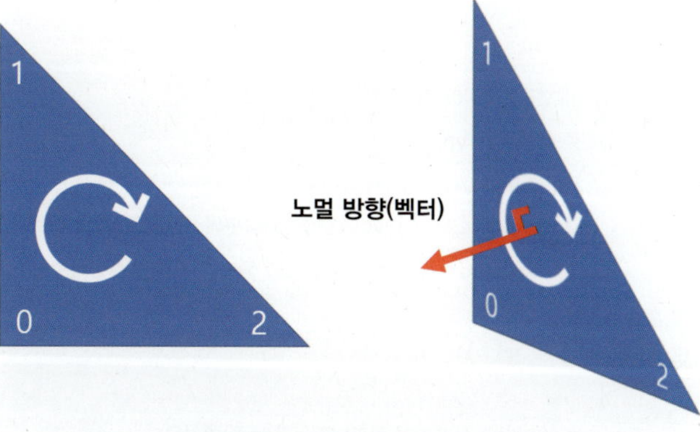

[그림 3-17] 점(Vertex)을 연결한 면(삼각형)과 노멀

VR 360 영상의 경우에는 마치 돔 구장에서 야구 경기를 보듯이 거대한 구체의 안쪽에서 영상을 봐야 하는 구조이기 때문에 필자처럼 3D 툴을 다룰 줄 안다면 폴리곤의 개수도 넉넉하게 사용하고 자 오브젝트를 만들 때 노멀도 뒤집어 유니티로 내보내면 바로 사용할 수 있다는 장점이 있습니다. 3D 툴에서 제작하는 방법 말고도 셰이더에서 뒤집어주는 방식과 C# 스크립트로 Mesh Filter 컴포 넌트에 있는 Mesh 정보를 이용해 뒤집는 방법 등 다양한 방식으로 노멀을 뒤집을 수 있습니다.

Sphere_128_flip 오브젝트의 트랜스폼의 스케일을 다시 x, y, z 10으로 돌려놓습니다. 나머지 2개의 구체는 지워도 됩니다. 이제 영상을 재생하는 기능을 만들어 보겠습니다. 평면에 영상을 재생 할 때와 달리, 스피어 오브젝트에 영상을 재생할 때는 하나의 3D 오브젝트에 여러 영상을 교체하 면서 재생해야 합니다. 따라서 단순히 멈추고 재생하는 것이 아닌 다른 영상(VideoClip)을 교체하는 방식으로 스크립트를 재생해야 합니다.

Assets-Scripts 폴더 안에 'Video360Play'라는 스크립트를 1개 생성합니다. 다음 코드를 참고 해 스크립트를 작성합니다. 우선 재생에 필요한 변수를 추가하겠습니다. 여러 개의 영상은 배열 (Array)을 사용해 관리하겠습니다.

```csharp
using UnityEngine;
using UnityEngine.Video;      // VideoPlayer 기능을 사용하기 위한 네임스페이스

// 비디오 플레이어를 통해 360 스피어에 영상을 재생하자.
// 두 가지 서로 다른 영상을 교체하며 재생한다.
public class Video360Play : MonoBehaviour
{
    // 비디오 플레이어 컴포넌트
    VideoPlayer vp;
    // 재생해야 할 VR 360 영상을 위한 설정
    public VideoClip[] vcList; // 다수의 비디오 클립을 배열로 만들어 관리한다.
    int curVCidx;     // 현재 재생 중인 클립 번호를 저장한다.

    void Start()
    {
        // 비디오 플레이어 컴포넌트의 정보를 받아온다.
        vp = GetComponent<VideoPlayer>();
```

```csharp
        vp.clip = vcList[0];
        curVCidx = 0;
        vp.Stop();
    }
}
```

[코드 3-4] Video360Play.cs 전역변수 선언하기

전역변수에 대한 작성이 끝나고 나면 스타트 함수를 다음과 같이 작성합니다. 리스트의 첫 번째 항목인 0번 영상을 재생하겠다는 의미입니다. 재생할 영상을 설정하고 나면 반드시 목록의 몇 번 영상을 재생 중인지 curVCidx(현재 재생 중인 비디오 클립의 인덱스 번호)를 저장해야 합니다. 이후 curVCidx에 저장된 번호를 기준으로 이전/다음 영상을 선택해 재생합니다.

이제 **Update** 함수 내에 있는 브래킷(대괄호 키 [,])을 활용해 영상을 교체해 재생하는 기능을 만들어 보겠습니다.

```csharp
public class Video360Play : MonoBehaviour
{
    … 생략 …
    void Update()
    {
        // 컴퓨터에서 영상을 변경하기 위한 기능
        if(Input.GetKeyDown(KeyCode.LeftBracket))     // 왼쪽 대괄호 입력 시 이전 영상
        {
            vp.clip = vcList[0];
        }
        else if(Input.GetKeyDown(KeyCode.RightBracket))// 오른쪽 대괄호 입력 시 이전 영상
        {
            vp.clip = vcList[1];
        }
    }
}
```

[코드 3-5] Video360Play.cs Update 키 입력 처리하기

스크립트가 작성됐습니다. Sphere_128_flip에 Video360Play.cs를 등록하고 테스트하기 위해 영상을 배열에 추가합니다. [Videos] 폴더에는 360이라는 꼬리말이 달린 2,084×1,024 크기의 VR 360 영상 3개가 준비돼 있습니다. 인스펙터 창의 vcList 배열 size에 '3'을 입력하고 각 파일 순서대로 빈칸에 연결합니다.

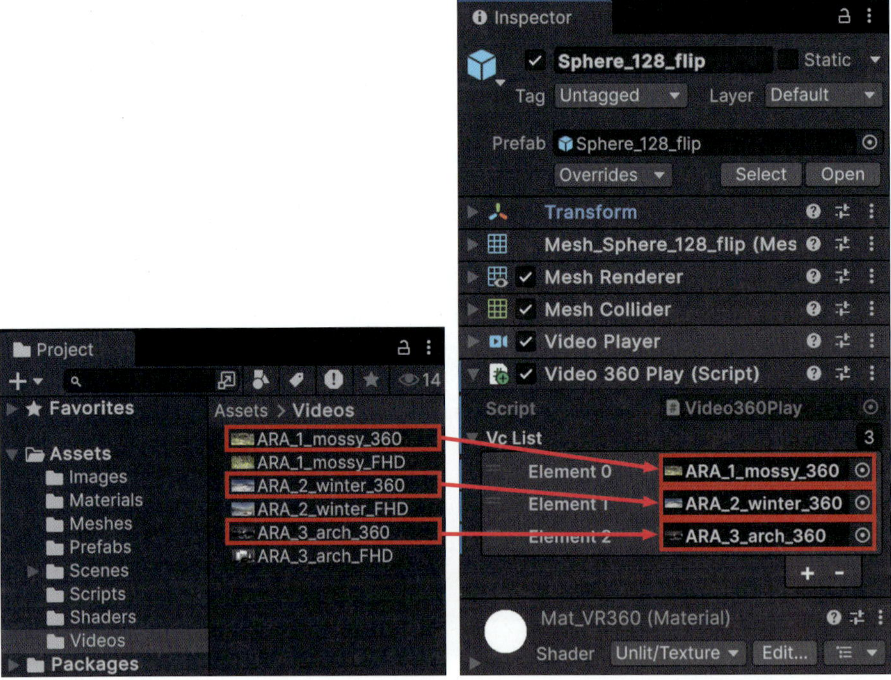

[그림 3-18] Video360Play 영상 연결하기

이제 에디터의 [플레이] 버튼을 눌러보면 대괄호에 따라 바뀌게 될 것입니다. 다만 우리가 원하는 이전/다음 영상이 아니라 왼쪽 대괄호(【)는 0번 영상, 오른쪽 대괄호(】)에는 1번 영상이 1:1로 매칭돼 있습니다. 다음에는 카메라 제어와 함께 영상을 제어할 수 있는 기능을 만들어 보겠습니다.

 VR 360 영상을 교체하며 재생하기

> **목표:** 메인 카메라가 바라보는 방향에 따라서 영상을 교체해서 재생하고 싶다.
>
> **순서:** ❶ 마우스를 통해 카메라를 제어한다.
>
> ❶ 특정 지점에 시선이 닿으면 영상을 교체하여 재생한다.

Video360Play 스크립트를 수정하겠습니다. 이전에는 대괄호에 따라 왼쪽은 0번 영상, 오른쪽은 1번 영상으로 고정했지만, 이제 앞뒤를 체크하고 재생하는 함수를 만들어 계속 로테이션되듯이 영상을 제어하겠습니다.

```csharp
public class Video360Play : MonoBehaviour
{
    … 생략 …
    // 인터랙션을 위해 함수를 퍼블릭으로 선언한다.
    // 배열의 인덱스 번호를 기준으로 영상을 교체, 재생하기 위한 함수
    // 인자 값인 isNext가 true이면 다음 영상, false면 이전 영상 재생
    public void SwapVideoClip(bool isNext)
    {
        // 현재 재생 중인 영상의 넘버를 기준으로 체크한다.
        // 이전 영상 번호는 현재 영상보다 배열에서 인덱스 번호가 1이 작다.
        // 다음 영상 번호는 현재 영상보다 배열에서 인덱스 번호가 1이 크다.
        int setVCnum = curVCidx;        // 현재 재생 중인 영상의 넘버를 입력한다.
        vp.Stop();                      // 현재 재생 중인 비디오 클립을 중지한다.
        // 재생될 영상을 고르기 위한 과정
        if (isNext)
        {
            // 배열의 다음 영상을 재생한다.
        }
        else
        {
            // 배열의 이전 영상을 재생한다.
        }
        vp.clip = vcList[setVCnum]; // 클립을 변경한다.
        vp.Play();                      // 바뀐 클립을 재생한다.
        curVCidx = setVCnum;            // 바뀐 클립의 영상의 번호를 업데이트한다.
    }
}
```

[코드 3-6] Video360Play.cs SwpVideoClip 함수 작성

SwpVideoClip이라는 함수는 isNext라는 불리언(참/거짓) 타입의 인자를 전달받게 돼 있습니다. 또한 외부에서 호출할 수 있도록 public 함수로 설정돼 있습니다. SwpVideoClip 함수를 호출할 때 isNext가 참(true)이면 다음 영상을 재생하고, 거짓(false)이면 이전 영상을 재생하는 구조로 기능을

구현할 예정입니다. 아직 **isNext**를 판별하는 *if*문 안에는 구체적인 기능이 구현돼 있지 않습니다. 아마도 프로그래밍을 처음 접하신 분들은 다음과 같이 작성하는 경우가 많을 것입니다.

① 현재 재생 중인 번호(curVCnum)보다 1이 증가된 것이 다음 영상 번호이다(setVCnum).

② 다음 영상의 번호와 리스트의 마지막 번호를 비교한다.

③ 마지막 번호보다 같거나 크면 처음으로 돌아간다(setVCnum = 0).

④ 마지막 번호보다 작으면 다음 영상을 재생한다(setVCnum = curVCnum + 1).

```csharp
public class Video360Play : MonoBehaviour
{
    … 생략 …
    // 인터랙션을 위해 함수를 퍼블릭으로 선언한다.
    // 배열의 인덱스 번호를 기준으로 영상을 교체, 재생하기 위한 함수
    // 인자 값인 isNext가 true이면 다음 영상, false이면 이전 영상 재생
    public void SwapVideoClip(bool isNext)
    {
        // 현재 재생 중인 영상의 넘버를 기준으로 체크한다.
        // 이전 영상 번호는 현재 영상보다 배열에서 인덱스 번호가 1이 작다.
        // 다음 영상 번호는 현재 영상보다 배열에서 인덱스 번호가 1이 크다.
        int setVCnum = curVCidx;        // 현재 재생 중인 영상의 넘버를 입력한다.
        vp.Stop( );                     // 현재 재생 중인 비디오 클립을 중지한다.
                                        // 재생될 영상을 고르기 위한 과정
        if (isNext)                     // isNext 변수가 배열의 다음 영상을 재생한다.
        {
            // 리스트의 다음 영상을 재생한다.
            setVCnum++; // 다음 영상 번호를 체크하기 위해 1을 증가시킨다.
            if (setVCnum >= vcList.Length) // 다음 영상 번호가 영상 리스트 마지막보다 큰지 확인한다.
            {
                // 리스트 전체 길이보다 크면 리스트의 클립을 첫 번째 영상으로 지정한다.
                vp.clip = vcList[0];
            }
            else
            {
                // 리스트 길이보다 작으면 해당 번호의 영상을 실행한다.
                vp.clip = vcList[setVCnum];
            }
        }
        else
```

```csharp
        {
            // 리스트의 이전 영상을 재생한다.
        }
        vp.clip = vcList[setVCnum]; // 클립을 변경한다.
        vp.Play( );                 // 바뀐 클립을 재생한다.
        curVCidx = setVCnum;        // 바뀐 클립의 영상 번호를 업데이트한다.
    }
}
```

[코드 3-7] Videoe360Play.cs SwpVideoClip 함수 내에 다음 클립을 재생하는 기능 구현하기

여기서 좀 더 프로그래머답게 생각해 보겠습니다. 결국 우리가 찾고자 하는 값의 특성을 생각해 보면 1씩 증가하다가 재생 번호가 배열의 마지막 번호일 때만 0이라는 값을 찾으면 됩니다. 이런 알고리즘을 짤 때 많이 쓰는 연산자가 나머지 값만 찾는 '%' 연산자입니다.

작동되는 방식은 다음과 같습니다(0번부터 4번까지 5개의 영상이 있다고 가정해 보겠습니다).

❶ setVCnum을 1 증가시킨다.
❷ 리스트 전체의 크기를 setVCnum로 나눈다.
❸ 일의 자리까지 나뉜 값의 나머지를 다시 setVCnum에 대입한다.

[표 3-2] 다음 재생 번호에 따른 나머지 값의 변화

현재 영상 번호(setVCnum)	0	1	2	3	4
setVCnum + 1	0 + 1	1 + 1	2 + 1	3 + 1	4 + 1
setVCNum % List.Count	1%5	2%5	3%5	4%5	5%5
나머지 값(다음 영상 번호)	1	2	3	4	0

위 과정을 작성하면 다음과 같이 한 줄로 작성할 수 있습니다.

```csharp
public class Video360Play : MonoBehaviour
{
    … 생략 …
```

```csharp
// 인터랙션을 위해 함수를 퍼블릭으로 선언한다.
// 리스트의 인덱스 번호를 기준으로 영상을 교체, 재생하기 위한 함수
// 인자 값인 isNext가 true이면 다음 영상, false이면 이전 영상 재생
public void SwapVideoClip(bool isNext)
{
    // 현재 재생 중인 영상의 넘버를 기준으로 체크한다.
    // 이전 영상 번호는 현재 영상보다 리스트에서 인덱스 번호가 1이 작다.
    // 다음 영상 번호는 현재 영상보다 리스트에서 인덱스 번호가 1이 크다.
    int setVCnum = curVCidx;          // 현재 재생 중인 영상의 넘버를 입력한다.
    vp.Stop();                        // 현재 재생 중인 비디오 클립을 중지한다.
                                      // 재생될 영상을 고르기 위한 과정
    if (isNext)                       // isNext 변수가 참이라면 리스트의 다음 영상을 재생한다.
    {
        // 리스트 전체 길이보다 크면 클립을 리스트의 첫 번째 영상으로 지정한다.
        setVCnum = (setVCnum + 1) % vcList.Length;
    }
    else
    {
        // 리스트의 이전 영상을 재생한다.
    }
    vp.clip = vcList[setVCnum];       // 클립을 변경한다.
    vp.Play();                        // 바뀐 클립을 재생한다.
    curVCidx = setVCnum;              // 바뀐 클립의 영상의 번호를 업데이트한다.
}
```

[코드 3-8] Video360Play.cs 나머지 값을 활용해 다음 영상 번호를 찾는 코딩

    if문을 써서 5~6줄로 작성했던 코드가 깔끔하게 한 줄로 표현됐습니다. 이전 영상을 찾을 때도 나머지를 찾는 것은 같지만 수식을 약간 변경해야 합니다. 제일 앞에 영상이 재생되다가 이전 영상을 재생하라는 명령을 받으면, 목록의 가장 마지막으로 돌아가야 합니다. 그래서 현재 재생 중인 값에 1을 빼고 난 후에 전체 길이를 더해줘야 합니다. [표 3-3]과 같이 0번을 재생한 후에는 리스트의 마지막인 4번을 찾아갈 수 있습니다.

[표 3-3] 이전 재생 번호에 따른 나머지 값의 변화

현재 영상 번호(setVCnum)	0	1	2	3	4
setVCnum−1	0−1	1−1	2−1	3−1	4−1
setVCnum + List.Count	−1 + 5	0 + 5	1 + 5	2 + 5	3 + 5
setVCNum % List.Count	4%5	5%5	6%5	7%5	8%5
나머지 값(=다음 영상 번호)	4	0	1	2	3

위에서 정리한 표대로 구현하면 다음과 같이 작성됩니다.

```csharp
public class Video360Play : MonoBehaviour
{
    … 생략 …
    // 인터랙션을 위해 함수를 퍼블릭으로 선언한다.
    // 배열의 인덱스 번호를 기준으로 영상을 교체, 재생하기 위한 함수
    // 인자 값인 isNext가 true이면 다음 영상, false이면 이전 영상 재생
    public void SwapVideoClip(bool isNext)
    {
        // 현재 재생 중인 영상의 넘버를 기준으로 체크한다.
        // 이전 영상 번호는 현재 영상보다 배열에서 인덱스 번호가 1이 작다.
        // 다음 영상 번호는 현재 영상보다 배열에서 인덱스 번호가 1이 크다.
        int setVCnum = curVCidx;        // 현재 재생 중인 영상의 넘버를 입력한다.
        vp.Stop();              // 현재 재생 중인 비디오 클립을 중지한다.
        // 재생될 영상을 고르기 위한 과정
        if (isNext)             // isNext 변수가 참이라면 배열의 다음 영상을 재생한다.
        {
            setVCnum = (setVCnum + 1) % vcList.Length;
        }
        else
        {
            setVCnum = ((setVCnum−1) + vcList.Length) % vcList.Length;
        }
        vp.clip = vcList[setVCnum]; // 클립을 변경한다.
        vp.Play();              // 바뀐 클립을 재생한다.
        curVCidx = setVCnum;            // 바뀐 클립의 영상의 번호를 업데이트한다.
    }
}
```

[코드 3-9] Video360Play.cs 나머지 값을 활용해 이전 영상 번호를 찾는 코딩

Update 함수에서 키를 눌렀을 때 비디오 클립 전환하는 부분을 SwapVideoClip 함수로 교체해 줍니다. 이렇게 수정이 반연된 전체적인 코드를 확인하면서 키보드를 이용해 영상이 바뀌는지 테스트해보기 바랍니다.

```csharp
using UnityEngine;
using UnityEngine.Video;    // VideoPlayer 기능을 사용하기 위한 네임스페이스
// 360 스피어에 비디오 플레이어를 통해 영상을 재생하자.
// 두 가지 서로 다른 영상을 교체하며 재생한다.
public class Video360Play : MonoBehaviour
{
    // 비디오 플레이어 컴포넌트
    VideoPlayer vp;
    // 재생해야 할 VR 360 영상을 위한 설정
    public VideoClip[] vcList; // 다수의 비디오 클립을 배열로 만들어 관리한다.
    int curVCidx;                  // 현재 재생 중인 클립의 리스트 번호를 저장한다.
    // Start is called before the first frame update
    void Start()
    {
        // 비디오 플레이어 컴포넌트의 정보를 받아온다.
        vp = GetComponent<VideoPlayer>();
        vp.clip = vcList[0];
        curVCidx = 0;
    }

    // Update is called once per frame
    void Update()
    {
        // 컴퓨터에서 영상을 변경하기 위한 기능
        if(Input.GetKeyDown(KeyCode.LeftBracket))    // 왼쪽 대괄호 입력 시 이전 영상
        {
            SwapVideoClip(false);
        }
        else if(Input.GetKeyDown(KeyCode.RightBracket)) // 오른쪽 대괄호 입력 시 이전 영상
        {
            SwapVideoClip(true);
        }
    }
```

```csharp
// 인터랙션을 위해 함수를 퍼블릭으로 선언한다.
// 리스트의 인덱스 번호를 기준으로 영상을 교체, 재생하기 위한 함수
// 인자 값인 isNext가 true이면 다음 영상, false이면 이전 영상 재생
public void SwapVideoClip(bool isNext)
{
    // 현재 재생 중인 영상의 넘버를 기준으로 체크한다.
    // 이전 영상 번호는 현재 영상보다 리스트에서 인덱스 번호가 1이 작다.
    // 다음 영상 번호는 현재 영상보다 리스트에서 인덱스 번호가 1이 크다.
    int setVCnum = curVCidx;        // 현재 재생 중인 영상의 넘버를 입력한다.
    vp.Stop();                      // 현재 재생 중인 비디오 클립을 중지한다.
    // 재생될 영상을 고르기 위한 과정
    if (isNext)                     // isNext 변수가 참이라면 리스트의 다음 영상을 재생한다.
    {
        setVCnum = (setVCnum + 1) % vcList.Length;
    }
    else
    {
        setVCnum = ((setVCnum-1) + vcList.Length) % vcList.Length;
    }
    vp.clip = vcList[setVCnum]; // 클립을 변경한다.
    vp.Play();                      // 바뀐 클립을 재생한다.
    curVCidx = setVCnum;            // 바뀐 클립의 영상의 번호를 업데이트한다.
    }
}
```

[코드 3-10] Video360Play.cs 전체 코드

영상을 제어하는 기능은 구현했지만, 테스트하기 위한 기능은 아직 없습니다. HMD의 움직임을 따라 할 수 있는 환경을 구성해야 합니다. 그래서 'Chapter 2 MagicVoxel 제작'에서 제작했던 CamRotate.cs 스크립트를 MainCamera에 추가하겠습니다. 마우스의 움직임으로 머리 운동을 대체해 테스트하기 위한 것입니다. 깃허브에서 CamRotate.cs 스크립트를 다운로드해도 됩니다.

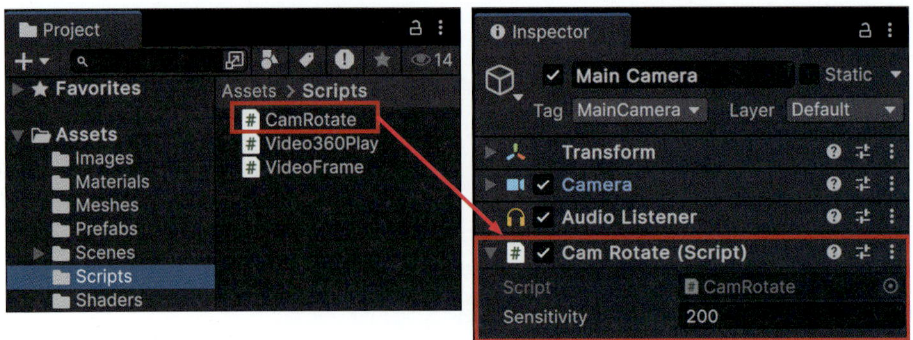

[그림 3-19] CamRotate 스크립트 연결하기

이제 사용자가 HMD를 쓰고 움직이는 가상의 환경을 만들어 테스트할 수 있게 됐습니다. 이제 바라보는 방향에 따라 이전/다음 영상을 재생하는 기능을 만들어보겠습니다. 이때는 각 기능을 수정해야 합니다. 우선 시선을 왼쪽으로 향하면 이전 영상, 오른쪽으로 향하면 다음 영상을 재생하도록 해보겠습니다.

재생을 위한 전체적인 코드가 완성됐습니다. GazePointer에 대한 구현이 끝난 후 SwapVideoClip을 불러오는 기능을 만들어 보겠습니다.

Gaze Pointer 구현하기

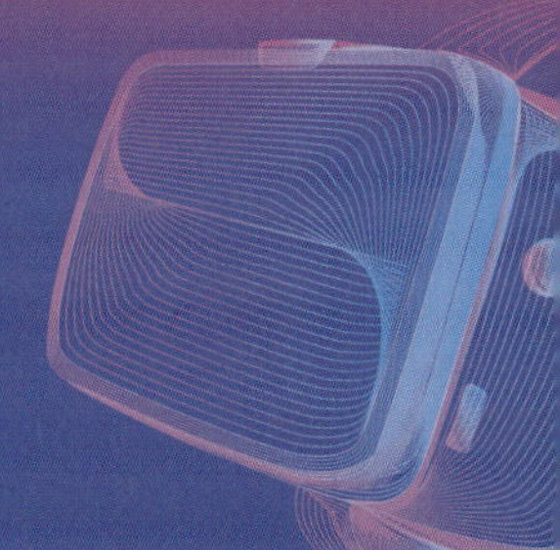

Gaze Pointer는 대상을 바라봤을 때 인터랙션 기능을 호출하는 기능입니다. 일반적으로 Raycast를 사용해 어디를 바라보는지 감지하지만, 바라보는 즉시 반응하는 것과 달리, Gaze Pointer의 핵심은 '일정 시간 동안 바라봤을 때만 작동'하는 것입니다.

컨트롤러를 사용하지 않는 환경에서 Gaze Pointer를 사용하는 경우가 많습니다. 그렇기 때문에 단순히 눈이 마주치자마자 반응한다면 사용자들이 실수로 둘러보다가 반응해 사용성을 나쁘게 만들기 때문에 지연 시간을 주어 사용자들이 의도한 대로 인터랙션을 주도록 제작합니다.

이전/다음 영상을 컨트롤하도록 씬에서 구성하고 난 후 현재 인터랙션을 줄 수 있는 방법은 카메라를 통한 방법밖에 없기 때문에 Main Camera에서 RayCast를 통해 미리 설정된 오브젝트를 찾는다 면 영상을 바꿔 재생하라는 명령을 전달하는 역할을 구현하게 됩니다.

> **➡ 학습 목표**
>
> Gaze Pointer를 구현해 비디오 컴포넌트를 컨트롤하고 싶다.
>
> **➡ 순서**
>
> ❶ Gaze Pointer 구현하기
> ❷ 360 영상을 인터랙션에 맞춰 제어하기

Gaze Pointer 구현하기

Gaze Pointer를 시선을 따라 움직이는 것부터 구현해보겠습니다. *Chapter 2 MagicVoxel 제작*에서 크로스헤어를 제작하는 내용은 URP를 사용해 머티리얼을 제작했지만 여기에서는 Built-in Shader를 수정해서 제작했습니다. 제작된 오브젝트를 Assets/Prefabs에 uiCanvas 프리팹으로 제작해 뒀습니다. 하이어라키로 드래그해 씬을 불러옵니다. 'UI'의 'Image'를 사용해 세팅돼 있습니다. VR 환경을 고려해 uiCanvas 오브젝트의 Canvas 컴포넌트 옵션 중 'Render Mode'가 'World Space'로 설정돼 있습니다.

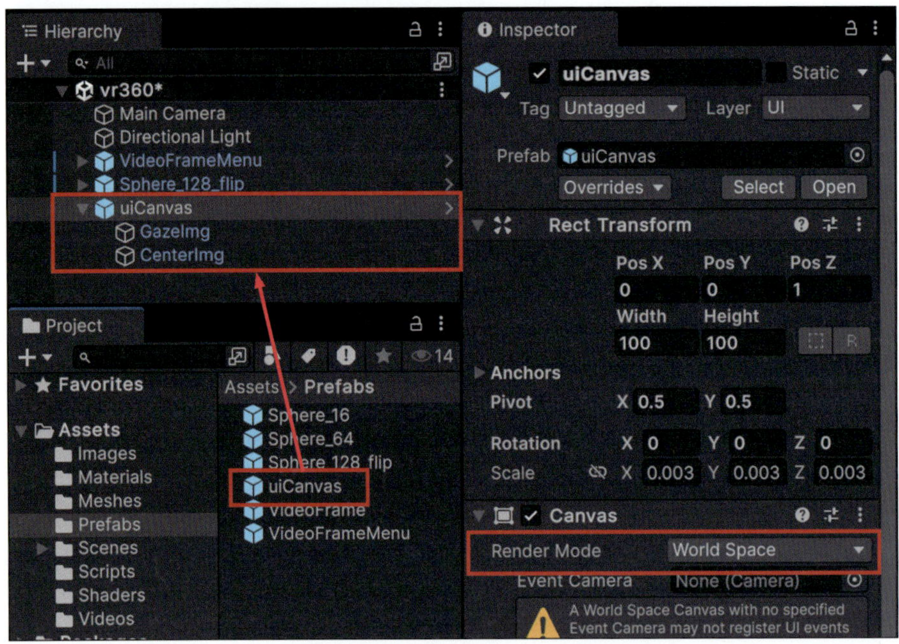

[그림 3-20] uiCanvas 설정하기

일반적인 개발 환경에서는 [Screen Space - Overlay]가 기본으로 설정돼 있는 것을 사용하지만, VR에서는 CenterEye, LeftEye, RightEye 역할을 하는 카메라 오브젝트 3개를 활용하기 때문에 특정 카메라에 오버레이(겹쳐 그리기)를 하면 나머지가 보이지 않게 됩니다. World Space를 기준으로 변경해 모든 카메라에 UI 오브젝트가 보이도록 설정했습니다.

이제 uiCanvas 오브젝트가 Gaze Pointer 역할을 하기 위해 uiCanvas가 시선의 중앙을 항상 따라 다니도록 하는 기능을 구현하겠습니다. Assets/Scripts 폴더 내에 GazePointerCtrl.cs 스크립트를 생성합니다. Main Camera 오브젝트에 드래그해 연결한 후 코드를 다음과 같이 작성합니다.

```csharp
using UnityEngine;
using UnityEngine.UI;              // UI Image 기능을 사용하기 위한 네임스페이스
using UnityEngine.Video;           // VideoPlayer를 제어하기 위한 네임스페이스
```

```csharp
// 카메라의 시선을 처리하기 위한 기능
public class GazePointerCtrl : MonoBehaviour
{

    public Transform uiCanvas;        // 일정 시간 동안 시선이 머무는 것을 보여주기 위한 UI
    public Image gazeImg;             // 시선이 머무는 동안 변화를 표현하기 위한 UI image 컴포넌트

    Vector3 defaultScale;             // UI 기본 스케일을 저장해두기 위한 값
    public float uiScaleVal = 1f;     // UI 카메라가 1m일 때 배율
    … 생략 …
}
```

[코드 3-11] GazePointerCtrl.cs 변수 선언

카메라의 거리에 따라 uiCanvas 오브젝트의 스케일을 증감시키면 항상 일정한 간격을 유지할 수 있습니다. 따라서 최초의 스케일(프리팹 기준으로 x, y, z 모두 0.003)을 defaultScale에 저장해뒀다가 이 값을 기본으로 거리를 곱해 증감시키면 사용자 화면에서는 항상 일정한 크기가 유지됩니다.

```csharp
public class GazePointerCtrl : MonoBehaviour
{
    … 생략 …
    void Start()
    {
        defaultScale = uiCanvas.localScale; // 오브젝트가 갖는 기본 스케일 값
    }
    … 생략 …
}
```

[코드 3-12] GazePointerCtrl.cs Start 함수

이제 Raycast를 활용해 특정 tag로 지정된 오브젝트들이 감지되면, 거리 값(distance)을 받아 와 defaultScale에 곱하면 됩니다. 아무것도 감지되지 않을 때는 기본 스케일 값을 설정했습니다 (uiScaleVal). 필요에 따라 defaultScale이 아닌 uiScaleVal 변수를 활용해 크기가 자유롭게 변하도록 작성해 보겠습니다. 순서는 다음과 같습니다.

```csharp
public class GazePointerCtrl : MonoBehaviour
{
    … 생략 …
    void Update()
    {
        // 캔버스 오브젝트의 스케일을 거리에 따라 조절한다.
        // 1. 카메라를 기준으로 전방 방향의 좌표를 구한다.
        Vector3 dir = transform.TransformPoint(Vector3.forward);
        // 2. 카메라를 기준으로 전방의 레이를 설정한다.
        Ray ray = new Ray(transform.position, dir);
        RaycastHit hitInfo; // 히트된 오브젝트의 정보를 담는다.
        // 3. 레이에 부딪힌 경우에는 거리 값을 이용해 uiCanvas의 크기를 조절한다.
        if(Physics.Raycast(ray, out hitInfo))
        {
            uiCanvas.localScale = defaultScale * uiScaleVal * hitInfo.distance;
            uiCanvas.position = transform.forward * hitInfo.distance;}
        else // 4. 아무것도 부딪히지 않으면 기본 스케일 값으로 uiCanvas의 크기를 조절한다.
        {
            uiCanvas.localScale = defaultScale * uiScaleVal;
            uiCanvas.position = transform.position + dir;
        }
        // 5. uiCanvas가 항상 카메라 오브젝트를 바라보게 한다.
        uiCanvas.forward = transform.forward * -1;
    }
}
```

[코드 3-13] GazePointerCtrl.cs Update 함수 내의 Raycast를 활용한 구현

이제 인스펙터 창에서 MainCamera에 GazePointerCtrl 컴포넌트를 연결하고 각 항목의 uiCanvas 변수에는 uiCanvas 오브젝트, GazeImg 변수에는 GazeImg 오브젝트를 연결합니다.

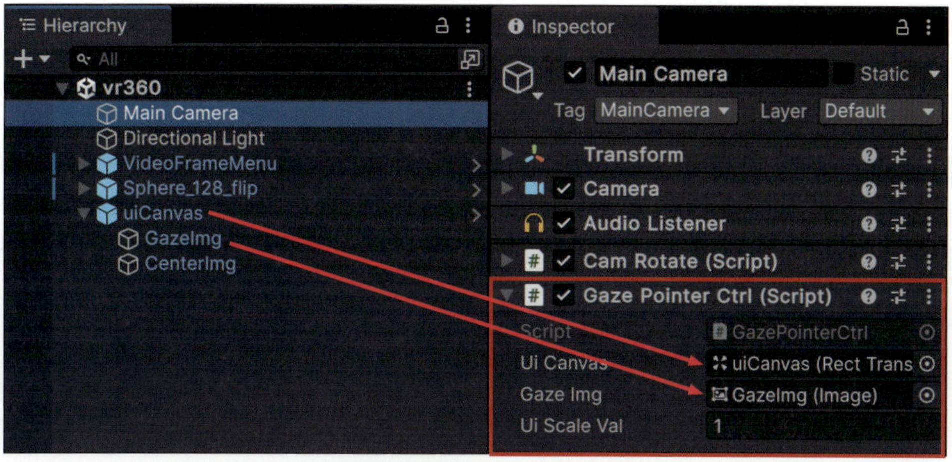

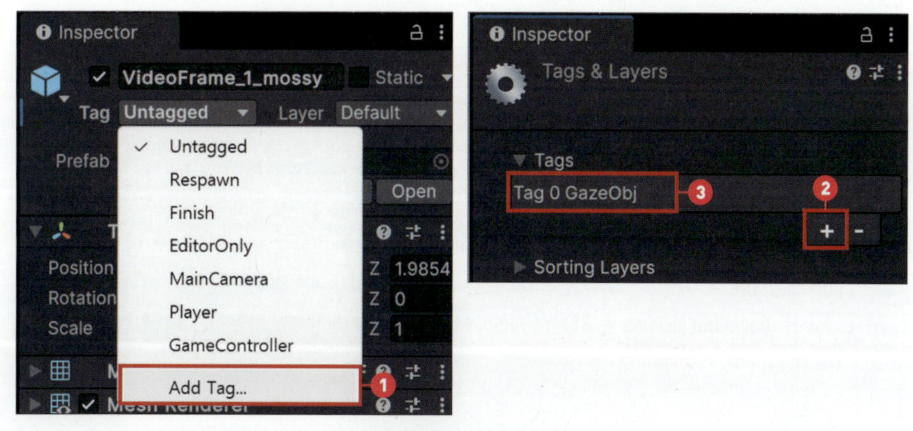

[그림 3-21] GatePointerCtrl 연결

이번에는 VideoFrame 오브젝트에 시선이 닿을 경우, 시선이 닿는 동안 시간을 재는 기능을 만들어 보겠습니다. 시선이 닿자마자 기능을 작동시킨다면 사용자가 의도하지 않는 상황에서 실행되는 경우도 있기 때문에 사용자가 시선을 유지해 변화를 주고 싶다는 의도를 내비칠 때 기능이 작동하도록 하는 것입니다. 프리팹 오브젝트에 설정은 잡혀 있지만, 태그 설정이 누락될 수도 있으므로 새로 생성하는 방법부터 알아보겠습니다.

아무 게임오브젝트나 선택하고 인스펙터창에서 Tag 드롭다운 버튼을 눌러 [Add Tag] 항목을 선택합니다. Tags & Layers 으로 이동하면 [+] 버튼을 클릭해 'GazeObj'로 설정해 줍니다.

[그림 3-22] 태그 생성하기

추가된 GazeObj 태그를 VideoFrame_1_mossy, winter, arch에 할당해 주겠습니다. 하이어라키에서 VideoFrame 게임오브젝트들을 모두 선택하고 인스펙터 창에서 태그를 GazeObj로 바꿔줍니다.

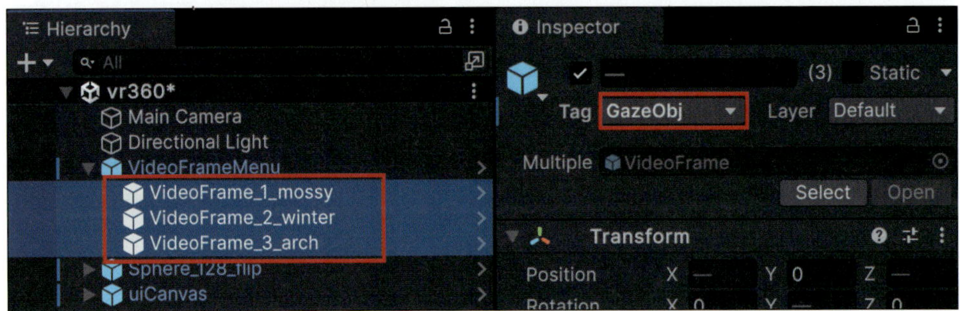

[그림 3-23] 태그 할당

이번에는 변수를 설정하고 Start 함수에서 변수들을 초기화해 보겠습니다. 각 변수의 역할은 주석으로 정리했습니다. 여기서는 hitObj 변수가 중요합니다. 2.9초까지 왼쪽 VideoFrame에 시선이 머물다가 중간에 있는 VideoFrame 오브젝트에 시선이 옮겨간다면, 같은 태그를 사용하기 때문에 0.1초만에 중간의 VideoFrame 영상이 재생될 것입니다. 이러한 경우를 막기 위해 시선이 머문 오브젝트의 정보를 받아 변수에 담아 놓아야 이전 프레임과 비교하기 쉽습니다.

```csharp
public class GazePointerCtrl : MonoBehaviour
{
    public Transform uiCanvas; // 일정 시간 동안 시선이 머무는 것을 보여주기 위한 UI
    public Image gazeImg;        // 시선이 머무는 동안 변화를 표현하기 위한 UI image 컴포넌트

    public float uiScaleVal = 1f;     // UI의 카메라가 1m일 때 스케일 값
    Vector3 defaultScale;             // UI 기본 스케일을 저장해두기 위한 값

    bool isHitObj;  // 인터랙션이 일어나는 오브젝트에 시선이 닿으면 true, 닿지 않으면 false
    GameObject prevHitObj; // 이전 프레임의 시선이 머물렀던 오브젝트 정보를 담기 위한 변수
    GameObject curHitObj;  // 현재 프레임의 시선이 머물렀던 오브젝트 정보를 담기 위한 변수
    float curGazeTime = 0;         // 시선이 머무르는 시간을 저장하기 위한 변수
    public float gazeChargeTime = 3f; // 시선이 머문 시간을 체크하기 위한 기준 시간 3초(필요에 따라 수정)
    void Start()
    {
        defaultScale = uiCanvas.localScale; // 오브젝트가 지니는 기본 스케일 값
        curGazeTime = 0;       // 시선을 유지하는지 체크하기 위한 변수 초기화
```

```
    }
    … 생략 …
}
```

[코드 3-14] GazePointerCtrl.cs 전역변수 추가 및 초기화

업데이트 함수에서 레이에 부딪힌 오브젝트의 태그가 'GazeObj'인지에 따라 인터랙션 여부를 체
크하기 위해 'isHitObj'라는 불리언 타입의 변수에 값을 넣는 기능을 추가해 보겠습니다.

```csharp
public class GazePointerCtrl : MonoBehaviour
{
    … 생략 …
    void Update()
    {
    … 생략 …

        // 3. 레이에 부딪힌 경우에는 거리 값을 이용해 uiCanvas의 크기를 조절한다.
        if (Physics.Raycast(ray, out hitInfo))
        {
            uiCanvas.localScale = defaultScale * uiScaleVal * hitInfo.distance;
            uiCanvas.position = transform.forward * hitInfo.distance;
            if(hitInfo.transform.tag == "GazeObj")
            {
                isHitObj = true;
            }
            curHitObj = hitInfo.transform.gameObject;
        }
    … 생략 …
    }
}
```

[코드 3-15] GazePointerCtrl.cs Tag를 활용한 분기 제작

시간에 따라 GazeImg 오브젝트의 채우기 속성을 활용(Fill Amount)하기 위해 Quad나 Sprite 렌
더러를 사용하지 않고, UI의 Image 컴포넌트를 사용한 것입니다. Fill Amount는 0~1의 값을 받기
때문에 체크 시간(3초)과 현재 시간을 정규화해(현재 값과 최댓값을 0~1 사이로 변환) FillAmount에
넣습니다. 시선이 닿지 않았을 때는 초기화하도록 curGazeTime을 0으로 합니다. 시선을 유지하는

시간을 3초로 정한 이유는 사용성보다 기능을 테스트하기 위해서입니다. 전체적인 기능을 제작한 후 본인의 느낌에 따라 1.5~2초 정도로 줄여 사용해도 무방합니다. **Update** 함수의 5번 주석 다음에 있는 빨간 박스 안의 내용만 추가로 작성하면 됩니다.

```csharp
public class GazePointerCtrl : MonoBehaviour
{
    … 생략 …
    void Update()
    {
    … 생략 …
        // 5. uiCanvas가 항상 카메라 오브젝트를 바라보도록 한다.
        uiCanvas.forward = transform.forward * -1;

        // GazeObj에 레이가 닿았을 때 실행
        if (isHitObj)
        {
            if (curHitObj == prevHitObj) // 현재 프레임과 이전 프레임의 오브젝트가 같아야 시간 증가
            {
                // 인터랙션이 발생해야 하는 오브젝트에 시선이 고정돼 있다면 시간 증가
                curGazeTime += Time.deltaTime;
            }
            else
            {
                // 이전 프레임의 영상 정보를 업데이트한다.
                prevHitObj = curHitObj;
            }
        }
        else      // 시선이 벗어났거나 GazeObj가 아니라면 시간을 초기화
        {
            curGazeTime = 0;
            prevHitObj = null;   // prevHitObj 정보를 지운다.
        }
        // 시선이 머문 시간을 0과 최댓값 사이로 한다.
        curGazeTime = Mathf.Clamp(curGazeTime, 0, gazeChargeTime);
        // ui Image의 fillAmount를 업데이트한다.
        gazeImg.fillAmount = curGazeTime / gazeChargeTime;

        isHitObj = false;      // 모든 처리를 끝내면 isHitObj를 false로 한다.
        curHitObj = null;      // curHitObj 정보를 지운다.
```

```
    }
}
```

[코드 3-16] GazePointerCtrl.cs Update 함수 내 시간 처리 기능 추가 작성

> **Tip** │ 제공해드린 프리팹에는 오브젝트끼리 겹치더라도 GazeImg가 가려지지 않게 기본 UI-Default 셰이더를 수정해 만든 머티리얼이 연결돼 있습니다.

이제 Gaze Pointer는 완성했습니다. 일정한 시간 동안 시선이 머무는지에 대한 정보를 사용자에게 정보를 전달하고 이 정보를 바탕으로 원하는 시간에 맞춰 기능을 불러오면 됩니다. 앞으로는 오브젝트의 용도와 상황에 따라 비디오를 재생하고 정지하는 기능을 구현해보겠습니다. 여러 코드를 오가면서 작성되지만, 새로 작성하는 부분은 많지 않으므로 차근차근 따라 하면 어렵지 않게 구현할 수 있을 것입니다.

Gaze Pointer를 활용한 영상 제어

영상이 재생돼야 하는 상황은 크게 VideoFrame 오브젝트에 시선이 닿은 직후와 Gaze Pointer의 Fill Amount가 1이 돼 설정된 시간만큼 사용자가 한 오브젝트를 응시하고 있을 때로 나눌 수 있습니다(원형 이미지가 모두 차오른 상황).

[그림 3-24] Gaze Pointer가 차오르는 모습

시선이 닿은 직후에는 앞으로 재생될 영상을 미리 보는 용도로 사용하게 될 것입니다. 이는 넷플릭스와 같은 OTT 서비스에서 많이 볼 수 있는 방식입니다. 시선이 닿은 직후 또는 계속 닿고 있는 경우는 앞의 코드에서 curGazeTime이 증가되는 때입니다. 비디오 프레임의 재생 여부를 바로 체크해서 실행하도록 하는 함수를 생성합니다.

```csharp
… 생략 …
public class VideoFrame : MonoBehaviour
{
    … 생략 …
    // GazePointerCtrl에서 영상 재생을 컨트롤하기 위한 함수
    public void CheckVideoFrame(bool Checker)
    {
        if (Checker)
        {
            if(!vp.isPlaying)
            {
                vp.Play();
            }
        }
        else
        {
            vp.Stop();
        }
    }
}
```

[코드 3-17] VideoFrame.cs CheckVideoFrame 함수 구현하기

이제 업데이트 함수 내에서 응시 중인 오브젝트 VideoFrame의 CheckVideoFrame 함수에 적절한 인자 값과 함께 호출하도록 설정하겠습니다. 또한 레이 캐스트에서 검출(hit)된 오브젝트 정보에 대한 처리를 할 수 있도록 'HitObjCheker'라는 함수도 생성합니다.

```csharp
public class GazePointerCtrl : MonoBehaviour
{
    … 생략 …
    // 히트된 오브젝트 타입별로 작동 방식을 구분한다.
    void HitObjChecker(GameObject hitObj, bool isActive)
```

```csharp
{
    // hit가 비디오 플레이어 컴포넌트를 갖고 있는지 확인한다.
    if (hitObj.GetComponent<VideoPlayer>())
    {
        if(isActive)
        {
            hitObj.GetComponent<VideoFrame>().CheckVideoFrame(true);
        }
        else
        {
            hitObj.GetComponent<VideoFrame>().CheckVideoFrame(false);
        }
    }
}
}
```

[코드 3-18] GazePointerCtrl.cs HitObjChecker 함수 생성

이 함수가 당장은 VideoFrame의 영상을 재생하는 역할만 만들어 두겠지만, 이후 메뉴에서 클릭됐는지, 이전/다음 영상을 재생하기 위한 것인지를 구분해주는 역할을 하게 됩니다. 빨간색 박스 부분만 추가로 작성하면 됩니다. 응시를 벗어난 오브젝트 정보는 null 처리를 해줘야 오류가 발생하지 않습니다(prevHitObj=null).

```csharp
public class GazePointerCtrl : MonoBehaviour
{
    … 생략 …
    void Update()
    {
    … 생략 …
        // 인터랙션 오브젝트에 레이가 닿았을때 실행
        if (isHitObj)
        {
            if (curHitObj == prevHitObj) // 현재 프레임과 이전 프레임의 오브젝트가 같아야 시간 증가
            {
                // 인터랙션이 발생해야 하는 오브젝트에 시선이 고정돼 있다면 시간 증가
                curGazeTime += Time.deltaTime;
            }
            else
```

```csharp
        {
            prevHitObj = curHitObj;     // 이전 프레임의 영상 정보를 업데이트한다.
        }
        // hit된 오브젝트가 VideoPlayer 컴포넌트를 갖고 있는지 확인한다.
        HitObjChecker(curHitObj, true);
    }
    else // 시선이 벗어났거나 GazeObj가 아니라면 시간을 초기화
    {
        if (prevHitObj != null)
        {
            HitObjChecker(prevHitObj, false);
            prevHitObj = null;
        }
        curGazeTime = 0;
    }
    … 생략 …
    }
}
```

[**코드 3-19**] GazePointerCtrl.cs Update 정리하기

이제 에디터를 플레이해 테스트해 보면 영상들이 제대로 시선에 따라 움직이면서 VideoFrame 오브젝트에 시선이 닿을 때 영상이 재생되는 것을 확인할 수 있습니다. 필요에 따라 Stop이므로 Pause를 사용해도 무방합니다. 필자는 이후 강의 영상에서 시각적인 차이가 확실히 드러내고자 Stop해 정지 시에는 영상 자체가 나오지 않도록 사용했습니다.

Gaze Pointer로 VR 360 영상 제어하기

VR 360 영상을 제어하기 위해서는 두 가지 작업을 해야 합니다. 응시하는 시간이 다 됐는지 체크하는 것과 다 됐다면 360 스피어에 추가한 Video360Play 컴포넌트에 몇 번째 영상을 재생해야 하는지 번호를 전달하는 일입니다. 순서에 따라 구현해 보겠습니다.

> **목표:** VR 360 영상을 선택해 재생시키고 싶다.
>
> **순서:** ❶ GazePointer의 시간을 체크한다.
>
> ❷ VideoFrame 오브젝트의 SiblingIndex를 받아온다.
>
> ❸ Video360Play 컴포넌트에 값을 전달해 플레이한다.

Video360Play 클래스를 변수로 추가하고, HitObjChecker() 함수에서 시간을 체크해 fillAmount가 1이 된다면(정해진 시간만큼 한 가지 오브젝트만 응시했다면) 해당 영상을 Video360Play 컴포넌트에 재생하게 하는 기능을 호출하겠습니다.

```csharp
// 카메라의 시선을 처리하기 위한 기능
public class GazePointerCtrl : MonoBehaviour
{
    … 생략 …

    public Video360Play vp360; // 360 스피어에 추가된 영상 플레이 기능

    // 히트된 오브젝트 타입별로 작동 방식을 구분한다.
    void HitObjChecker(GameObject hitObj, bool isActive)
    {
        … 생략 …

        // 정해진 시간이 되면 360 스피어에 특정 클립 번호를 전달해 플레이한다.
        if (gazeImg.fillAmount >= 1)
        {
            vp360.SetVideoPlay(hitObj.transform.GetSiblingIndex());
        }
    }
}
```

[코드 3-20] GazePointerCtrl.cs 전역변수 추가 및 시간 완료 시 처리

전달되는 번호로 클립을 선택해 영상을 재생하기 위해 Video360Play 스크립트 내부에 SetVideoPlay라는 함수를 추가합니다. 코드는 단순하게 영상 리스트 번호에서 플레이해야 하는 대상을 바로 재생시키는 역할을 합니다.

```csharp
public class Video360Play : MonoBehaviour
{
    … 생략 …
    public void SetVideoPlay(int num)
    {
        // 현재 재생 중인 번호가 전달받은 번호와 다를 때만 실행
```

```csharp
        if(curVCidx != num)
        {
            vp.Stop();              // 영상을 멈춘다.
            vp.clip = vcList[num];  // 클립을 변경한다.
            curVCidx = num;         // 현재 재생 중인 번호를 수정한다.
            vp.Play();              // 재생한다.
        }
    }
}
```

[코드 3-21] Video360Play.cs SetVideoPlay 함수 추가

작성이 완료됐다면 유니티 에디터에서 vp360 슬롯에 Sphere_128_flip 오브젝트를 연결합니다.

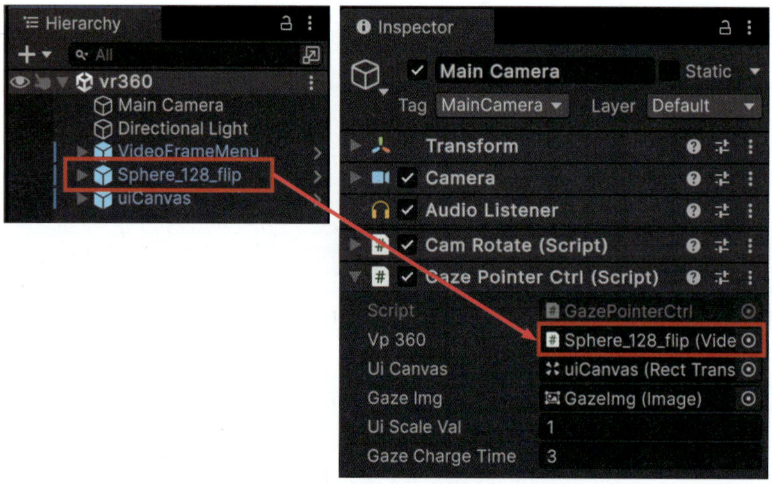

[그림 3-25] vp360 슬롯에 연결하기

GetSiblingIndex는 현재 오브젝트가 부모 오브젝트로부터 몇 번째 자식인지를 정수형(int)로 알 려주는 함수입니다. 3개의 VideoFrame 오브젝트는 VideoFrameMenu라는 부모 오브젝트로 묶여 있습니다. 하이어라키상에서 위에서부터 차례대로 0부터 시작해 1씩 증가합니다.

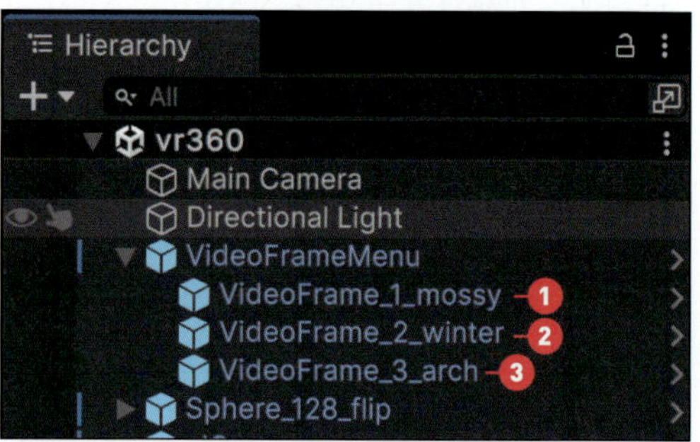

[그림 3-26] SiblingIndex 번호

물론 이렇게 하는 방법 말고도 GazePointer에서 비디오 클립을 배열로 지정해 불러오게 하거나 이름 값을 비교해 찾는 등의 다양한 방법으로 전달할 수 있지만, 이미 부모 자식으로 엮인 오브젝트를 일종의 배열과 같이 활용할 수 있다는 점에서 사용해 봤습니다.

바라보는 방향에 따라 영상 제어하기

이제 간단한 콜라이더 세팅과 함께 바라보는 방향에 따라 이전 영상과 다음 영상을 넘나들며 재생하는 기능을 구현해 보겠습니다. 현재 Sphere_128_flip 오브젝트에는 자기자신을 메시 콜라이더로 사용하는 2개의 자식 오브젝트가 있습니다. Mesh_Collider_Left와 Mesh_Collider_Right 오브젝트입니다. 이 2개를 이용해 먼저 Video360Play에 구현해 놓은 이전/다음 영상으로 전환하는 SwapVideoClip 함수를 불러오기 위한 일종의 버튼과 같이 활용해 보겠습니다.

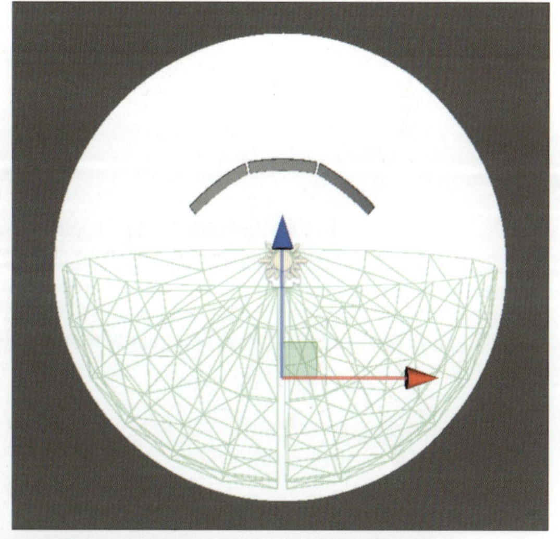

사용자가 아예 정면을 보지 않고 다른 곳을 본다는 것은 현재 콘텐츠에 집중력이나 흥미가 떨어 졌다고 볼 수 있습니다. 이러한 이유로 이전/다음 영상을 재생하는 버튼을 정면의 뒤편에 좌우로 나눠 배치했습니다. Mesh_Collider_Left와 Mesh_Collider_Right의 태그를 GazeObj로 변경해 주세요.

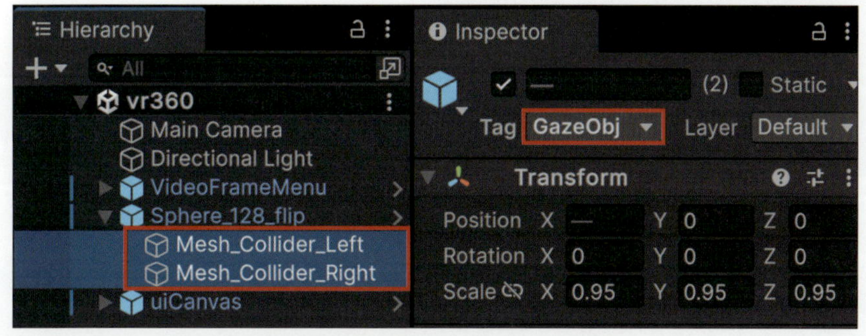

[그림 3-27] 오브젝트 배치 및 Tag 설정하기

Mesh_Collider 오브젝트라면, 이름에 따라 이전/다음 영상을 재생하는 함수를 불러오면 됩니다.

반면, 이름으로 구분할 수는 없지만, GazeObj 태그로 감지할 수 있는 오브젝트는 VideoFrame 오브젝트이기 때문에 해당하는 오브젝트의 SiblingIndex 번호를 받아와 재생하면 됩니다.

```csharp
public class GazePointerCtrl : MonoBehaviour
{
    … 생략 …
    // 히트된 오브젝트 타입별로 작동 방식을 구분한다.
    void HitObjChecker(GameObject hitObj, bool isActive)
    {
        // hit 가 비디오 플레이어 컴포넌트를 갖고 있는지 확인한다.
        if (hitObj.GetComponent<VideoPlayer>())
        {
            if (isActive)
            {
                hitObj.GetComponent<VideoFrame>().CheckVideoFrame(true);
            }
            else
            {
                hitObj.GetComponent<VideoFrame>().CheckVideoFrame(false);
            }
        }
        // 정해진 시간이 되면 360 스피어에 특정 클립 번호를 전달해 플레이한다.
        if ( gazeImg.fillAmount >= 1)
        {
            // 비디오 플레이어가 없는 Mesh_Collider 오브젝트의 이름에 따라 이전/다음 영상으로 재생
            if (hitObj.name.Contains("Right"))
            {
                vp360.SwapVideoClip(true); // 다음 영상
            }
            else if (hitObj.name.Contains("Left"))
            {
                vp360.SwapVideoClip(false); // 이전 영상
            }
            else
            {
                // 360 스피어에 특정 클립 번호를 전달해 플레이한다.
                vp360.SetVideoPlay(hitObj.transform.GetSiblingIndex());
            }
            curGazeTime = 0; // 누적 시간을 초기화해 코드가 반복해서 불리는 것을 방지
```

```
        }
    }
}
```

[코드 3-22] GazePoinerCtrl.cs 오브젝트 종류에 따라 다른 함수 호출

유니티에서 실행해서 전방 프레임이 아닌 좌우로 회전해서(거의 뒤쪽까지) 결과를 확인해 봅니다.

360 영상이 잘 전환되는 것을 확인하고 이제 VR 환경에서 재생해 보도록 하겠습니다.

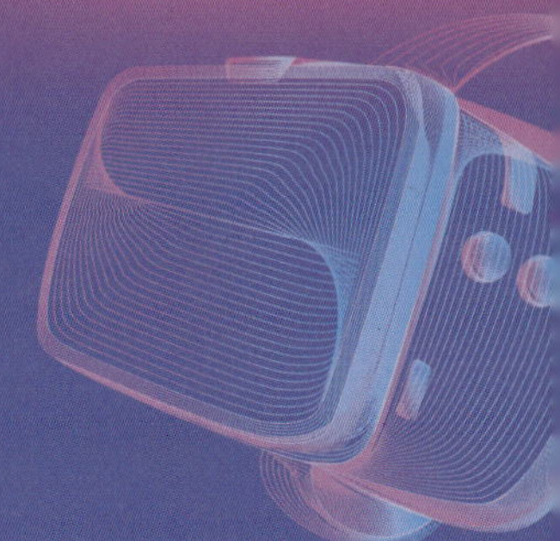

3.6 VR 환경 설정하기

이번 예제의 가장 막바지에 이르렀습니다. 먼저, [1.2 VR 기기의 종류와 개발 환경 설치 및 설정]를 참고해서 [Meta XR Interaction SDK]를 프로젝트에 추가하고, Project Settings 창의 VR 설정 등도 해주어야 합니다.

VR 개발 환경이 갖춰지면 VR 환경에 맞게 MainCamera를 대신할 수 있는 Meta XR Core SDK의 OVRCameraRig로 교체하겠습니다.

VR 기기별 테스트하기

메타 퀘스트 HMD에 대응하기

OVRCameraRig 프리팹은 CentervEye와 Left Eye, Right Eye 카메라가 각각 구현돼 있습니다.

지금 만든 기능 중 MainCamera에 연결된 GazePointCtrl 스크립트는 CenterEyeAnchor 오브젝트에 연결해 줘야 합니다. 다음 그림처럼 Main Camera에 있는 Gaze Pointer Ctrl 컴포넌트를 마우스로 잡아서 CenterEyeAnchor 게임 오브젝트에 드래그 앤 드롭해 줍니다. 이렇게 하면 Main Camera에 있던 스크립트 컴포넌트가 CenterEyeAnchor로 이동합니다.

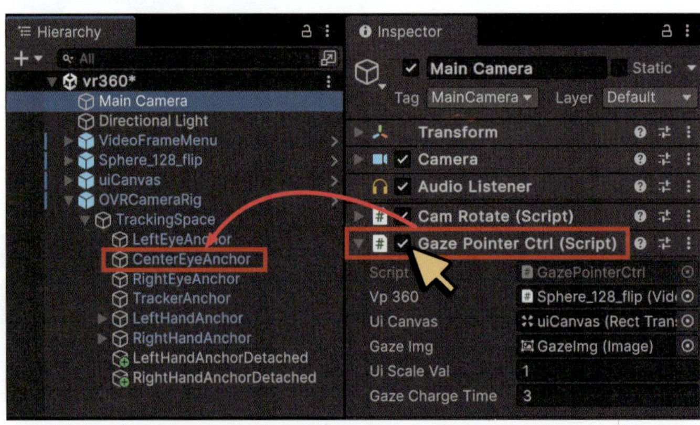

[그림 3-28] GazePointerCtrl 스크립트 이동

앞의 과정과 달리 매우 간단하죠? Gaze Pointer를 활용한 영상은 환경에 대한 세팅에 더 많은 시간이 걸리고 인터랙션에 대한 요소가 적기 때문에 상대적으로 VR을 설정하기가 쉽습니다. 더이상 필요 없는 Main Camera는 Delete 키를 눌러 삭제해 주세요.

사용자 편의 기능 추가하기

현재는 메뉴가 눈앞을 가리는 형태로 위치돼 있습니다. 하지만 일반적인 Gaze Pointer를 사용하는 VR 콘텐츠의 경우, 사용자의 정면 시야를 가리는 것은 좋지 않습니다. 그렇기 때문에 보통은 메뉴를 스피어의 하단이나 상단과 같이 시선이 잘 가지 않는 부분에 위치시키고, 유저들이 그 부분을 본다면 다른 행동을 하고 싶거나 집중력을 잃었다는 신호로 생각하고 다른 행동을 할 수 있는 메뉴나 기능들을 활성화합니다.

VideoFrameMenu 오브젝트의 Transform 컴포넌트의 Rotation X를 50으로 설정합니다. 일반적인 콘텐츠를 즐기는 때는 시야에 방해를 하지 않다가 자신의 발끝을 볼 정도로 아래를 내려다보면 메뉴를 활성화해 다른 영상을 선택하도록 수정하겠습니다.

> **목표:** 유저가 자신의 발끝을 바라보면 메뉴를 활성화하고 싶다.
> **순서:** ❶ 유저가 바라보는 방향을 체크한다.
> ❷ 특정 방향 아래로 시선이 내려오면 메뉴를 활성화한다.
> ❸ 다시 시선이 올라가면 메뉴를 비활성화한다.

우선 스크립트를 하나 생성해 차례대로 구현해 보겠습니다. Scripts 폴더에 MenuSwitch 스크립트를 생성합니다. CenterEyeAnchor에 연결한 후 코딩으로 넘어가겠습니다.

유저가 시선에 따라 기능을 구현하고자 한다면, 가장 먼저 떠오르는 것은 각도를 이용한 방법일 것입니다. 일반적으로는 다음과 같이 작성할 수 있습니다. 최솟값, 최댓값을 이용해 현재 각도와 비교해 보여주는 것입니다. 하지만 실제로 구현해 보면 문제가 있다는 것을 알게 됩니다.

```csharp
using System.Collections;
using System.Collections.Generic;
using UnityEngine;

// 바라보는 방향이 아래를 향하면 메뉴를 활성화한다.
```

```csharp
public class MenuSwitch : MonoBehaviour
{
    public GameObject videoFrameMenu;
    public float minAngle = 65;            // 메뉴를 보여주기 위한 최소 각도
    public float maxAngle = 90;            // 메뉴를 보여주기 위한 최대 각도

    void Update()
    {
        if (transform.eulerAngles.x >= minAngle && transform.eulerAngles.x < maxAngle)
        {
            videoFrameMenu.SetActive(true);    // 메뉴 활성화
        }
        else
        {
            videoFrameMenu.SetActive(false);   // 메뉴 비활성화
        }
    }
}
```

[코드 3-23] MenuSwitch.cs 각도에 따른 메뉴 활성화

위아래 방향을 나타내는 x축의 회전 값만 이용해 만들면 메뉴를 선택하기 위해 좌우로 고개를 움직일 때 사라지는 증상이 나타납니다. 따라서 좌우 값을 추가하려면 y를 얼마나 해야할지, z는 영향이 없는지 고민하게 됩니다. 이런 경우 내적(dot)을 이용하면 보다 쉽게 구현할 수 있습니다.

```csharp
using System.Collections;
using System.Collections.Generic;
using UnityEngine;

// 바라보는 방향이 아래를 향하면 메뉴를 활성화한다.
public class MenuSwitch : MonoBehaviour
{
    public GameObject videoFrameMenu;
    public float dot;

    void Update()
    {
```

```csharp
    // 내적을 통한 방향 비교
    dot = Vector3.Dot(transform.forward, Vector3.up);
    if (dot < -0.5)
    {
        videoFrameMenu.SetActive(true);   // 메뉴 활성화
    }
    else
    {
        videoFrameMenu.SetActive(false); // 메뉴 비활성화
    }
    }
}
```

[코드 3-24] MenuSwitch.cs 내적에 따른 메뉴 활성화하기

내적을 수식으로 풀면 삼각함수, 벡터 등과 같이 복잡한 수식이 따라붙어야 하지만, 현재는 간단한 개념만 짚고 넘어가겠습니다. 기준이 되는 벡터에 다른 벡터를 투영해 다른 벡터가 기준의 어느 정도인지 알려주는 계산법입니다. 그림으로 보면 이해가 빠를 것 같습니다.

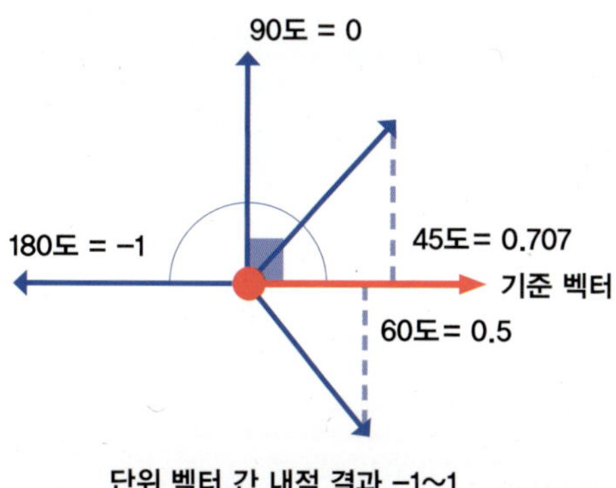

[그림 3-29] 내적의 원리와 결과

실제로 조명 계산이나 XR 콘텐츠에서 바닥이나 벽의 기울기를 알려주는 매우 유용하지만 손쉬운 계산식입니다. 위, 아래뿐 아니라 전후좌우를 모두 포함한 기울기의 정도를 알 수 있기 때문에 지금과 같이 아래를 보면서도, 좌우로 움직이는 상황에서도 어느 정도 차이가 있는지 명확하게 알 수 있다는 것입니다.

현재는 나의 전방과 월드의 Up(Y+, Vector(0,1,0)) 방향을 비교하기 때문에 비교 값은 −0.5로 됐지만, 필요에 따라 변수로 만들어 −1~1 사이의 값으로 정하면 됩니다. 앞페이지의 [그림 3-29]에도 나오지만 첫 번째 인자를 기준으로 두 번째 벡터와 연산한 결과가 −1은 완전히 마주보는 상태, 1은 같은 곳을 바라보는 상태, 0은 완전 수직인 상태를 나타냅니다.

메뉴가 꺼졌다 켜질 때마다 VideoFrame 오브젝트들이 자동으로 재생되는 것을 볼 수 있습니다. Video Player 컴포넌트는 해당 오브젝트가 비활성화였다가 다시 활성화되면, 자동으로 재생되는 기능을 갖고 있습니다. 그래서 OnEnable 함수를 통해 시선에서 벗어나 비활성화됐다가 다시 활성화됐을 때 재생되는 것을 방지하는 코드를 추가하겠습니다.

```csharp
using UnityEngine;
using UnityEngine;
using UnityEngine.Video;        // VideoPlayer 기능을 사용하기 위한 네임스페이스
// Video Player 컴포넌트를 제어하자!
public class VideoFrame : MonoBehaviour
{
    … 생략 …
    private void OnEnable()
    {
        if(vp != null)
        {
            vp.Stop();
        }
    }
}
```

[코드 3-25] VideoFrame.cs 자동재생 방지

마지막으로 정리된 MenuSwitch 스크립트에 VideoFrameMenu 오브젝트를 연결해주는 것으로 이번 장을 마무리하겠습니다. 테스트할 때는 VideoFrameMenu가 보일 수 있도록 적절히 아래쪽에 배치해 주세요.

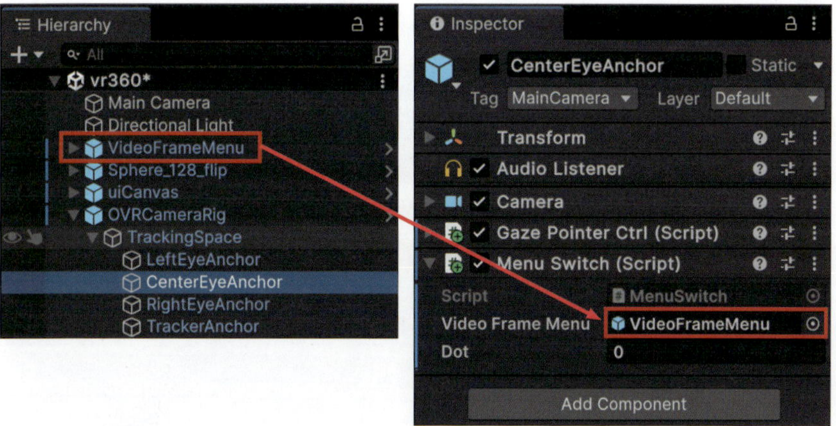

[그림 3-30] MenuSwith 스크립트와 VideoFrameMenu 오브젝트 연결하기

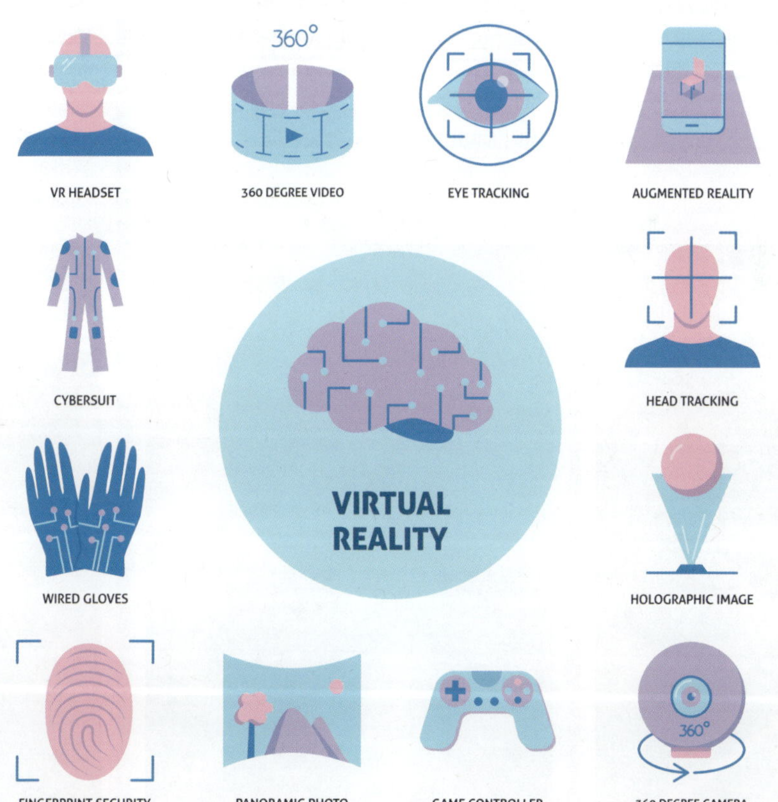

〈더 랩(The Lab)〉 - 룸 스케일 VR 게임

밸브(Vave)의 〈더 랩〉은 평행 소우주인 애퍼처 사이언스를 룸 스케일 VR 연구실에 와서 다른 세계로 이동해 로봇 수리, 성 방어, 의료용 강아지 입양 등 다양한 경험을 할 수 있다.

〈오버턴 VR(Overturn VR)〉 - 액션 어드벤처 게임

스튜디오 HG의 〈오버턴 VR〉은 신비한 능력을 지닌 미스터리한 소녀 '마기'와 함께 무사히 탈출하는 방식으로 진행되는 그래픽이 뛰어난 어드벤처 게임이다.

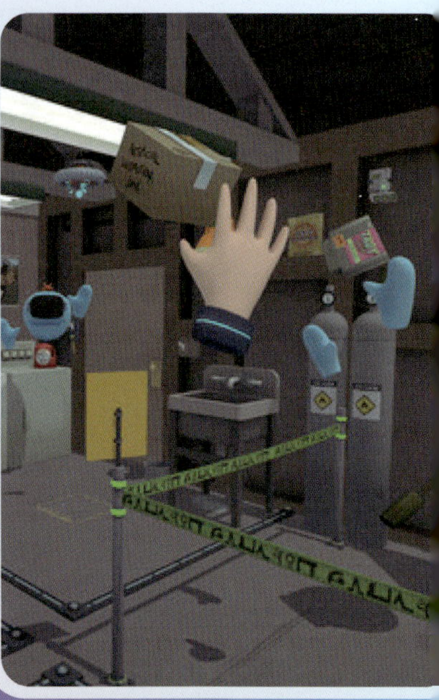

〈릭 앤 모티: 버추얼 릭-얼리티(Rick and Morty Virtual Rick-ality)〉 - 어드벤처 게임

아울케미 랩스(Owlchemy Labs)의 〈릭 앤 모티: 버추얼 릭-얼리티〉는 릭과 모티가 초첨단 VR 어드벤처를 위해 거실로 순간 이동하여 릭의 차고, 스미스 가문, 외계를 탐험해 본다.

VR 타워 디펜스 제작

고스트버스터즈(Ghostbusters: Rise of the Ghost Lord)〉-XR 게임
메타(Meta)의 〈고스트버스터즈〉는 뉴욕 고스트버스터즈 소방서를 방문해 고스트버스터즈 장비로 새 유령을 퇴치하고 고스트버킹 기술을 테스트하는 메타 퀘스트용 게임이다.

4.1 개요

이 장에서는 VR 환경에서 사용하는 텔레포트(Teleport), 워프(Warp), 프리워킹 등의 이동에 대한 처리에 대해 다루고, 물체 잡기, 던지기 등의 요소들에 대해서도 알아봅니다. 이런 동작들은 VR에서 가장 많이 사용하는 방식이며, 에픽 게임즈(Epic Games)에서 제공하는 〈불릿 트레인(Bullet Train)〉에도 많이 사용되고 있습니다.

[그림 4-1] 에픽 게임즈의 VR 콘텐츠 〈불릿 트레인〉(출처: https://bit.ly/3kgm3zQ)

메타 런처를 설치하면 〈불릿 트레인〉을 무료로 다운로드해 체험할 수 있으므로 꼭 테스트해 보길 바랍니다. VR 콘텐츠의 몰입감과 인지 부조화 및 여러 동작을 어떻게 처리해야 사용자 경험을 올려줄 수 있을지에 대한 힌트를 얻을 수 있을 것입니다. 또한 복잡한 가상현실 환경에서 물체 및 장애물을 피해 길 찾기를 수행할 수 있도록 내비게이션 시스템을 통한 길 찾기 알고리즘을 사용하겠습니다. 이런 동작을 수행하는 인공지능을 만들어 활용해 봄으로써 예제는 타워 디펜스 게임을 제작하지만, 비상 대피 훈련 등의 비게임 분야에서도 응용할 수 있는 인사이트(insight)를 얻을 수 있을 것입니다.

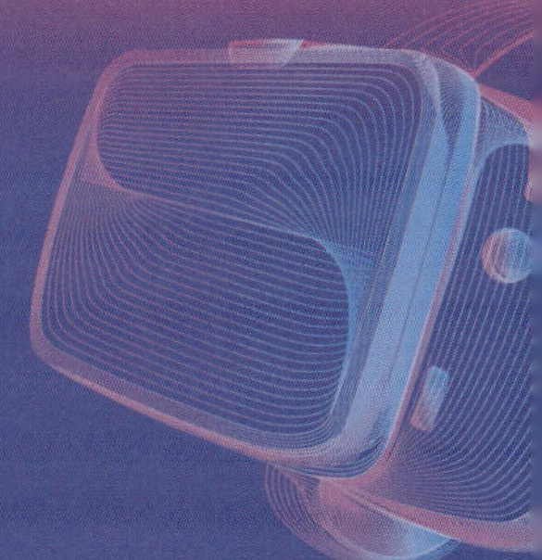

4.2 프로젝트 생성하기

먼저 VR Toewr Defense 프로젝트를 만들어 보겠습니다. 학습에 필요한 에셋들은 ch1-3/tdassets에서 가져와 프로젝트에 추가합니다.

> **학습 목표**
>
> VR Tower Defense 프로젝트를 생성하고 싶다.
>
> **순서**
>
> ① VR Tower Defens 프로젝트를 생성하기
> ② 필요한 에셋을 가져오기

VR Tower Defense 프로젝트 생성하기

프로젝트를 생성하기 위해 유니티 허브(Unity Hub)를 실행합니다. [새로 생성] 버튼을 클릭한 후 3D(Built-In Render Pipeline)을 선택 후 프로젝트의 이름을 'VRTowerDefense'로 지정합니다.

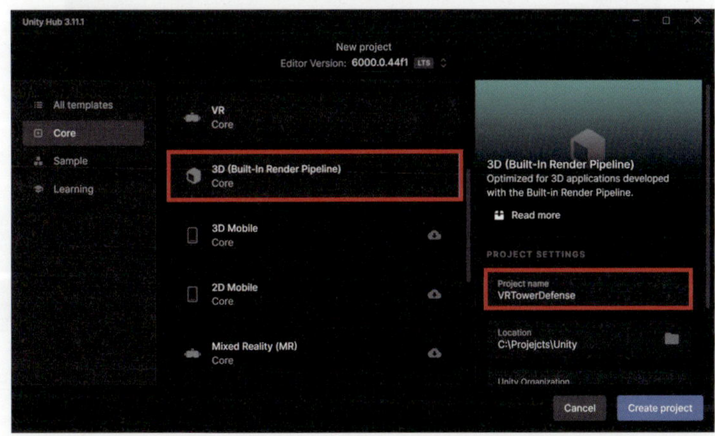

[그림 4-2] VR Tower Defense 프로젝트 생성하기

이번 장에서는 ch1-3 폴더 안의 네 가지 에셋을 사용합니다. 다음은 그 에셋 목록입니다.

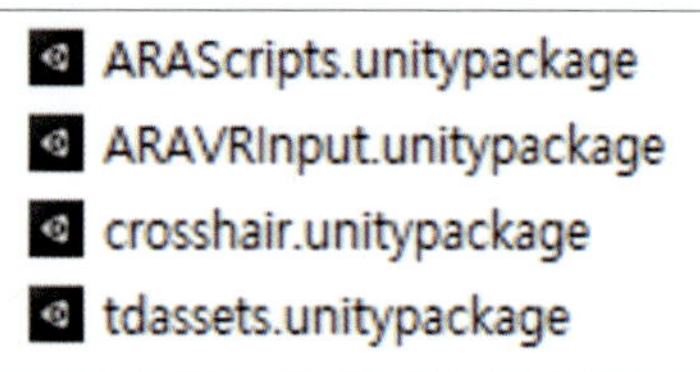

[그림 4-3] VR Tower Defense를 사용한 에셋

VR 입력에 대응하기 위해 ARAVRInput.unitypackage와 화면에 조준점을 표시하기 위한 crosshair.unitypackage 그리고 앞서 *Chapter 2 MagicVoxel 제작*에서 제작한 PC 상태에서의 카메라 조작을 위한 CamRotate.cs 스크립트가 들어 있는 ARAScripts.unityPackage, 마지막으로 씬을 구성하는 데 필요한 에셋과 이펙트 및 오디오 에셋이 들어 있는 tdassets.unitypackage입니다.

앞에서 ARAVRInput 및 crosshair, ARAScripts는 사용해 봤으므로 이번에는 tdassets의 구조를 살펴보겠습니다.

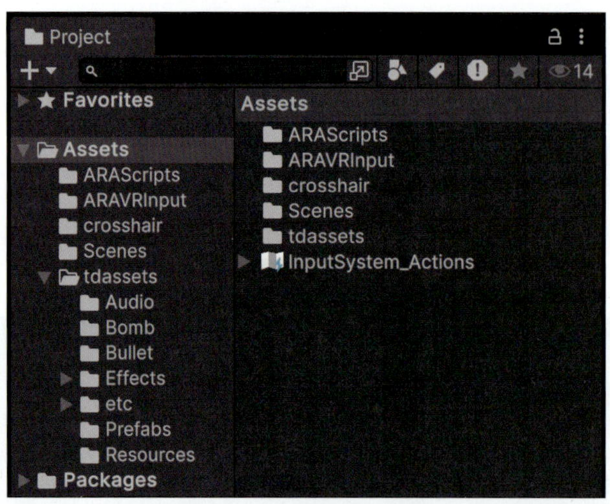

[그림 4-4] tdassets의 에셋 목록

tdassets 폴더에서 우리가 사용할 배경 에셋들은 [etc-Environmentprefabs] 폴더, 타워 및 이펙트, 드론 등의 프리팹은 [tdassets-Prefabs] 폴더 안에 있습니다. 나머지 폴더는 각 프리팹에서 사용

하는 오디오 및 텍스처, 메시 데이터 등에 해당합니다. 자세한 사용은 본문에서 다시 설명하겠습니다. 다음은 전체에 사용할 애셋을 프로젝트에 추가한 결과입니다.

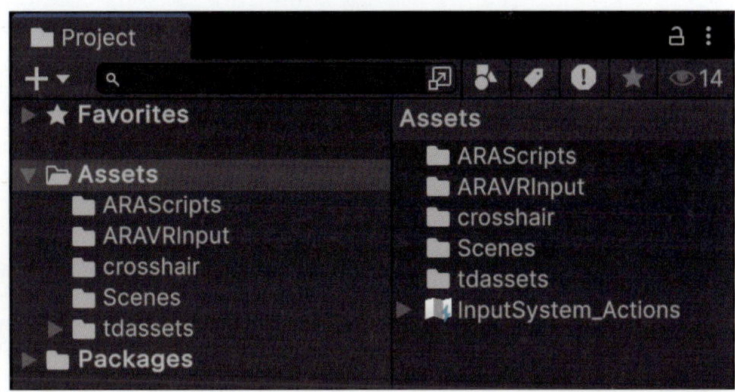

[그림 4-5] 전체 사용하는 에셋이 추가된 화면

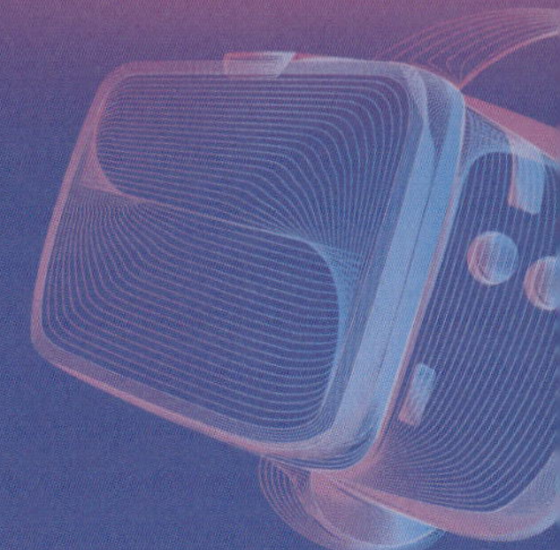

4.3 씬 환경 구성하기

프로젝트가 생성됐으므로 추가된 에셋을 이용해 씬의 레벨을 디자인해 보겠습니다. 레벨 디자인이라고 하면 보통 3D 환경에서의 맵 디자인을 말하며, 기획자가 콘셉트를 기획한 공간을 3D 물체로 구체화하는 단계를 말합니다.

VR 지형 작업하기

지형은 유니티의 Terrain을 통해 작업할 수 있으며 미리 만들어 수업에 활용할 수 있도록 [tdassets−etc−Environmentprefabs] 폴더 안에 Terrain 프리팹으로 넣어 놓았습니다. Terrain 프리팹을 씬에 추가합니다.

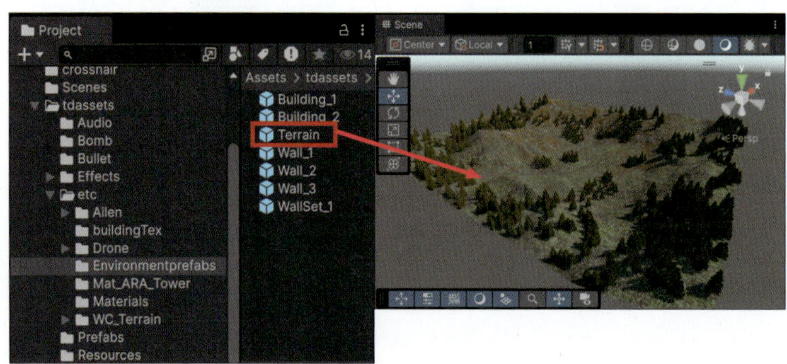

[그림 4-6] Terrain의 트랜스폼 정보

추가된 Terrain의 트랜스폼 값은 기본으로 지정합니다.

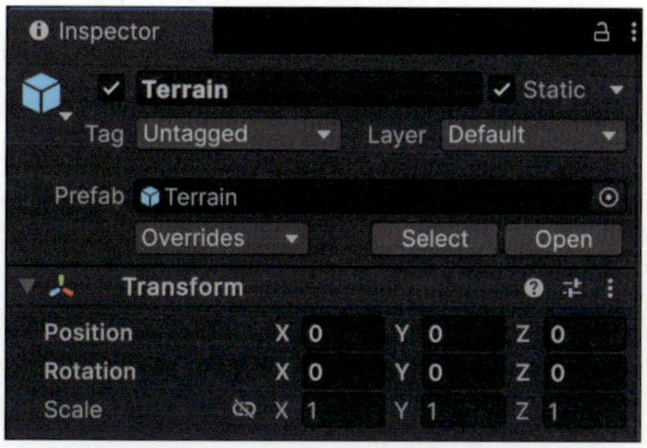

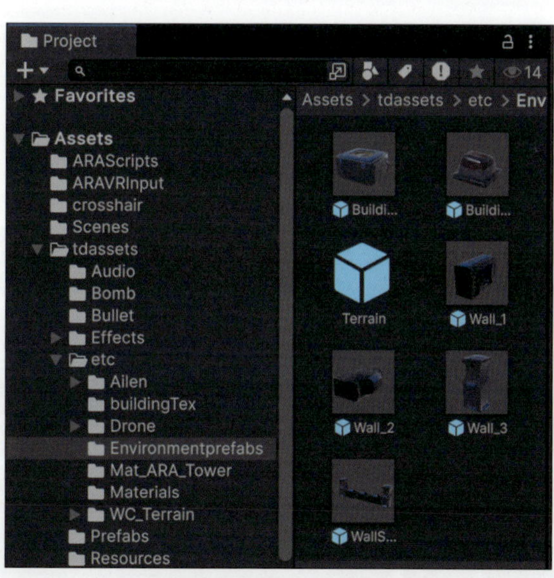

[그림 4-7] Terrain의 트랜스폼 정보

🕶 구조물 배치하기

이번에는 첨부된 에셋 중 구조물을 씬에 배치해 보겠습니다. 지형 프리팹과 마찬가지로 프로젝트 창의 [tdassets-etc-Environmentprefabs] 폴더에 빌딩, 벽 등의 프리팹이 들어 있습니다. 이 환경 구조물들을 씬에 추가로 배치하겠습니다.

[그림 4-8] 환경 구조물의 에셋들

각각의 구조물 프리팹을 씬의 지형 위에 여러 개 배치해 보겠습니다.

[그림 4-9] 환경 구조물을 씬에 배치

이렇게 배치된 구조물을 피해 드론들이 우리 본진 타워를 공격하게 하려고 합니다. 그럼 우리 본진이 될 타워도 씬에 배치해 보겠습니다. [tdassets-Prefabs] 폴더에서 Tower를 선택해 씬의 지형 위에 배치합니다. 타워의 크기가 크니 적당히 사이즈를 조절해 주세요.

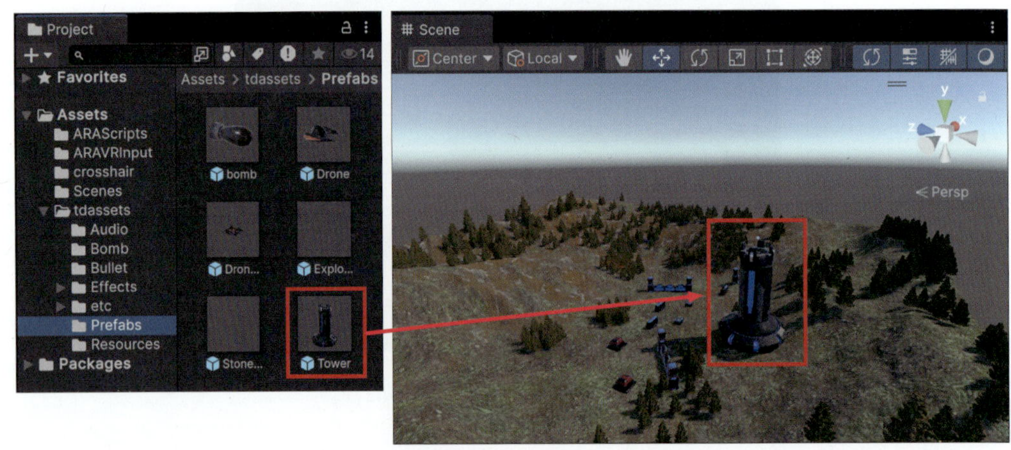

[그림 .4-10] Tower 프리팹을 씬에 배치하기

이 예제에서는 타워가 씬의 가장자리에 배치됐지만, 여러분은 중간 또는 다른 구조물과의 적절한 균형을 바탕으로 배치해 보기 바랍니다. 모든 배치가 끝나면 하이어라키에서 [+] 버튼을 클릭한 후 [Create Empty]를 눌러 빈 게임 오브젝트 하나를 추가합니다. 이름을 'Environment'로 바꾸고 Tower를 제외한 Terrain 및 환경 구조물 모두를 Environment의 자식으로 설정합니다.

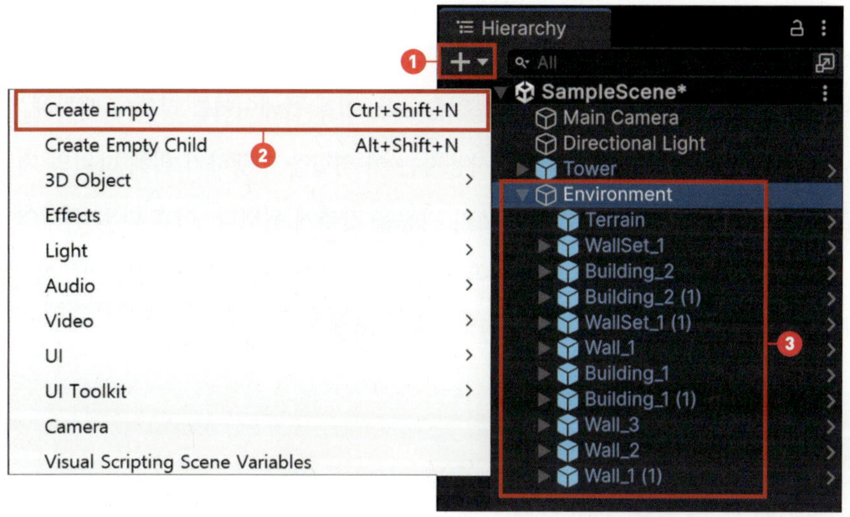

[그림 4-11] 지형 및 구조물을 Environment 그룹으로 설정하기

4.4 Player 제작하기

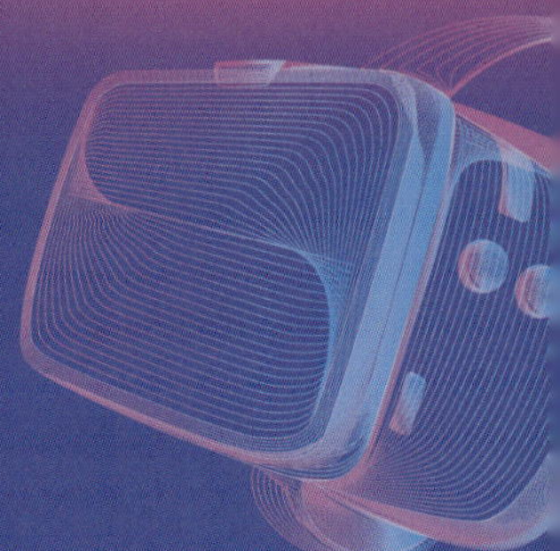

타워 디펜스 제작을 위한 화면 구성이 완료됐습니다. 이제 플레이어를 타워에 배치해 적들로부터 타워를 지키는 역할을 추가하려고 합니다. 사용자는 이 역할을 수행하기 위해 타워의 맨 위에 위치해 타워로 몰려드는 적을 막을 수 있는 총 쏘기 기능을 갖추게 됩니다. 이후 타워 아래의 지형을 돌아다니는 기능을 추가합니다. 이를 위해 자유 이동, 텔레포트, 워프 등의 이동 기능을 구현하기로 합니다. 이외에도 가상 공간의 물체 잡기, 던지기를 추가해 보겠습니다.

> ### ➡ 학습 목표
>
> 플레이어의 이동 및 공격 기능을 구현하고 싶다.
>
> ### ➡ 순서
>
> ❶ 총 쏘기 기능 제작하기
> ❷ 자유 이동 기능 제작하기
> ❸ 텔레포트 기능 제작하기
> ❹ 워프 기능 제작하기
> ❺ 잡기 구현하기
> ❻ 던지기 구현하기

▐VR▌ 카메라 설정

먼저 씬의 Tower의 TeleportPoint를 선택한 후 마우스 오른쪽 버튼을 클릭해 [Create Empty]를 선택합니다. 만들어진 게임 오브젝트의 이름을 'Player'로 변경하고 인스펙터 창에서 Transform 정보를 기본으로 해주겠습니다. 이제 씬의 Main Camera 객체를 Player의 하위 자식으로 등록합니다.

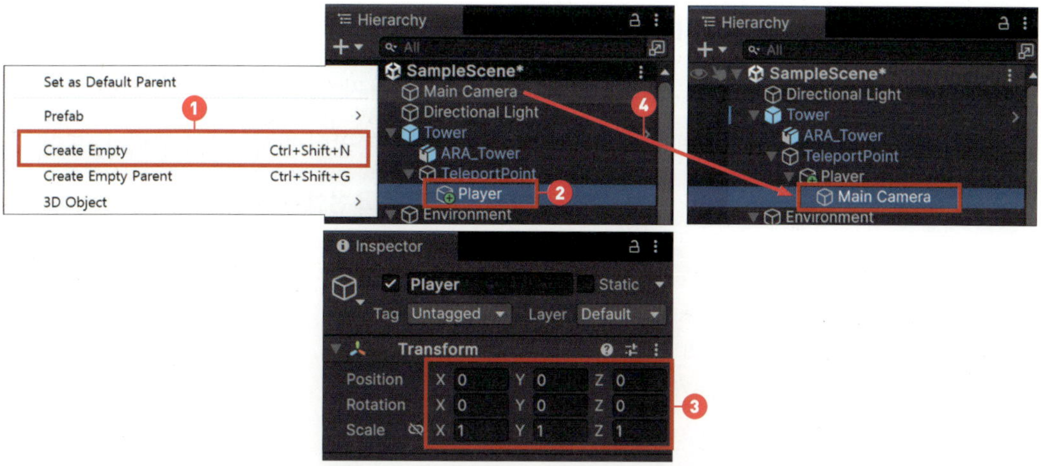

[그림 4-12] Player 객체 추가와 카메라를 자식으로 추가하기

메인 카메라의 트랜스폼 정보는 기본으로 해주고 키보드와 마우스를 이용한 테스트 환경을 구성하기 위해 [ARAScripts] 폴더의 CamRotate.cs 스크립트를 카메라에 붙입니다.

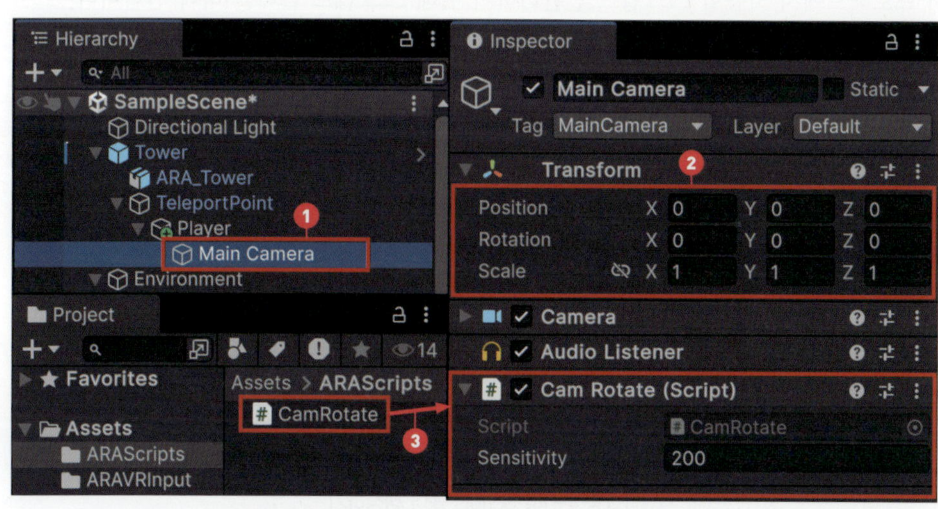

[그림 4-13] 카메라 배치와 CamRotate 스크립트 할당하기

지금은 기본 카메라를 사용하지만, 메타나 바이브 등의 플랫폼 대응은 앞의 예제들과 마찬가지로 해당 플러그인을 가져와 각 플랫폼에서 사용하는 카메라 프리팹으로 교체해 주면 됩니다.

실행 시에 Input.GetAxis 함수를 사용해 Input System package 관련 오류가 발생하면 [Project Settings – Player]로 이동해서 Active Input Handling 속성을 Both로 변경합니다.

총 쏘기 기능 제작하기

이제 Player 객체에 총 쏘기 기능을 추가해 보겠습니다. 사용자가 컨트롤러의 방아쇠를 당기면 총이 발사되는 구조입니다. 이때 레이를 이용해 총의 위치에서 총알이 발사되도록 합니다. 또한 조준점 크로스헤어를 추가해 사용자가 어디를 조준하고 있는지도 표현합니다.

> **목표:** 사용자가 발사 버튼을 누르면 총을 쏘고 싶다.
> **순서:** ❶ Gun 스크립트를 생성하기
>   ❷ 발사 버튼 입력을 처리하기
>   ❸ Ray 쏘기
>   ❹ 총알 파편 및 사운드 재생하기
>   ❺ 조준점 표시하기

▶ Gun 스크립트 생성하기

먼저 프로젝트에서 사용할 스크립트를 관리하기 위해 스크립트 폴더를 하나 만듭니다. 프로젝트 창에서 [+] 버튼을 클릭해 폴 더를 1개 만들고 이름을 'Scripts'로 변경합니다.

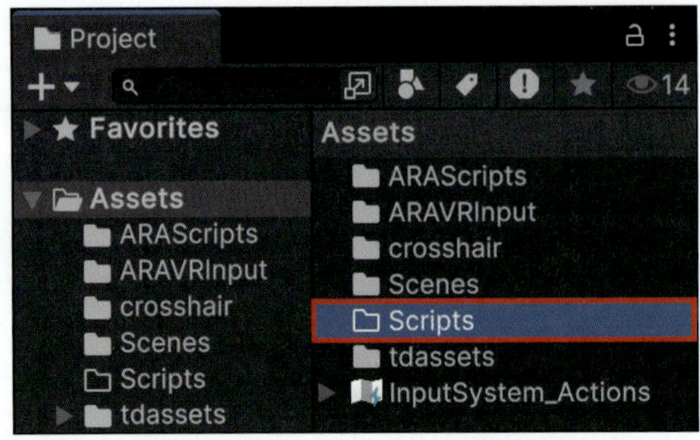

[그림 4-14] Scripts 폴더 생성하기

이제 Scripts 폴더에 MonoBehaviour script를 추가하고 이름을 'Gun'으로 변경합니다. 그런 다음 Player의 컴포넌트로 추가하겠습니다.

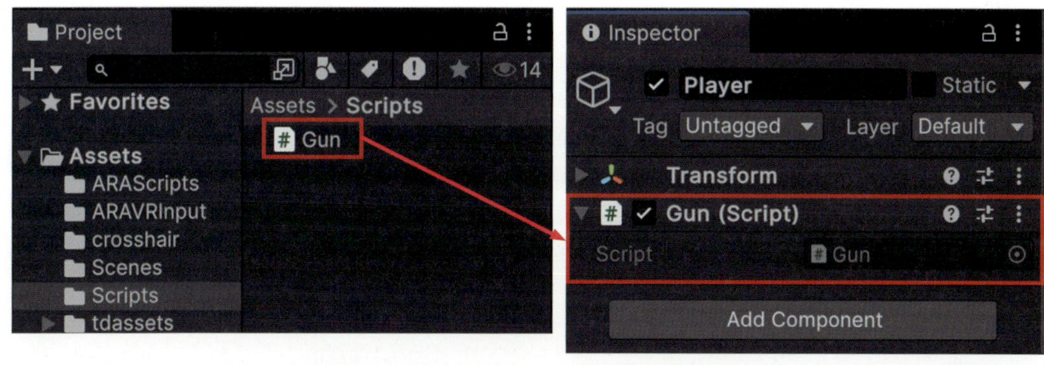

[그림 4-15] Gun.cs 생성 및 Player 객체에 추가하기

발사 버튼 입력 처리

사용자의 발사 버튼 대응은 ARAVRInput 클래스의 [IndexTrigger] 버튼을 이용하겠습니다. 메타 퀘스트 터치 컨트롤러의 [IndexTrigger] 버튼의 할당은 다음과 같습니다.

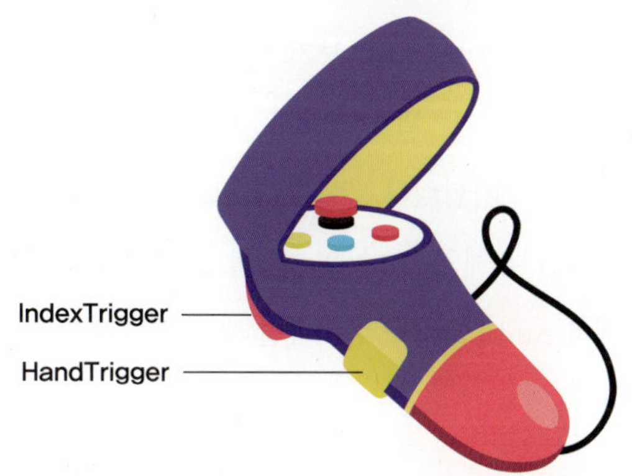

[그림 4-16] 메타 퀘스트 터치 컨트롤러의 버튼

총에서 방아쇠에 해당하는 부분을 'IndexTrigger'로 사용하려고 합니다. 'HandTrigger'는 [Grip] 버튼이라고 하며, 보통 물건을 잡을 때 사용합니다.

Gun.cs 스크립트를 더블클릭해 편집기에서 엽니다. 발사 버튼을 누르는 입력 처리를 Update 함수 안 ARAVRInput 클래스의 GetDown 함수에 IndexTrigger 값을 넘겨줌으로써 검출합니다. 참고로 VR HMD 대응을 하지 않고 키보드, 마우스로 테스트 중이라면 마우스의 휠 버튼이 IndexTrigger로 지정돼 있습니다.

```csharp
public class Gun : MonoBehaviour
{
    void Update()
    {
        // 사용자가 IndexTrigger 버튼을 누르면
        if (ARAVRInput.GetDown(ARAVRInput.Button. IndexTrigger))
        {

        }
    }
}
```

[코드 4-1] Gun.cs 발사 버튼 입력 처리하기

◆ Ray 쏘기

발사 버튼을 누르면 이제 총구가 향하는 방향으로 총알을 쏘려고 합니다. 현실에서는 실제 총알을 쏘겠지만 흔히 총알이 날아가는 것이 눈으로 보기 어렵게 때문에 여기에선 매직복셀 예제에서처럼 Ray를 쏴서 Ray가 닿는 곳에 파편을 튀게 함으로써 마치 총알이 발사된 것처럼 표현합니다. 먼저 플레이어와 타워에 레이어를 추가합니다. 코드에서 Ray를 쏠 때 두 물체와는 부딪히지 않도록 처리하기 위해서입니다. Tower 객체의 ARA_Tower를 선택한 후 인스펙터 창에서 Layer의 드롭다운 메뉴를 엽니다. 여기에서 Add Layer를 선택하면 레이어 추가 화면으로 전환되는데, 이곳에 Tower와 Player를 등록합니다.

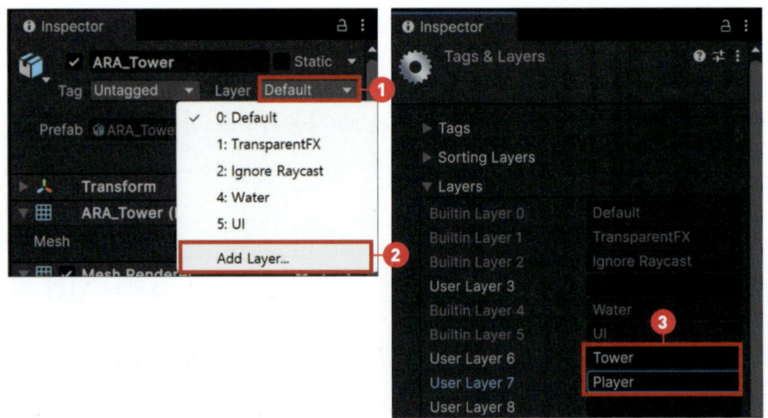

[그림 4-17] Tower와 Player 레이어 추가

추가된 레이어를 Player 객체와 ARA_Tower 객체에 각각 할당합니다.

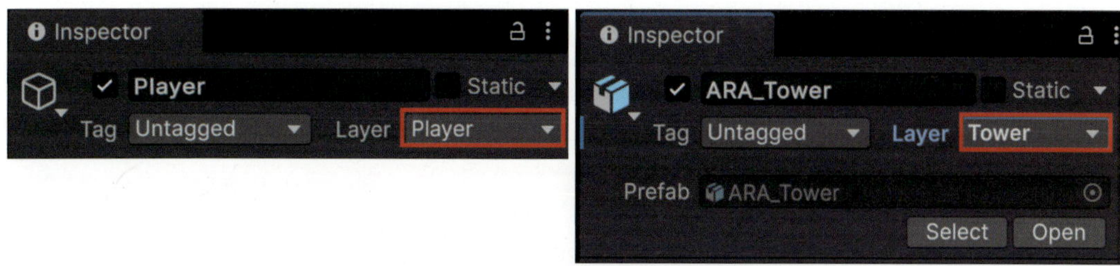

[**그림 4-18**] Tower와 Player 레이어 할당

이제 Gun.cs 코드로 이동해 발사 버튼 이벤트 다음에 Ray를 쏘는 코드를 추가하겠습니다.

먼저 오른쪽 컨트롤러의 위치와 방향을 이용해 Ray를 만듭니다. 그리고 LayerMask 구조체의 NameToLayer 함수를 이용해 Player와 Tower로 등록된 레이어 값을 가져와 그 값만큼 왼쪽으로 비트를 이동시킵니다. 유니티에서는 내부적으로 32비트를 할당해 해당 비트에 값이 들어오면 충돌 체크 표시를 하게 되는 구조로 돼 있습니다. Player와 Tower 레이어를 or 연산자인 '|'를 이용해 합쳐주고 Raycast 함수의 인자 값으로 Ray 정보와 Ray가 부딪혔을 때 정보를 기억할 RaycastHit 구조체, 발사 거리, 마지막으로 충돌을 검출할 layer를 반전 연산자인 '~' 기호를 붙여 넣어줍니다. 이렇게 하는 이유는 Player와 Tower를 모든 비트가 1이 되도록 하기 위해서입니다.

```csharp
public class Gun : MonoBehaviour
{
    void Update()
    {
        // 사용자가 IndexTrigger 버튼을 누르면
        if (ARAVRInput.GetDown(ARAVRInput.Button. IndexTrigger))
        {
            // Ray를 카메라의 위치로부터 나가도록 만든다.
            Ray ray = new Ray(ARAVRInput.RHandPosition, ARAVRInput.RHandDirection);
            // Ray의 충돌 정보를 저장하기 위한 변수 지정
            RaycastHit hitInfo;
            // 플레이어 레이어 얻어오기
            int playerLayer = 1 << LayerMask.NameToLayer("Player");
            // 타워 레이어 얻어오기
            int towerLayer = 1 << LayerMask.NameToLayer("Tower");
```

```csharp
        int layerMask = playerLayer | towerLayer;
        // Ray를 쏜다. ray가 부딪힌 정보는 hitInfo에 담긴다.
        if (Physics.Raycast(ray, out hitInfo, 200, ~layerMask))
        {
            // 총알 파편 효과 처리
        }
    }
}
```

[코드 4-2] Gun.cs Ray 쏘기

▶ 총알 파편 및 사운드 재생

이번에는 레이를 쏴서 충돌한 지점에 총알 파편이 표현되고, 총알 사운드가 나도록 처리해 보겠습 니다. 먼저 구현하는 데 필요한 파편 효과 객체의 트랜스폼 정보와 파티클 시스템, 오디오 소스 속성을 선언합니다.

```csharp
public class Gun : MonoBehaviour
{
    public Transform bulletImpact; // 총알 파편 효과
    ParticleSystem bulletEffect;   // 총알 파편 파티클 시스템
    AudioSource bulletAudio;       // 총알 발사 사운드
    … 생략 …
}
```

[코드 4-3] Gun.cs 총알 파편 효과 및 사운드 속성 추가하기

Start 함수로 이동해 파편 효과의 속성 값을 할당합니다.

```csharp
void Start()
{
    // 총알 효과 파티클 시스템 컴포넌트 가져오기
    bulletEffect = bulletImpact.GetComponent<ParticleSystem>();
    // 총알 효과 오디오 소스 컴포넌트 가져오기
    bulletAudio = bulletImpact.GetComponent<AudioSource>();
```

```
    }
```


[코드 4-4] Gun.cs Start 함수에서 총알 효과 및 오디오 속성 할당하기

이제 발사 버튼을 누르면 총알 발사 사운드와 이펙트를 재생해 보겠습니다. 사운드와 이펙트 둘 다 재생 중이라면 Stop 함수를 이용해 멈추고 Play 함수를 호출하도록 했습니다. 버전에 따라 이어서 재생하는 경우도 있으므로 확실하게 멈추고 처음부터 재생하도록 하기 위해서입니다. 다음으로 레이가 충돌한 지점에 이펙트를 배치해 총알이 발사돼 맞은 느낌을 표현합니다. 그리고 제작된 이펙트의 up 방향과 충돌 지점의 normal을 일치시켜 부딪힌 면의 방향으로 파편이 튀도록 처리합니다.

```csharp
void Update()
{
    if (ARAVRInput.GetDown(ARAVRInput.Button.IndexTrigger))
    {
        // 총알 오디오 재생
        bulletAudio.Stop();
        bulletAudio.Play();
        … 생략 …

        if (Physics.Raycast(ray, out hitInfo, 200, ~layerMask))
        {
            // 총알 이펙트 진행되고 있으면 멈추고 재생
            bulletEffect.Stop();
            bulletEffect.Play();
            // 부딪힌 지점 바로 위에서 이펙트가 보이도록 설정
            bulletImpact.position = hitInfo.point;
             // 부딪힌 지점의 방향으로 총알 이펙트의 방향을 설정
            bulletImpact.forward = hitInfo.normal;
        }
    }
}
```

[코드 4-5] Gun.cs 총알 효과 배치 및 사운드와 이펙트 재생하기

이제 유니티로 돌아옵니다. bulletImpact 속성에 총알 효과를 할당합니다. 프로젝트 뷰의 [tdassets – Prefabs] 폴더에 안에 있는 Stone_BulletImpact 프리팹을 하이어라키 뷰에 드래그 앤

드롭합니다. 그리고 이렇게 등록된 객체중에서 Player를 선택하고 인스펙터 뷰에 나오는 Gun의 Bullet Impact 속성에 할당해 줍니다.

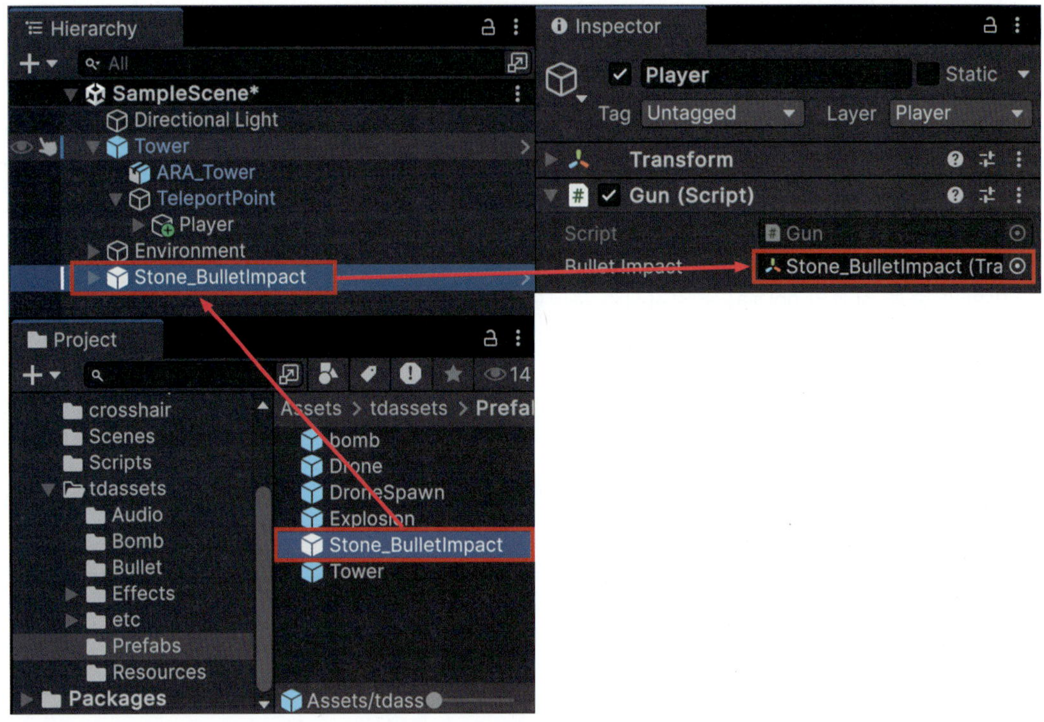

[그림 4-19] 총알 파편 효과 씬에 등록 및 Player에 할당

아직 총으로 사격할 적이 마련돼 있지 않기 때문에 적을 잡는 기능은 나중에 다시 작업하겠습니다.

🔹 조준점 표시하기

지금까지 작업한 결과물은 VR 기기가 없을 경우에는 마우스 위치, 있을 경우에는 컨트롤러가 가리키는 방향으로 총알이 발사될 것입니다. 하지만 정확히 어느 지점에 조준되고 있는지 알기 어려운 면이 있습니다. 따라서 *Chapter 2 MagicVoxel 제작*'에서 언급한 ARAVRInput 클래스의 DrawCrosshair 함수를 호출해 조준점을 표시하겠습니다. 유니티의 프로젝트 창에서 crosshair 폴더 안에 있는 Crosshair 프리팹을 하이어라키에 등록합니다.

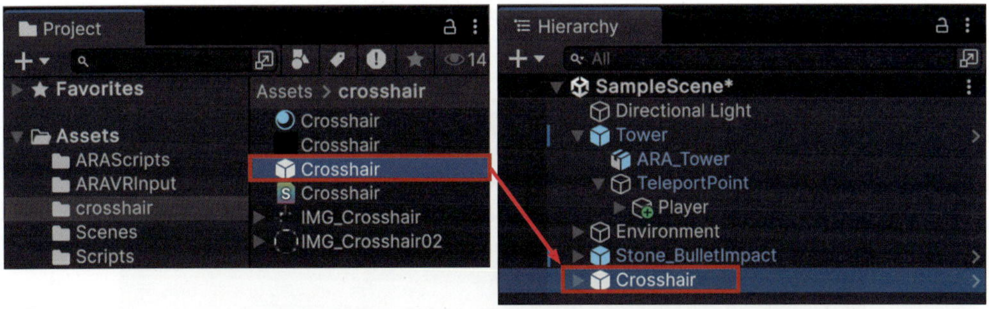

[그림 4-20] Crosshair 프리팹을 하이어라키에 추가

이제 Gun.cs 스크립트로 이동합니다. 크로스헤어 속성을 추가한 후 Update 함수에서 ARAVRInput 클래스의 DrawCrosshair 함수에 크로스헤어를 인자로 넣어줍니다.

```csharp
// crosshair를 위한 속성
public Transform crosshair;


void Update()
{

    // 크로스헤어 표시
    ARAVRInput.DrawCrosshair(crosshair);
        … 생략 …

}
```

[코드 4-6] Gun.cs 크로스헤어 속성 선언과 화면에 표시하기

유니티 에디터로 이동하겠습니다. 하이어라키에서 Player 객체를 선택한 후 인스펙터 창의 Gun 컴포넌트에 있는 Crosshair 속성에 하이어라키의 Crosshair 객체를 할당합니다.

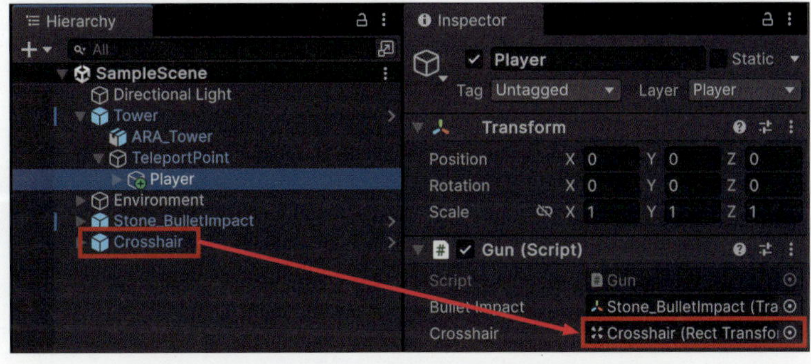

[그림 4-21] Player의 Gun 컴포넌트에 크로스헤어 할당하기

이제 [플레이] 버튼을 눌러 다음처럼 조준점이 게임 창에 제대로 표시되는지 확인합니다.

[그림 4-22] 화면에 표시된 조준점

지금까지 제작된 Gun.cs 코드는 다음과 같습니다.

```csharp
using UnityEngine;
using System.Collections;
// 사용자가 발사 버튼을 누르면 총을 쏘고 싶다.
// 필요 속성: 총알 파편, 총알 파편 효과, 총알 발사 사운드
public class Gun : MonoBehaviour
{
    public Transform bulletImpact; // 총알 파편 효과
    ParticleSystem bulletEffect;    // 총알 파편 파티클 시스템
    AudioSource bulletAudio;        // 총알 발사 사운드
    public Transform crosshair;     // 크로스헤어를 위한 속성
    void Start()
    {
        // 총알 효과 파티클 시스템 컴포넌트 가져오기
        bulletEffect = bulletImpact.GetComponent<ParticleSystem>();
        // 총알 효과 오디오 소스 컴포넌트 가져오기
        bulletAudio = bulletImpact.GetComponent<AudioSource>();
```

```csharp
    }
    void Update()
    {
        // 크로스헤어 표시
        ARAVRInput.DrawCrosshair(crosshair);
        // 사용자가 IndexTrigger 버튼을 누르면
        if (ARAVRInput.GetDown(ARAVRInput.Button.IndexTrigger))
        {
            // 총알 오디오 재생
            bulletAudio.Stop();
            bulletAudio.Play();
            // Ray를 카메라의 위치에서 나가도록 만든다.
            Ray ray = new Ray(ARAVRInput.RHandPosition, ARAVRInput.RHandDirection);
            // Ray의 충돌 정보를 저장하기 위한 변수 지정
            RaycastHit hitInfo;
            // 플레이어 레이어 얻어오기
            int playerLayer = 1 << LayerMask.NameToLayer("Player");
            // 타워 레이어 얻어오기
            int towerLayer = 1 << LayerMask.NameToLayer("Tower");
            int layerMask = playerLayer | towerLayer;
            // 레이를 쏜다. 레이가 부딪힌 정보는 hitInfo에 담긴다.
            if (Physics.Raycast(ray, out hitInfo, 200, ~layerMask))
            {
                // 총알 파편 효과 처리
                // 총알 이펙트가 진행 중이면 멈추고 재생
                bulletEffect.Stop();
                bulletEffect.Play();
                // 부딪힌 지점의 방향으로 총알의 이펙트 방향을 설정
                bulletImpact.forward = hitInfo.normal;
                // 부딪힌 지점 바로 위에서 이펙트가 보이도록 설정
                bulletImpact.position = hitInfo.point;
            }
        }
    }
}
```

[코드 4-7] Gun.cs 레이를 이용한 총 쏘기 코드

자유 이동 기능 제작하기

VR HMD의 특성 중 위치 추적(Position Tracking) 기능이 있습니다. 기기를 착용하고 사용자가 직접 현실 공간을 움직이면 가상공간에서도 캐릭터를 이동시킬 수 있습니다. 하지만 공간상의 제약과 더 편하게 이동하는 기능을 지원하기 위해 컨트롤러를 이용한 자유 이동 기능이 필요합니다. 이번에는 컨트롤러의 이동 버튼을 이용해 맵을 자유롭게 이동할 수 있도록 처리해보겠습니다. 프로젝트 창의 [Scripts] 폴더에 PlayerMove.cs 스크립트를 만든 후 이 스크립트를 Player에 붙입니다.

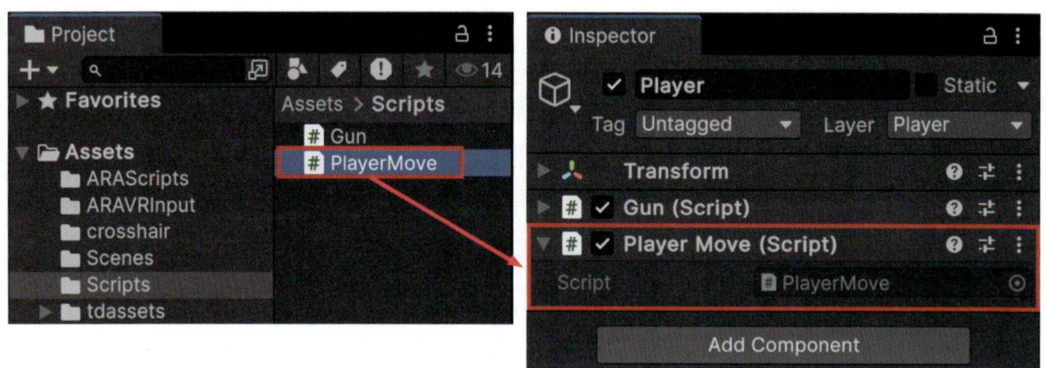

[그림 4-23] Player 객체에 PlayerMove 스크립트 할당하기

PlayerMove.cs 스크립트 파일을 편집기에서 엽니다. PlayerMove 스크립트에 작업하고자 하는 내용이 몇 가지 있습니다. 다음은 PlayerMove에서 구현할 기능들입니다.

> 🎯 **목표:** Player의 자유 이동을 처리하고 싶다.
>
> 🔄 **순서:** ❶ 사용자의 입력에 따라 앞뒤좌우 이동 처리
>
> ❷ 중력을 적용시키고 싶다.
>
> ❸ 점프를 하고 싶다.
>
> ❹ 카메라가 바라보는 방향으로 이동시키기

▶ 사용자의 입력에 따라 전후좌우 이동 처리

처음 구현할 내용은 사용자가 방향키를 입력하면 Player 객체를 전후좌우로 이동하도록 처리하고자 합니다. 이를 구현하는 데 필요한 속성은 다음과 같습니다.

PlayerMove.cs에 이동 속성과 CharacterController 컴포넌트를 추가합니다. 그리고 Start 함수에서 GetComponent 함수를 이용해 CharacterContorller 컴포넌트를 얻어와 cc 변수에 할당합니다.

```csharp
public class PlayerMove : MonoBehaviour
{
    // 이동 속도
    public float speed = 5;
    // CharacterController 컴포넌트
    CharacterController cc;
    void Start()
    {
        cc = GetComponent<CharacterController>();
    }
}
```

[코드 4-8] PlayerMove.cs 이동 속도와 CharacterController 컴포넌트 속성 추가하기

플레이어의 이동에서는 다른 물체를 뚫고 들어가지 못하도록 충돌 체크가 필요한데, CharacterController가 바로 그 역할을 합니다. 단, 이동할 때 Transform 컴포넌트가 아닌 CharacterController 컴포넌트의 Move 함수를 이용해야 해당 기능이 동작합니다. 이제 Update 함수로 가서 실제 이동 코드를 작성해 보겠습니다. 사용자의 입력을 먼저 받아 방향을 만들고, 이 방향을 이용해 플레이어를 이동시키는 순서로 작성합니다.

사용자의 상하좌우 키 입력 값을 ARAVRInput 클래스의 GetAxis 함수를 이용해 얻어옵니다. 그리고 입력 값을 이용해 Vector3 타입의 방향을 만듭니다. 마지막으로 CharacterController의 Move 함수를 이용해 방향과 속도를 넣어 이동 코드를 완성합니다.

```csharp
void Update()
{
    // 사용자의 입력에 따라 전후좌우로 이동하고 싶다.
```

```csharp
// 1. 사용자의 입력을 받는다.
float h = ARAVRInput.GetAxis("Horizontal");
float v = ARAVRInput.GetAxis("Vertical");
// 2. 방향을 만든다.
Vector3 dir = new Vector3(h, 0, v);
// 3. 이동한다.
cc.Move(dir * speed * Time.deltaTime);
}
```

[**코드 4-9**] PlayerMove.cs Update 함수에서 이동 처리 구현하기

여기까지 작성한 것을 저장한 후 유니티로 넘어갑니다. 하이어라키의 Player 객체를 선택한 후 인스펙터 창에서 [Add Component] 버튼을 클릭하고 [Physics-Character Controller] 항목을 선택해 CharacterController 컴포넌트를 Player에 추가합니다.

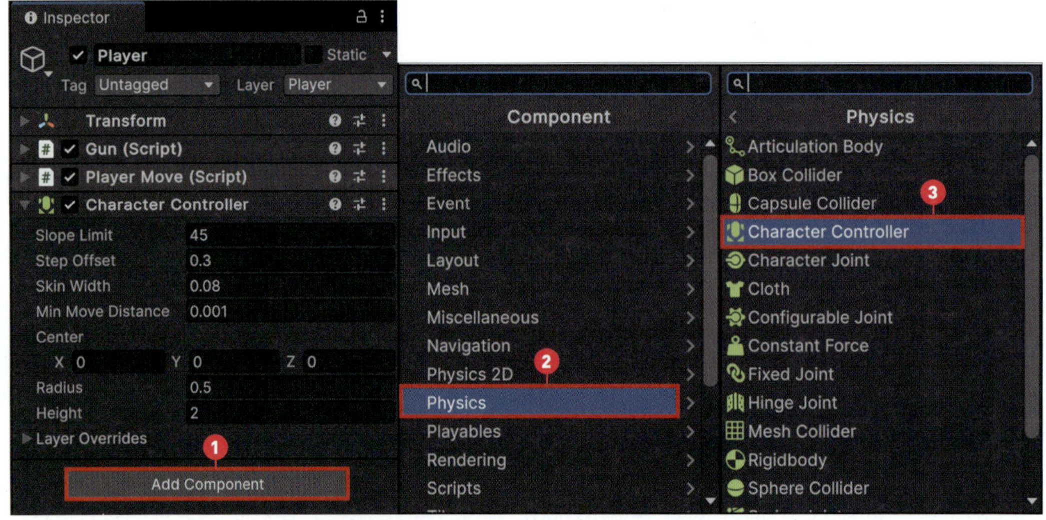

[**그림 4-24**] CharacterController 컴포넌트 추가하기

이제 저장하고 [플레이] 버튼을 눌러 실행합니다. 상하좌우 키를 눌러 플레이어를 이동시키면 허공에 떠서 이동하는 것을 확인할 수 있습니다. 이는 우리가 리지드보디 컴포넌트를 이용해 유니티의 물리를 적용하는 것이 아니기 때문에 발생하는 것입니다. 우리가 직접 중력을 적용해야 합니다.

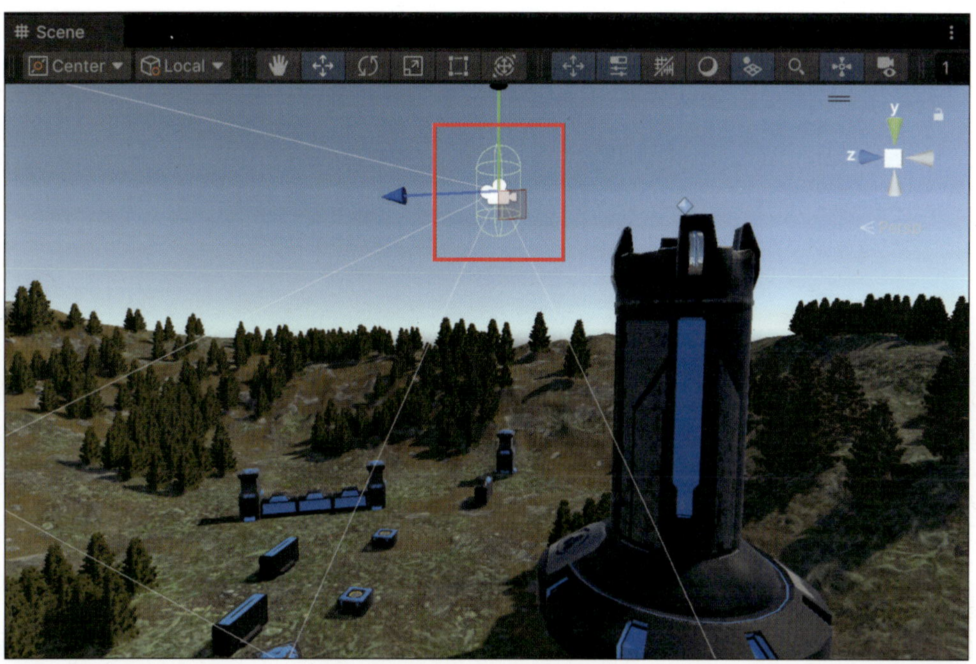

[그림 4-25] 허공에 떠 있는 플레이어

▶ 중력을 적용하고 싶다

이번에는 허공을 날아다니는 플레이어가 중력을 받아 아래로 떨어지도록 작업해 보겠습니다. 이를 위해서는 중력 가속도의 크기와 현재 떨어지고 있는 수직 속도의 성분이 필요합니다.

> 🎯 **목표:** 중력을 적용하고 싶다.
> 🎯 **필요 속성:** 중력 가속도의 크기, 수직 속도

PlayerMove 클래스의 Start 함수 위쪽에 중력 가속도 크기와 수직 속도 속성 변수를 추가합니다.

```csharp
// 목표: 중력을 적용하고 싶다.
// 필요 속성: 중력 가속도의 크기, 수직 속도
public class PlayerMove : MonoBehaviour
{
    // 이동 속도
    public float speed = 5;
    // CharacterController 컴포넌트
```

```csharp
CharacterController cc;

// 중력 가속도의 크기
public float gravity = -20;
// 수직 속도
float yVelocity = 0;


… 생략 …

}
```

[코드 4-10] PlayerMove.cs 중력 관련 속성 추가

그런 다음 Update 함수로 이동합니다. 기존에는 XZ 방향으로만 이동하던 플레이어에 수직 속도인 yVelocity를 추가하려고 합니다. 등속도 운동은 '미래 위치 = 현재 위치＋속도×시간'의 공식으로 진행되며 Character Controller 컴포넌트의 Move 함수에 속도×시간 값을 넘겨주면 등속 운동 처리를 할 수 있게 되는 것입니다. 하지만 속도 성분에 중력 가속도가 추가돼 영향을 줘야 하기 때문에 등가속도 운동을 할 필요가 있습니다.

등가속도 운동은 '미래 속도＝현재 속도＋가속도×시간'의 공식으로 계산됩니다. 따라서 yVelocity 값을 등가속도 운동 공식으로 구한 후 이렇게 구해진 수직 속도를 dir 변수의 y값에 넣고 최종 속도를 구해 Move 함수에 전달합니다.


```csharp
void Update( )
{
        // 사용자의 입력에 따라 전후좌우로 이동하고 싶다.
        // 1. 사용자의 입력을 받는다.
        float h = Input.GetAxis("Horizontal");
        float v = Input.GetAxis("Vertical");
        // 2. 방향을 만든다.
        Vector3 dir = new Vector3(h, 0, v);

        // 2.1 중력을 적용한 수직 방향 추가 v=v0+at
        yVelocity += gravity * Time.deltaTime;
        dir.y = yVelocity;


        // 3. 이동한다.
```

```
        cc.Move(dir * speed * Time.deltaTime);
    }
```

[코드 4-11] PlayerMove.cs 중력을 적용한 수직 속도 추가

이제 저장하고 유니티로 넘어가 실행해 보겠습니다.

[그림 4-26] 중력을 적용받은 플레이어

중력이 잘 적용되는 것으로 보입니다. 하지만 뭔가 어색합니다. 어디가 어색한지 찾으셨나요? 타워에서 플레이어가 떨어질 때 중력이 적용되긴 하지만, 순간 이동처럼 빠르게 떨어지는 것이 눈에 띕니다. 이 문제는 중력이 너무 커서가 아니라 수직 속도인 yVelocity가 타워 위에 있을 때 떨어지지 않는데도 계속 누적돼 실제 공중에 있을 때 그 값이 너무 커져 발생하는 문제입니다. 바닥에 있을 때는 반발력에 해당하는 수직 항력이 발생하는데, 코드에서 속도를 0으로 해주면 같은 결과를 만들어낼 수 있습니다.

```
void Update( )
{
    // 사용자의 입력에 따라 전후좌우로 이동하고 싶다.
    // 1. 사용자의 입력을 받는다.
```

```csharp
        float h = Input.GetAxis("Horizontal");
        float v = Input.GetAxis("Vertical");
        // 2. 방향을 만든다.
        Vector3 dir = new Vector3(h, 0, v);
        // 2.1 중력을 적용한 수직 방향 추가 v = v0 + at
        yVelocity += gravity * Time.deltaTime;

        // 2.2 바닥에 있을 경우, 수직 항력을 처리하기 위해 속도를 0으로 한다.
        if(cc.isGrounded)
        {
            yVelocity = 0;
        }


        dir.y = yVelocity;
        // 3. 이동한다.
        cc.Move(dir * speed * Time.deltaTime);
    }
```

[코드 4-12] PlayerMove.cs 수직 항력 적용하기

▶ 점프를 하고 싶다

떨어지는 것뿐 아니라 점프 기능을 제공함으로써 장애물을 뛰어넘을 수 있도록 해보겠습니다. 다음은 점프 기능에 필요한 속성입니다.

> ➡ **목표:** 점프를 하고 싶다.
> ➡ **필요 속성:** 점프 크기

점프 크기를 속성으로 추가하고 사용자가 점프 버튼(여기에서는 Button 클래스의 [Two] 버튼, 혹은 Spacebar)을 누르면 점프할 수 있도록 해보겠습니다. 수직 속도에 점프 크기를 넣어주면 점프 처리를 할 수 있습니다.

```csharp
    // 점프 크기
    public float jumpPower = 5;


    void Update( )
```

```
{
    … 생략 …
    // 2.2 바닥에 있을 경우, 수직 항력을 처리하기 위해 속도를 0으로 한다.
    if(cc.isGrounded)
    {
        yVelocity = 0;
    }
    // 2.3 사용자가 점프 버튼을 누르면 속도에 점프 크기를 할당한다.
    if(ARAVRInput.GetDown(ARAVRInput.Button.Two, ARAVRInput.Controller.RTouch))
    {
        yVelocity = jumpPower;
    }
    dir.y = yVelocity;
    // 3. 이동한다.
    cc.Move(dir * speed * Time.deltaTime);
}
```

[코드 4-13] PlayerMove.cs 점프 처리하기

스크립트를 저장하고 유니티로 가서 플레이해보면 점프 버튼을 누를 때 점프하는 것을 확인할 수 있을 것입니다.

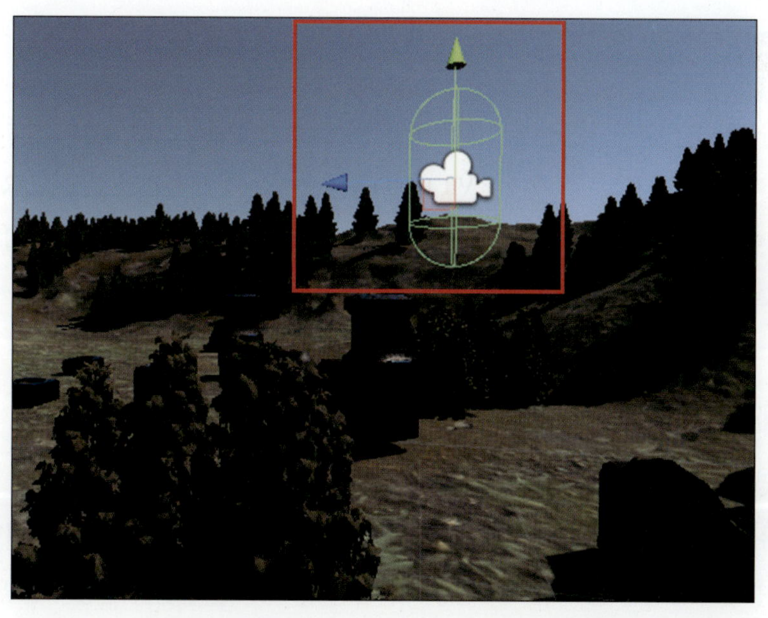

[그림 4-27] 점프 버튼을 눌렀을 때 점프하는 플레이어

◆ 사용자가 바라보는 방향으로 이동시키기

지금까지 작업한 결과를 실행해보면 사용자가 VR상에서 바라보는 방향으로 이동하지 않고 단순히 3D 월드의 글로벌 방향인 전후좌우로 이동하는 것을 확인할 수 있을 것입니다. 이것을 사용자(즉, 카메라)가 바라보는 방향으로 이동할 수 있도록 PlayerMove.cs 스크립트를 수정하겠습니다. 카메라가 바라보는 방향으로 사용자의 입력 방향을 바꿔주기 위해 Transform 클래스의 TransformDirection 함수를 이용합니다.

```csharp
void Update( )
{
        … 생략 …
        // 2. 방향을 만든다.
        Vector3 dir = new Vector3(h, 0, v);

        // 2.0 사용자가 바라보는 방향으로 입력 값 변화시키기
        dir = Camera.main.transform.TransformDirection(dir);

        // 2.1 중력을 적용한 수직 방향 추가 v=v0+at
        yVelocity += gravity * Time.deltaTime;
        … 생략 …
}
```

[코드 4-14] PlayerMove.cs 사용자가 바라보는 방향으로 이동 처리하기

저장하고 유니티로 이동해 실행해보면 플레이어가 사용자가 바라보는 방향으로 이동하는 것을 확인할 수 있을 것입니다. 테스트할 때마다 VR HMD를 착용하는 것이 불편한 분들은 ARAVRInput.cs 클래스의 맨 위에 있는 #define PC를 활성화하고 다른 플랫폼들을 주석 처리하면 됩니다. 그러면 VR HMD를 착용하지 않아도 마우스를 이용해 테스트할 수 있습니다.

🔲 텔레포트 기능 제작하기

이번에 설명할 내용은 텔레포트 기능입니다. 자유 이동은 VR상에서 많이 사용하는 방식이 아닙니다. 그 이유는 현실을 인지하는 시각 기능과 균형 기능을 담당하는 귀 안쪽에 위치한 전정 기관에서의 정보 불일치로 인한 인지 부조화 현상 때문입니다. 이로 인해 멀미 현상이 발생하는 데, VR에서 이를 해결하기 위해 가장 많이 사용하는 이동 방법이 순간 이동, 즉 텔레포트 기능입니다.

여기서는 직선 지점 텔레포트 기능을 구현하는 방식과 장애물 등이 가고자 하는 길을 막고 있을 때 곡선 형태로 이동할 수 있는 텔레포트 기능을 구현하는 방식을 설명하겠습니다.

▶ 직선 텔레포트 기능 구현

텔레포트를 하기 위해 먼저 사용자가 어느 지점으로 텔레포트할 것인지 표시해주기 위해 라인 렌더러 컴포넌트를 추가하겠습니다. 하이어라키에서 Player를 선택한 후 인스펙터 창에서 [Line Renderer] 컴포넌트를 추가합니다.

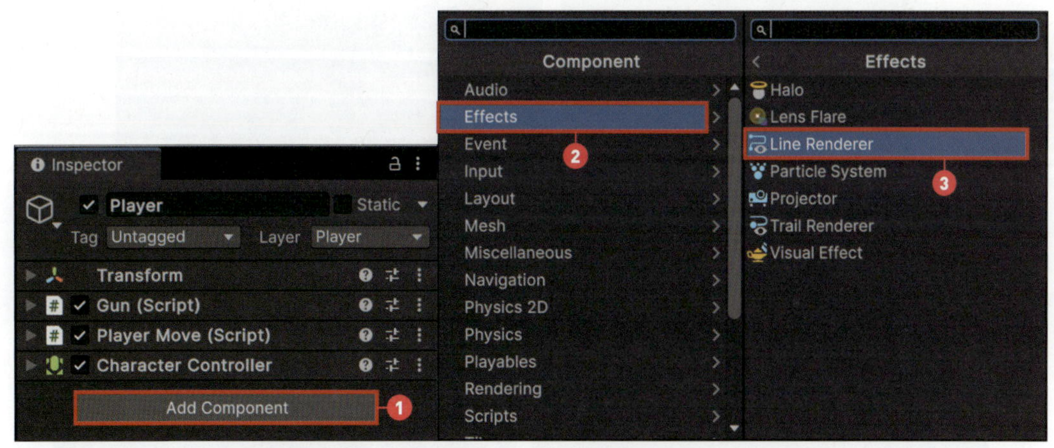

[그림 4-28] Player 객체에 Line Renderer 컴포넌트 추가하기

그다음으로 라인 렌더러 컴포넌트의 Width 속성 값을 '1.0'으로 수정합니다. 그리고 커브 곡선의 시작점을 선택하고 Enter를 누릅니다. Time, value 값을 각각 0, 0으로 수정합니다. 끝점 값도 추가하기 위해 커브의 끝 부분을 더블클릭해 Key Point를 추가하고 Enter를 누릅니다. 그 런 다음 time과 value 값을 각각 1, 1로 할당합니다. [tdassets-Resources] 폴더의 Line 머티리얼을 라인 렌더러에 할당합니다.

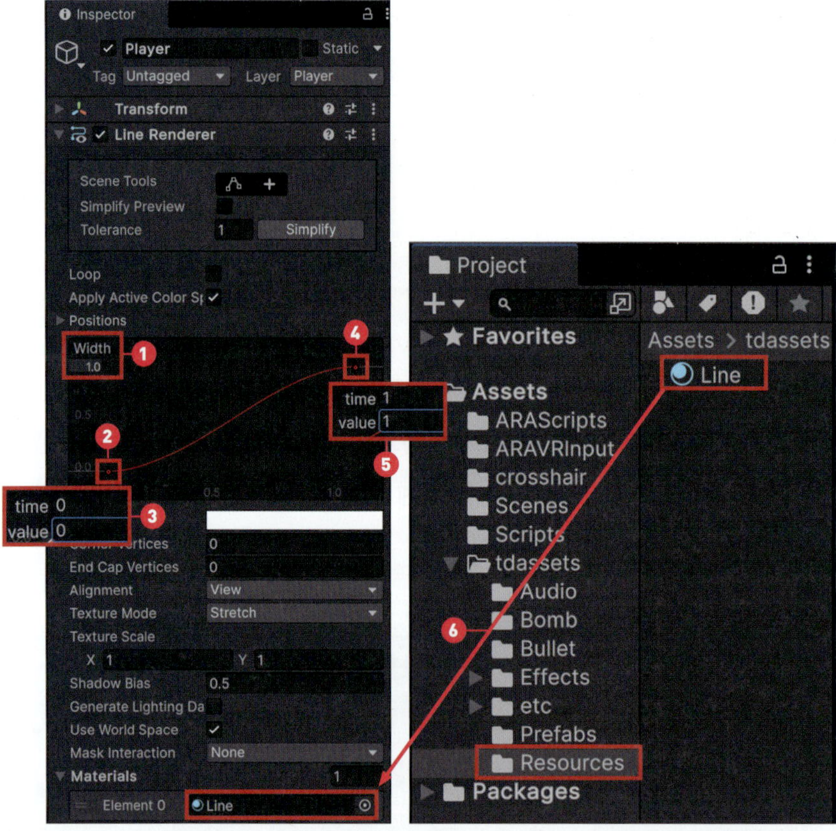

[그림 4-29] Line Renderer 속성 설정 및 머티리얼 할당

이제 프로젝트 창의 [Scripts] 폴더에 TeleportStraight.cs 스크립트를 만들어 Player 객체에 붙입니다.

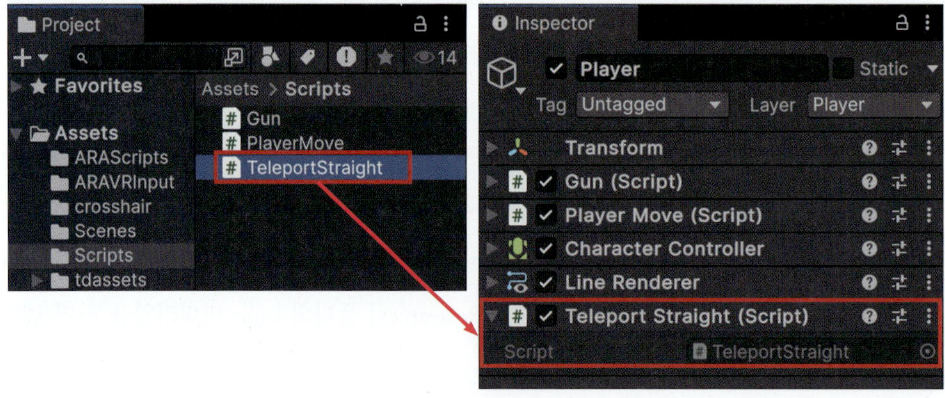

[그림 4-30] TeleportStraight.cs 생성 및 할당하기

TeleportStraight.cs 스크립트를 엽니다. 텔레포트의 위치를 표시할 두 가지 정보를 속성으로 추가합니다. 하나는 텔레포트 서클 UI, 다른 하나는 플레이어의 컨트롤러에서 텔레포트할 위치까지 선을 그려줄 라인 렌더러입니다.

TeleportStraight 클래스의 맨 위에 있는 Transform 타입의 teleportCircleUI 변수와 LineRenderer 타입의 lr 변수를 추가합니다. Start 함수에서 teleportCircleUI는 비활성화하고 라인 렌더러는 GetComponent 함수를 이용해 할당합니다.

```csharp
public class TeleportStraight : MonoBehaviour
{
    // 텔레포트를 표시할 UI
    public Transform teleportCircleUI;
    // 선을 그릴 라인 렌더러
    LineRenderer lr;
    void Start()
    {
        // 시작할 때 비활성화한다.
        teleportCircleUI.gameObject.SetActive(false);
        // 라인 렌더러 컴포넌트 얻어오기
        lr = GetComponent<LineRenderer>();
    }
}
```

[코드 4-15] TeleportStraight.cs 텔레포트 UI와 라인 렌더러 속성 추가하기

그 다음으로 Update 함수에서 사용자가 왼쪽 컨트롤러의 [One] 버튼을 누르고 있을 때 텔레포트 정보를 표시하려고 합니다. ARAVRInput의 Get 함수를 이용해 해당 내용을 처리합니다.

```csharp
void Update()
{
    // 왼쪽 컨트롤러의 [One] 버튼을 누르고 있을 때
```

```csharp
        if (ARAVRInput.Get(ARAVRInput.Button.One, ARAVRInput.Controller.LTouch))
        {
            // 텔레포트 UI 그리기
        }
    }
```

[코드 4-16] TeleportStraight.cs 왼쪽 컨트롤러의 One 버튼을 누르고 있을 때의 처리

버튼을 입력 중일 때 Ray를 쏴서 부딪힌 지점에 텔레포트 UI를 표시하려고 합니다. 이때 왼쪽 컨트롤러를 사용할 것이기 때문에 LHandPosition과 LHandDirection 값을 이용해 Ray를 생성합니다. 앞서 182쪽의 '총 쏘기 기능 제작하기'의 'Ray 쏘기'에서 설명한 것과 같이 텔레포트가 Terrain 하고만 충돌되도록 레이어 마스크를 처리해 Physics 클래스의 Raycast에 넘겨줍니다.

```csharp
void Update()
{
    // 왼쪽 컨트롤러의 One 버튼을 누르고 있을 때
    if (ARAVRInput.Get(ARAVRInput.Button.One, ARAVRInput.Controller.LTouch))
    {
        // 1. 왼쪽 컨트롤러를 기준으로 Ray를 만든다.
        Ray ray = new Ray(ARAVRInput.LHandPosition, ARAVRInput.LHandDirection);
        RaycastHit hitInfo;
        int layer = 1 << LayerMask.NameToLayer("Terrain");
        // 2. Terrain만 Ray 충돌 검출
        if (Physics.Raycast(ray, out hitInfo, 200, layer))
        {
            // 부딪힌 지점에 텔레포트 UI 표시
        }
    }
}
```

[코드 4-17] TeleportStraight.cs 레이를 이용해 충돌 검출하기

지형을 Terrain 레이어로 할당하기 위해 인스펙터 창에서 레이어 드롭다운 버튼을 클릭합니다. 이곳에서 [Add Layer] 항목을 선택하고 Terrain을 추가합니다. 하이어라키의 Terrain을 선택하고 레이어를 Terrain으로 설정하겠습니다.

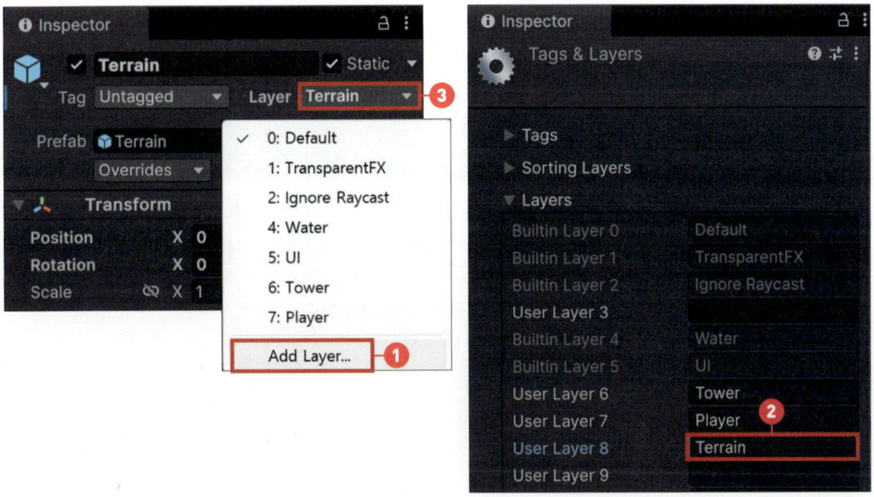

[그림 4-31] Terrain 레이어 추가 및 할당하기

이제 Ray가 부딪친 지점에 텔레포트 UI와 라인 렌더러를 이용해 선을 그려보겠습니다. 먼저 텔레포트 서클 UI를 그리기 위해서는 조준점과 마찬가지로 거리에 따라 텔레포트 UI의 크기가 동적으로 변하도록 해야 합니다. 이를 위해 속성으로 최초 텔레포트 UI의 크기를 선언합니다.

그런 다음 레이가 충돌한 지점에 Line Renderer의 SetPosition 함수에 선을 그릴 점의 정보를 넣어줍니다. SetPosition 함수의 첫 번째 인자는 시작점과 끝점에 관한 인덱스입니다. 0번째는 시작점, 1번째는 끝점에 해당합니다. 그다음 텔레포트 UI를 활성화해 주고 레이 충돌 지점에 위치시킵니다. 이렇게 하면 UI가 화면의 그대로 보고 있기 때문에 텔레포트가 될 곳에 누워 있을 수 있도록 forward 방향을 월드상의 up 방향과 일치시킬 수 있습니다. 마지막으로 거리에 따른 UI의 크기를 변경합니다.

```csharp
// 최초 텔레포트 UI의 크기
Vector3 originScale = Vector3.one * 0.02f;
void Update()
{
    // 왼쪽 컨트롤러의 [One] 버튼을 누르고 있을 때
    if (ARAVRInput.Get(ARAVRInput.Button.One, ARAVRInput.Controller.LTouch))
    {
        … 생략 …
        // 2. Terrain만 Ray 충돌 검출
```

```csharp
    if (Physics.Raycast(ray, out hitInfo, 200, layer))
    {
        // 3. Ray가 부딪힌 지점에 라인 그리기
        lr.SetPosition(0, ray.origin);
        lr.SetPosition(1, hitInfo.point);
        // 4. Ray가 부딪힌 지점에 텔레포트 UI 표시
        teleportCircleUI.gameObject.SetActive(true);
        teleportCircleUI.position = hitInfo.point;
        // 텔레포트 UI가 위로 누워 있도록 방향 설정
        teleportCircleUI.forward = hitInfo.normal;
        // 텔레포트 UI의 크기가 거리에 따라 보정되도록 설정
        teleportCircleUI.localScale = originScale * Mathf.Max(1, hitInfo.distance);
    }
}
```

[코드 4-18] TeleportStraight.cs 텔레포트 UI와 라인 렌더러 그리기

레이가 부딪혔을 때는 텔레포트할 정보를 표시해줄 수 있지만, 만약 사용자가 조준하는 텔레포트 지점이 허공이라면 어떻게 표현해야 할까요? 이 책에서는 텔레포트 UI는 표시하지 않고 라인만 그려보겠습니다.

```csharp
void Update()
{
    // 왼쪽 컨트롤러의 [One] 버튼을 누르고 있을 때
    if (ARAVRInput.Get(ARAVRInput.Button.One, ARAVRInput.Controller.LTouch))
    {
        … 생략 …
        // 2. Terrain만 Ray 충돌 검출
        if (Physics.Raycast(ray, out hitInfo, 200, layer))
        {
        … 생략 …
        }
    else
    {
        // Ray 충돌이 발생하지 않으면 선이 Ray 방향으로 그려지도록 처리
        lr.SetPosition(0, ray.origin);
        lr.SetPosition(1, ray.origin + ARAVRInput.LHandDirection * 200);
```

```csharp
            // 텔레포트 UI는 화면에서 비활성화
            teleportCircleUI.gameObject.SetActive(false);
        }
    }
}
```

[코드 4-19] TeleportStraight.cs 레이 비충돌 시 처리

지금까지는 사용자가 버튼을 누르고 있을 때 텔레포트 정보가 표시되도록 처리했습니다. 하지만 버튼에서 손을 떼었을 때 텔레포트 UI와 라인 렌더러가 화면에 보이면 안 됩니다. 이와 반대로 버튼을 누르면 다시 보이도록 처리해야 합니다. Down 입력이 들어오면 라인 렌더러는 컴포넌트의 enabled 속성에 false를 할당하고, Up 입력이 들어오면 라인 렌더러의 enabled는 true, 텔레포트 UI는 SetActive 함수를 이용해 비활성화합니다. 또한 버튼의 입력이 GetDown, GetUp, Get 함수 순으로 검출될 수 있도록 순서를 바꿔주겠습니다.

```csharp
void Update()
{
    // 왼쪽 컨트롤러의 [One] 버튼을 누르면
    if (ARAVRInput.GetDown(ARAVRInput.Button.One, ARAVRInput.Controller.LTouch))
    {
        // 라인 렌더러 컴포넌트 활성화
        lr.enabled = true;
    }
    // 왼쪽 컨트롤러의 [One] 버튼에서 손을 떼면
    else if (ARAVRInput.GetUp(ARAVRInput.Button.One, ARAVRInput.Controller.LTouch))
    {
        // 라인 렌더러 비활성화
        lr.enabled = false;
        // 텔레포트 UI 비활성화
        teleportCircleUI.gameObject.SetActive(false);
    }
    // 왼쪽 컨트롤러의 [One] 버튼을 누르고 있을 때
    else if (ARAVRInput.Get(ARAVRInput.Button.One, ARAVRInput.Controller.LTouch))
    {
        … 생략 …
    }
```

```
}
```


텔레포트할 곳을 표시하기 위한 작업은 모두 끝났습니다. 이제 버튼에서 손을 떼었을 때 텔로 포트 서클 UI가 위치한 곳에 플레이어가 텔레포트되도록 하겠습니다. 여기에서 한 가지 주의해야 할 점은 Character Controller 컴포넌트가 지금 플레이어의 움직임을 담당하고 있기 때문에 transform을 이용해 포지션을 이동시키는 데 제약이 있다는 것입니다. 따라서 텔레포트를 하기 전에 Character Controller 컴포넌트를 비활성화했다가 이동이 끝나면 다시 활성화해야 합니다.

```csharp
void Update()
{
        // 왼쪽 컨트롤러의 [One] 버튼을 누르면
        if (ARAVRInput.GetDown(ARAVRInput.Button.One, ARAVRInput.Controller.LTouch))
        {
        … 생략 …
        }
        // 왼쪽 컨트롤러의 [One] 버튼에서 손을 떼면
        else if (ARAVRInput.GetUp(ARAVRInput.Button.One, ARAVRInput.Controller.LTouch))
        {
            // 라인 렌더러 비활성화
            lr.enabled = false;
            if (teleportCircleUI.gameObject.activeSelf)
            {
                GetComponent<CharacterController>().enabled = false;
                // 텔레포트 UI 위치로 순간 이동
                transform.position = teleportCircleUI.position + Vector3.up;
                GetComponent<CharacterController>().enabled = true;
            }
            // 텔레포트 UI 비활성화
            teleportCircleUI.gameObject.SetActive(false);
        }
        // 왼쪽 컨트롤러의 [One] 버튼을 누르고 있을 때
        else if (ARAVRInput.Get(ARAVRInput.Button.One, ARAVRInput.Controller.LTouch))
        {
        … 생략 …
```

```
        }
    }
```

[코드 4-21] TeleportStraight.cs 텔레포트 서클 UI가 위치한 곳에 플레이어 텔레포트

유니티로 이동합니다. 텔레포트 서클 UI를 만들어 보겠습니다. 먼저 하이어라키 뷰에서 Crosshair 게임 오브젝트를 선택하고 `Ctrl`+`D` 키를 눌러 복제해 줍니다. 이름은 TeleportCircle로 변경합니다.

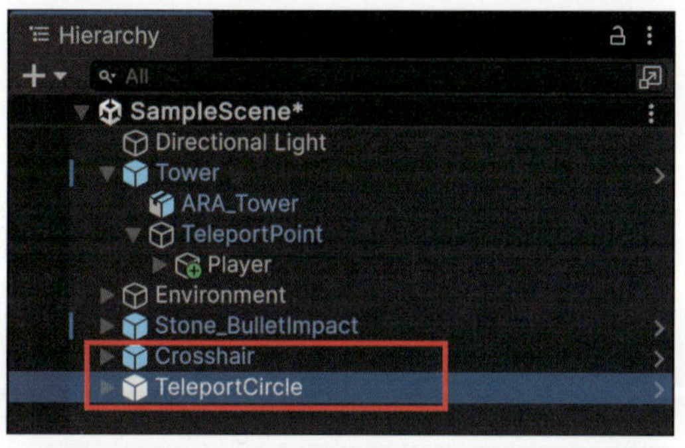

[그림 4-32] Crosshair를 복제해 TeleprotCircle 생성

복제된 TeleportCircle 게임 오브젝트의 자식인 Crosshair02를 선택하고 인스펙터 뷰로 이동합니다. 이곳에서 Image 컴포넌트의 Color를 푸른색으로 수정합니다.

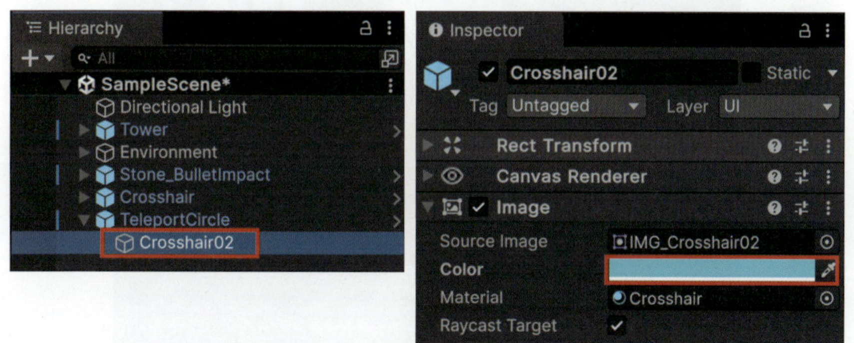

[그림 4-33] 텔레포트 이미지의 색상 변경

추가된 텔레포트 UI를 Player에 할당해 주겠습니다. 하이어라키 뷰에서 Player를 선택하고 TeleportCircle 게임 오브젝트를 Teleport Circle UI 속성에 할당해 줍니다.

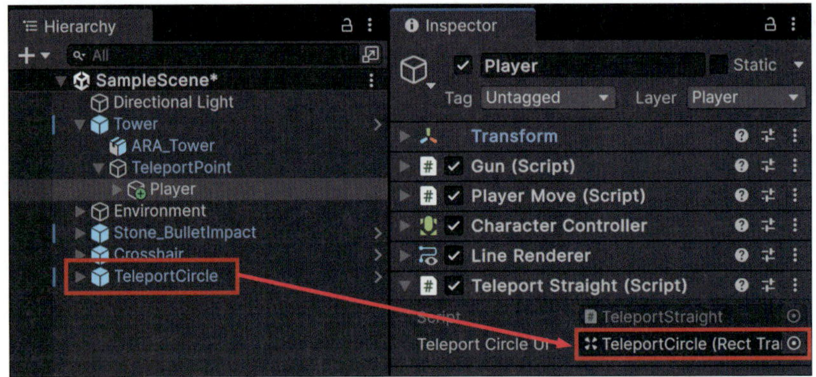

[그림 4-34] 텔레포트 써클 UI 할당

이제 유니티를 실행합니다.

저장한 후 유니티로 가서 실행합니다. 지형에 왼쪽 컨트롤러의 [One] 버튼을 누르고 있으면 텔레포트 서클과 컨트롤러에서 조준하고 있는 지점까지 선이 그려지는 것을 확인할 수 있을 것입니다. 이후 버튼에서 손을 떼면 해당 지점으로 텔레포트됩니다.

[그림 4-35] 텔레포트를 하기 위한 UI 표시하기

◆ 곡선 텔레포트 기능 구현

실제 VR 콘텐츠에서 가장 많이 사용하는 텔레포트 UI가 이번에 다루게 될 곡선 UI를 갖춘 텔레포트입니다. 앞의 직선 텔레포트를 보면 실제 직선을 쏠 경우 다른 물체에 막혀 못 가는 곳이 생길 수 있습니다. 우리 구현에서는 다른 물체도 뚫고 지나갈 수 있도록 처리했지만, 기획에 따라 그것이 불가능할 수도 있습니다. 따라서 이번에는 다른 물체에 막혀 텔레포트가 어려울 경우, 곡선 텔레포트를 이용해 장애물을 넘어갈 수 있도록 처리하려고 합니다. 먼저 프로젝트 창의 Scripts 폴더에 TeleportCurve.cs 스크립트를 만들고 하이어라키의 Player 객체에 할당합니다. 그림에 표시된 TeleportStraight 컴포넌트는 비활성화해 줍니다.

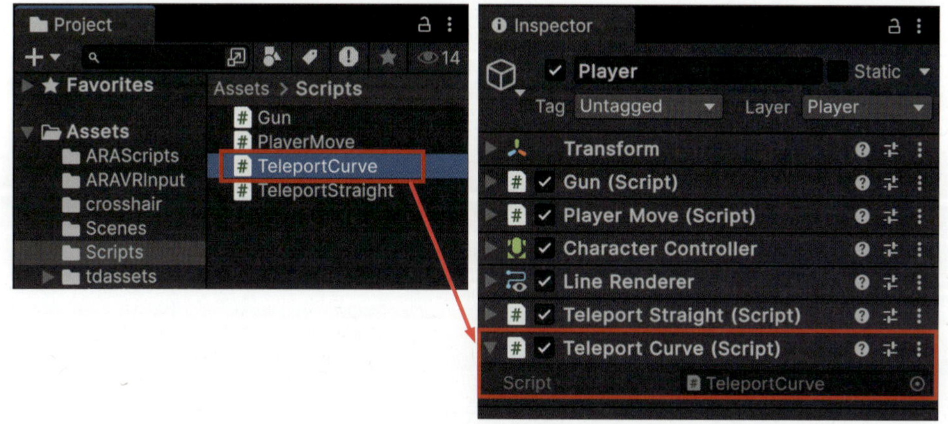

[그림 4-36] TeleportCurve.cs 스크립트 생성 및 Player에 할당

곡선 텔레포트 기능을 구현하기 위해 먼저 필요한 속성을 정의해 보겠습니다.

> ⊙ **목표:** 직선 텔레포트 기능을 구현하고 싶다.
> ⊙ **필요 속성:** 텔레포트를 표시할 UI, 라인 렌더러, 최초 텔레포트 UI 크기, 커브의 부드러운 정도, 곡선의 길이, 곡선의 중력, 곡선 시뮬레이션 간격 및 시간, 곡선을 이루는 점들을 기억할 리스트

곡선을 표현하기 위한 속성으로는 직선을 표현할 때와 마찬가지로 텔레포트 UI, 라인 렌더러, 최초 텔레포트 UI의 크기가 필요합니다. 추가로 곡선을 표현하기 위해 곡선의 길이와 곡선이 휘어지기 위한 중력 값, 각 점들의 위치를 계산하기 위한 시간 간격, 마지막으로 곡선을 이루고 있는 점들을 기억할 리스트를 선언합니다.

TeleportCurve.cs 스크립트를 열어 필요한 속성을 등록하겠습니다.

```csharp
public class TeleportCurve : MonoBehaviour
{
    // 텔레포트를 표시할 UI
    public Transform teleportCircleUI;
    // 선을 그릴 라인 렌더러
    LineRenderer lr;
    // 최초 텔레포트 UI 크기
    Vector3 originScale = Vector3.one * 0.02f;
    // 커브의 부드러운 정도
    public int lineSmooth = 40;
    // 커브의 길이
    public float curveLength = 50;
    // 커브의 중력
    public float gravity = -60;
    // 곡선 시뮬레이션의 간격 및 시간
    public float simulateTime = 0.02f;
    // 곡선을 이루는 점들을 기억할 리스트
    List<Vector3> lines = new List<Vector3>();
}
```

[코드 4-22] TeleportCurve.cs 필요 속성 정의하기

유니티로 이동해 teleportCircleUI 속성에 있는 하이어라키의 TeleportCircle 객체를 Player 객체의 Teleport Curve 컴포넌트에 있는 Teleport Circle UI에 드래그 앤 드롭으로 할당합니다.

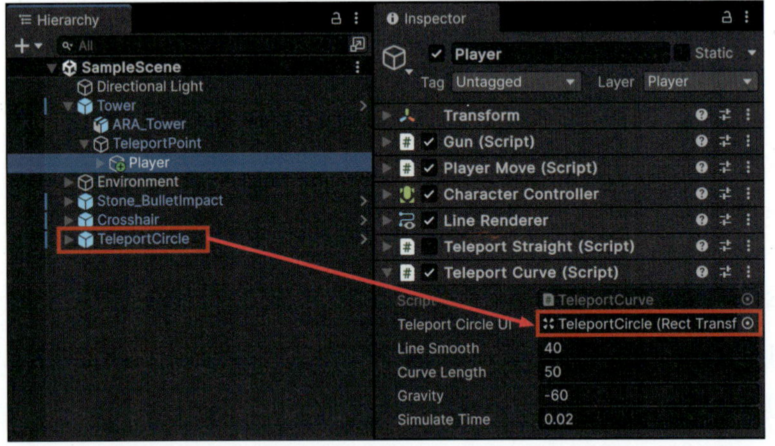

[그림 4-37] TeleportCircle 객체를 Teleport Circle UI에 할당하기

다시 TeleportCurve.cs 스크립트로 이동합니다. Start 함수에서 텔레포트 UI를 비활성화해 주고 라인 렌더러 컴포넌트를 얻어옵니다. 그리고 라인 렌더러의 시작과 끝부분의 선 너비를 설정합니다.

```csharp
void Start()
{
    // 시작할 때 비활성화한다.
    teleportCircleUI.gameObject.SetActive(false);
    // 라인 렌더러 컴포넌트 얻어오기
    lr = GetComponent<LineRenderer>();
    // 라인 렌더러의 선 너비 지정
    lr.startWidth = 0.0f;
    lr.endWidth = 0.2f;
}
```

[코드 4-23] TeleportCurve.cs 초깃값 설정하기

이제 Update 함수로 이동해 왼쪽 컨트롤러의 [One] 버튼을 눌렀을 때 라인 렌더러를 활성화하겠습니다.

```csharp
void Update()
{
    // 왼쪽 컨트롤러의 One 버튼을 누르면
    if (ARAVRInput.GetDown(ARAVRInput.Button.One, ARAVRInput.Controller.LTouch))
    {
        // 라인 렌더러 컴포넌트 활성화
        lr.enabled = true;
    }
}
```

[코드 4-24] TeleportCurve.cs [One] 버튼을 눌렀을 때 처리하기

텔레포트 기능은 왼쪽 컨트롤러의 [One] 버튼에서 손을 떼면 작동하지 않도록 라인 렌더러를 비활성화합니다. 그리고 우리가 만드는 텔레포트는 지형에 곡선이 닿지 않을 경우 텔레포트 UI를 표시하지 않습니다. 따라서 버튼에서 손을 떼었을 때 UI가 활성화돼 있을 때만 텔레포트 UI의 위치로 순간 이동시킵니다. 이때 플레이어에 캐릭터 컨트롤러 컴포넌트가 붙어 있기 때문에 트랜스폼

컴포넌트를 이용한 위치 설정에 충돌이 생깁니다. 이는 캐릭터 컨트롤러도 이동에 관한 처리가 내부적으로 진행되고 있기 때문이며 이를 해결하기 위해 캐릭터 컨트롤러 컴포넌트를 비활성화했다가 위치 이동이 끝나면 다시 활성화합니다. 또한 위치 이동의 경우 Vector3.up을 더해주는데, 그 이유는 플레이어의 키가 2m이고(캐릭터 컨트롤러의 Height 속성이 2m로 돼 있음) 피봇이 중앙 1m로 돼 있어서 바닥에서 1m 위로 올려 배치하기 위해서입니다.

```csharp
void Update()
{
        // 왼쪽 컨트롤러의 [One] 버튼을 누르면
        if (ARAVRInput.GetDown(ARAVRInput.Button.One, ARAVRInput.Controller.LTouch))
        {
                // 라인 렌더러 컴포넌트 활성화
                lr.enabled = true;
        }
        // 왼쪽 컨트롤러의 One 버튼에서 손을 떼면
        else if (ARAVRInput.GetUp(ARAVRInput.Button.One, ARAVRInput.Controller.LTouch))
        {
                // 라인 렌더러 비활성화
                lr.enabled = false;
                // 텔레포트 UI가 활성화돼 있을 때
                if (teleportCircleUI.gameObject.activeSelf)
                {
                    GetComponent<CharacterController>().enabled = false;
                    // 텔레포트 UI 위치로 순간 이동
                    transform.position = teleportCircleUI.position + Vector3.up;
                    GetComponent<CharacterController>().enabled = true;
                }
                // 텔레포트 UI 비활성화
                teleportCircleUI.gameObject.SetActive(false);
        }
}
```

[코드 4-25] TeleportCurve.cs [One] 버튼에서 손을 떼었을 때 처리하기

눌렀다 떼었을 때 텔레포트에 관한 처리가 완료됐다면 이제 버튼을 누르고 있을 때 텔레포트할 위치로 곡선 그리기와 텔레포트 UI를 표시하는 일이 남았습니다. ARAVRInput 클래스의 Get 함수를 이용해 버튼을 누르고 있을 때를 처리하고, 선을 그릴 역할을 수행할 MakeLines 함수를 호출합니다.

```csharp
void Update()
{
        // 왼쪽 컨트롤러의 [One] 버튼을 누르면
        if (ARAVRInput.GetDown(ARAVRInput.Button.One, ARAVRInput.Controller.LTouch))
        {
            … 생략 …
        }
        // 왼쪽 컨트롤러의 [One] 버튼에서 손을 떼면
        else if (ARAVRInput.GetUp(ARAVRInput.Button.One, ARAVRInput.Controller.LTouch))
        {
            … 생략 …
        }
        // 왼쪽 컨트롤러의 [One] 버튼을 누르고 있을 때
        else if (ARAVRInput.Get(ARAVRInput.Button.One, ARAVRInput.Controller.LTouch))
        {
            // 주어진 길이 크기의 커브를 만들고 싶다.
            MakeLines();
        }
}
```

[코드 4-26] TeleportCurve.cs [One] 버튼을 누르고 있을 때 처리하기

 텔레포트 버튼을 누르고 있을 때는 MakeLines 함수가 동작합니다. 이 함수에서는 라인 렌더러를 이용해 선을 그리기 위해 필요한 점의 위치 정보를 구합니다. 곡선은 다수의 점들이 모여 그려집니다. 이 점들을 저장할 목록이 위에서 정의한 lines 속성입니다. 함수가 호출되면 새로 구해질 정보를 담기 위해 가장 먼저 목록을 비워줍니다. 그리고 왼쪽 컨트롤러가 가리키는 방향과 길이에 해당 하는 curveLength 변수를 곱해 방향을 만듭니다. 이 curveLength 변수의 크기에 따라 점과 점 사이의 거리가 정해집니다. 그리고 선이 그려질 초깃값을 pos 변수에 할당합니다. 그리고 그 정보를 lines에 추가합니다.

```csharp
// 라인 렌더러를 이용해 점을 만들고 선을 그린다.
void MakeLines()
{
        // 리스트에 담긴 위치 정보들을 비워준다.
        lines.RemoveRange(0, lines.Count);
```

```csharp
        // 선이 진행될 방향을 정한다.
        Vector3 dir = ARAVRInput.LHandDirection * curveLength;
        // 선이 그려질 위치의 초깃값을 설정한다.
        Vector3 pos = ARAVRInput.LHandPosition;
        // 최초 위치를 리스트에 담는다.
        lines.Add(pos);
    }
```

[코드 4-27] TeleportCurve.cs 곡선의 점을 기억할 목록 초기화와 초기 위치 및 방향 설정하기

이제 곡선을 이룰 점들의 위치를 구해보겠습니다. 몇 개의 점을 사용할지를 lineSmooth 속성으로 선언해 놓았습니다. 변수의 이름처럼 이 속성 값이 클수록 많은 점을 사용하기 때문에 곡선이 부드러워집니다.

마치 공을 컨트롤러가 향하는 방향으로 던지면 중력이 적용돼 포물선을 그리며 떨어지듯이 텔레포트를 표현할 곡선도 이와 마찬가지로 계산합니다. lineSmooth의 개수만큼 반복해 중력 가속도가 적용된 등가속도 운동을 시뮬레이션합니다. '미래의 속도(v) = 현재 속도(v0) + 가속도(a) × 시간(simulateTime)' 공식을 이용해 구합니다. 이 값을 다시 '미래 위치(P) = 현재 위치(P0) + 속도(v) × 시간(simulateTime)' 공식에 대입해 점의 위치를 구합니다. 이렇게 구해진 값을 목록에 추가합니다.

마지막으로 반복이 모두 끝나면 라인 렌더러가 그릴 점의 개수를 positionCount에 할당하고 라인 렌더러의 SetPositions 함수에 배열 정보로 전달하면 끝납니다.

```csharp
// 라인 렌더러를 이용해 점을 만들고 선을 그린다.
void MakeLines()
{
        … 생략 …
        // lineSmooth 개수만큼 반복한다.
        for (int i = 0; i < lineSmooth; i++)
        {
            // 현재 위치 기억
            Vector3 lastPos = pos;
            // 중력을 적용한 속도 계산
            // v = v0 + at
            dir.y += gravity * simulateTime;
            // 등속 운동으로 다음 위치 계산
```

```csharp
        //P = P0 + vt
        pos += dir * simulateTime;
        // 구한 위치를 등록
        lines.Add(pos);
    }
    // 라인 렌더러가 표현할 점의 개수를 등록된 개수의 크기로 할당
    lr.positionCount = lines.Count;
    // 라인 렌더러에 구해진 점의 정보를 지정
    lr.SetPositions(lines.ToArray());
}
```

[코드 4-28] TeleportCurve.cs lineSmooth의 개수만큼 곡선의 점 위치 등록

여기까지 스크립트를 저장하고 유니티로 가서 실행해보겠습니다. 텔레포트 버튼(여기서는 왼쪽 컨트롤러의 [One] 버튼)을 누르고 있 으면 [그림 4-38]처럼 지형을 곡선이 잘 표시되지만, 지형을 뚫고 들어가는 것을 확인할 수 있습니다.

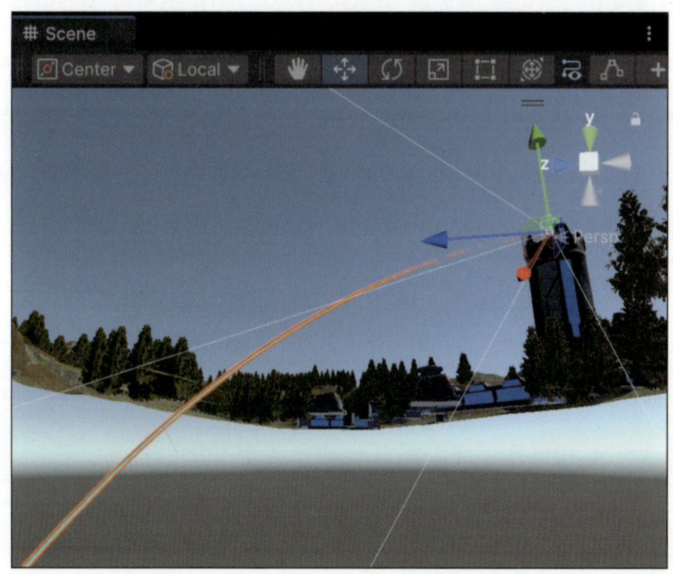

[그림 4-38] 텔레포트 선이 지형을 뚫고 그려진 상태

텔레포트를 하기 위해서는 지형의 어느 지점에서 선이 충돌했는지를 알아야 합니다. 이를 구하기 위해 라인 렌더러가 그리고 있는 선을 이루고 있는 점의 위치 정보가 필요합니다. 이전 점의 위치

에서 다음 점의 위치로 레이를 쏴 물체와 충돌했는지 여부를 판단해 충돌 지점 정보를 구하겠습니다. 다음은 선을 이루고 있는 점을 시각화한 것입니다.

[그림 4-39] 텔레포트 곡선을 이루고 있는 점의 시각화

[그림 4-39]에서 확인할 수 있는 것처럼 곡선은 lineSmooth 속성의 개수만큼의 점들로 이뤄져 있으며 컨트롤러의 위치가 최초 점의 위치가 됩니다. 벡터의 뺄셈을 이용하면 방향을 구할 수 있기 때문에 이를 이용해 레이를 만들어 처리합니다. 해당 역할을 하는 함수를 먼저 만들어 보겠습니다.

CheckHitRay라는 함수를 만듭니다. 이 함수는 앞 점의 위치와 다음 점의 위치를 받아 레이를 만들고 충돌 체크 표시를 해서 그 결과를 반환합니다. 파라미터로 이전 점의 위치와 다음 점의 위치를 받습니다. 이때 충돌 여부를 반환해야 하고 충돌한 지점의 정보도 받아야 하기 때문에 다음 점의 위치를 ref 참조 키워드를 이용해 받습니다. 함수에서 레이를 이용한 충돌 처리를 하려고 하기 때문에 레이가 진행할 방향을 벡터의 뺄셈을 이용해 구합니다. 그리고 레이의 시작점을 앞 점의 위치인 lastPos로 설정하고, 방향을 구해준 벡터 rayDir로 설정합니다.

```csharp
// 앞 점의 위치와 다음 점의 위치를 받아 레이의 충돌을 체크
private bool CheckHitRay(Vector3 lastPos, ref Vector3 pos)
{
        // 앞 점 lastPos에서 다음 점 pos로 향하는 벡터 계산
        Vector3 rayDir = pos - lastPos;
        Ray ray = new Ray(lastPos, rayDir);
```

```csharp
        RaycastHit hitInfo;
    }
```

[코드 4-29] TeleportCurve.cs CheckHitRay 함수에서 사용할 정보

워프 테스트를 위해서 에디터에서 isWarp 옵션을 활성화시켜 줍니다.

이렇게 준비된 레이와 부딪힌 정보를 담을 RaycastHit를 이용해 레이를 쏘겠습니다. Physics의 Raycast 함수에 두 정보를 넘겨주고 Ray의 길이에는 앞 점과 다음 점 사이의 거리를 넣어줍니다. 그 이유는 두 점 사이에 충돌 지점이 있는지를 파악하기 위해서입니다. 레이 충돌이 발생하면 RaycastHit 변수인 hitInfo의 point 정보를 pos에 할당해주고 충돌이 발생했으므로 true를 반환해 함수를 종료합니다.

```csharp
// 앞 점의 위치와 다음 점의 위치를 받아 레이 충돌을 체크
private bool CheckHitRay(Vector3 lastPos, ref Vector3 pos)
{
    … 생략 …

    // Raycast할 때 레이의 크기를 앞 점과 다음 점 사이의 거리로 한정한다.
    if (Physics.Raycast(ray, out hitInfo, rayDir.magnitude))
    {
        // 다음 점의 위치를 충돌한 지점으로 설정
        pos = hitInfo.point;
        return true;
    }
    return false;
}
```

[코드 4-30] TeleportCurve.cs Raycast와 부딪힌 지점을 할당하기

다음으로 부딪힌 지점에 텔레포트 UI가 표시되도록 처리하겠습니다. 텔레포트 UI가 표시될 조건은 레이가 지형과 충돌했을 경우로 한정하며, 이를 위해 LayerMask의 NameToLayer 함수로 Terrain 레이어를 검출해 사용합니다. hitInfo의 layer 정보가 Terrain일 경우, 텔레포트 UI를 SetActive(true)로 활성화하고 위치를 부딪힌 지점으로 지정합니다.

또한 텔레포트 UI가 울퉁불퉁한 지형의 면에 따라 위쪽을 바라볼 수 있도록 forward 값을 부딪힌 지점의 normal 값으로 할당 합니다. 참고로 normal은 지면에 수직인 방향을 뜻합니다. 즉, 면이 향하는 방향을 말합니다. 또한 UI의 크기가 컨트롤러에서 충돌 지점까지의 거리에 따라 조정되도록 처리합니다.

```csharp
// 앞 점의 위치와 다음 점의 위치를 받아 레이의 충돌을 체크
private bool CheckHitRay(Vector3 lastPos, ref Vector3 pos)
{
    … 생략 …
    // Raycast 할 때 레이의 크기를 앞 점과 다음 점 사이의 거리로 한정한다.
    if (Physics.Raycast(ray, out hitInfo, rayDir.magnitude))
    {
        // 다음 점의 위치를 충돌한 지점으로 설정
        pos = hitInfo.point;
        int layer = LayerMask.NameToLayer("Terrain");
        // Terrain 레이어와 충돌했을 경우에만 텔레포트 UI 가 표시되도록 한다.
        if (hitInfo.transform.gameObject.layer == layer)
        {
            // 텔레포트 UI 활성화
            teleportCircleUI.gameObject.SetActive(true);
            // 텔레포트 UI 의 위치 지정
            teleportCircleUI.position = pos;
            // 텔레포트 UI 의 방향 설정
            teleportCircleUI.forward = hitInfo.normal;
            float distance = (pos - ARAVRInput.LHandPosition).magnitude;
            // 텔레포트 UI 가 보일 크기를 설정
            teleportCircleUI.localScale = originScale * Mathf.Max(1, distance);
        }
        return true;
    }
    return false;
}
```

[코드 4-31] TeleportCurve.cs 텔레포트 UI 배치하기

다시 MakeLines 함수로 이동합니다. 기존 코드에서 구해진 위치를 등록하기 전에 CheckHitRay 함수를 호출해 곡선이 다른 물체와 충돌하는지 여부를 검출하겠습니다. 위에서 살펴봤던 것처럼 충돌이

발생하면 CheckHitRay 함수 내에서 pos 변수에 충돌 지점을 넣어주게 됩니다. 이 값을 곡선 목록에 넣어주고 더 이상 선이 그려지지 않도록 반복문을 종료합니다. 부딪힌 지점이 없을 경우에는 텔레포트 UI를 표시하지 않도록 SetActive(false) 함수로 비활성화 합니다.

```csharp
// 라인 렌더러를 이용해 점을 만들고 선을 그린다.
void MakeLines()
{
        … 생략 …
        // lineSmooth의 개수만큼 반복한다.
        for (int i = 0; i < lineSmooth; i++)
        {
            … 생략 …
            // P = P0 + vt
            pos += dir * simulateTime;
            // Ray 충돌 체크가 일어났으면
            if (CheckHitRay(lastPos, ref pos))
            {
                // 충돌 지점을 등록하고 종료
                lines.Add(pos);
                break;
            }
            else
            {
                // 텔레포트 UI 비활성화
                teleportCircleUI.gameObject.SetActive(false);
            }
            // 구한 위치를 등록
            lines.Add(pos);
        }
        … 생략 …
}
```

[코드 4-32] TeleportCurve.cs Ray 충돌 지점이 있을 때 위치 등록 및 UI 상태 설정하기

저장하고 유니티로 가서 실행한 후 곡선 텔레포트 기능이 잘 동작하는지 확인합니다.

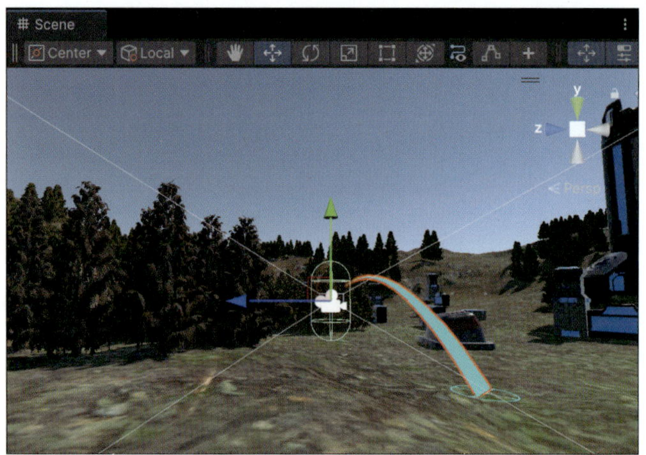

[그림 4-40] 텔레포트 곡선과 서클 UI 표현하기

곡선의 휘어짐이 밋밋하게 느껴진다면 인스펙터 뷰에서 TeleportCurve의 Gravity 값을 음수쪽으로 더 낮아지도록 바꿔가며 테스트해 봅니다.

워프 기능 제작하기

이동의 마지막 기능인 워프를 추가해보겠습니다. 보통 VR에서 이동하는 방식은 자유 이동과 텔레포트 방식을 이용하지만, 자유 이동은 멀미의 문제가 있을 수 있고, 텔레포트는 너무 갑작스러운 느낌이 있어 보기 따라 세련되지 못할 수도 있습니다. 〈스타트랙〉이나 〈스타워즈〉 같은 영화에서 공간 이동을 할 때는 순간 이동이 아니라 빠르게 이동하기 때문에 주변 물체들이 잔상이 생기는 것을 볼 수 있을 것입니다. 이렇게 빨리 이동하면 워프 느낌이 나게 됩니다. 이를 VR 이동에 적용해 보겠습니다.

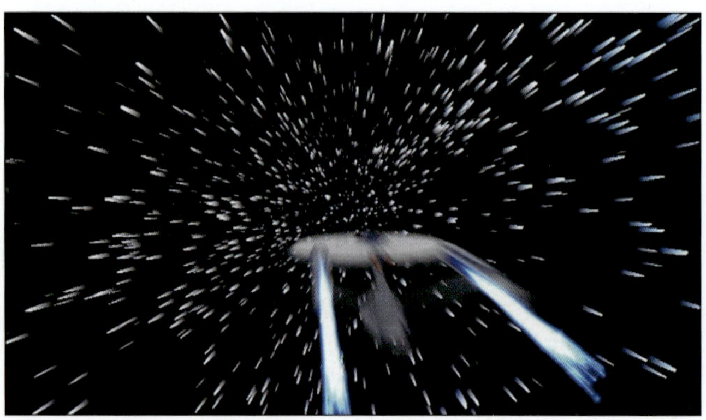

[그림 4-41] 스타워즈의 워프 장면

직선 텔레포트 기능에 워프 내용을 추가해보겠습니다. TeleportStraight.cs 스크립트를 엽니다. 스크립트의 맨 위에 워프에 필요한 속성인 워프 사용 여부, 워프에 걸리는 시간을 추가합니다.

```csharp
public class TeleportStraight : MonoBehaviour
{
    // 텔레포트를 표시할 UI
    public Transform teleportCircleUI;
    // 선을 그릴·라인 렌더러
    LineRenderer lr;
    // 최초 텔레포트 UI 의 크기
    Vector3 originScale = Vector3.one * 0.02f;
    // 워프 사용 여부
    public bool isWarp = false;
    // 워프에 걸리는 시간
    public float warpTime = 0.1f;
```

[코드 4-33] TeleportStraight.cs 워프를 위한 속성 추가

워프의 목표는 일정 시간에 원하는 위치로 이동하는 것입니다. 따라서 코루틴을 이용해 일정 시간 동안 계속 이동할 수 있도록 처리하겠습니다. Warp 함수를 코루틴 함수로 만듭니다. 먼저 이 함수 내에서 사용할 변수를 알아보겠습니다.

> **목표:** 일정 시간에 원하는 위치로 이동하고 싶다.
> **필요 속성:** 워프의 시작점, 워프의 목적지, 경과 시간

워프 느낌으로 처리하기 위한 워프의 시작점, 워프의 목적지가 필요합니다. 그리고 일정 시간 동안 움직일 것이기 때문에 경과 시간이 추가로 필요합니다.

이곳에서 이동하기 위해 CharacterController 컴포넌트를 비활성화합니다. 앞에서도 설명한 것처럼 캐릭터 컨트롤러 컴포넌트의 이동 기능을 꺼야 원하는 움직임을 만들어낼 수 있습니다.

```csharp
IEnumerator Warp()
{
    // 워프 시작점 기억
```

```
        Vector3 pos = transform.position;
        // 목적지
        Vector3 targetPos = teleportCircleUI.position + Vector3.up;
        // 워프 경과 시간
        float currentTime = 0;
        GetComponent<CharacterController>().enabled = false;
}
```

[코드 4-34] TeleportStraight.cs 워프 함수 생성 및 필요 변수 설정

이제 일정 시간에 원하는 위치로 이동하도록 구현해 보겠습니다. 세부적인 순서는 다음과 같습니다.

결국 워프를 이동하는 목적도 텔레포트와 마찬가지로 원하는 위치로 이동하는 것입니다. 다만 순간 이동이 아니라 빠르게 이동하는 것이 다를 뿐입니다. 이를 위해 워프의 시작점과 도착점을 기억합니다. 그리고 while 루프를 이용해 경과 시간이 워프보다 짧은 시간 동안 계속 이동하도록 처리합니다. 이동을 위한 처리는 Vector3의 Lerp를 이용해 수행합니다. 마지막 인자로 currentTime (경과 시간)/warpTime(워프 시간)을 해주는 이유는 경과 시간인 currentTime이 계속 누적돼 warpTime 보다 크거나 같으면 그 값은 1 이상이 되기 때문입니다. Lerp 함수의 정의를 보면 a(시작점), b(도착점), t(퍼센트 $0 \leq t \leq 1$)를 파라미터로 받습니다.

Vector3.Lerp

public static Vector3 **Lerp**(Vector3 **a**, Vector3 **b**, float **t**);

[그림 4-42] Lerp 함수의 정의
(출처: 유니티 API, https://docs.unity3d.com/ScriptReference/Vector3.Lerp.html)

t 값에 따라 값이 Lerp 함수의 반환 값이 달라집니다. 이를 식으로 표현하면 다음과 같습니다.

$$t = 0, \quad a$$
$$t = 1, \quad b$$

[식 4-1] t 값에 따른 Lerp 함수의 반환 값

t의 값이 1 이상이면 바로 워프에 도착합니다. 예를 들어 최초 시작점이 0이라면, 0.1(10%), 0.2(20%), 0.3, 0.4~1.0(100%) 식으로 시작점에서 도착점으로 계속 가까워지는 것입니다. 이렇게 이동이 끝나면 yield문을 이용해 코루틴을 반환합니다.

```csharp
IEnumerator Warp()
{
    … 생략 …

    // 경과 시간이 워프보다 짧은 시간 동안 이동 처리
    while(currentTime < warpTime)
    {
        // 경과 시간 흐르게 하기
        currentTime += Time.deltaTime;
        // 워프의 시작점에서 도착점에 도착하기 위해 워프 시간 동안 이동
        transform.position = Vector3.Lerp(pos, targetPos, currentTime / warpTime);
        // 코루틴 대기
        yield return null;
    }
}
```

[코드 4-35] TeleportStraight.cs 워프 시간 동안 이동하기

마지막으로 이동이 끝난 후 원하는 목적지로 현재 위치를 맞춰주고, 비활성화해 놓았던 캐릭터 컨트롤러는 켜줍니다.

```
IEnumerator Warp()
{
    … 생략 …

    while (currentTime < warpTime)
    {
    … 생략 …
    }


    // 텔레포트 UI 위치로 순간 이동
    transform.position = teleportCircleUI.position + Vector3.up;
    // 캐릭터 컨트롤러 다시 켜기
    GetComponent<CharacterController>().enabled = true;
}
```

[코드 4-36] TeleportStraight.cs 워프 도착 후 설정하기

필요한 워프 함수의 구현은 끝났습니다. 이제 워프 옵션이 활성화됐을 때 해당 기능이 동작하도록
해보겠습니다. Update 함수에서 컨트롤러의 [One] 버튼을 눌렀다 떼었을 때 기존에는 원하는 위치로
바로 텔레포트했지만 isWarp 변숫값이 true가 되면 Warp 함수를 코루틴 호출하도록 수정합니다.


```
void Update()
{
        // 왼쪽 컨트롤러의 [One] 버튼을 누르면
        if (ARAVRInput.GetDown(ARAVRInput.Button.One, ARAVRInput.Controller.LTouch))
        {
        … 생략 …
        }
        // 왼쪽 컨트롤러의 [One] 버튼에서 손을 떼면
        else if (ARAVRInput.GetUp(ARAVRInput.Button.One, ARAVRInput.Controller.LTouch))
        {
            // 라인 렌더러 비활성화
            lr.enabled = false;
            if (teleportCircleUI.gameObject.activeSelf)
            {
                // 워프 기능 사용이 아닐 때 순간 이동 처리
                if (isWarp == false)
                {
```

```csharp
            GetComponent<CharacterController>().enabled = false;
            // 텔레포트 UI 위치로 순간 이동
            transform.position = teleportCircleUI.position + Vector3.up;
            GetComponent<CharacterController>().enabled = true;
        }
        else
        {
            // 워프 기능을 사용할 때는 Warp() 코루틴 호출
            StartCoroutine(Warp());
        }
    }
    // 텔레포트 UI 비활성화
    teleportCircleUI.gameObject.SetActive(false);
    }
    // 왼쪽 컨트롤러의 One 버튼을 누르고 있을 때
    else if (ARAVRInput.Get(ARAVRInput.Button.One, ARAVRInput.Controller.LTouch))
    {
        … 생략 …
    }
}
```

[코드 4-37] TeleportStraight.cs 워프 기능 호출하기

워프 테스트를 위해서 에디터에서 Player의 TeleportStraight를 활성화해서 isWarp 옵션을 활성화시켜 줍니다.

TeleportCurve는 비활성화시켜 주세요. 이 책에서는 직선 이동에서만 워프를 구현합니다. 곡선 텔레포트에 워프 기능을 이용하는 것도 같은 내용으로 구현할 수 있으므로 추가해 보기 바랍니다.

참고로, 이대로 실행하면 PlayerMove.cs 클래스에서 오류가 발생합니다. CharacterController 컴포넌트가 비활성화됐는데 해당 객체의 Move 함수를 호출해서 발생하는 문제입니다. 다음처럼 활성화 됐을 때만 수행하도록 수정합니다.

```csharp
public class PlayerMove : MonoBehaviour
{
    … 생략 …
```

```csharp
void Update()
{
    … 생략 …

    // 3. 이동한다.
    if(cc.enabled)
        cc.Move(dir * speed * Time.deltaTime);
}
}
```

[코드 4-38] PlayerMove.cs CharacterController 컴포넌트 활성화 체크

잡기 구현하기

가상 공간에서 물체들과 상호작용하는 데는 다양한 방법이 존재합니다. 그중에 물체를 잡는 것은 가장 많이 활용하게 되는 기능 중 하나입니다. 다음 그림은 메타 스토어에서 무료로 다운로드해 실행할 수 있는 에픽 게임즈의 〈불릿 트레인〉의 한 장면입니다. 날아오는 미사일을 손으로 잡아 다시 적을 공격할 수 있습니다.

[그림 4-43] 〈불릿 트레인〉에서 미사일을 손으로 잡는 장면(출처: https://bit.ly/3Yv1Uwv)

이렇게 미사일을 잡는 기능뿐 아니라 던지기 기능도 필요합니다. 이번에는 '잡기'를 알아본 후에 '던지기'를 추가하겠습니다. 씬에 폭탄을 설치하고 폭탄을 잡는 내용을 구현하려고 합니다. 먼저 폭

탄을 씬에 설치해보겠습니다. 프로젝트 창의 [tdassets − Prefabs] 폴더 안에 있는 bomb를 사용하려고 합니다.

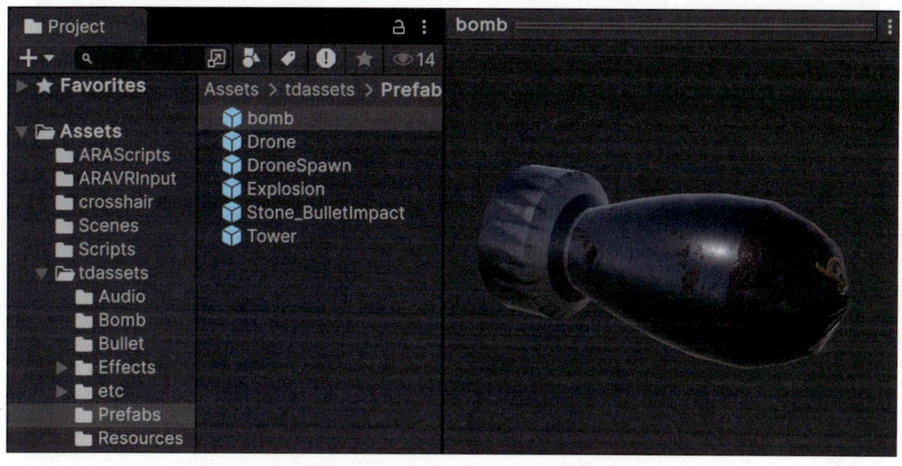

[그림 4-44] 잡기를 구현하기 위한 폭탄 에셋

bomb 프리팹을 플레이어 바로 앞에 배치하겠습니다.

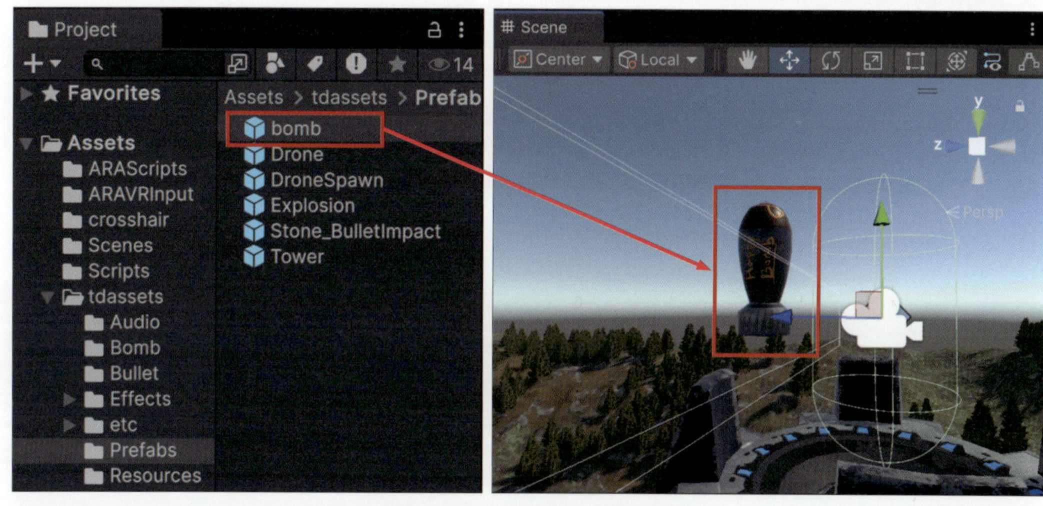

[그림 4-45] 폭탄을 씬에 등록하기

이제 이 폭탄을 잡는 기능을 구현해 보겠습니다. [Scripts] 폴더에 GrabObject.cs 스크립트를 생성해 Player 객체에 추가합니다.

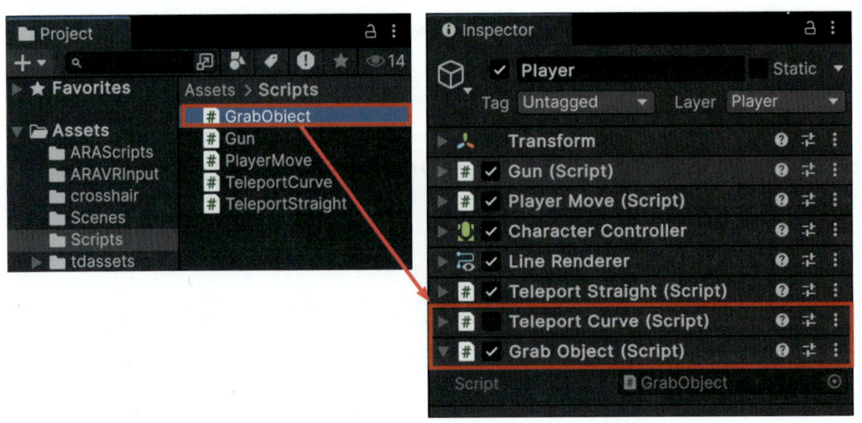

[그림 4-46] GrabObject.cs 스크립트 생성 및 할당하기

GrabObject.cs 스크립트에서 이번에 구현하고자 하는 기능은 '폭탄 잡기'입니다. 이 기능을 구현하는데 필요한 속성은 현재 물체를 잡고 있는지 여부, 잡고 있는 물체, 잡을 물체의 종류, 잡을 수 있는 거리입니다.

> ⊙ **목표**: 폭탄을 잡고 싶다.
> ⊙ **필요 속성**: 물체를 잡고 있는지의 여부, 잡고 있는 물체, 잡을 물체의 종류, 잡을 수 있는 거리

GrabObject.cs 스크립트를 열고 먼저 속성을 선언하겠습니다. grabbedLayer와 grabRange는 유니티 에디터에서 수정할 수 있도록 public 접근자로 선언합니다.

```csharp
// 폭탄 잡기
public class GrabObject : MonoBehaviour
{
    // 필요 속성: 물체를 잡고 있는지 여부, 잡고 있는 물체, 잡을 물체의 종류, 잡을 수 있는 거리
    // 물체를 잡고 있는지의 여부
    bool isGrabbing = false;
    // 잡고 있는 물체
    GameObject grabbedObject;
    // 잡을 물체의 종류
    public LayerMask grabbedLayer;
    // 잡을 수 있는 거리
    public float grabRange = 0.2f;
```

```
    }
```

[코드 4-39] GrabObject.cs 폭탄을 잡기 위한 필요 속성 선언하기

Update 함수로 이동합니다. 이곳에서 물체를 잡고 있지 않을 때 잡기를 시도할 TryGrab 함수를
호출합니다.

```
void Update()
{
    // 물체 잡기
    // 1. 물체를 잡지 않고 있을 경우
    if (isGrabbing == false)
    {
        // 잡기 시도
        TryGrab();
    }
}
```

[코드 4-40] GrabObject.cs 물체를 잡고 있지 않다면 잡기 시도하기

TryGrab 함수는 [Grab] 버튼을 눌렀을 때 일정 영역 안에 있는 폭탄을 잡으려고 합니다. 이 목표
는 ❶ 사용자가 [Grab] 버튼을 눌렀다면 ❷ 일정 영역 안에 폭탄이 있을 때 ❸ 폭탄을 잡는다의 순
서로 구현하려고 합니다. 이를 정리하면 다음과 같습니다.

> ➡ **목표:** [Grab] 버튼을 눌렀을 때 일정 영역 안에 있는 폭탄을 잡고 싶다.
> ➡ **순서:** ❶ [Grab] 버튼을 눌렀다면.
> ❷ 일정 영역 안에 폭탄이 있을 때
> ❸ 폭탄을 잡는다.

먼저 TryGrab 함수를 만듭니다.

```
private void TryGrab()
{
```

```
        // [Grab] 버튼을 누르면 일정 영역 안에 있는 폭탄을 잡는다.
        // 1. [Grab] 버튼을 눌렀다면
        // 2. 일정 영역 안에 폭탄이 있을 때
        // 3. 폭탄을 잡는다.
    }
```

[코드 4-41] GrabObject.cs 잡기 시도 함수 TryGrab에서 구현할 요소

▶ [Grab] 버튼을 눌렀다면

ARAInput 클래스의 GetDown 함수를 호출하고 인자로 HandTrigger와 RTouch를 넘겨줍니다.
오른쪽 컨트롤러의 [Grab] 버튼에 해당합니다. [Grab] 버튼을 누르는 순간, 그 위치에 폭탄이 있는
지를 검출하기 위해 GetDown 함수를 활용합니다.

```
private void TryGrab()
{
        // [Grab] 버튼을 누르면 일정 영역 안에 있는 폭탄을 잡는다.
        // 1. [Grab] 버튼을 눌렀다면
        if (ARAVRInput.GetDown(ARAVRInput.Button.HandTrigger, ARAVRInput.Controller.RTouch))
        {
        // 2. 일정 영역 안에 폭탄이 있으니까
        // 3. 폭탄을 잡는다.
        }
}
```

[코드 4-42] GrabObject.cs [Grab] 버튼을 눌렀을 때 처리하기

▶ 일정 영역 안에 폭탄이 있을 때

이번에는 [Grab] 버튼을 눌렀을 때 일정 영역 안에 폭탄이 있는지 조사하려고 합니다. Physics
클래스의 OverlapSphere 함수를 이용하면 특정 위치를 중심으로 영역 안에 물체가 있는지를 검사
할 수 있습니다. 또한 이 영역 안에는 물체가 여러 개 있을 수 있기 때문에 Collider 배열을 반환합
니다. 다음은 OverlapSphere 함수의 원형입니다.

Physics.OverlapSphere

```
public static Collider[] OverlapSphere(Vector3 position, float radius, int layerMask = AllLayers, QueryTriggerInteraction
queryTriggerInteraction = QueryTriggerInteraction.UseGlobal);
```

[그림 4-47] OverlapSphere 함수의 원형

이 함수에 오른쪽 컨트롤러의 위치와 검출 영역 grabRange 변수, 검출하고자 하는 물체 레이어인 grabbedLayer를 인자로 넘겨줍니다. 그러면 컨트롤러의 위치를 중심으로 grabRange 영역 안에 들어온 grabbedLayer 물체를 검출합니다.

```csharp
private void TryGrab()
{
    // [Grab] 버튼을 누르면 일정 영역 안에 있는 폭탄을 잡는다.
    // 1. [Grab] 버튼을 눌렀다면
    if (ARAVRInput.GetDown(ARAVRInput.Button.HandTrigger, ARAVRInput.Controller.RTouch))
    {
        // 2. 일정 영역 안에 폭탄이 있으니까
        // 영역 안에 있는 모든 폭탄 검출
        Collider[] hitObjects = Physics.OverlapSphere(ARAVRInput.RHandPosition,
        grabRange, grabbedLayer);
    }
}
```

[코드 4-43] GrabObject.cs OverlapSphere 함수를 이용한 폭탄 검출

OverlapSphere 함수를 이용하면 검출된 물체가 있을 경우 그 물체를 잡으려고 합니다. 다만 검출된 물체가 여러 개일 경우, 손에 가장 가까운 물체를 잡게 하고 싶습니다. 가장 가까운 물체 인덱스를 저장할 closest 변수를 선언합니다. 그다음 hitObjects 변수의 크기만큼 반복해 가장 가까운 물체와 손의 거리, 다음 물체와 손과의 거리를 비교해 다음 물체가 더 가까울 경우, closest 변숫값을 갱신합니다.

```csharp
private void TryGrab()
{
```

```csharp
// [Grab] 버튼을 누르면 일정 영역 안에 있는 폭탄을 잡는다.
// 1. [Grab] 버튼을 눌렀다면
if (ARAVRInput.GetDown(ARAVRInput.Button.HandTrigger, ARAVRInput.Controller.RTouch))
{
    … 생략 …
    // 가장 가까운 폭탄 인덱스
    int closest = -1;
    float closestDistance = float.MaxValue;
    // 손과 가장 가까운 물체 선택
    for (int i = 0; i < hitObjects.Length; i++)
    {
        // 손과 가장 가까운 물체와의 거리
        var rigid = hitObjects[i].GetComponent<Rigidbody>();
        if (rigid == null) continue;
        // 다음 물체와 손의 거리
        Vector3 nextPos = hitObjects[i].transform.position;
        float nextDistance = Vector3.Distance(nextPos, ARAVRInput.RHandPosition);
        // 다음 물체와의 거리가 더 가깝다면
        if (nextDistance < closestDistance)
        {
            // 가장 가까운 물체 인덱스 교체
            closest = i;
            closestDistance = nextDistance;
        }
    }
}
```

[코드 4-44] GrabObject.cs 가장 가까운 물체 검출

◆ 폭탄을 잡는다

그다음은 잡은 물체가 있을 경우에 등록하는 단계입니다. hitObjects에 요소가 하나라도 있다면 잡을 물체가 있다는 것입니다. 이 조건을 만족하면 isGrabbing을 true로 변경해 잡고 있는 상태로 전환합니다. 그리고 closest를 인덱스로 하는 가장 가까운 물체를 가져와 grabbedObject에 등록 합니다. 이 물체를 계속 잡고 있을 수 있도록 오른쪽 컨트롤러를 부모로 등록합니다.

```csharp
private void TryGrab()
```

```csharp
{
    if (ARAVRInput.GetDown(ARAVRInput.Button.HandTrigger, ARAVRInput.Controller.RTouch))
    {
        … 생략 …

        // 3. 폭탄을 잡는다.
        // 검출된 물체가 있을 경우
        if (closest > -1)
        {
            // 잡은 상태로 전환
            isGrabbing = true;
            // 잡은 물체에 대한 기억
            grabbedObject = hitObjects[closest].gameObject;
            // 잡은 물체를 손의 자식으로 등록
            grabbedObject.transform.parent = ARAVRInput.RHand;
        }
    }
}
```

[코드 4-45] GrabObject.cs 잡은 상태 전환 및 잡은 물체 기억하기

유니티의 씬에 추가된 폭탄 프리팹에는 충돌을 위한 캡슐 콜라이더와 리지드보디 컴포넌트가 붙어 있습니다. 충돌체가 있어야 OverlabSphere 함수를 이용한 충돌을 검출할 수 있습니다. 그리고 폭탄이 투사체(공중으로 던져진 물체) 운동을 하기 위해 리지드보디 컴포넌트를 사용합니다. 하지만 이 물리적인 기능들은 폭탄이 손에 붙어 있는 동안에는 동작하지 않는 것이 좋습니다. 그렇지 않으면 물리 기능이 동작해 손에 붙어 있지 않고 바닥으로 떨어질 테니까요. [그림 4-48]을 보면 리지드보디 컴포넌트의 Is Kinematic 옵션에 체크 표시가 돼 있는 것을 확인할 수 있습니다.

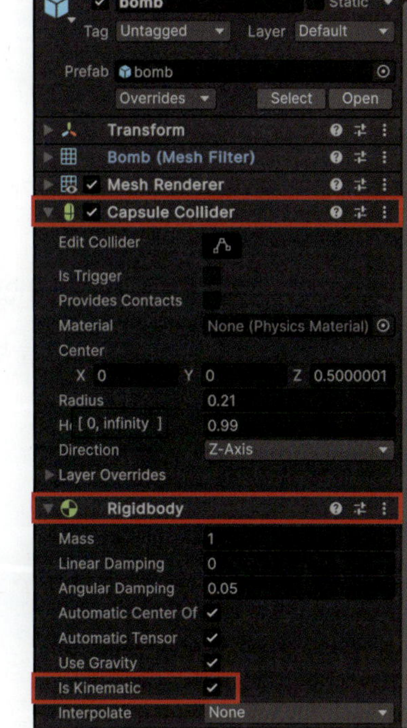

[그림 4-48] 폭탄의 콜라이더와 리지드보디

이 옵션이 활성화되면 충돌체만 붙어 있는 물리 활동이 없는 일반 물체 취급이 된다는 의미입니다. 물체를 잡았을 때는 물리 기능이 동작하지 않도록 활성화시켜 놓았다가 놓는 순간에 다시 비활성화시켜 물리 기능이 동작하도록 하려고 합니다.

```csharp
private void TryGrab()
{
    if (ARAVRInput.GetDown(ARAVRInput.Button.HandTrigger, ARAVRInput.Controller.RTouch))
    {
        … 생략 …

        // 3. 폭탄을 잡는다.
        // 검출된 물체가 있을 경우
        if (closest > -1)
        {
            // 잡은 상태로 전환
            isGrabbing = true;
            // 잡은 물체에 대한 기억
            grabbedObject = hitObjects[closest].gameObject;
            // 잡은 물체를 손의 자식으로 등록
            grabbedObject.transform.parent = ARAVRInput.RHand;

            // 물리 기능 정지
            grabbedObject.GetComponent<Rigidbody>().isKinematic = true;
        }
    }
}
```

[코드 4-46] GrabObject.cs 폭탄의 물리 기능 정지하기

이번에는 물체를 잡는 것에 그치지 않고 추가로 놓을 수 있도록 구현해 보겠습니다. GrabObject.cs 클래스의 Update 함수 안에서 물체를 현재 손에 쥐고 있는 경우, TryUngrab 함수를 호출하겠습니다.

```csharp
void Update()
{
    // 물체 잡기
    // 1. 물체를 잡지 않고 있을 경우
    if (isGrabbing == false)
    {
        // 잡기 시도
        TryGrab();
```

```
        }
        else
        {
            // 물체 놓기
            TryUngrab();
        }
    }
}
```

[코드 4-47] GrabObject.cs 물체 놓기 함수 호출하기

TryUngrab 함수에서는 사용자가 [Grab] 버튼을 놓으면 isGrabbing 속성을 false로 만들어 잡고
있지 않은 상태로 만듭니다. 그리고 물리 기능이 정상적으로 동작될 수 있도록 리지드보디의
isKinematic을 비활성화합니다. 이제 잡고 있는 물체는 손에 붙어 있지 않아도 되기 때문에
parent 값에 null을 주어 부모 자식 관계를 끊고 grabbedObject에 null을 넣어 잡고 있는 물체가
없도록 설정합니다.

```
private void TryUngrab()
{
        // 버튼을 놓았다면
        if (ARAVRInput.GetUp(ARAVRInput.Button.HandTrigger, ARAVRInput.Controller.RTouch))
        {
            // 잡지 않은 상태로 전환
            isGrabbing = false;
            // 물리 기능 활성화
            grabbedObject.GetComponent<Rigidbody>().isKinematic = false;
            // 손에서 폭탄 떼어내기
            grabbedObject.transform.parent = null;
            // 잡은 물체가 없도록 설정
            grabbedObject = null;
        }
}
```

[코드 4-48] GrabObject.cs 물체 놓기 함수 구현

여기까지 저장하고 유니티로 넘어가겠습니다. 유니티에서 폭탄을 우리가 잡을 수 있는 레이어로
등록하려고 합니다. 먼저 Tags & Layers 창에서 Bomb 레이어를 추가합니다. 이 레이어를 씬에 추
가된 폭탄 객체의 레이어로 할당합니다.

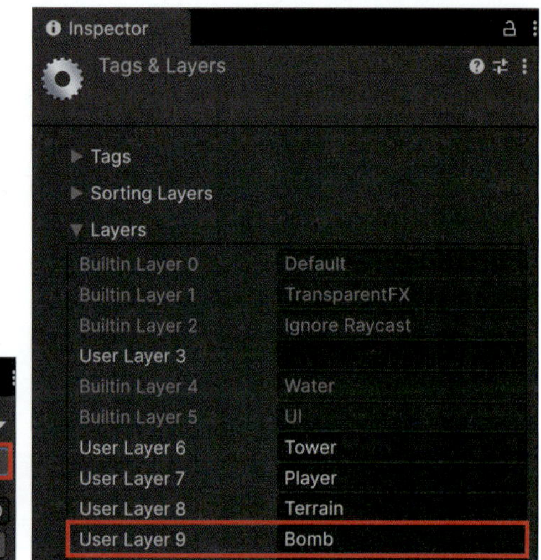

[그림 4-49] Bomb 레이어 추가 및 할당하기

이렇게 Bomb 레이어로 등록된 폭탄 객체를 플레이어가 잡을 수 있도록 하이어라키에서 Player
를 선택하고 GrabObject 컴포넌트의 Grabbed Layer 속성 값을 Bomb으로 설정합니다.

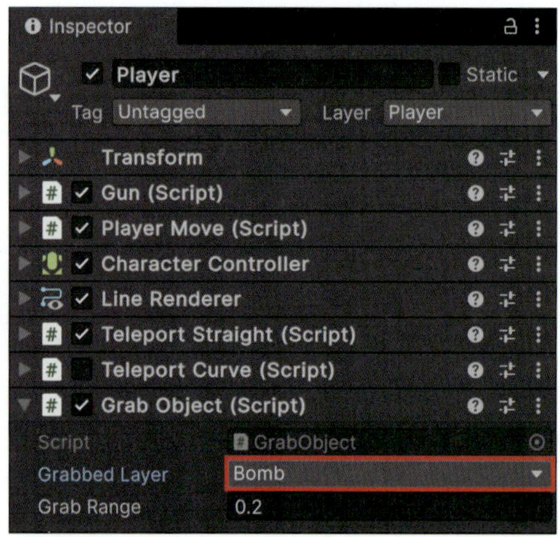

[그림 4-50] Grabbed Layer를 Bomb로 설정하기

이제 저장하고 실행해 봅니다. 폭탄을 잡는 것을 쉽게 테스트하기 위해 Grab Range 값을 적절하
게 조절해가며 실행해 보길 바랍니다.

```csharp
using UnityEngine;

public class GrabObject : MonoBehaviour
{
    // 필요 속성: 물체를 잡고 있는지 여부, 잡고 있는 물체, 잡을 물체의 종류, 잡을 수 있는 거리
    // 물체를 잡고 있는지의 여부
    bool isGrabbing = false;
    // 잡고 있는 물체
    GameObject grabbedObject;
    // 잡을 물체의 종류
    public LayerMask grabbedLayer;
    // 잡을 수 있는 거리
    public float grabRange = 0.2f;
    void Update()
    {
        // 물체 잡기
        // 1. 물체를 잡지 않고 있을 경우
        if (isGrabbing == false)
        {
            // 잡기 시도
            TryGrab();
        }
        else
        {
            // 물체 놓기
            TryUngrab();
        }
    }
    private void TryGrab()
    {
        // [Grab] 버튼을 누르면 일정 영역 안에 있는 폭탄을 잡는다.
        // 1. [Grab] 버튼을 눌렀다면
        if (ARAVRInput.GetDown(ARAVRInput.Button.HandTrigger, RAVRInput.Controller.RTouch))
        {
            // 2. 일정 영역 안에 폭탄이 있으니까
            // 영역 안에 있는 모든 폭탄 검출
            Collider[] hitObjects = Physics.OverlapSphere(ARAVRInput.RHandPosition, rabRange, grabbedLayer);
            // 가장 가까운 폭탄 인덱스
            int closest = -1;
```

```csharp
        float closestDistance = float.MaxValue;
        // 손과 가장 가까운 물체 선택
        for (int i = 0; i < hitObjects.Length; i++)
        {
            // 손과 가장 가까운 물체와의 거리
            var rigid = hitObjects[i].GetComponent<Rigidbody>();
            if (rigid == null)
                continue;
            // 다음 물체와 손의 거리

            Vector3 nextPos = hitObjects[i].transform.position;
            float nextDistance = Vector3.Distance(nextPos, ARAVRInput.RHandPosition);

            // 다음 물체와의 거리가 더 가깝다면
            if (nextDistance < closestDistance)
            {
                // 가장 가까운 물체 인덱스 교체
                closest = i;
                closestDistance = nextDistance;
            }
        }


        // 3. 폭탄을 잡는다.
        // 검출된 물체가 있을 경우
        if (closest > -1)
        {
            // 잡은 상태로 전환
            isGrabbing = true;
            // 잡은 물체에 대한 기억
            grabbedObject = hitObjects[closest].gameObject;
            // 잡은 물체를 손의 자식으로 등록
            grabbedObject.transform.parent = ARAVRInput.RHand;
            // 물리 기능 정지
            grabbedObject.GetComponent<Rigidbody>().isKinematic = true;
        }
    }
}
private void TryUngrab()
{
    // 버튼을 놓았다면
```

```
        if (ARAVRInput.GetUp(ARAVRInput.Button.HandTrigger, ARAVRInput.Controller.RTouch))
        {
            // 잡지 않은 상태로 전환
            isGrabbing = false;
            // 물리 기능 활성화
            grabbedObject.GetComponent<Rigidbody>().isKinematic = false;
            // 손에서 폭탄 떼어내기
            grabbedObject.transform.parent = null;
            // 잡은 물체가 없도록 설정
            grabbedObject = null;
        }
    }
}
```

[코드 4-49] GrabObject.cs 잡기 구현하기 완료 스크립트

던지기 구현하기

이번에는 물체를 던지는 기능을 추가해보겠습니다. 가상 공간상에서 물체를 잡고 던지는 기능은 매우 많이 사용하기 때문에 유용할 것입니다. 물체를 던질 때는 물체의 진행 방향과 던져진 물체의 회전 운동을 고려해야 합니다. 전자는 속도를 구해 물체의 이동에 추가하면 되고, 후자는 회전 값 토크를 구해 각속도에 넣으면 됩니다.

> **목표:** 던지기를 구현하고 싶다.
> **순서:** ❶ 물체를 진행 방향으로 물체 던지기
> ❷ 각속도를 적용하기

▶ 진행 방향으로 물체 던지기

먼저 물체가 던져지는 속도를 구해보겠습니다. 속도를 구하기 위해서는 물체를 잡고 있다가 놓는 순간에 이전 위치에서 현재 지점의 차를 구해야 합니다. 따라서 속성으로 물체의 이전 위치와 던질 힘이 필요합니다.

```csharp
public class GrabObject : MonoBehaviour
{
    bool isGrabbing = false;
    // 잡고 있는 물체
    GameObject grabbedObject;
    // 잡을 물체의 종류
    public LayerMask grabbedLayer;
    // 잡을 거리
    public float grabRange = 0.2f;
    // 이전 위치
    Vector3 prevPos;
    // 던질 힘
    float throwPower = 10;
}
```

[코드 4-50] GrabObject.cs 던지기 속성 선언

사용자가 물체를 던지기 위한 방향을 구하기 위해서는 손의 이전 위치에 대한 정보가 필요합니다. TryGrab 함수에서 사용자가 잡기 버튼을 눌러 물체를 잡을 때 prevPos 값을 기억해 뒀다가 잡고 있는 동안 TryUngrab 함수에서 계속 갱신합니다. 이때 물체를 던질 방향의 throwDirection 변수에 손의 현재 위치에서 이전 위치 값을 뺀 값을 할당합니다. 이렇게 구한 값이 물체를 놓았을 때 물체의 진행 방향이 됩니다.

```csharp
public class GrabObject : MonoBehaviour
{
    … 생략 …
    private void TryGrab()
    {
        if (ARAVRInput.GetDown(ARAVRInput.Button.HandTrigger, ARAVRInput.Controller.RTouch))
        {
            … 생략 …
            if (closest > -1)
```

```csharp
        {
            … 생략 …
            // 초기 위치 값 지정
            prevPos = ARAVRInput.RHandPosition;
        }
    }
}
private void TryUngrab()
{
    // 던질 방향
    Vector3 throwDirection = (ARAVRInput.RHandPosition - prevPos);
    // 위치 기억
    prevPos = ARAVRInput.RHandPosition;
    // 버튼을 놓았다면
    if (ARAVRInput.GetUp(ARAVRInput.Button.HandTrigger, ARAVRInput.Controller.RTouch))
    {
        … 생략 …
    }
}
}
```

[코드 4-51] GrabObject.cs 물체를 던질 방향 구하기

이제 사용자가 잡기 버튼을 놓으면 물체가 던져질 수 있도록 리지드보디 컴포넌트의 linear Velocity에 throwDirection 값을 할당합니다. 이때 throwPower를 추가로 곱해 힘이 적당히 조절될 수 있도록 처리합니다.

```csharp
private void TryUngrab()
{
    // 던질 방향
    Vector3 throwDirection = (ARAVRInput.RHandPosition - prevPos);
    // 위치 기억
    prevPos = ARAVRInput.RHandPosition;
    // 버튼을 놓았다면
    if (ARAVRInput.GetUp(ARAVRInput.Button.HandTrigger, ARAVRInput.Controller.RTouch))
    {
        // 잡지 않은 상태로 전환
        isGrabbing = false;
```

```csharp
        // 물리 기능 활성화
        grabbedObject.GetComponent<Rigidbody>().isKinematic = false;
        // 손에서 폭탄 떼어내기
        grabbedObject.transform.parent = null;
        // 던지기
        grabbedObject.GetComponent<Rigidbody>().linearVelocity = throwDirection * throwPower;
        // 잡은 물체가 없도록 설정
        grabbedObject = null;
    }
}
```

[코드 4-52] GrabObject.cs 던질 물체에 속도 할당하기

▶ 각속도 적용하기

각속도는 물체의 회전이 적용될 때 얼마나 빠르게 어느 축을 기준으로 회전할 것인지를 나타냅니다. 물체를 던질 때 손목을 뒤집듯 회전을 주어 던졌는데 그냥 회전 없이 날아가면 현실감이 떨어질 것입니다. 따라서 이번에는 각속도를 구해 물체가 날아갈 때 회전이 적용되도록 구현해보겠습니다. 각속도를 구하려면 어느 방향으로 회전할지를 구해야 하는데, 이때는 현재 방향과 이전 방향의 차가 필요합니다. 또한 해당 방향으로 얼마나 빠르게 회전할 것인지에 대한 정보가 필요합니다. GrabObject.cs 스크립트를 열어 속성으로 이전 회전 정보 및 회전력을 등록합니다.

```csharp
public class GrabObject : MonoBehaviour
{
    … 생략 …
    // 이전 회전
    Quaternion prevRot;
    // 회전력
    public float rotPower = 5;
}
```

[코드 4-53] GrabObject.cs 회전 속성 선언하기

'진행 방향으로 물체 던지기'와 마찬가지로 회전 적용에도 TryGrab 함수에서 잡기 버튼을 눌렀을 때 초기 회전 값을 저장해 둡니다. 이후 이를 이용해 진행 회전 값을 구합니다. 여기에서 손의 회전

값을 구하기 위해 RHand의 rotation 값을 가져옵니다.

```csharp
public class GrabObject : MonoBehaviour
{
    … 생략 …
    private void TryGrab()
    {
        if (ARAVRInput.GetDown(ARAVRInput.Button.HandTrigger, ARAVRInput.Controller.RTouch))
        {
            … 생략 …
            if (closest > -1)
            {
                … 생략 …
                // 초기 위치 값 지정
                prevPos = ARAVRInput.RHandPosition;
                // 초기 회전 값 지정
                prevRot = ARAVRInput.RHand.rotation;
            }
        }
    }
}
```

[코드 4-54] GrabObject.cs 초기 회전 값 지정하기

이제 TryUngrab 함수에서 잡고 있는 동안 회전 방향을 구합니다. 회전 방향은 현재 회전에서 이전 회전의 차를 이용해 구할 수 있습니다. 벡터의 뺄셈처럼 구할 수 있지만, 뺄셈은 쿼터니온에서 Inverse 함수를 이용해 구할 수 있습니다. 이를 식으로 정리해보면 다음과 같습니다.

```
angle1 = Q1, angle2 = Q2
1. angle1 + angle2 = Q1 * Q2
2. -angle2 = Quaternion.Inverse(Q2)
3. angle2 - angle1 = Quaternion.FromToRotation(Q1, Q2) = Q2 * Quaternion.Inverse(Q1)
```

[식 4-2] 쿼터니온 연산 공식

각도 angle1은 쿼터니온 Q1, angle2는 Q2에 대응됩니다. 회전 값의 덧셈은 쿼터니온에서 곱셈으로 수행되며 뺄셈은 쿼터니온의 Inverse 함수를 이용해 계산합니다. 회전 값의 차이는 결국

angle2 + (−angle1)과 같기 때문에 Q2 * Inverse(Q1)로 변경할 수 있습니다. 이 연산과 같은 결과를 구하는 함수는 쿼터니온의 FromToRotation 함수를 제공합니다. TryUngrab 함수에서는 회전 값의 차를 구하기 위해 3번 공식을 이용합니다. 그리고 이전 회전 값을 저장해 다음 프레임에서 활용합니다.

```csharp
private void TryUngrab()
{
        // 던질 방향
        Vector3 throwDirection = (ARAVRInput.RHandPosition − prevPos);
        // 위치 기억
        prevPos = ARAVRInput.RHandPosition;
        // 쿼터니온 공식
        // angle1 = Q1, angle2 = Q2
        // angle1 + angle2 = Q1 * Q2
        // −angle2 = Quaternion.Inverse(Q2)
        // angle2 − angle1 = Quaternion.FromToRotation(Q1, Q2) = Q2 * Quaternion.Inverse(Q1)
        // 회전 방향 = current − previous의 차로 구함. − previous는 Inverse로 구함.
        Quaternion deltaRotation = ARAVRInput.RHand.rotation * Quaternion.Inverse(prevRot);
        // 이전 회전 저장
        prevRot = ARAVRInput.RHand.rotation;

        … 생략 …
}
```

[코드 4-55] GrabObject.cs 회전 방향 구하기

이제 잡기 버튼을 놓았을 때의 각속도를 구해보겠습니다. 각속도는 변위 시간(deltaTime)에 따른 회전의 변화(dθ/dt)입니다. 이를 위해 deltaRotation의 ToAngleAxis 함수를 이용해 각도(angle)와 회전축(axis) 값을 구합니다. 이 정보를 이용해 각속도를 구하고 리지드보디의 angularVelocity에 넣습니다.

```csharp
private void TryUngrab()
{
        … 생략 …
        // 버튼을 놓았다면
```

```
if (ARAVRInput.GetUp(ARAVRInput.Button.HandTrigger, ARAVRInput.Controller.RTouch))
{
    … 생략 …
    // 던지기
    grabbedObject.GetComponent<Rigidbody>().linearVelocity = throwDirection * throwPower;

    // 각속도 = (1/dt) * dθ(특정 축 기준 변위 각도)
    float angle;
    Vector3 axis;
    deltaRotation.ToAngleAxis(out angle, out axis);
    Vector3 angularVelocity = (1.0f / Time.deltaTime) * angle * axis;
    grabbedObject.GetComponent<Rigidbody>().angularVelocity = angularVelocity;

    // 잡은 물체가 없도록 설정
    grabbedObject = null;
}
}
```

[코드 4-56] GrabObject.cs 각속도를 구해 리지드보디에 할당하기

물론 메타 플러그인 둘 다에서 컨트롤러의 속도 및 각속도를 가져올 수 있습니다. 다만 두 플랫폼만 대응하는 것이 아닌 확장성을 갖추기 위해 속도와 각속도를 구하는 방법을 익혀 두는 것이 좋습니다.

참고로 다음은 메타 API를 이용한 velocity와 angularVelocity를 가져오는 방법입니다.

```
// 오큘러스에서 속도, 각속도 얻기
OVRInput.GetLocalControllerVelocity(OVRInput.Controller.RTouch);
OVRInput.GetLocalControllerAngularVelocity(OVRInput.Controller.RTouch);
```

[코드 4-57] 메타에서 속도 및 각속도 가져오기

원거리 물체 잡기

물체를 던지고 나면 잡으러 가기가 귀찮습니다. 그리고 원거리 물체를 잡을 경우에 지금처럼 grabRange만 크게 하는 형태로 하면 어색합니다. 이번에는 OverlapSphere() 함수가 아니라 SphereCast() 함수를 이용해 원거리 물체를 끌어당기듯이 잡는 방법을 구현해 보겠습니다. GrabObject.cs에 원거리

에서 잡는 기능을 사용할지 여부와 잡을 수 있는 거리를 속성으로 추가합니다.

```csharp
public class GrabObject : MonoBehaviour
{
    … 생략 …
    // 원거리에서 물체를 잡는 기능 활성화 여부
    public bool isRemoteGrab = true;
    // 원거리에서 물체를 잡을 수 있는 거리
    public float remoteGrabDistance = 20;
}
```

[코드 4-58] GrabObject.cs 원거리 물체 잡기 속성 추가하기

원거리 물체를 검출하는 기능을 구현해보겠습니다. TryGrab() 함수로 이동합니다. 잡기 버튼을 눌렀을 때 원거리 물체 잡기 기능을 사용하면 Physics의 SphereCast() 함수를 이용해 물체를 검출합니다. 충돌이 발생하면 잡은 상태로 전환하고 잡은 물체를 등록합니다. 마지막으로 물체가 끌려오는 애니메이션을 코루틴으로 실행합니다.

```csharp
private void TryGrab()
{
    // [Grab] 버튼을 누르면 일정 영역 안에 있는 폭탄을 잡는다.
    // 1. [Grab] 버튼을 눌렀다면
    if (ARAVRInput.GetDown(ARAVRInput.Button.HandTrigger, ARAVRInput.Controller.RTouch))
    {
        // 원거리 물체 잡기를 사용한다면
        if(isRemoteGrab)
        {
            // 손 방향으로 Ray 제작
            Ray ray = new Ray(ARAVRInput.RHandPosition, ARAVRInput.RHandDirection);
            RaycastHit hitInfo;
            // SphereCast를 이용해 물체 충돌을 체크
            if (Physics.SphereCast(ray, 0.5f, out hitInfo, remoteGrabDistance,
            grabbedLayer))
            {
                // 잡은 상태로 전환
                isGrabbing = true;
                // 잡은 물체에 대한 기억
```

```
            grabbedObject = hitInfo.transform.gameObject;
            // 물체가 끌려오는 기능 실행
            StartCoroutine(GrabbingAnimation());
        }
    return;
    }
        … 생략 …
    }
```

[코드 4-59] GrabObject.cs 원거리 물체 검출하기

SphereCast() 함수의 원형은 다음과 같습니다.

```
public static bool SphereCast(Ray ray, float radius, out RaycastHit hitInfo, float
maxDistance, int layerMask);
```

SphereCast() 함수는 Sphere 구체를 maxDistance까지 쏘는 형태입니다. 이를 그림으로 표현하면 다음과 같습니다.

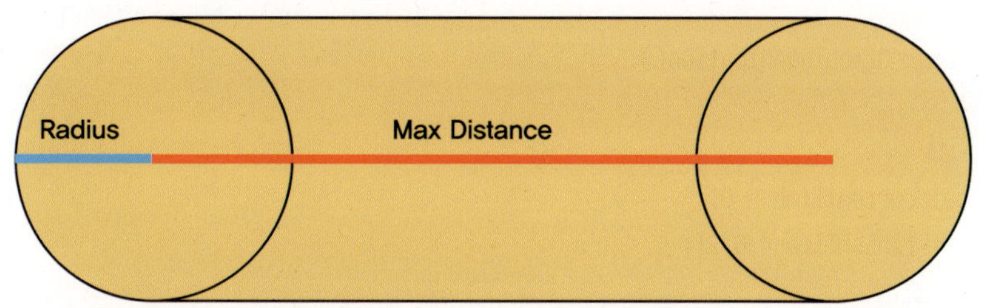

[그림 4-51] SphereCast 함수의 충돌체

마치 캡슐 같은 느낌입니다. 이 캡슐 같은 형태의 영역에 물체가 충돌했는지 여부를 검출하는 함수가 SphereCast() 함수인 것입니다. 그럼 물체를 끌어당기는 애니메이션을 처리할 GrabbingAnimation() 코루틴 함수를 구현해 보겠습니다. 'GrabbingAnimation'이라는 이름으로 코루틴 함수를 만듭니다. 물체를 잡아당기는 동안 물리 동작이 일어나지 않도록 리지드보디의 isKenematic 속성을 true로 만듭니다. 던지기에서 사용할 손의 위치 및 회전 값을 저장합니다. 그리고 본격적으로 물체를 손에 붙이기 위해 물체가 출발할 위치와 도착할 위치를 구합니다.

```csharp
IEnumerator GrabbingAnimation()
{
    // 물리 기능 정지
    grabbedObject.GetComponent<Rigidbody>().isKinematic = true;
    // 초기 위치 값 지정
    prevPos = ARAVRInput.RHandPosition;
    // 초기 회전 값 지정
    prevRot = ARAVRInput.RHand.rotation;
    Vector3 startLocation = grabbedObject.transform.position;
    Vector3 targetLocation = ARAVRInput.RHandPosition + ARAVRInput.RHandDirection *
    0.1f;
}
```

[코드 4-60] GrabObject.cs 물체 끌어당기기 초깃값 설정하기

이제 0.2초 동안 물체가 시작점에서 도착점으로 도착하도록 while문을 돌립니다. 경과율인 경과
시간/도착 시간 값이 1 이상이 되면 도착입니다. 1이 100%인 것이죠. 실제 물체의 이동은 Vector3의
Lerp() 함수를 이용해 처리합니다. 경과율이 1 이상이 되면 물체를 최종 도착 위치로 보정해주 고
손에 자식으로 등록합니다.

```csharp
IEnumerator GrabbingAnimation()
{
    … 생략 …
    float currentTime = 0;
    float finishTime = 0.2f;
    // 경과율
    float elapsedRate = currentTime / finishTime;
    while (elapsedRate < 1)
    {
        currentTime += Time.deltaTime;
        elapsedRate = currentTime / finishTime;
        grabbedObject.transform.position = Vector3.Lerp(startLocation, targetLocation,
        elapsedRate);
        yield return null;
    }
    // 잡은 물체를 손의 자식으로 등록
    grabbedObject.transform.position = targetLocation;
```

```csharp
        grabbedObject.transform.parent = ARAVRInput.RHand;
    }
```

[코드 4-61] GrabObject.cs 원거리 물체 끌어당기기

GrabObject.cs에서의 구현은 모두 끝났습니다. 다음은 전체 스크립트입니다.


```csharp
using System.Collections;
using UnityEngine;
public class GrabObject : MonoBehaviour
{
    // 필요 속성: 물체를 잡고 있는지 여부, 잡고 있는 물체, 잡을 물체의 종류, 잡을 수 있는 거리
    // 물체를 잡고 있는지의 여부
    bool isGrabbing = false;
    // 잡고 있는 물체
    GameObject grabbedObject;
    // 잡을 물체의 종류
    public LayerMask grabbedLayer;
    // 잡을 수 있는 거리
    public float grabRange = 0.2f;
    // 이전 위치
    Vector3 prevPos;
    // 던질 힘
    float throwPower = 10;
    // 이전 회전
    Quaternion prevRot;
    // 회전력
    public float rotPower = 5;
    // 원거리에서 물체를 잡는 기능 활성화 여부
    public bool isRemoteGrab = true;
    // 원거리에서 물체를 잡을 수 있는 거리
    public float remoteGrabDistance = 20;
    void Update()
    {
        // 물체 잡기
        // 1. 물체를 잡지 않고 있을 경우
        if (isGrabbing == false)
        {
            // 잡기 시도
```

```csharp
        TryGrab();
    }
    else
    {
        // 물체 놓기
        TryUngrab();
    }
}
private void TryGrab()
{
    // [Grab] 버튼을 누르면 일정 영역 안에 있는 폭탄을 잡는다.
    // 1. [Grab] 버튼을 눌렀다면
    if (ARAVRInput.GetDown(ARAVRInput.Button.HandTrigger,
    ARAVRInput.Controller.RTouch))
    {
        // 원거리 물체 잡기를 사용한다면
        if (isRemoteGrab)
        {
            // 손 방향으로 Ray 제작
            Ray ray = new Ray(ARAVRInput.RHandPosition, ARAVRInput.RHandDirection);
            RaycastHit hitInfo;
            // SphereCast 를 이용해 물체 충돌을 체크
            if (Physics.SphereCast(ray, 0.5f, out hitInfo, remoteGrabDistance,
            grabbedLayer))
            {
                // 잡은 상태로 전환
                isGrabbing = true;
                // 잡은 물체에 대한 기억
                grabbedObject = hitInfo.transform.gameObject;
                // 물체가 끌려오는 기능 실행
                StartCoroutine(GrabbingAnimation());
            }
            return;
        }
        // 2. 일정 영역 안에 폭탄이 있으니까
        // 영역 안에 있는 모든 폭탄 검출
        Collider[] hitObjects = Physics.OverlapSphere(ARAVRInput.RHandPosition, grabRange,
        grabbedLayer);
        // 가장 가까운 폭탄 인덱스
        int closest = -1;
```

```csharp
            float closestDistance = float.MaxValue;
            // 손과 가장 가까운 물체 선택
            for (int i = 0; i < hitObjects.Length; i++)
            {
                // 손과 가장 가까운 물체와의 거리
                var rigid = hitObjects[i].GetComponent<Rigidbody>();
                if (rigid == null)
                continue;
                // 다음 물체와 손의 거리
                Vector3 nextPos = hitObjects[i].transform.position;
                float nextDistance = Vector3.Distance(nextPos, ARAVRInput.RHandPosition);
                // 다음 물체와의 거리가 더 가깝다면
                if (nextDistance < closestDistance)
                {
                    // 가장 가까운 물체 인덱스 교체
                    closest = i;
                    closestDistance = nextDistance;
                }
            }
            // 3. 폭탄을 잡는다.
            // 검출된 물체가 있을 경우
            if (closest > -1)
            {
                // 잡은 상태로 전환
                isGrabbing = true;
                // 잡은 물체에 대한 기억
                grabbedObject = hitObjects[closest].gameObject;
                // 잡은 물체를 손의 자식으로 등록
                grabbedObject.transform.parent = ARAVRInput.RHand;
                // 물리 기능 정지
                grabbedObject.GetComponent<Rigidbody>().isKinematic = true;
                // 초기 위치 값 지정
                prevPos = ARAVRInput.RHandPosition;
                // 초기 회전 값 지정
                prevRot = ARAVRInput.RHand.rotation;
            }
        }
    }
private void TryUngrab()
{
```

```csharp
// 던질 방향
Vector3 throwDirection = (ARAVRInput.RHandPosition - prevPos);
// 위치 기억
prevPos = ARAVRInput.RHandPosition;
// 쿼터니온 공식
// angle1 = Q1, angle2 = Q2
// angle1 + angle2 = Q1 * Q2
// -angle2 = Quaternion.Inverse(Q2)
// angle2 - angle1 = Quaternion.FromToRotation(Q1, Q2) = Q2 * Quaternion.Inverse(Q1)
// 회전 방향 = current - previous의 차로 구함. - previous는 Inverse로 구함.
Quaternion deltaRotation = ARAVRInput.RHand.rotation * Quaternion.Inverse(prevRot);
// 이전 회전 저장
prevRot = ARAVRInput.RHand.rotation;
// 버튼을 놓았다면
if (ARAVRInput.GetUp(ARAVRInput.Button.HandTrigger, ARAVRInput.Controller.RTouch))
{
    // 잡지 않은 상태로 전환
    isGrabbing = false;
    // 물리 기능 활성화
    grabbedObject.GetComponent<Rigidbody>().isKinematic = false;
    // 손에서 폭탄 떼어내기
    grabbedObject.transform.parent = null;
    // 던지기
    grabbedObject.GetComponent<Rigidbody>().linearVelocity = throwDirection *
    throwPower;
    // 각속도 = (1/dt) * dθ(특정 축 기준 변위 각도)
    float angle;
    Vector3 axis;
    deltaRotation.ToAngleAxis(out angle, out axis);
    Vector3 angularVelocity = (1.0f / Time.deltaTime) * angle * axis;
    grabbedObject.GetComponent<Rigidbody>().angularVelocity = angularVelocity;
    // 잡은 물체가 없도록 설정
    grabbedObject = null;
}
}
IEnumerator GrabbingAnimation()
{
    // 물리 기능 정지
    grabbedObject.GetComponent<Rigidbody>().isKinematic = true;
    // 초기 위치 값 지정
```

```csharp
        prevPos = ARAVRInput.RHandPosition;
        // 초기 회전 값 지정
        prevRot = ARAVRInput.RHand.rotation;
        Vector3 startLocation = grabbedObject.transform.position;
        Vector3 targetLocation = ARAVRInput.RHandPosition + ARAVRInput.RHandDirection * 0.1f;
        float currentTime = 0;
        float finishTime = 0.2f;
        // 경과율
        float elapsedRate = currentTime / finishTime;
        while (elapsedRate < 1)
        {
            currentTime += Time.deltaTime;
            elapsedRate = currentTime / finishTime;
            grabbedObject.transform.position = Vector3.Lerp(startLocation, targetLocation,
            elapsedRate);
            yield return null;
        }
        // 잡은 물체를 손의 자식으로 등록
        grabbedObject.transform.position = targetLocation;
        grabbedObject.transform.parent = ARAVRInput.RHand;
    }
}
```

[코드 4-62] GrabObject.cs 완료 스크립트

컨트롤러 진동 처리

이번에는 컨트롤러에 진동을 주어 가상현실 콘텐츠의 사용자 경험을 높일 수 있는 처리를 해보고자 합니다. 충격이 가해지거나 가상현실상에서 특정 물체를 잡았을 때 또는 마법사가 돼 마법을 사용할 때 등의 상황에서 컨트롤러에 진동을 주면 현실감이 한층 살아납니다. 각 플랫폼마다 진동을 구현하는 방식이 조금씩 다릅니다. ARAVRInput 클래스에는 PlayVibration 함수가 진동 처리 를 하도록 구현돼 있습니다. 단순 재생을 위해 어느 쪽 컨트롤러인지만 파라미터로 받아 처리하는 함수와 진동의 디테일한 제어를 위해 오버로딩 돼 지속 시간, 빈도, 진동 크기의 정보를 추가로 받는 2개의 함수를 제공합니다.

```
public static void PlayVibration(Controller hand)
// 진동 호출하기
// duration: 반복 횟수, frequency: 지속 시간, amplify: 진동 크기, hand: 왼쪽 또는 오른쪽 컨트롤러
public static void PlayVibration(int duration, int frequency, int amplify, Controller hand)
```

[코드 4-63] ARAVRInput.cs 진동 재생 함수로 정의된 PlayVibration 함수

이 함수는 내부에서 VR 플랫폼들에 맞도록 구현돼 있습니다. 이는 ARAVRInput.cs 클래스 설명에서 자세히 설명합니다.

컨트롤러 진동 처리는 총을 쏠 때 해보겠습니다. Gun.cs 스크립트를 엽니다. 사용자가 [IndexTrigger] 버튼을 누르면 ARAVRInput 클래스의 PlayVibration 함수를 호출하도록 합니다. 이 때 오른쪽 컨트롤러가 진동되도록 인자 값을 넘깁니다.

```
void Update( )
{
        // 크로스헤어 표시
        ARAVRInput.DrawCrosshair(crosshair);
        // 사용자가 IndexTrigger 버튼을 누르면
        if (ARAVRInput.GetDown(ARAVRInput.Button.IndexTrigger))
        {
            // 컨트롤러의 진동 재생
            ARAVRInput.PlayVibration(ARAVRInput.Controller.RTouch);

            … 생략 …
        }
}
```

[코드 4-64] Gun.cs 방아쇠를 당겼을 때 진동 재생 추가

이제 Player가 타워 디펜스를 하기 위해 잡을 적 객체인 드론을 제작해 보겠습니다.

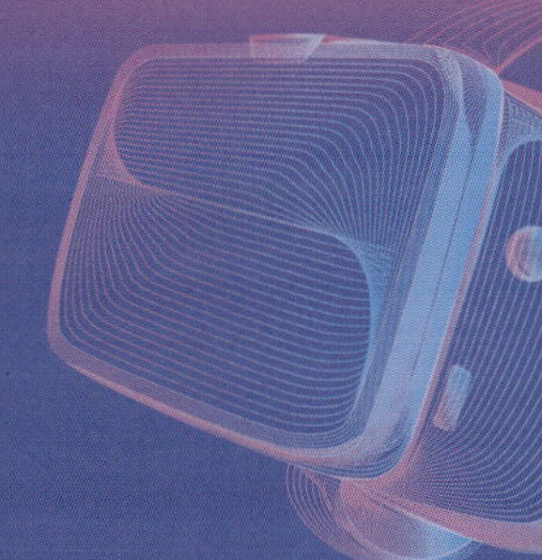

4.5 드론 제작하기

이번에는 타워를 공격하는 드론 객체를 만들어보겠습니다. 플레이어의 목표는 총으로 이 드론을 쏴 타워를 지키는 것입니다. 드론은 다양한 지형 지물을 피해 타워까지 이동하며, 타워에 도착하면 공격을 하기 시작합니다. 드론은 간단한 상태 머신을 이용해 행동을 제어합니다. 대기, 이동, 공격, 피격, 죽음이라는 다섯 가지의 기본 상태를 갖게 되며, 각 상태에서 처리할 내용을 이번 장에서 하나씩 구현해보겠습니다.

> **➡ 학습 목표**
>
> 드론을 제작하고 싶다.
>
> **➡ 순서**
>
> ❶ 상태 머신 틀 제작하기
> ❷ 대기 상태를 구현하기
> ❸ 이동 상태를 구현하기
> ❹ 공격 상태를 구현하기
> ❺ 피격 상태를 구현하기
> ❻ 죽음 상태를 구현하기

상태 머신 틀 제작

상태 머신을 적용하기 위해 각 상태를 클래스로 구현할 수도 있고 함수만으로 만들 수도 있습니다. 어떤 구조로 상태 머신을 사용할 것인지는 제작자마다 다를 수 있으며, 이 책에서는 함수 기반 의 상태 머신을 제작해 사용하겠습니다.

먼저 우리가 사용할 드론을 가져와 씬에 등록하겠습니다. 프로젝트 창에서 [tdassets-Prefabs] 폴더의 [Drone]을 타워에서 떨어진 부분에 배치합니다.

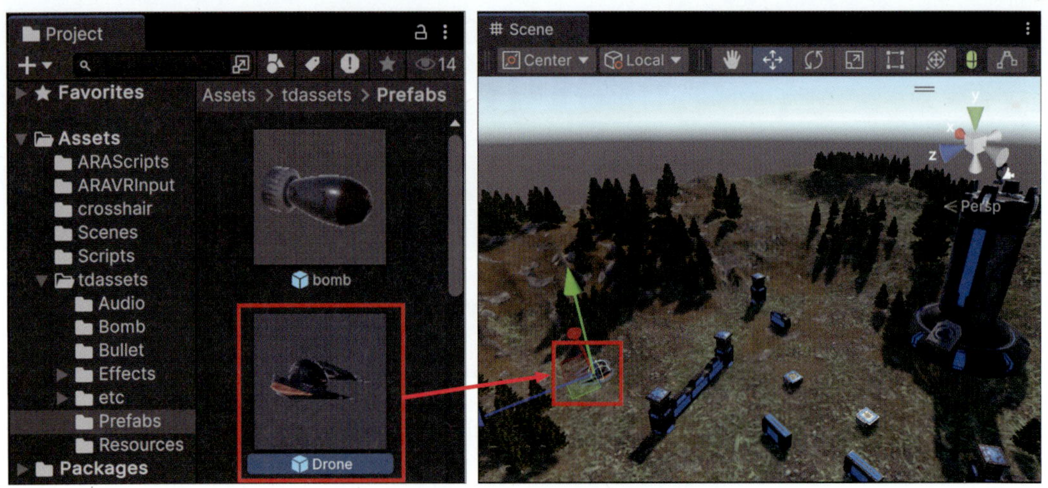

[**그림 4-52**] Drone 프리팹을 씬에 등록하기

드론은 공중에 살짝 떠서 이동하도록 진행하려고 합니다. 드론의 y 값이 1m가 되도록 설정합니다. Rotation 및 Scale 값은 기본 값으로 두겠습니다.

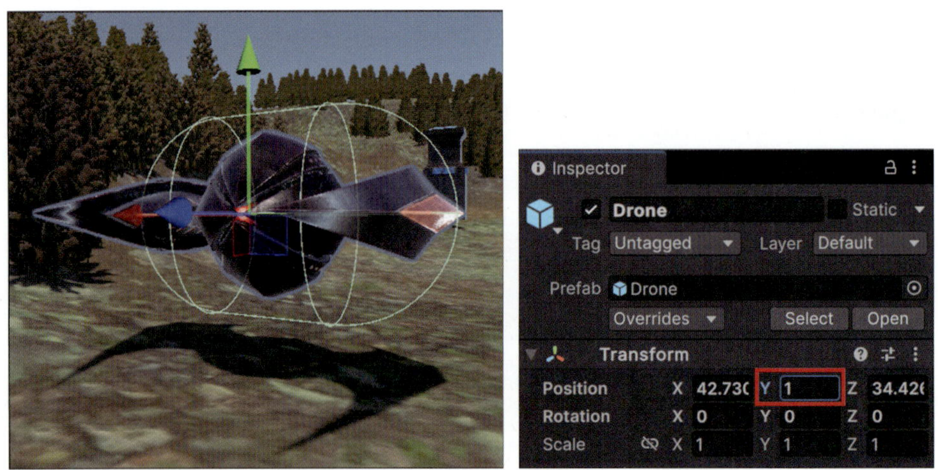

[**그림 4-53**] 드론을 지상에서 1m 떨어진 위치에 배치하기

이 드론 프리팹에는 이미 캡슐 콜라이더를 붙여 놓았습니다. 뒤에서 총을 쏘아 드론을 없애고자 할 때 충돌을 체크할 수 있도록 하기 위해서입니다. 그런 다음 드론을 제어할 스크립트를 만들어 보겠습니다. 프로젝트 창의 [Scripts] 폴더에 DroneAI.cs 스크립트를 만들어 드론에 추가합니다.

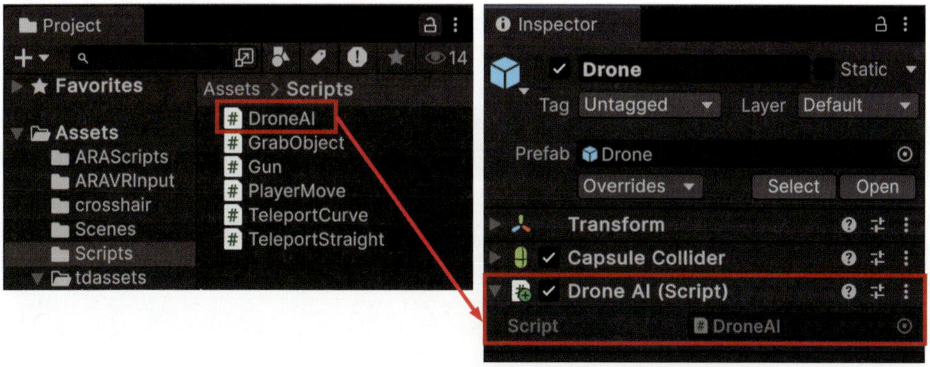

[그림 4-54] DroneAI.cs 스크립트를 생성한 후 Drone에 할당하기

DroneAI 스크립트에서는 상태 머신을 이용해 드론을 제어하는 로직을 작성하려고 합니다. 각 세부 상태를 구현하기 전에 상태 머신 틀을 작성하겠습니다. 앞에서 언급한 것처럼 대기, 이동, 공격, 피격, 죽음의 상태를 갖습니다. 이를 Enum형 DroneState로 정의하겠습니다. 이와 더불어 드론 상태를 기억할 변수 state도 선언하고 초깃값을 Idle(대기) 상태로 지정하겠습니다.

```csharp
public class DroneAI : MonoBehaviour
{
    // 드론의 상태 상수 정의
    enum DroneState
    {
        Idle,
        Move,
        Attack,
        Damage,
        Die
    }
    // 초기 시작 상태는 Idle로 설정
    DroneState state = DroneState.Idle;
}
```

[코드 4-65] DroneAI.cs 드론의 상태 상수 및 변수 정의하기

드론의 상태 값들을 정의했으므로 상태 머신의 틀을 만들겠습니다. Update 함수로 이동합니다. Update 함수는 책으로 치면 목차 역할을 수행하도록 하려고 합니다. 목차에는 주제만 적어 놓고 실

제 본문 내용은 함수 구현부에서 처리합니다. 이를 구현한 스크립트는 [코드 4-66]과 같습니다.

```csharp
public class DroneAI : MonoBehaviour
{
    ··· 생략 ···
    void Update()
    {
        switch (state)
        {
            case DroneState.Idle:
                Idle();
                break;
            case DroneState.Move:
                Move();
                break;
            case DroneState.Attack:
                Attack();
                break;
            case DroneState.Damage:
                Damage();
                break;
            case DroneState.Die:
                Die();
                break;
        }
    }
    private void Idle(){}
    private void Move(){}
    private void Attack(){}
    private void Damage(){}
    private void Die(){}
}
```

[코드 4-66] DroneAI.cs 드론의 상태 머신 구조 제작하기

이 상태들 간의 진행 관계를 다이어그램으로 그려보면 드론의 행동 진행을 구성할 때 큰 도움이 됩니다. 정지 상태에서는 이동으로, 이동에서도 공격으로 상태가 전환될 수 있습니다. 어떤 상태에서도 공격을 받을 수 있기 때문에 'Any State'라고 표현했습니다. 상태 머신이 시작할 기본 상태는 정지 상

태이며 박스의 색을 노란색으로 표현했습니다. 이와 마찬가지로 유니티의 애니메이션을 제어하기 위한 Animator Controller에 탑재돼 있는 FSM도 이와 같이 다이어그램을 그리는 형태를 사용합니다.

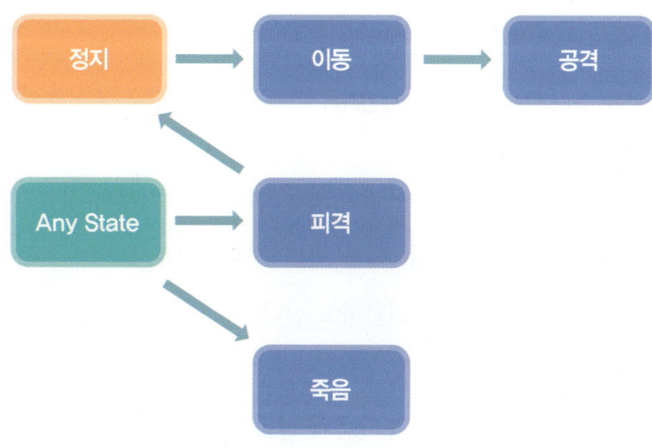

[그림 4-55] 드론의 상태 다이어그램

대기 상태 구현하기

드론의 대기 상태에서는 일정 시간동안 기다렸다가 상태를 공격으로 전환하고자 합니다. 이를 구현하기 위해서는 대기 상태의 지속 시간과 경과 시간이 필요합니다. 이를 정리하면 다음과 같습니다.

> **목표:** 일정 시간 동안 기다렸다가 상태를 공격으로 전환하고 싶다.
> **필요 속성:** 대기 상태의 지속 시간, 경과 시간

`DroneAI.cs` 스크립트에 대기 상태에서 사용할 속성들을 추가합니다. Start 함수 바로 위에 추가해주세요.

```csharp
public class DroneAI : MonoBehaviour
{
    … 생략 …
    // 초기 시작 상태는 Idle로 설정
    DroneState state = DroneState.Idle;
    // 대기 상태의 지속 시간
```

```csharp
    public float idleDelayTime = 2;
    // 경과 시간
    float currentTime;
}
```

[코드 4-67] DroneAI.cs 대기 상태에서 사용할 변수 선언하기

이제 Idle 함수로 이동합니다. 이곳에서 구현하고자 하는 것은 위에서 정했던 '일정 시간동안 기다렸다가 상태를 공격으로 전환하기.'입니다. 이를 세부 구현 요소로 쪼개기 위해 궁극적으로 하고자 하는 것을 뽑습니다. 바로 '❶ 공격 상태로 전환하고 싶다.'가 됩니다. 공격 상태 전환의 이유는 바로 '❷ 경과 시간이 대기 시간을 초과했기 때문'입니다. 마지막으로 2번을 일으킨 이유는 '❸ 시간이 흘렀기 때문'이죠. 이를 역순으로 재배열하면 다음과 같습니다.

> **목표:** 일정 시간 기다렸다가 상태를 공격으로 전환하고 싶다.
> **순서:** ❶ 시간이 흘러야 한다.
> ❷ 만약 경과 시간이 대기 시간을 초과하였다면
> ❸ 상태를 이동으로 전환

이를 번역해 스크립트로 옮겨 보면 다음과 같은 코드가 됩니다.

```csharp
public class DroneAI : MonoBehaviour
{
    … 생략 …

    // 일정 시간 동안 기다렸다가 상태를 공격으로 전환하기
    private void Idle()
    {
        // 1. 시간이 흘러야 한다.
        currentTime += Time.deltaTime;
        // 2. 만약 경과 시간이 대기 시간을 초과했다면
        if (currentTime > idleDelayTime)
        {
            // 3. 상태를 이동으로 전환
            state = DroneState.Move;
```

```
        }
    }
}
```

[코드 4-68] DroneAI.cs Idle 함수 구현하기

테스트를 위해 현재 상태를 찍어보는 코드를 Update 함수에 추가해 보겠습니다.

```
public class DroneAI : MonoBehaviour
{
    … 생략 …
    void Update()
    {
        print("current State : " + state);

        … 생략 …
    }
```

[코드 4-69] DroneAI.cs Update 함수에 현재 상태 검사 코드 추가

소스 코드를 저장하고 유니티로 가서 실행하겠습니다. 2초가 지나면 콘솔 창의 Idle에 Move가 찍히는지 확인합니다.

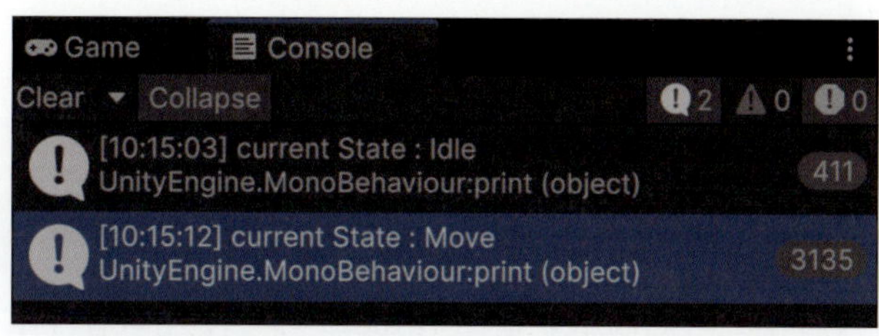

[그림 4-56] 드론의 상태가 Idle에서 Move로 전환되는 로그

이동 상태 구현하기

이번에는 이동 상태를 구현해보겠습니다. 이동 상태의 목표는 '타워를 향해 이동하고 싶다.'이지만, 타워까지 가는 길에 울퉁불퉁한 길과 각종 장애물을 피해야 하는 미션이 추가로 있습니다. 이

를 위해 유니티에서 제공하는 길 찾기 시스템인 내비게이션 시스템을 사용하려고 합니다. 이 목표를 수행하는 데 필요한 속성은 이동하고자 하는 타워의 위치와 이동 속도 그리고 길 찾기 시스템을 수행할 내비게이션 메시 에이전트 컴포넌트입니다.

> ● **목표:** 타워를 향해 이동하고 싶다.
> ● **필요 속성:** 이동 속도, 타워 위치, 길 찾기를 수행할 내비게이션 메시 에이전트

유니티에서 내비게이션 시스템을 사용하기 위해서는 UnityEngine.AI 네임스페이스가 필요합니다. 이를 DroneAI 클래스 위에 추가합니다. 그리고 이동 상태에 필요한 속성을 Start 함수의 위쪽에 추가하겠습니다.

```csharp
using UnityEngine.AI;
public class DroneAI : MonoBehaviour
{
    … 생략 …
    // 이동 속도
    public float moveSpeed = 1;
    // 타워 위치
    Transform tower;
    // 길 찾기를 수행할 내비게이션 메시 에이전트
    NavMeshAgent agent;
}
```

[코드 4-70] DroneAI.cs 이동 상태의 속성 추가하기

Start 함수에서 타워 객체를 찾아 tower 변수에 할당하고 agent 컴포넌트를 가져와 할당합니다. 그리고 NavMeshAgent 컴포넌트의 enabled 값을 false로 해 비활성화합니다. 그 이유는 agent가 바로 길 찾기 데이터인 내비게이션 메시 데이터를 가져오지 못하는 경우가 생길 수 있기 때문입니다. 그렇게 될 경우 객체가 생성되면 갑자기 이상한 위치로 점프해 버리는 버그가 생깁니다. 이를 방지 하기 위해 먼저 비활성화해 주고 정지 상태에서 이동 상태로 전환될 때 agent를 활성화해 주면 길 찾기를 정상적으로 수행할 수 있습니다. 마지막으로 agent의 이동 속도를 'moveSpeed'로 설정합니다.

```csharp
public class DroneAI : MonoBehaviour
{
    … 생략 …
    void Start()
    {
        // 타워 찾기
        tower = GameObject.Find("Tower").transform;
        // NavMeshAGent 컴포넌트 가져오기
        agent = GetComponent<NavMeshAgent>();
        agent.enabled = false;
        // agent의 속도 설정
        agent.speed = moveSpeed;
    }
}
```

[코드 4-71] DroneAI.cs Start 함수에서 이동에 필요한 속성 값 할당하기

아직 드론에는 유니티 에디터에서 수행해야 하는 내비게이션에 관련된 설정을 해주지 않았습니다. 먼저 Move 함수를 구현하고 유니티로 넘어가 나머지 작업을 진행하겠습니다. Move 함수에서 처리할 내용은 '타워를 향해 이동하고 싶다.'입니다. 구현은 매우 간단합니다. 내비게이션 메시 에이전트에 목적지로 타워의 위치를 지정해주면 됩니다. 간단하죠? 그리고 agent가 활동할 수 있도록 Idle() 함수에서 상태를 Move로 전환한 후 agent의 enabled 속성을 true로 설정합니다.

```csharp
public class DroneAI : MonoBehaviour
{
    … 생략 …
    private void Idle()
    {
        currentTime += Time.deltaTime;
        if (currentTime > idleDelayTime)
        {
            // 3. 상태를 이동으로 전환
            state = DroneState.Move;
            // agent 활성화
            agent.enabled = true;
        }
```

```
    }

    // 타워를 향해 이동하고 싶다.
    private void Move( )
    {
        // 내비게이션할 목적지 설정
        agent.SetDestination(tower.position);
    }
}
```

[코드 4-72] DroneAI.cs Move 함수 구현하기

이제 코드를 저장하고 유니티
로 이동합니다. 하이어라키에서
Environment 객체를 선택한 후
인 스펙터 창에서 static 옵션을 활
성화합니다. 이때 Change Static
Flags 다이어로그 창이 나타나면
[Yes, Change Children] 버튼을
선택합니다.

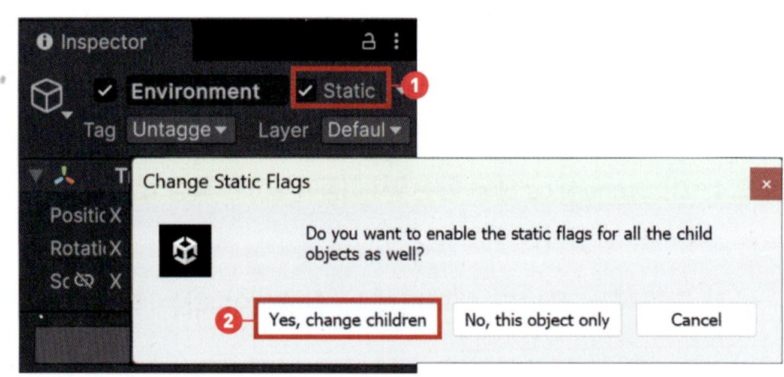

[그림 4-57] Environment 객체의 Static을 활성화하기

길 찾기 시스템을 사용하기 위해서는 길을 찾고자 하는 물체가 정적인 물체를 피해갈 수 있도록
환경을 구성해 놓아야 하기 때문에 Envrionment 객체 하위의 정적인 구조물 모두를 static으로 해
놓은 것입니다. 이번에는 내비게이션하기 위한 환경을 메시 데이터 형태로 만드는 작업을 수행합
니다. 먼저 패키지매니저를 이용해서 Unity Registry의 AI Navigation 플러그인을 설치해 줍니다.

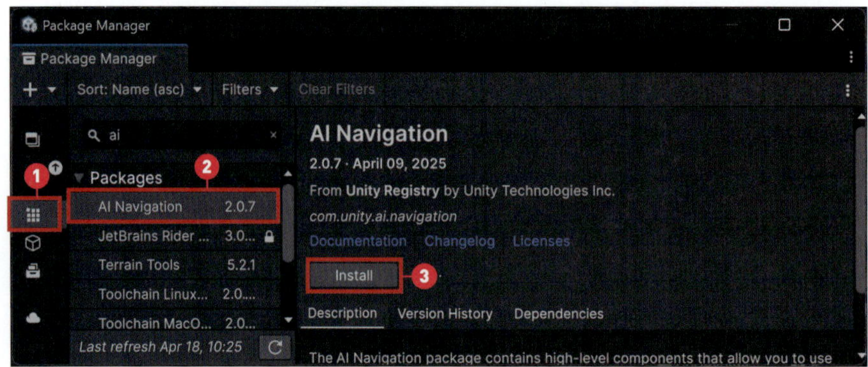

[그림 4-58] AI Navigation 플러그인 설치

설치가 완료되면 하이어라키 창에서 [+] 버튼을 눌러 [Create Empty]를 실행합니다. 빈 게임오브젝트가 만들어지면 이름을 Navigation Surface로 변경합니다.

Navigation Surface 게임오브젝트에 NavMesh Surface 컴포넌트를 찾아서 추가해 줍니다.

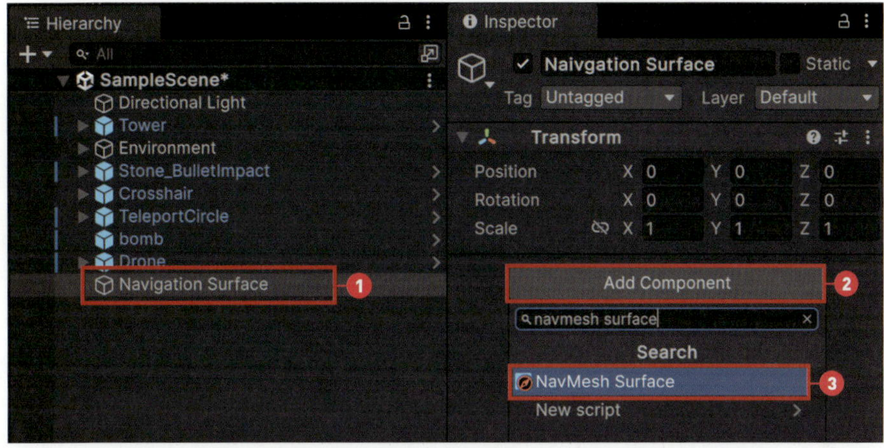

[그림 4-59] Navigation Surface 게임 오브젝트 생성과 컴포넌트 추가

이제 NavMesh Surface 컴포넌트의 [Bake] 버튼을 누릅니다.

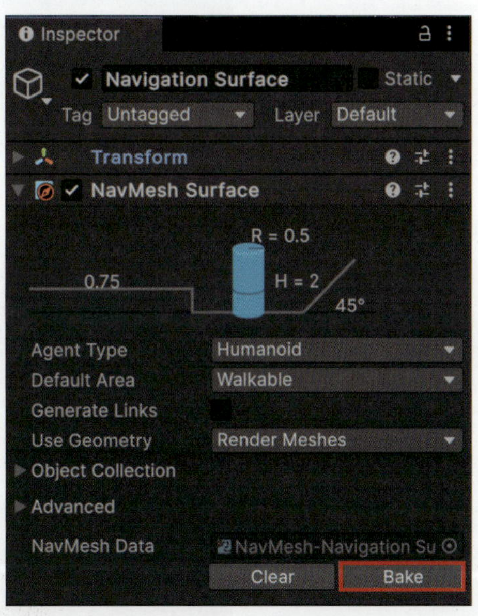

[그림 4-60] 내비게이션 베이크

이렇게 하면 내비게이션 값이 Mesh 형태로 베이킹되고, 완료된 결과가 씬에 나타납니다.

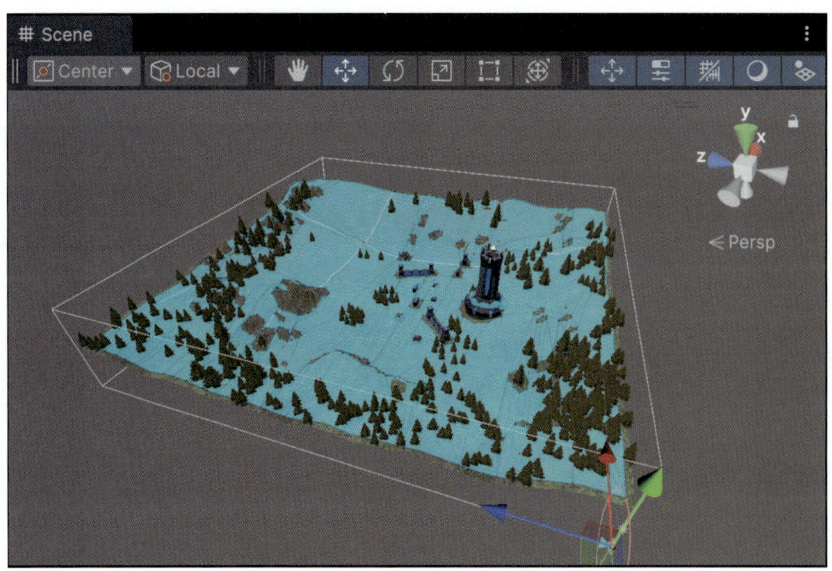

[그림 4-61] Navigation Mesh 가 베이킹된 씬 화면

이제 드론 객체는 이 내비게이션 메시 데이터를 기반으로 자신이 가는 길의 최단 거리를 찾아 이동할 수 있습니다. 하이어라키에서 [Drone]을 선택합니다. 인스펙터 창에서 [Add Component] 버튼을 클릭한 후 [Nav Mesh Agent]를 검색해 NavMeshAgent 컴포넌트를 추가합니다.

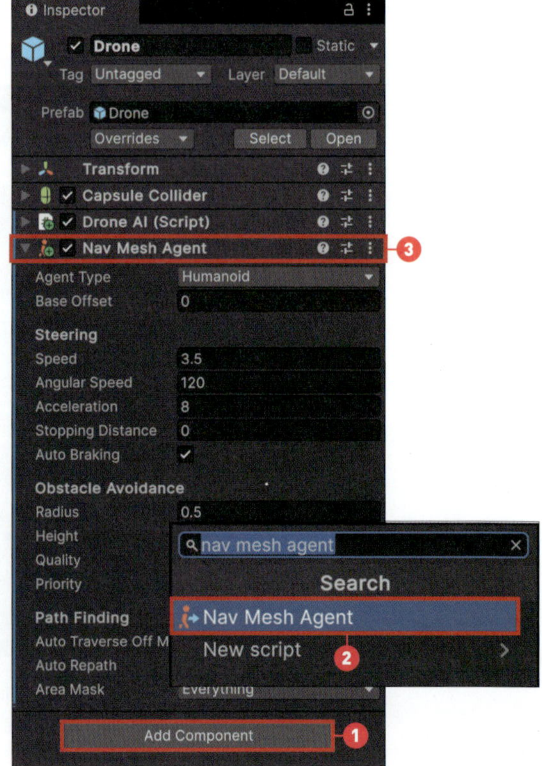

[그림 4-62] Drone에 NavMeshAgent 컴포넌트 추가하기

추가로 드론을 공중에서 1m 띄워 이동할 수 있도록 내비게이션 메시 에이전트의 Base Offset 값을 '1'로 수정하겠습니다. 그리고 Drone 레이어를 하나 추가해서 할당해 줍니다.

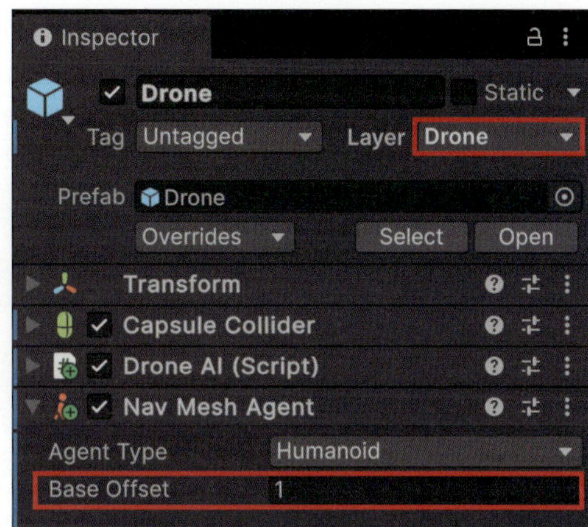

[그림 4-63] NavMeshAgent의 Base Offset 값 변경과 Drone 레이어 할당

드론 에이전트가 만들어졌으면 내비게이션을 다시 베이크해 주겠습니다. 이때, Drone 레이어와 Tower는 베이크 시 제외시켜 줍니다.

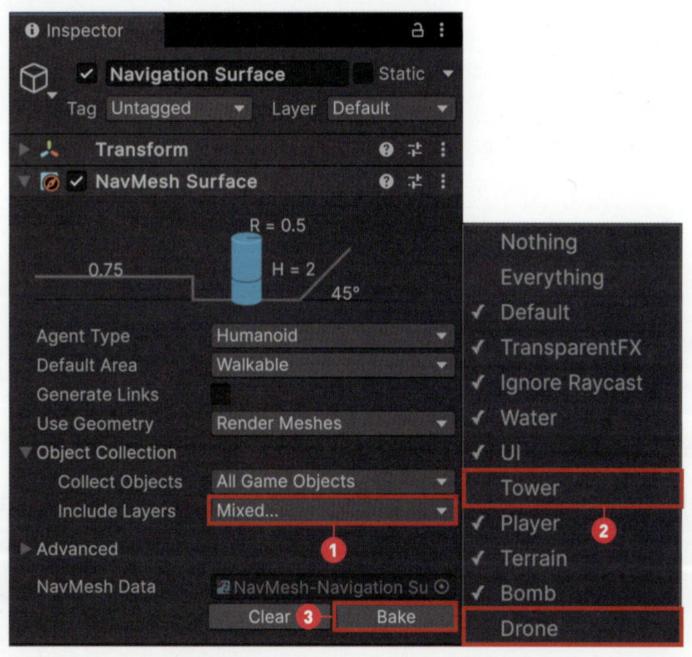

[그림 4-64] NavMesh Surface 다시 베이크하기

이제 드론이 타워로 이동을 하다가 공격할 수 있는 범위에 이르면 상태를 공격으로 변경하겠습니다.

이를 위해 attackRange 변수로 공격 범위 정보를 추가합니다. Move 함수에는 Vector3의 Distance 함수를 이용해 드론과 타워 간의 거리를 가져와 attackRange 안에 있으면 상태를 Attack 으로 전환합니다. 그리고 공격 상태로 전환되면 계속 움직이지 않도록 NavMeshAgent의 enabled 속성 값을 false로 할당해 기능을 정지시킵니다.

```csharp
public class DroneAI : MonoBehaviour
{
    … 생략 …
    Transform tower;
    // 길 찾기를 수행할 내비게이션 메시 에이전트
    NavMeshAgent agent;
    // 공격 범위
    public float attackRange = 3;
    private void Move()
    {
        // 내비게이션할 목적지 설정
        agent.SetDestination(tower.position);
        // 공격 범위 안에 들어오면 공격 상태로 전환
        if(Vector3.Distance(transform.position, tower.position) < attackRange)
        {
            state = DroneState.Attack;
            // agent의 동작 정지
            agent.enabled = false;
        }
    }
}
```

[코드 4-73] DroneAI.cs 공격 범위 안에 들어올 경우 공격 상태로 전환하기

🆅🆁 공격 상태 구현하기

이제 드론이 타워를 공격하도록 합니다. 공격 상태에서는 일정 시간에 한 번씩 타워를 드론이 공격하도록 합니다. 이를 위해 필요한 속성을 먼저 알아보겠습니다.

> **목표:** 일정 시간에 한 번씩 타워를 공격하고 싶다.

이 속성을 선언하고 Attack 함수에 일정 시간이 지나면 한 번씩 타워를 공격하도록 구현합니다. 순서는 ❶ 시간이 흐르고, ❷ 공격 시간이 되면, ❸ 공격의 순으로 진행됩니다.

➜ **목표:** 일정시간에 한번씩 타워를 공격하고 싶다.
➜ **필요 속성:** ❶ 시간이 흘러야 한다.
　　　　　　　❷ 만약 경과 시간이 공격 지연 시간을 초과하였다면
　　　　　　　❸ 공격
　　　　　　　❹ 경과 시간 초기화

다음은 Attack 함수의 구현입니다. 아직 공격의 정의가 나오지 않았으므로 해당 부분은 나중에 진행합니다. 참고로, Move() 함수에서 이동에서 바로 공격 할 수 있도록 공격전환시 경과시간을 공격대기 시간으로 할당해 줍니다.

```csharp
// 공격 지연 시간
public float attackDelayTime = 2;
private void Move()
{
    ... 생략 ...
    if (Vector3.Distance(transform.position, tower.position) < attackRange)
    {
        ... 생략 ...
        // 바로 공격할 수 있도록 공격 시간 설정
        currentTime = attackDelayTime;
    }
}
private void Attack()
{
    // 1. 시간이 흐른다.
    currentTime += Time.deltaTime;
    // 2. 경과 시간이 공격 지연 시간을 초과하면
    if (currentTime > attackDelayTime)
    {
```

```
        // 3. 공격
        // 4. 경과 시간 초기화
        currentTime = 0;
    }
}
```

[코드 4-74] DroneAI.cs 공격 상태 처리 함수 Attack 구현하기

이제 타워가 공격을 받을 때마다 화면을 빨간색으로 빠르게 깜빡여 주도록 해 사용자에게 타워가 공격받고 있다는 것을 알려주려고 합니다. 우선 화면을 빨갛게 만들 UI 이미지를 만들어 보겠습니다. 이에 앞서 유니티 GUI 시스템은 모두 Canvas라는 컨테이너 객체의 하위에 붙어야 하기 때문에 먼저 ❶ 하이어라키의 [+] 버튼을 클릭해 ❷ [UI]-[Canvas]를 선택합니다. ❸ 추가된 Canvas의 이름을 'DamageUI'로 변경합니다.

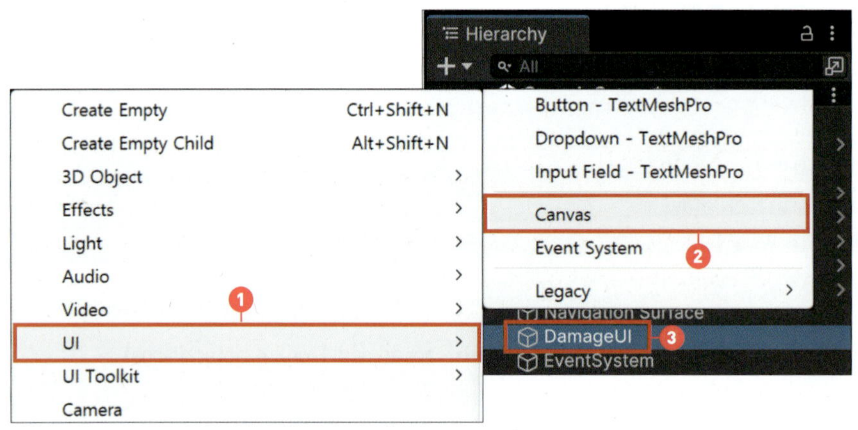

[그림 4-65] DamageUI Canvas 추가

이제 DamageUI 객체의 Canvas 컴포넌트 속성을 가상 현실에 사용할 수 있도록 수정하겠습니다. 가상 현실에서의 UI는 Camera(사람의 눈) 공간에 표현할 수 없습니다. 이유는 당연히 눈에 뭔가를 그리게 되면 아무것도 볼 수 없기 때문입니다. 따라서 가상 현실에서 모든 GUI는 3D 월드 공간에 배치돼야 합니다. DamageUI 객체의 Canvas의 Render Mode 값을 'World Space'로 변경합니다. 그리고 Rect Transform의 Width, Height 값을 모두 '1'로 지정하겠습니다.

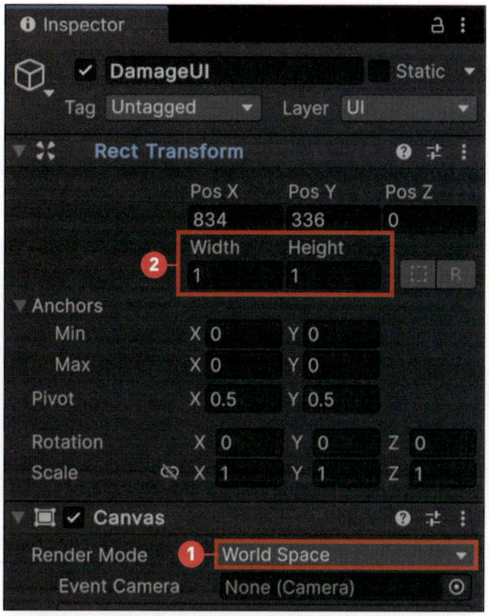

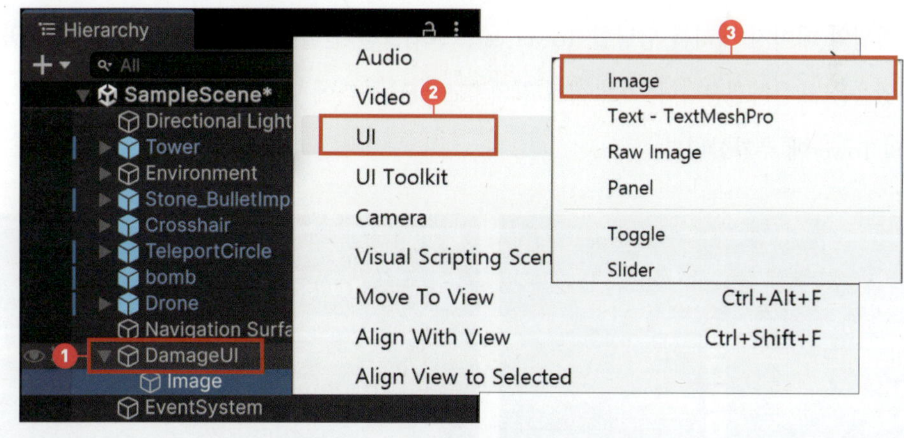

[그림 4-66] Canvas의 Render Mode를 World Space로 변경하기

이 DamageUI 객체는 뒤에서 카메라(눈)의 바로 앞에 배치함으로써 전체 화면을 이 객체가 가리도록 하려고 합니다. 이제 DamageUI 객체에 마우스 오른쪽 버튼을 클릭합니다. 그리고 [UI -Image]를 선택해 추가합니다.

[그림 4-67] DamageUI에 Image 등록하기

이 Image 객체의 Rect Transform의 Pos X, Y, Z 값은 모두 '0'으로 설정합니다. 그리고 Width, Height은 모두 1로 지정합니다. Image 컴포넌트의 Color 값은 빨간색으로 지정하겠습니다. 깜빡

일 때만 보이도록 하기 위해 Image 컴포넌트의 체크 박스를 해제합니다.

색상을 반투명하게 처리하길 원하면 Color의 A(알 파값)를 128 정도로 넣어주면 됩니다.

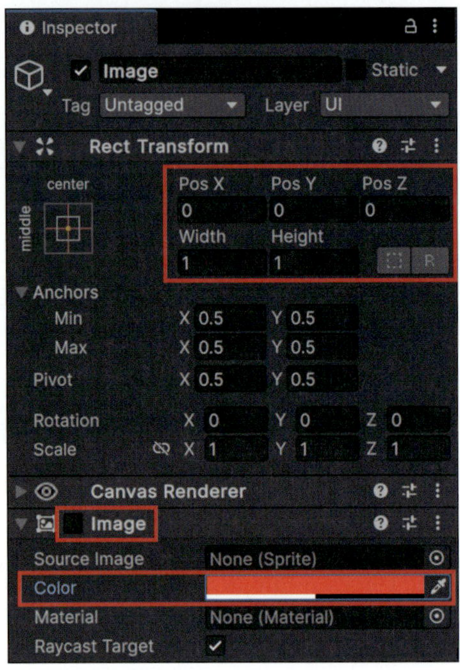

[그림 4-68] Image의 Transform 정보 및 색상 정보 수정하기

그럼 타워의 데미지 처리를 담당할 Tower.cs 스크립트를 만들어 드론이 공격했을 때 타워가 공격받고 있음을 표현하겠습니다. 프로젝트 창의 [Scripts] 폴더에 Tower.cs 스크립트를 만들어 하이어라키의 Tower에 추가합니다.

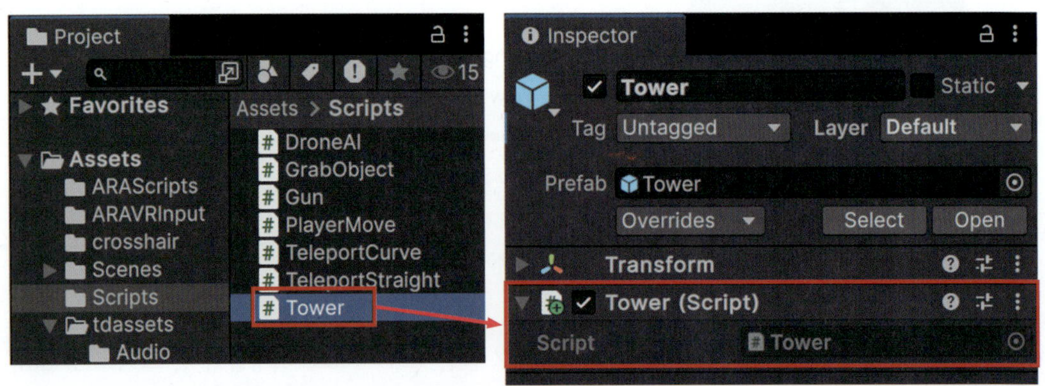

[그림 4-69] Tower.cs 스크립트를 하이어라키의 Tower 객체에 추가

Tower.cs 스크립트에서는 타워의 체력 HP를 관리하고 데미지를 입을 때마다 화면을 깜빡여 주는 로직을 추가하려고 합니다. 먼저 깜빡임을 담당할 속성인 DamageUI 객체와 하위 Image 객체의 정보가 필요합니다. 이를 속성으로 추가합니다.

```csharp
using UnityEngine.UI;
public class Tower : MonoBehaviour
{
    // 데미지 표현할 UI
    public Transform damageUI;
    public Image damageImage;
}
```

[코드 4-75] Tower.cs Damage 표현을 위한 UI 객체 선언하기

여기에선 Image 컴포넌트를 활성화, 비활성화하려고 하기 때문에 Image 컴포넌트를 속성으로 선언했습니다. UGUI(Unity GUI)를 이용하기 위해서는 스크립트의 맨 위에 using UnityEngine. UI를 추가해야 합니다.

그다음으로 타워의 체력을 기억할 속성을 선언하려고 합니다. 먼저 hp 값을 세팅할 값인 initialHP 변수와 현재 체력을 기억할 _hp 변수를 선언합니다.

```csharp
public class Tower : MonoBehaviour
{
    // 데미지 표현할 UI
    public Transform damageUI;
    public Image damageImage;

    // 타워의 최초 HP
    public int initialHP = 10;
    // 내부 hp 변수
    int _hp = 0;
}
```

[코드 4-76] Tower.cs 체력을 기억할 변수 선언하기

외부에서 타워에 데미지를 줄 때 _hp 값에 직접 접근할 수 없도록 get/set 프로퍼티를 추가하겠

습니다. Get/Set 함수를 이용해 캡슐화 처리를 할 수 있지만, 함수보다는 가독성 및 사용성이 더 좋은 get/set 프로퍼티를 사용합니다. _hp 값이 0 이하이면 Destroy 함수를 이용해 타워를 씬에서 제거합니다.

```csharp
public class Tower : MonoBehaviour
{
    … 생략 …
    // 내부 hp 변수
    int _hp = 0;
    // _hp의 get/set 프로퍼티
    public int HP
    {
        get
        {
            return _hp;
        }
        set
        {
            _hp = value;
            // hp가 0 이하이면 제거
            if(_hp <= 0)
            {
                Destroy(gameObject);
            }
        }
    }
}
```

[코드 4-77] Tower.cs _hp의 get/set 프로퍼티

　　이렇게 추가된 속성은 Start 함수에서 초기화하겠습니다. 체력 및 데미지 관련 속성을 초기화하려고 합니다. 체력은 초기 hp 값인 initialHP를 이용해 초기화하고, damageUI 객체는 시작할 때 메인 카메라의 자식으로 등록합니다. 그리고 localPosition 값을 0으로 초기화합니다. 이때 z값은 카메라의 nearClipPlane 위치에 배치되도록 처리해야 화면에 보입니다. damageUI 자식 객체의 Image 컴포넌트인 damageImage는 enabled 값을 false로 할당해 비활성화합니다.

```csharp
public class Tower : MonoBehaviour
{
    … 생략 …
    void Start( )
    {
        _hp = initialHP;
        // 카메라의 nearClipPlane 값을 기억해둔다.
        float z = Camera.main.nearClipPlane + 0.01f;
        // damageUI 객체의 부모를 카메라로 설정
        damageUI.parent = Camera.main.transform;
        // damageUI의 위치를 X, Y는 0, Z 값은 카메라의 near 값으로 설정
        damageUI.localPosition = new Vector3(0, 0, z);
        damageUI.localRotation = Quaternion.identity;
        // damageImage는 보이지 않도록 초기에 비활성화해 놓는다.
        damageImage.enabled = false;
    }
}
```

[코드 4-78] Tower.cs Start 함수에서 Damage 속성 초기화하기

카메라의 nearClipPlane 값을 사용하는 이유는 앞에서 언급한 것처럼 z 값이 0이 되면 카메라 (눈)의 위치에 배치되는 것이기 때문에 물체가 보이지 않습니다. 실제 사람의 눈에서도 최초 물체를 볼 수 있는 위치가 필요합니다. 예를 들어 속눈썹을 보려고 하면 대다수 사람의 경우 볼 수 없는 것을 경험할 수 있을 것입니다. 그리고 최대 볼 수 있는 거리도 있겠죠? 가상 현실에서의 카메라도 이와 마찬가지로 볼 수 있는 가장 가까운 거리와 최대 볼 수 있는 거리를 사용합니다. 이를 각각 near와 far라는 값으로 Camera 컴포넌트의 Clipping Planes에 있습니다. 참고로 [그림 4-70] 왼쪽 이미지의 사다리꼴처럼 생긴 것을 '시야 절투체(View Frustum)'라고 하며, 원근을 표현하기 위한 카메라에서 사용합니다.

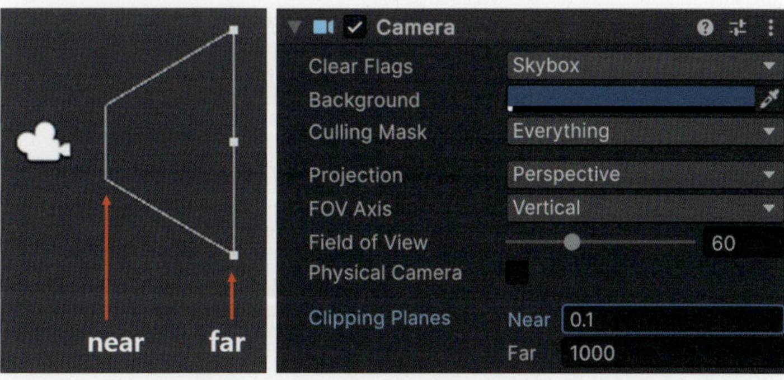

[그림 4-70] Camera 컴포넌트의 near와 far 값

Tower 객체에 쉽게 접근하기 위해 간단한 싱글턴 패턴을 만들어 사용하겠습니다. static 키워드를 사용해 Tower를 기억할 Instance 변수를 선언합니다. Tower 객체가 생성되면 라이프사이클 함수인 Awake에서 Instance에 this를 넣어줍니다.

```csharp
public class Tower : MonoBehaviour
{
    … 생략 …
    // Tower 의 싱글턴 객체
    public static Tower Instance;
    void Awake()
    {
        // 싱글턴 객체 값 할당
        if(Instance == null)
        {
            Instance = this;
        }
    }
}
```

[코드 4-79] Tower.cs 싱글턴 패턴 적용하기

저장한 후 DroneAI.cs 스크립트로 이동합니다. Attack 함수의 '3. 공격' 부분에 Tower의 싱글턴 객체인 Instance에 접근해 HP get/set 프로퍼티를 호출함으로써 체력을 감소시킵니다.

```csharp
public class DroneAI : MonoBehaviour
{
    … 생략 …
    private void Attack()
    {
        // 1. 시간이 흐른다.
```

```
        currentTime += Time.deltaTime;
        // 2. 경과 시간이 공격 지연 시간을 초과하면
        if(currentTime > attackDelayTime)
        {
            // 3. 공격 -> Tower의 HP를 호출해 데미지 처리를 한다.
            Tower.Instance.HP--;
            // 4. 경과 시간 초기화
            currentTime = 0;
        }
    }
}
```

[코드 4-80] DroneAI.cs 공격 시 타워의 HP를 감소시키기

하이어라키 뷰에서 Tower를 선택합니다. 인스펙터 뷰의 Damage UI와 Damage Image 속성에 [그림 4-71]처럼 할당해 줍니다.

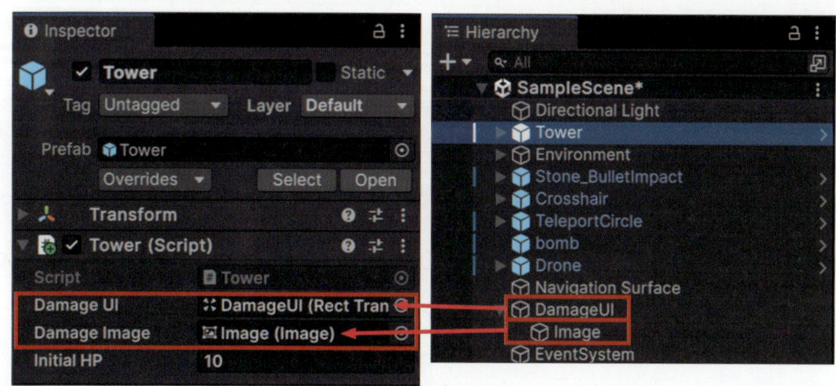

[그림 4-71] Damage UI와 Damage Image 속성 할당

여기까지 저장하고 실행해보면 드론이 타워를 공격하고 타워의 체력이 다하면 제거되는 것을 확인할 수 있을 것입니다. 테스트를 빠르게 하기 위해 타워의 **initialHP** 값을 작게 조절해 테스트해 보면 편합니다.

현재는 타워가 공격받고 있을 때 피격 여부를 사용자에게 알려주지 않고 있습니다. 화면이 깜빡거리도록 처리해보겠습니다. 다시 Tower.cs 스크립트로 이동합니다. 화면 깜빡거림을 유지할 시간(damageTime)을 속성으로 추가하겠습니다. 그리고 피격 처리를 위해 DamageEvent 코루틴

함수를 만듭니다. DamageEvent 함수에서는 화면을 빨갛게 덮을 damageImage 컴포넌트를 활성화하고, damageTime만큼 기다렸다가 다시 비활성화합니다.

```csharp
public class Tower : MonoBehaviour
{
    … 생략 …
    // 깜빡거리는 시간
    public float damageTime = 0.1f;
    // 데미지 처리를 위한 코루틴 함수
    IEnumerator DamageEvent()
    {
        // damageImage 컴포넌트를 활성화
        damageImage.enabled = true;
        // damageTime만큼 기다린다.
        yield return new WaitForSeconds(damageTime);
        // 다시 원래대로 비활성화한다.
        damageImage.enabled = false;
    }
}
```

[코드 4-81] Tower.cs 피격 처리를 위한 속성 및 코루틴 함수

이 DamageEvent 함수는 타워가 피격당할 때 호출하려고 합니다. HP의 set 프로퍼티에서 먼저 StopAllCoroutine 함수를 호출해 진행되고 있는 코루틴이 있다면 멈춰줍니다. StartCoroutine 함수를 이용해 DamageEvent 코루틴을 시작합니다.

```csharp
public class Tower : MonoBehaviour
{
    … 생략 …
    public int HP
    {
        get
        {
            return _hp;
        }
        set
        {
```

```
            _hp = value;
            // 기존에 진행 중인 코루틴 해제
            StopAllCoroutines();
            // 깜빡거림을 처리할 코루틴 호출
            StartCoroutine(DamageEvent());
            … 생략 …
        }
    }
}
```

[**코드 4-82**] Tower.cs HP의 set 프로퍼티에서 DamageEvent 코루틴 호출하기

이렇게 하고 실행하면 타워가 피격당할 때마다 [그림 4-72]처럼 화면이 빨갛게 깜빡거리는 것을 확인할 수 있습니다.

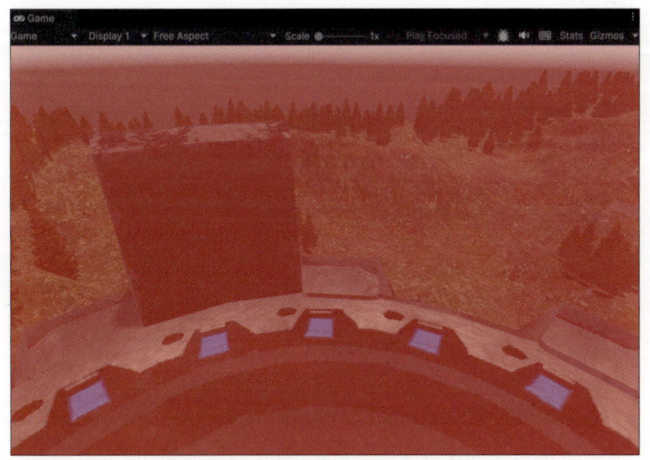

[**그림 4-72**] 타워가 피격당할 때의 효과

피격 상태 구현하기

드론이 공격을 받으면 피격당하도록 처리하고 싶습니다. 피격 상태에서는 외관을 빨간색으로 살짝 깜빡이게 하려고 합니다. 이를 위해 체력이 깎일 때마다 피격당했다는 것을 표시해 주겠습니다.

드론의 외관 색을 변경하기 위해서는 머티리얼의 속성을 수정해야 합니다. 드론이 사용하는 머티리얼은 하이어라키에서 [Drone-Drone_low] 객체를 선택하면 인스펙터 창의 Mesh Renderer 컴포

넌트에서 확인할 수 있습니다. 드론이 사용하는 머티리얼에는 현재 M_Drone이 등록돼 있습니다.

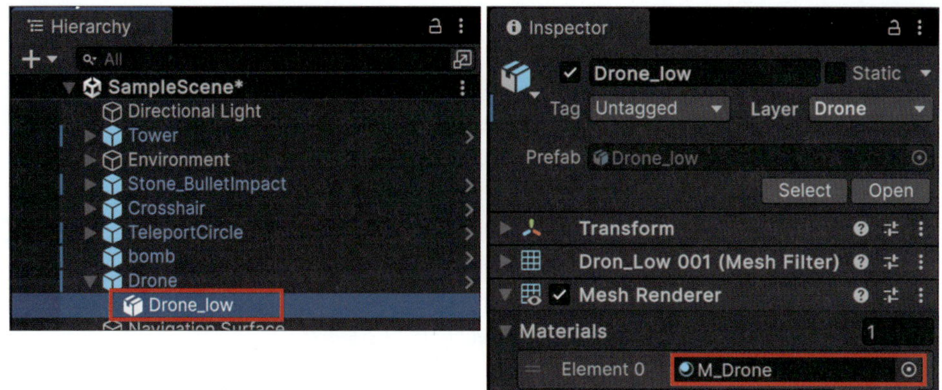

[그림 4-73] 드론이 사용하는 머티리얼

이 M_Drone 머티리얼을 선택한 후 인스펙터 창에서 보면 Albedo 옆에 컬러 피커가 있습니다. 이 색상 값을 바꿔주면 외관의 색을 변경할 수 있습니다.

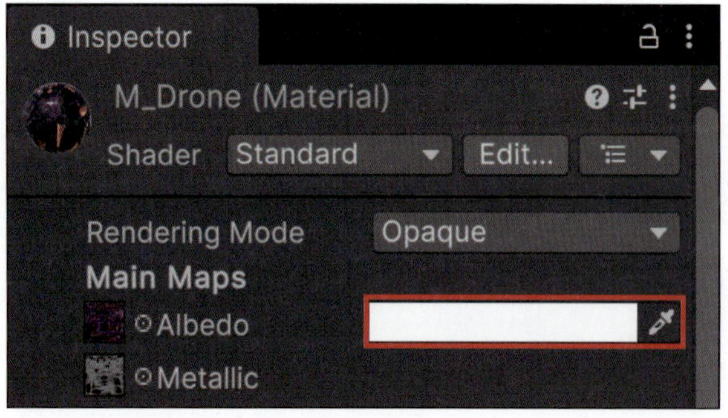

[그림 4-74] M_Drone 머티리얼의 Albedo 색상 속성

그럼 드론이 피격당하도록 해보겠습니다. 피격에서는 드론의 체력을 감소시키고 체력 값에 따 라 상태를 피격으로 전환하거나 폭발하는 등의 처리를 하게 됩니다. 폭발은 죽음 상태에서 처 리하고 피격 상태에서는 체력 hp 변수를 DroneAI 클래스의 속성으로 추가하겠습니다. 이때 [SerializeField] 어트리뷰트를 이용해 private 접근자가 유니티 에디터에 노출될 수 있도록 합니다.

```
public class DroneAI : MonoBehaviour
```

```
{
    … 생략 …
    // private 속성이지만 에디터에 노출된다.
    [SerializeField]
    // 체력
    int hp = 3;
}
```

[코드 4-83] DroneAI.cs 피격 속성 추가하기

드론이 피격당했다는 것을 어떻게 알 수 있을까요? 이 책에서는 플레이어가 총을 쏴서 드론을 맞췄을 때 드론의 피격 처리를 담당할 이벤트를 호출해주는 것으로 구현해보려고 합니다. 알림을 받을 이벤트 함수인 OnDamageProcess 함수를 DroneAI.cs에 추가합니다. 이 함수에서 하고 싶은 것은 먼저 체력을 감소시키고, 죽지 않았다면 상태를 데미지로 전환하고 싶습니다. 이를 순서대로 정리해보면 다음과 같습니다.

> **목표:** 체력을 감소시키고 죽지 않았다면 상태를 데미지로 전환하고 싶다.
> **순서:** ❶ 체력 감소시키기
> ❷ 만약 죽지 않았다면
> ❸ 상태를 데미지로 전환

이렇게 하고 싶은 것을 세분화하고, 이를 C# 스크립트로 단순 번역하면 됩니다.

```
public class DroneAI : MonoBehaviour
{
    … 생략 …
    // 피격 상태 알림 이벤트 함수
    public void OnDamageProcess( )
    {
        // 체력을 감소시키고 죽지 않았다면 상태를 데미지로 전환하고 싶다.
        // 1. 체력 감소
        hp--;
        // 2. 만약 죽지 않았다면
        if(hp > 0)
        {
```

```
            // 3. 상태를 데미지로 전환
            state = DroneState.Damage;
        }
    }
}
```

[코드 4-84] DroneAI.cs 데미지 상태 전환하기

가장 중요한 포인트는 먼저 자신이 하고자 하는 것을 명확히 한글로 쓸 수 있느냐가 핵심입니다. 이를 C#으로 번역하는 형태로 작업한다면 논리적인 오류나 나중에 유지보수 등의 작업에서 큰 이점을 누릴 수 있습니다.

이제 피격 상태가 됐기 때문에 Damage 함수에서는 머티리얼이 일정 시간 빨간색으로 변했다가 원래 색으로 돌아가도록 처리하겠습니다. 이를 코루틴을 이용해 처리하면 좀 더 직관적이고 간단하게 구현할 수 있습니다. 먼저 Damage 함수가 코루틴 함수가 되도록 수정합니다. 그리고 Update 함수에서 Damage 호출하는 부분은 삭제합니다.

```
public class DroneAI : MonoBehaviour
{
    void Update()
    {
        switch (state)
        {
        … 생략 …
            case DroneState.Damage:
                // Damage();
                break;
            case DroneState.Die:
                Die();
                break;
        }
    }

    IEnumerator Damage()
    {

    }
```

        }

[코드 4-85] DroneAI.cs Damage 함수를 코루틴 함수로 변경하기

그리고 OnDamageProcess 함수에서 상태를 'Damage'로 변경하고 StartCoroutine을 이용해
Damage 코루틴을 시작합니다. 다음은 해당 스크립트입니다.

```csharp
public class DroneAI : MonoBehaviour
{
    … 생략 …
    // 피격 상태 알림 이벤트 함수
    public void OnDamageProcess()
    {
        … 생략 …
        // 2. 만약 죽지 않았다면
        if(hp > 0)
        {
            state = DroneState.Damage;
            // 코루틴 호출
            StopAllCoroutines();
            StartCoroutine(Damage());
        }

    }
}
```

[코드 4- 86] DroneAI.cs Damage 코루틴 호출하기

그럼 데미지 상태를 처리할 Damage 코루틴 함수의 구현 내용을 알아보겠습니다. 피격 상태에서
목표는 "색을 일정 시간 동안 변경하고 싶다."입니다. 이를 구현하기 위해 세부 단계를 알아보겠습
니다.

◆ **목표:** 색을 일정 시간 동안 변경하고 싶다.
◆ **순서:** ❶ 길 찾기 중지
　　　　 ❷ 자식 객체의 MeshRenderer에서 재질 얻어오기

먼저 피격 상태로 전환됐기 때문에 NavMeshAgent 컴포넌트의 enabled 값을 false로 해 계속 이동하지 못하도록 합니다. 그리고 색 변경을 위해 머티리얼을 가져와야 합니다. 이를 위해 드 론 자식 객체의 Mesh Renderer 컴포넌트를 얻어옵니다. 나중에 색을 돌려 놓기 위해 Material의 color 값을 기억합니다. Material의 color 값을 red로 변경해 드론의 색이 빨갛게 되도록 합니다. WaitForSeconds를 이용해 0.1초 기다리도록 합니다. 기다리기가 끝나면 Material의 color 값을 원래 색으로 되돌립니다. 모든 깜빡이는 처리가 끝났기 때문에 상태를 Idle로 전환합니다. 마지막으로 대기 상태가 잘 동작하도록 경과 시간을 초기화합니다.

```csharp
IEnumerator Damage()
{
    // 1. 길 찾기 중지
    agent.enabled = false;
    // 2. 자식 객체의 MeshRenderer에서 재질 얻어오기
    Material mat = GetComponentInChildren<MeshRenderer>().material;
    // 3. 원래 색을 저장
    Color originalColor = mat.color;
    // 4. 재질의 색 변경
    mat.SetColor("_Color", Color.red);
    // 5. 0.1초 기다리기
    yield return new WaitForSeconds(0.1f);
    // 6. 재질의 색을 원래대로
    mat.SetColor("_Color", originalColor);
    // 7. 상태를 Idle로 전환
    state = DroneState.Idle;
    // 8. 경과 시간 초기화
    currentTime = 0;
}
```

[코드 4-87] DroneAI.cs Damage 함수 구현하기

이제 Gun.cs 스크립트로 이동해 드론을 피격시키는 코드를 추가하겠습니다. Ray를 쏴서 부딪힌 객체가 Drone일 경우 DroneAI를 얻어와서 OnDamageProcess() 함수를 호출해줍니다. 바로 사용자가 총을 쏴서 드론을 맞춘 순간 드론한테 피격 이벤트를 호출해주는 형태입니다.

```csharp
public class Gun : MonoBehaviour
{
    … 생략 …
    void Update()
    {
        // 크로스헤어 표시
        ARAVRInput.DrawCrosshair(crosshair);
        // 사용자가 IndexTrigger 버튼을 누르면
        if (ARAVRInput.GetDown(ARAVRInput.Button.IndexTrigger))
        {
            … 생략 …
            // Ray 를 쏜다. ray 가 부딪힌 정보는 hitInfo 에 담긴다.
            if (Physics.Raycast(ray, out hitInfo, 200, ~layerMask))
            {
                … 생략 …
                // ray 와 부딪힌 객체가 drone 이라면 피격 처리
                if (hitInfo.transform.name.Contains("Drone"))
                {
                    DroneAI drone = hitInfo.transform.GetComponent<DroneAI>();
                    if (drone)
                    {
                        drone.OnDamageProcess();
                    }
                }
            }
        }
    }
}
```

[코드 4-88] Gun.cs 부딪힌 객체가 드론일 경우 피격 처리

저장하고 유니티로 가서 실행해 봅니다. 드론을 조준해 총을 쏴보면 총에 맞을 때마다 외관 색이 빨간색으로 변했다가 원래 색으로 돌아오는 것을 확인할 수 있습니다.

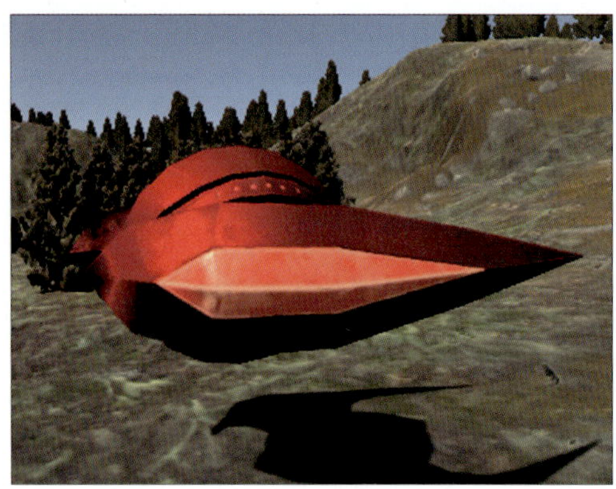

[그림 4-75] 피격 상태에서 드론의 색상

드론의 피격 색이 잘 표시되지 않는 것 같으면 M_Drone의 Albedo 맵에 Metallic 맵을 할당해 테스트해 보세요.

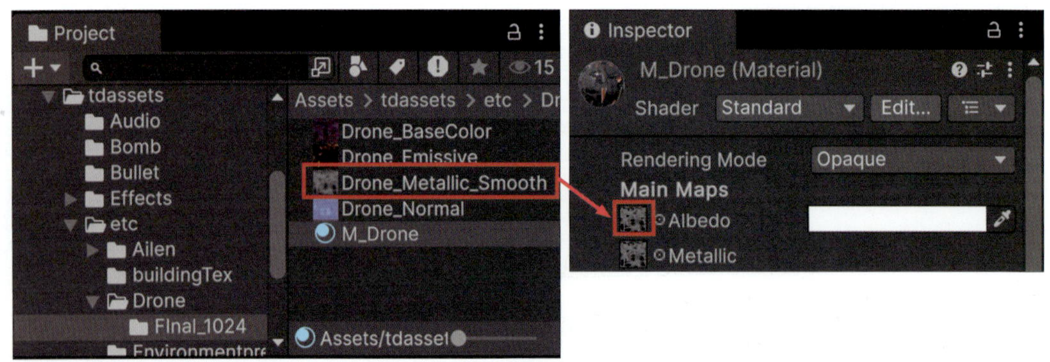

[그림 4-76] 피격 상태에서 드론의 색상

죽음 상태 구현하기

마지막으로 드론이 죽음 상태로 전환되면 폭발 효과를 발생시키고 드론이 제거되도록 처리하겠습니다. 기획에 따라 드론이 폭발한 후의 잔재로 남아 없어지게 처리할 수도 있지만, 이 책에서는 단순히 '폭발한 후 제거된다.'로 하겠습니다. 우선 죽음 상태에서 사용할 폭발 효과(explosion) 속성을 등록합니다. 그리고 ParticleSystem과 AudioSource 컴포넌트를 속성으로 추가합니다. 이유는 폭발 효과를 씬에 등록해 놓고 재사용하기 위해서입니다.

```csharp
public class DroneAI : MonoBehaviour
{
    … 생략 …
    // private 속성이지만 에디터에 노출된다.
    [SerializeField]
    // 체력
    int hp = 3;
    // 폭발 효과
    Transform explosion;
    ParticleSystem expEffect;
    AudioSource expAudio;
}
```

[코드 4-89] DroneAI.cs 폭발 속성 추가하기

다음으로 프로젝트 창의 제공된 에셋인 [tdassets-Prefabs] 폴더의 [Explosion]을 하이어라키 창에 드래그 앤 드롭으로 등록합니다.

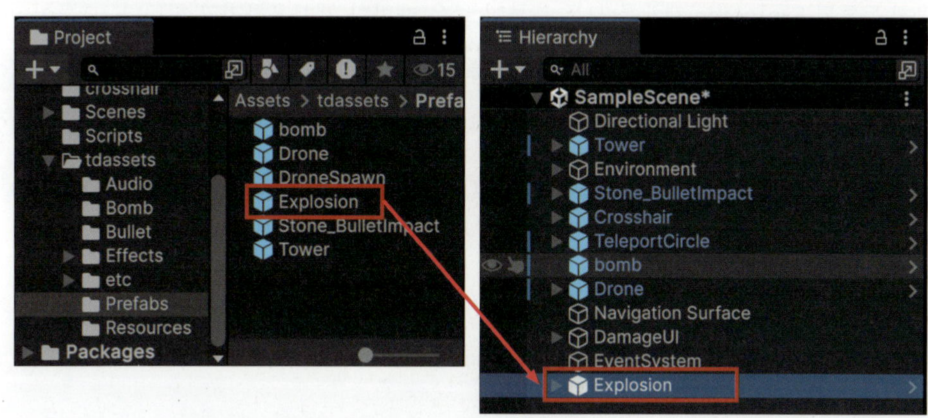

[그림 4-77] 프로젝트 창의 Explosion 프리팹을 하이어라키에 등록하기

이 Explosion 객체는 파티클 시스템(ParticleSystem) 컴포넌트와 오디오소스(AudioSource) 컴포넌트가 붙어 있습니다. 그리고 이 두 컴포넌트의 Play On Awake 속성이 모두 꺼져 있습니다. 이 속 성에 체크 표시가 돼 있으면 객체가 생성될 때 자동으로 재생됩니다. 하지만 우리는 필요한 순간에 이 컴포넌트를 재생하려고 하기 때문에 기본으로 꺼두도록 합니다.

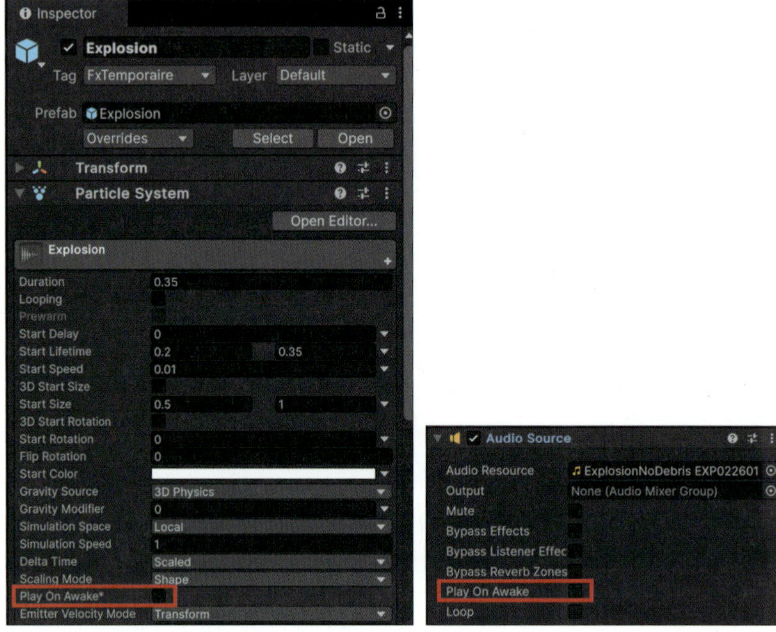

[그림 4-78] Explosion 객체의 파티클 시스템과 오디오소스 컴포넌트

이렇게 등록된 Explosion 객체를 모든 드론이 죽을 때마다 재사용하려고 합니다. 드론이 만들어지고 Start 함수가 호출될 때 Exploision 객체를 찾아 속성에 할당해 주겠습니다. 앞에서 씬에 등록한 Explosion 객체를 GameObject의 Find 함수를 이용해 찾고 그로부터 transform을 가져와 등록합니다. 이제 찾아온 explosion 객체로부터 ParticleSystem 컴포넌트와 AudioSource 컴포넌트를 얻어와 각각 할당합니다.

```csharp
public class DroneAI : MonoBehaviour
{
    … 생략 …

    void Start()
    {
        … 생략 …
        explosion = GameObject.Find("Explosion").transform;
        expEffect = explosion.GetComponent<ParticleSystem>();
        expAudio = explosion.GetComponent<AudioSource>();
    }
}
```

[코드 4-90] DroneAI.cs 폭발 효과 속성 할당하기

그 다음 OnDamageProcess 함수로 이동합니다. 죽었다면 폭발 효과를 발생시키고 드론을 없애보 겠습니다. 이때는 먼저 explosion의 위치를 드론으로 지정해주고, expEffect의 Play 함수를 호출 해 효과를 재생합니다. 그리고 expAudio의 Play 함수를 호출해 효과 사운드를 재생합니다. 마지막 으로 Destroy 함수를 호출해 드론을 씬에서 제거합니다.

```csharp
public class DroneAI : MonoBehaviour
{
    … 생략 …
    // 피격 상태 알림 이벤트 함수
    public void OnDamageProcess()
    {
        … 생략 …
        // 2. 만약 죽지 않았다면
        if(hp > 0)
        {
            … 생략 …
        }
        // 죽었다면 폭발 효과를 발생시키고 드론을 없앤다.
        else
        {
            // 폭발 효과의 위치 지정
            explosion.position = transform.position;
            // 이펙트 재생
            expEffect.Play();
            // 이펙트 사운드 재생
            expAudio.Play();
            // 드론 없애기
            Destroy(gameObject);
        }
    }
}
```

[코드 4-91] DroneAI.cs 체력이 다했을 때의 처리

이렇게 씬에 객체를 등록해 재사용을 한다면 메모리를 효율적으로 사용할 수 있고, 로딩 시간을 줄여 성능 향상을 꾀할 수 있습니다. 실제 우리 드론의 상태로 Die는 있지만, Die 상태에서는 더 이상 처리할 내용이 없습니다. Destroy로 드론을 제거해주기 때문이죠. 따라서 Update에서 Die 함수 호출과 구현부를 모두 제거합니다. 다음은 DroneAI.cs의 전체 스크립트입니다.

```csharp
using System.Collections;
using System.Collections.Generic;
using UnityEngine;
using UnityEngine.AI;
public class DroneAI : MonoBehaviour
{
    // 드론의 상태 상수 정의
    enum DroneState
    {
        Idle,
        Move,
        Attack,
        Damage,
        Die
    }
    // 초기 시작 상태를 Idle로 설정
    DroneState state = DroneState.Idle;

    // 대기 상태의 지속 시간
    public float idleDelayTime = 2;
    // 경과 시간
    float currentTime;
    // 이동 속도
    public float moveSpeed = 1;
    // 타워 위치
    Transform tower;
    // 길 찾기를 수행할 내비게이션 메시 에이전트
    NavMeshAgent agent;
    // 공격 범위
    public float attackRange = 3;
    // 공격 지연 시간
    public float attackDelayTime = 2;
    // private 속성이지만 에디터에 노출된다.
    [SerializeField]
    // 체력
    int hp = 3;
    // 폭발 효과
    Transform explosion;
    ParticleSystem expEffect;
    AudioSource expAudio;
```

```csharp
void Start()
{
    // 타워 찾기
    tower = GameObject.Find("Tower").transform;
    // NavMeshAGent 컴포넌트 가져오기
    agent = GetComponent<NavMeshAgent>();
    agent.enabled = false;
    // agent의 속도 설정
    agent.speed = moveSpeed;
    explosion = GameObject.Find("Explosion").transform;
    expEffect = explosion.GetComponent<ParticleSystem>();
    expAudio = explosion.GetComponent<AudioSource>();
}

void Update()
{
    // print("current State : " + state);
    switch (state)
    {
        case DroneState.Idle:
            Idle();
            break;
        case DroneState.Move:
            Move();
            break;
        case DroneState.Attack:
            Attack();
            break;
        case DroneState.Damage:
            break;
        case DroneState.Die:
            break;
    }
}
// 일정 시간을 기다렸다가 상태를 공격으로 전환하고 싶다.
private void Idle()
{
    // 1. 시간이 흘러야 한다.
    currentTime += Time.deltaTime;
    // 2. 만약 경과 시간이 대기 시간을 초과했다면
    if (currentTime > idleDelayTime)
```

```csharp
        {
            // 3. 상태를 이동으로 전환
            state = DroneState.Move;
            // agent 활성화
            agent.enabled = true;
        }
    }
    // 타워를 향해 이동하고 싶다.
    private void Move()
    {
        // 내비게이션할 목적지 설정
        agent.SetDestination(tower.position);
        // 공격 범위 안에 들어오면 공격 상태로 전환
        if(Vector3.Distance(transform.position, tower.position) < attackRange)
        {
            state = DroneState.Attack;
            // agent의 동작 정지
            agent.enabled = false;
            // 바로 공격할 수 있도록 공격 시간 설정
            currentTime = attackDelayTime;
        }
    }


    private void Attack()
    {
        // 1. 시간이 흐른다.
        currentTime += Time.deltaTime;
        // 2. 경과 시간이 공격 지연 시간을 초과하면
        if(currentTime > attackDelayTime)
        {
            // 3. 공격 → Tower의 HP 를 호출해 데미지 처리를 한다.
            Tower.Instance.HP--;
            // 4. 경과 시간 초기화
            currentTime = 0;
        }
    }
    // 피격 상태 알림 이벤트 함수
    public void OnDamageProcess()
    {
        // 체력을 감소시키고 죽지 않았다면 상태를 데미지로 전환하고 싶다.
```

```csharp
// 1. 체력 감소
hp--;
// 2. 만약 죽지 않았다면
if(hp > 0)
{
    // 3. 상태를 데미지로 전환
    state = DroneState.Damage;
    // 코루틴 호출
    StopAllCoroutines();
    StartCoroutine(Damage());
}
// 죽었다면 폭발 효과를 발생시키고 드론을 없앤다.
else
{
    // 폭발 효과의 위치 지정
    explosion.position = transform.position;
    // 이펙트 재생
    expEffect.Play();
    // 이펙트 사운드 재생
    expAudio.Play();
    // 드론 없애기
    Destroy(gameObject);
}
}

IEnumerator Damage()
{
    // 길 찾기 중지
    agent.enabled = false;
    // 자식 객체의 MeshRenderer로부터 머티리얼 얻어오기
    Material mat = GetComponentInChildren<MeshRenderer>().material;
    // 원래 색을 저장
    mat.SetColor("_Color", Color.red);
    // 머티리얼의 색 변경
    mat.color = Color.red;
    // 0.1초 기다리기
    yield return new WaitForSeconds(0.1f);
    // 머티리얼의 색 원래대로
    mat.SetColor("_Color", originalColor);
    // 상태를 Idle로 전환
```

```csharp
        state = DroneState.Idle;
        // 경과 시간 초기화
        currentTime = 0;
    }
}
```

[코드 4-92] DroneAI.cs 전체 스크립트

DroneManager 제작하기

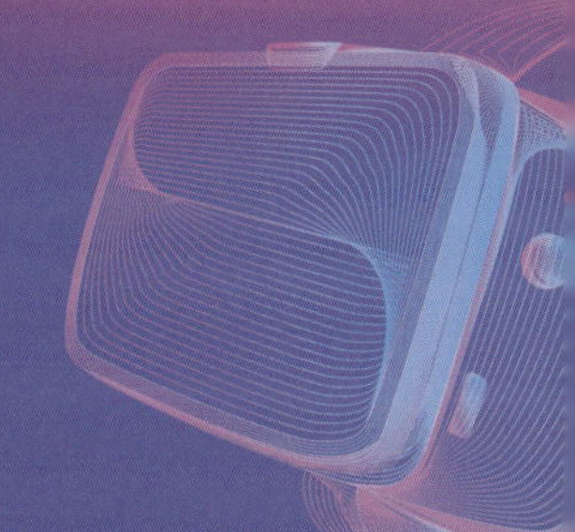

이번 단원에서는 만들어 놓은 드론을 프리팹으로 등록하고 이를 게임에서 계속 불러와 사용할 수 있도록 꾸며보겠습니다.

> **학습 목표**
>
> 드론을 생성할 관리 객체를 만들고 싶다.
>
> **순서**
>
> ❶ 드론을 스폰할 위치 만들기
> ❷ 드론 생성할 관리 객체 및 스크립트를 제작하기

드론을 스폰할 위치 만들기

드론은 관리 객체가 랜덤한 시간을 기준으로 한 번씩 생성하도록 하려고 합니다. 이때 맵의 어느 곳에 생성돼야 하는지 위치가 필요합니다. 물론 전체 맵을 기준으로 생성 위치를 랜덤으로 계산해 낼 수 있겠지만, 원하는 위치에서만 생성되도록 하고 싶을 때는 구현하기가 까다롭습니다. 또한 게임의 밸런싱을 위해 특정 위치에서만 계속 나와야 할 때의 내용을 구현하기도 어렵습니다. 이를 간단히 해결하기 위해서는 맵에 드론이 나타날 위치를 아예 지정해놓으면 됩니다. 객체를 맵에 나타나게 하는 것을 보통 '스폰(Spawn)'한다고 하며 스폰 위치를 맵에 등록해 놓음으로써 앞에서 이야기한 것처럼 여러 가지 관리에 편리한 이점을 얻을 수 있습니다. 그럼 유니티로 이동해 드론을 스폰할 위치를 등록해보겠습니다. 우선 스폰할 위치들의 최상위 부모 객체를 1개 만들어 등록합니다. 하이어라키 창에서 [+] 버튼을 클릭한 후 [Create Empty]를 선택해 빈 게임 오브젝트를 추가합니다.

이름은 'SpawnPoints'로 하겠습니다. 인스펙터 창에서 트랜스폼의 Position 정보는 X, Y, Z 각각 0, 0, 0으로 합니다.

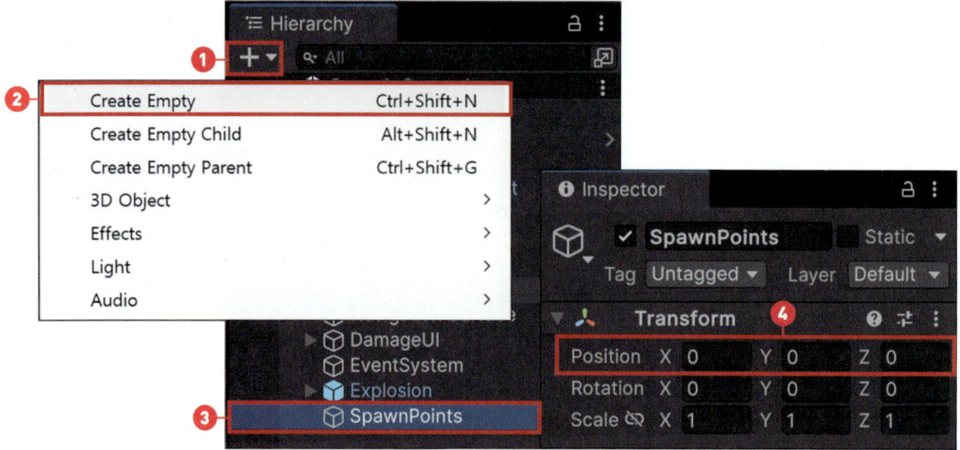

[그림 4-79] SpawnPoints 객체 추가하기

SpawnPoints의 하위에 드론이 생성될 위치 정보를 갖는 객체를 추가하겠습니다. SpawnPoints를 선택한 후 마우스 오른쪽 버튼을 누릅니다. 팝업 메뉴가 나타나면 [Create Empty]를 선택해 빈 게임 오브젝트를 추가합니다. 이름을 'SpawnPoint'로 변경하고 인스펙터 창에서 아이콘 변경 버튼을 누릅니다. 여기서는 빨간색 마름모 아이콘을 선택했습니다.

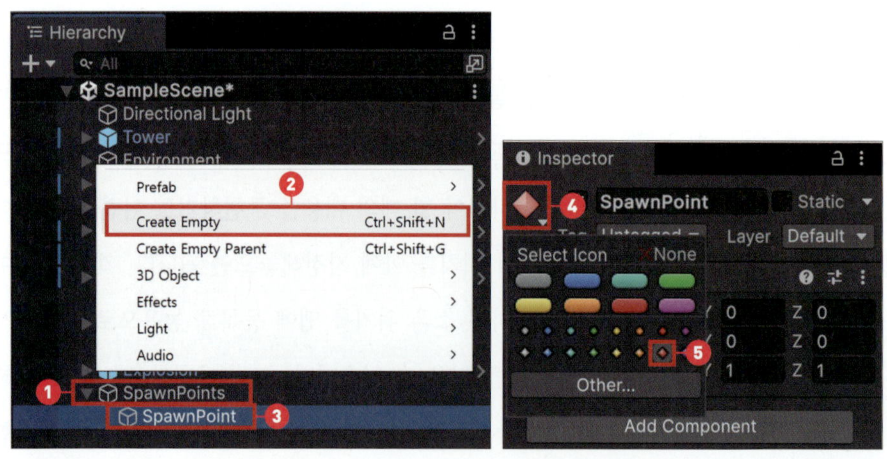

[그림 4-80] SpawnPoint 객체 추가 및 아이콘 설정하기

이렇게 하이어라키의 [+] 버튼을 클릭해 객체를 추가하지 않고 마우스 오른쪽 버튼을 클릭해 객체를 추가하면 선택된 객체의 자식으로 추가되는 것을 확인할 수 있을 것입니다. 이제 등록한 SpawnPoint를 선택해 다음과 같이 맵의 적당한 곳에 배치합니다. 여기서 주의해야 할 점은 [그림 4-80]의 오른쪽 그림처럼 맵에서 살짝 올라가 있도록 배치해야 한다는 것입니다. 이렇게 해야 드론이 길 찾기 데이터를 활용해 이동할 수 있습니다.

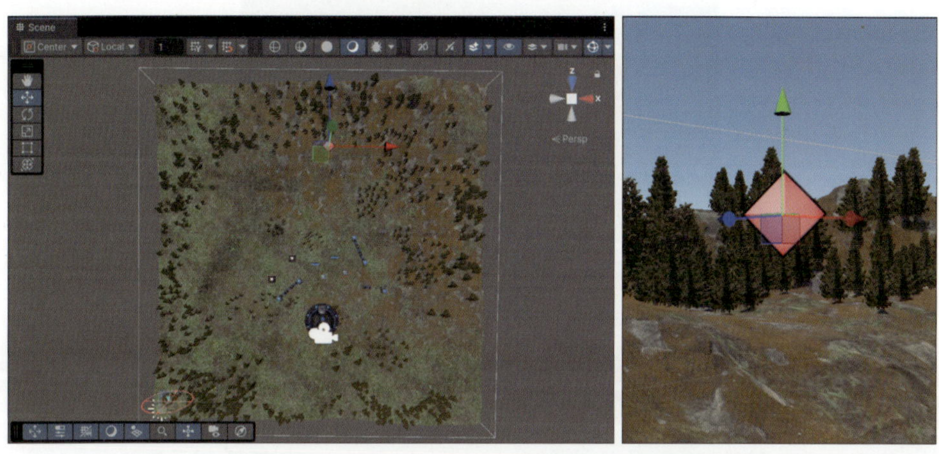

[그림 4-81] SpawnPoint를 맵의 적당한 위치에 배치하기

이와 같은 방식으로 SpawnPoint를 몇 개 더 만들어 씬에 배치합니다. 이때 맨 처음에 만든 SpawnPoint를 선택하고 Ctrl+D를 눌러 복제하면 편리합니다.

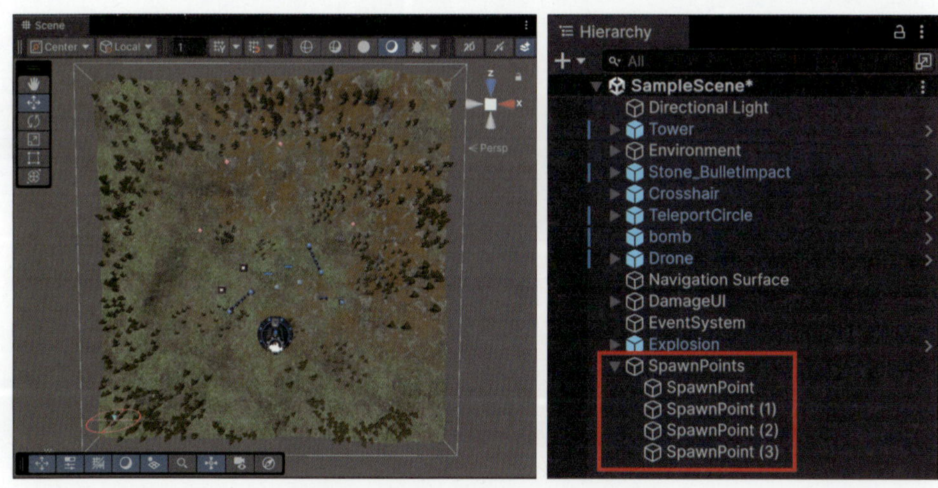

[그림 4-82] SpawnPoint 생성 및 배치하기

🆅🆁 드론을 생성할 관리 객체 및 스크립트 제작하기

이제 드론을 생성할 관리 객체를 만들어보겠습니다. 유니티에서 빈 게임 오브젝트를 하나 만듭니다. 이름은 'DroneManager'로 지정하겠습니다.

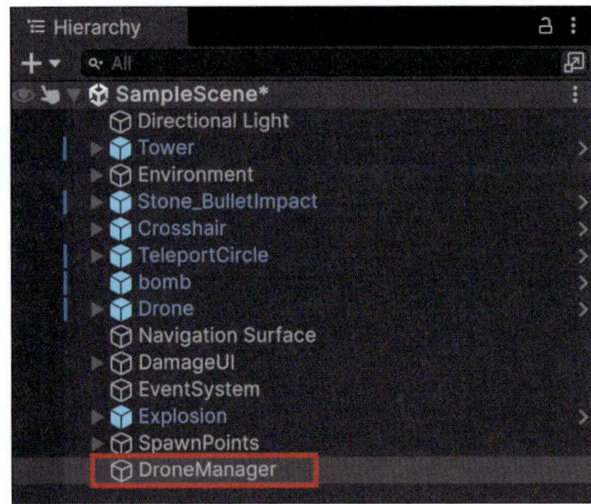

[그림 4-83] DroneManager 게임 오브젝트 생성하기

다음으로 프로젝트 창의 [Scripts] 폴더에 DroneManager.cs 스크립트를 만들고 DroneManager 게임 오브젝트에 붙입니다.

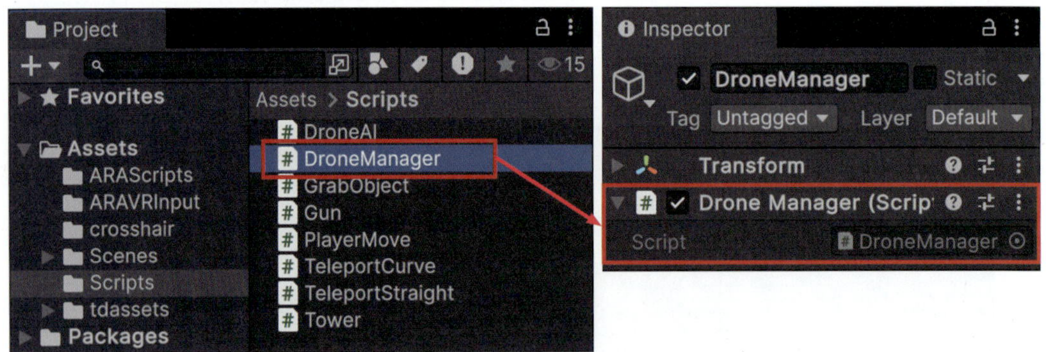

[그림 4-84] DroneManager.cs 생성 및 할당하기

DroneManager.cs 클래스에서 하는 일은 '랜덤한 시간에 한 번씩 드론을 생성하고 싶다.'입니다. 이를 수행하는 데 필요한 속성은 다음과 같습니다.

DroneManager.cs 스크립트를 열어 필요한 속성을 먼저 선언합니다. 랜덤 시간의 범위는 최솟값과 최댓값 사이에서 구하려고 합니다. 그래서 minTime과 maxTime 변수 이름으로 각각 만듭니다. 이 범위 사이에서 랜덤 값을 createTime 변수에 할당하려고 합니다. 그리고 시간이 얼마나 흘렀는지 확인해야 하기 때문에 경과 시간(currentTime)을 선언합니다. 드론이 생성될 위치는 앞에서 씬에 만들어준 SpawnPoint 객체들의 트랜스폼 정보입니다. 마지막으로 드론을 생성할 공장(프리팹)을 등록합니다.

```csharp
// 랜덤한 시간에 한 번씩 드론을 생성하고 싶다.
public class DroneManager : MonoBehaviour
{
    // 랜덤 시간의 범위
    public float minTime = 1;
    public float maxTime = 5;
    // 생성 시간
    float createTime;
    // 경과 시간
    float currentTime;
    // 드론을 생성할 위치
    public Transform[] spawnPoints;
    // 드론 공장
    public GameObject droneFactory;
}
```

[코드 4-93] DroneManager.cs 필요한 속성들 정의하기

유니티로 이동해 spawnPoints 변수에 값을 할당해 보겠습니다. DroneManager 객체를 선택합니다. 그리고 인스펙트 창의 우측 상단에 있는 자물쇠를 클릭해 잠급니다. 이렇게 하면 다른 객체를 선택하더라도 인스펙터 창의 정보는 DroneManager 객체의 정보만 표시됩니다.

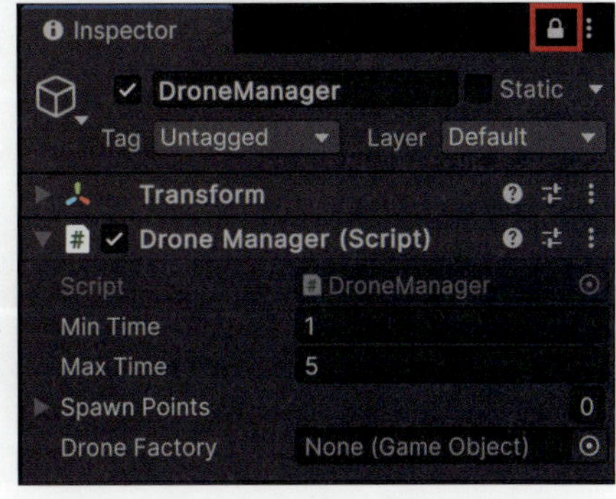

[그림 4-85] DroneManager 객체의 자물쇠 잠그기

이렇게 인스펙터 창을 고정해 놓고 하이어라키 창에서 SpawnPoints 객체의 하위 SpawnPoint 객체들을 모두 선택해 인스펙터 창의 Spawn Points 이름에 드래그 앤 드롭합니다.

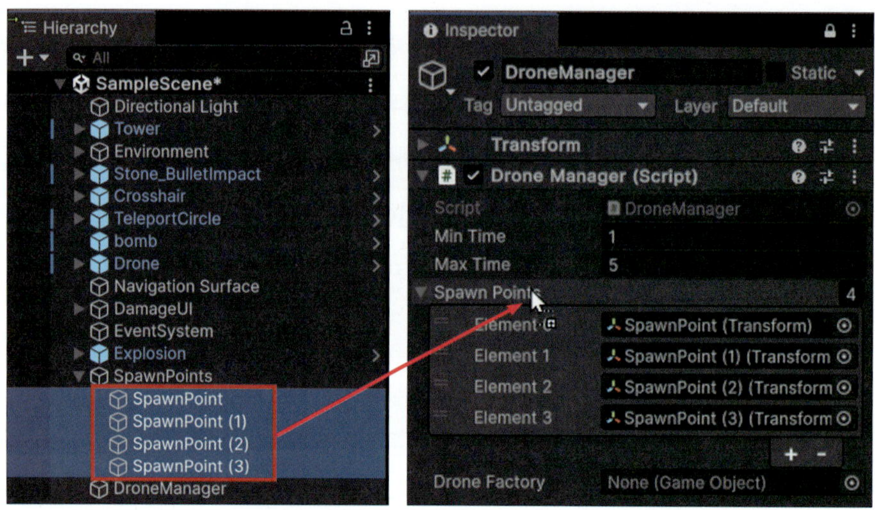

[그림 4-86] DroneManager에 SpawnPoint 객체 등록하기

이렇게 하면 Size가 '4'로 바뀌고 Element 0부터 Element 3까지 SpawnPoint들이 각각 등록됩니다. 마지막으로 Drone Factory 속성에 Drone을 할당하려고 합니다. 이때에는 한 가지 작업이 필요 합니다. 우리가 지금까지 작업한 드론은 씬에 등록된 객체입니다. 이 객체의 수정된 값들이 프로젝트 창의 프리팹(원본 파일)에 적용돼야 드론을 생성할 때마다 모두 같은 동작을 하도록 할 수 있습니다. 하이어라키 창에서 [Drone]을 선택하고 인스펙터 창의 자물쇠를 원래대로 풀어주겠습니다. 그 리고 밑에 있는 'Overrides'의 드롭다운 메뉴를 열어 [Apply All] 버튼을 클릭합니다.

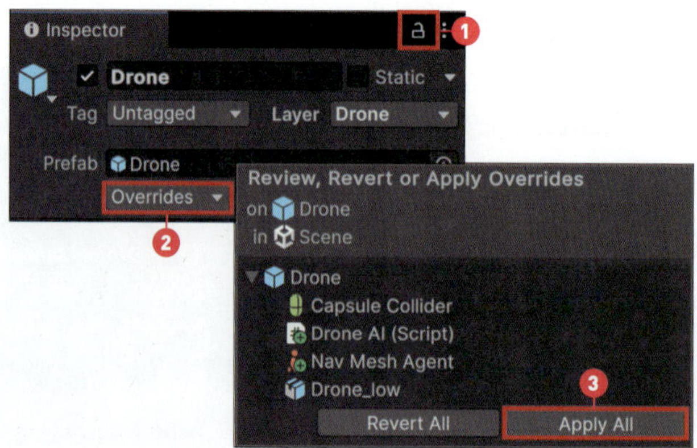

[그림 4-87] Drone의 수정된 정보를 프리팹에 적용하기

이렇게 하면 씬에서 수정한 정보를 프리팹에 적용할 수 있습니다. 따라서 이후에 프리팹을 씬으로 가져오면 수정된 정보가 반영돼 사용할 수 있게 됩니다. 이제 하이어라키에 있는 [Drone]은 [Delete]를 눌러 삭제합니다. DroneManager.cs 스크립트에서 프로젝트 창의 Drone 프리팹을 가져와 사용하도록 할 것입니다. 하이어라키 창에서 DroneManager 게임 오브젝트를 선택한 후 인스펙터 창의 [Drone Factory] 항목에 프로젝트 창의 [tdassets−Prefabs] 안에 있는 Drone 프리팹을 드래그 앤 드롭으로 할당합니다.

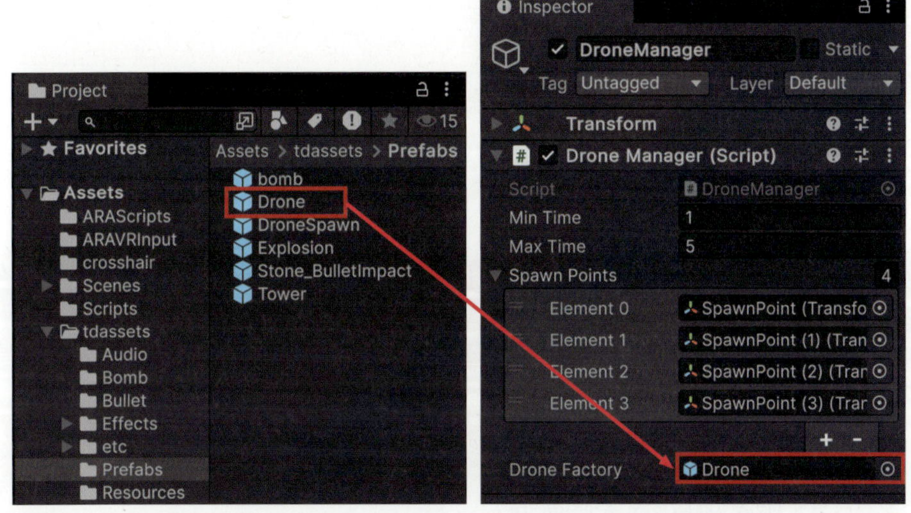

[그림 4-88] DroneManager의 DroneFactory에 Drone 프리팹 할당하기

다음은 씬에서 Drone을 제거하고 난 후의 하이어라키 창 정보입니다.

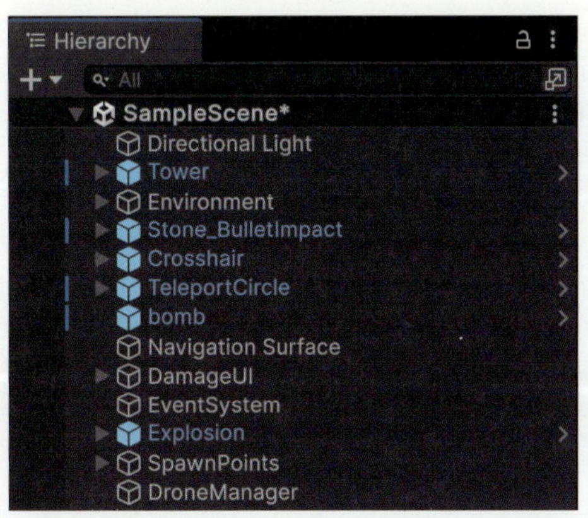

[그림 4-89] Drone을 제거한 후의 하이어라키 창 정보

이제 DroneManger.cs 스크립트를 구현해보겠습니다. 먼저 Start 함수에서 생성 시간인 createTime의 변숫값을 minTime과 maxTime 사이의 값으로 할당합니다.

```csharp
public class DroneManager : MonoBehaviour
{
    … 생략 …
    void Start()
    {
        // 생성 시간을 랜덤 범위에서 설정
        createTime = Random.Range(minTime, maxTime);
    }
}
```

[코드 4-94] DroneManager.cs Start 함수에서 생성 시간 초기화

다음으로 생성 시간에 한 번씩 드론을 생성하고 싶다는 목표를 구현해보겠습니다. 목표를 세분화해 정리하면 다음과 같습니다.

- **목표:** 생성 시간에 한 번씩 드론을 생성하고 싶다.
- **순서:** ❶ 시간이 흘러야 한다.
  ❷ 경과 시간이 생성 시간이 초과하였다면
  ❸ 드론 생성
  ❹ 드론 위치 설정
  ❺ 경과 시간 초기화
  ❻ 생성 시간 재할당

시간이 흐르는 것은 currentTime 변수에 deltaTime 값을 누적함으로써 구현합니다. 그리고 경과 시간인 currentTime의 값이 생성 시간(createTime)보다 커졌는지 체크합니다.

```csharp
public class DroneManager : MonoBehaviour
{
    … 생략 …
    void Update()
    {
```

```csharp
        // 1. 시간이 흘러야 한다.
        currentTime += Time.deltaTime;
        // 2. 만약 경과 시간이 생성 시간을 초과했다면
        if (currentTime > createTime)
        {
            // 3. 드론 생성
            // 4. 드론 위치 설정
            // 5. 경과 시간 초기화
            // 6. 생성 시간 재할당
        }
    }
}
```

[코드 4-95] DroneManager.cs 생성 시간 완료 여부 체크하기

생성 시간이 됐다면 Instantiate() 함수에 droneFactory 값을 인자로 넘겨 드론 객체를 하나 생성 합니다. 그런 다음 SpawnPoints 중 하나를 랜덤으로 뽑아 이 드론의 위치를 해당 스폰 포인트의 위 치로 지정합니다. 마지막으로 경과 시간을 초기화하고 생성 시간을 랜덤으로 다시 할당합니다.

```csharp
public class DroneManager : MonoBehaviour
{
    … 생략 …
    void Update()
    {
        // 1. 시간이 흘러야 한다.
        currentTime += Time.deltaTime;
        // 2. 만약 경과 시간이 생성 시간을 초과 하였다면
        if (currentTime > createTime)
        {
            // 3. 드론 생성
            GameObject drone = Instantiate(droneFactory);
            // 4. 드론 위치 설정
            // 랜덤으로 spawnPoints 중 하나를 뽑는다.
            int index = Random.Range(0, spawnPoints.Length);
            // 드론의 위치를 랜덤으로 뽑힌 spawnPoint 의 위치로 할당
            drone.transform.position = spawnPoints[index].position;
            // 5. 경과 시간 초기화
```

```
            currentTime = 0;
            // 6. 생성 시간 재할당
            createTime = Random.Range(minTime, maxTime);
        }
    }
}
```

[코드 4-96] DroneManager.cs 드론 생성 및 위치 지정

이렇게 작성하고 저장합니다. 유니티로 이동해 실행해보면 SpawnPonits에 등록된 하위 객체의 위치에서 랜덤으로 드론이 생성돼 타워를 향해 이동하는 것을 확인할 수 있을 것입니다.

[그림 4-90] DroneManager가 생성한 드론들

다음은 최종 DroneManager.cs 스크립트입니다. Update에서 시간 체크 표시를 하는 부분을 코루틴을 이용해 변경해 보길 권합니다.

```
using System.Collections;
using System.Collections.Generic;
using UnityEngine;
```

```csharp
// 랜덤한 시간에 한 번씩 드론을 생성하고 싶다.
public class DroneManager : MonoBehaviour
{
    // 랜덤 시간의 범위
    public float minTime = 1;
    public float maxTime = 5;
    // 생성 시간
    float createTime;
    // 경과 시간
    float currentTime;
    // 드론을 생성할 위치
    public Transform[] spawnPoints;
    // 드론 공장
    public GameObject droneFactory;
    void Start()
    {
        // 생성 시간을 랜덤 범위에서 설정
        createTime = Random.Range(minTime, maxTime);
    }
    void Update()
    {
        // 1. 시간이 흘러야 한다.
        currentTime += Time.deltaTime;
        // 2. 만약 경과 시간이 생성 시간을 초과했다면
        if (currentTime > createTime)
        {
            // 3. 드론 생성
            GameObject drone = Instantiate(droneFactory);
            // 4. 드론 위치 설정
            // 랜덤으로 spawnPoints 중 하나를 뽑는다.
            int index = Random.Range(0, spawnPoints.Length);
            // 드론의 위치를 랜덤으로 뽑힌 spawnPoint의 위치로 할당
            drone.transform.position = spawnPoints[index].position;
            // 5. 경과 시간 초기화
            currentTime = 0;
            // 6. 생성 시간 재할당
            createTime = Random.Range(minTime, maxTime);
        }
    }
}
```

[코드 4-97] DroneManager.cs 전체 코드

폭탄을 이용해 다수의 드론 제거하기

이제 여러 개의 드론이 나오게 됐으므로 드론을 하나씩 잡으려고 하면 어려움이 있다는 것을 알게 됐을 것입니다. 따라서 현재 드론의 피격은 총에 맞았을 때만 하고 있는데, 플레이어가 던진 폭탄에 맞았을 경우 폭탄의 영향 범위에 있는 모든 드론을 제거해 보겠습니다. 프로젝트 창의 Scripts 폴더에 Bomb.cs 스크립트를 새로 만들어 하이어라키 창에 있는 Bomb 객체에 붙입니다.

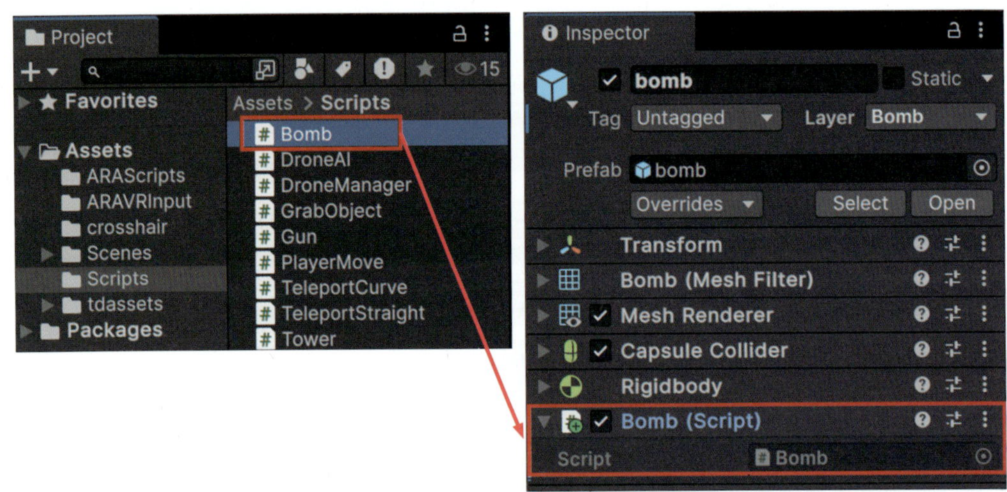

[그림 4-91] Bomb.cs 스크립트 생성 및 할당하기

Bomb.cs 스크립트로 이동합니다. 이곳에서 우리가 하고 싶은 것은 '폭탄이 충돌해 폭발할 때 주변에 있는 드론들을 제거하고 싶다.'입니다. 이를 위해 필요한 속성은 다음과 같습니다.

> 🎯 **목표**: 폭탄이 충돌해 폭발할 때 주변에 있는 드론을 제거하고 싶다.
> 🎯 **필요 속성**: 폭발 효과, 폭발 영역

스크립트에 필요 속성을 추가해 보겠습니다. 폭발 효과에 대한 정보는 DroneAI.cs에서도 사용하던 것입니다.

```csharp
// 폭탄이 충돌해 폭발할 때 주변에 있는 드론을 제거하고 싶다.
// 필요 속성: 폭발 효과, 폭발 영역
public class Bomb : MonoBehaviour
```

```csharp
{
    // 폭발 효과
    Transform explosion;
    ParticleSystem expEffect;
    AudioSource expAudio;
    // 폭발 영역
    public float range = 5;
}
```

[코드 4-98] Bomb.cs 필요 속성 추가

Start 함수에서 폭발 효과에 관련된 정보를 찾아 넣어주겠습니다. 이 부분도 DroneAI.cs에 있는 내용과 같습니다.

```csharp
public class Bomb : MonoBehaviour
{
    … 생략 …
    void Start()
    {
        // 씬에서 Explosion 객체를 찾아 transform 가져오기
        explosion = GameObject.Find("Explosion").transform;
        // Explosion 객체의 ParticleSystem 컴포넌트 얻어오기
        expEffect = explosion.GetComponent<ParticleSystem>();
        // Explosion 객체의 AudioSource 컴포넌트 얻어오기
        expAudio = explosion.GetComponent<AudioSource>();
    }
}
```

[코드 4-99] Bomb.cs Start 함수에서 폭발 효과 값 할당

이제 폭탄이 충돌했을 때 주변에 있는 드론들을 검출해 제거하는 내용을 작성해 보겠습니다. 순서는 다음과 같습니다.

> 🔽 **목표**: 폭탄이 충돌해 폭발할 때 주변에 있는 드론을 제거하고 싶다.
> 🔽 **순서**: ❶ 폭탄 영역 안에 있는 드론을 검출한다.

폭탄 영역 안에 드론이 들어왔는지를 먼저 검출하려고 합니다. 이를 위해 LayerMask의 NameToLayer 함수를 이용해 드론 레이어를 가져옵니다. 이를 비트 시프트 연산자(<<)를 이용 해 검출할 레이어 마스크를 만듭니다. 레이어 마스크 정보와 폭발 범위(range), 폭탄의 위치 정보를 Physics의 OverlapSphere에 넘겨줌으로써 영역 안에 들어온 드론을 검출할 수 있습니다. OverlapSphere() 함수의 API 정의는 다음과 같습니다.

Physics.OverlapSphere

Leave feedback

```
public static Collider[] OverlapSphere(Vector3 position, float radius, int layerMask = AllLayers,
QueryTriggerInteraction queryTriggerInteraction = QueryTriggerInteraction.UseGlobal);
```

[그림 4-92] OverlapSphere 함수 정의
(참고: 유니티 스크립트 API, https://docs.unity3d.com/ScriptReference/Physics.OverlapSphere.html)

[표 4-1] OverlapShere() 함수의 파라미터

position	구체의 중심 위치
radius	반경
layerMask	검출하고 싶은 레이어
queryTriggerInteraction	콜라이어더에 is trigger 옵션이 체크돼 있을 경우, 충돌 검사를 할 것인지, 말 것인지를 결정

이 Overlap 함수를 이용해 넘겨받은 Collider 배열은 검출된 객체의 콜라이더입니다. foreach 문을 이용해 검출된 모든 객체를 Destroy() 함수로 제거합니다. 그다음 폭발 효과를 위치시키고 배치 하는 코드를 추가합니다. 마지막으로 폭탄 객체를 없앱니다.

```csharp
public class Bomb : MonoBehaviour
{
    … 생략 …
    private void OnCollisionEnter(Collision collision)
    {
        // 레이어 마스크 가져오기
        int layerMask = 1 << LayerMask.NameToLayer("Drone");
        // 폭탄을 중심으로 range 크기의 반경 안에 들어온 드론 검사
        Collider[] drones = Physics.OverlapSphere(transform.position, range, layerMask);
        // 영역 안에 있는 드론을 모두 제거
        foreach(Collider drone in drones)
        {
            Destroy(drone.gameObject);
        }
        // 폭발 효과의 위치 지정
        explosion.position = transform.position;
        // 이펙트 재생
        expEffect.Play();
        // 이펙트 사운드 재생
        expAudio.Play();
        // 폭탄 없애기
        Destroy(gameObject);
    }
}
```

[코드 4-100] Bomb.cs 폭탄이 충돌했을 때의 처리

저장하고 실행해보면 폭탄에 맞은 드론이 폭발하는 것을 볼 수 있을 것입니다.

VR 환경에서의 타워 디펜스가 모두 제작됐습니다. 게임의 완성도를 높이기 위해서는 좀 더 다양한 기획 요소들이 추가돼야 하겠지만, VR 환경에서의 컨트롤러 조작법 및 PC에서 VR 플랫폼 순으로 진행되는 작업 흐름을 익히는 것에 목적으로 두고 구성했습니다.

모든 작업을 반드시 PC에서 하고 VR 환경으로 포팅하는 것은 아니지만, 반복 작업 및 타 직군과의 협업을 원활히 하기 위해 PC에서의 테스트 환경 구축은 필수입니다. 이번 VR 학습을 진행하면서 학습자가 확인해봐야 할 사항은 '자유 이동을 할 때 어지러움을 유발하는 요소가 발생하는지', '이를 계속 하면 그 현상이 줄어드는지'입니다. 앞으로 갈 때 멀미가 나는데, 뒤로 가면 멀미가 나는

지도 확인해보는 것이 좋습니다. 이와 아울러 콘텐츠를 체험하는 사용자의 연령대에 따라서도 어지러움을 느끼는 차이가 나곤 한다는 것을 테스트를 통해 확인해보는 것이 좋습니다.

마치 공식처럼 VR 콘텐츠는 텔레포트를 사용해야 하는 것으로 알고 있지만, 스팀이나 메타 스토어에서의 인기 있는 다수의 콘텐츠가 자유 이동을 지원하고 있는 점도 눈여겨봐야 할 것입니다. 기획 의도에 따라 어떤 이동 방식을 사용해야 할 것인지는 많은 테스트와 사용자 경험을 찾아 내는 바탕 위에 선택돼야 할 것입니다. 또한 스토어에서 각 플랫폼에서 제공하는 텔레포트 플러그인을 가져다가 그냥 쓰는 경우가 많은데, 이를 확장하거나 오류가 있어 수정해야 할 때 그리고 플랫폼에 종속되지 않고 하나로 계속 사용하고 싶을 때는 직접 만들어 사용할 필요가 있습니다. 이 책에서는 어떻게 직선 및 곡선을 시뮬레이션하고 텔레포트에 적용하는지, 물체를 잡아 던질 때 어떻게 이동 속도와 회전 속도를 구하는지도 다뤘습니다. 이런 방식은 다른 많은 형태의 구현에 응용될 수 있기 때문에 잘 익혀두는 것이 좋습니다. Bomb.cs의 전체 스크립트는 다음과 같습니다.

```csharp
using System.Collections;
using System.Collections.Generic;
using UnityEngine;
// 폭탄이 충돌해 폭발할 때 주변에 있는 드론들을 제거하고 싶다.
// 필요 속성: 폭발 효과, 폭발 영역
public class Bomb : MonoBehaviour
{
    // 폭발 효과
    Transform explosion;
    ParticleSystem expEffect;
    AudioSource expAudio;
    // 폭발 영역
    public float range = 5;
    void Start()
    {
        // 씬에서 Explosion 객체 찾아 transform 가져오기
        explosion = GameObject.Find("Explosion").transform;
        // Explosion 객체의 ParticleSystem 컴포넌트 얻어오기
        expEffect = explosion.GetComponent<ParticleSystem>();
        // Explosion 객체의 AudioSource 컴포넌트 얻어오기
        expAudio = explosion.GetComponent<AudioSource>();
    }
    private void OnCollisionEnter(Collision collision)
```

```csharp
    {
        // 레이어 마스크 가져오기
        int layerMask = 1 << LayerMask.NameToLayer("Drone");
        // 폭탄을 중심으로 range 크기의 반경 안에 들어온 드론 검사
        Collider[] drones = Physics.OverlapSphere(transform.position, range, layerMask);
        // 영역 안에 있는 드론을 모두 제거
        foreach(Collider drone in drones)
        {
            Destroy(drone.gameObject);
        }
        // 폭발 효과의 위치 지정
        explosion.position = transform.position;
        // 이펙트 재생
        expEffect.Play();
        // 이펙트 사운드 재생
        expAudio.Play();
        // 폭탄 없애기
        Destroy(gameObject);
    }
}
```

[코드 4-101] Bomb.cs 전체 코드

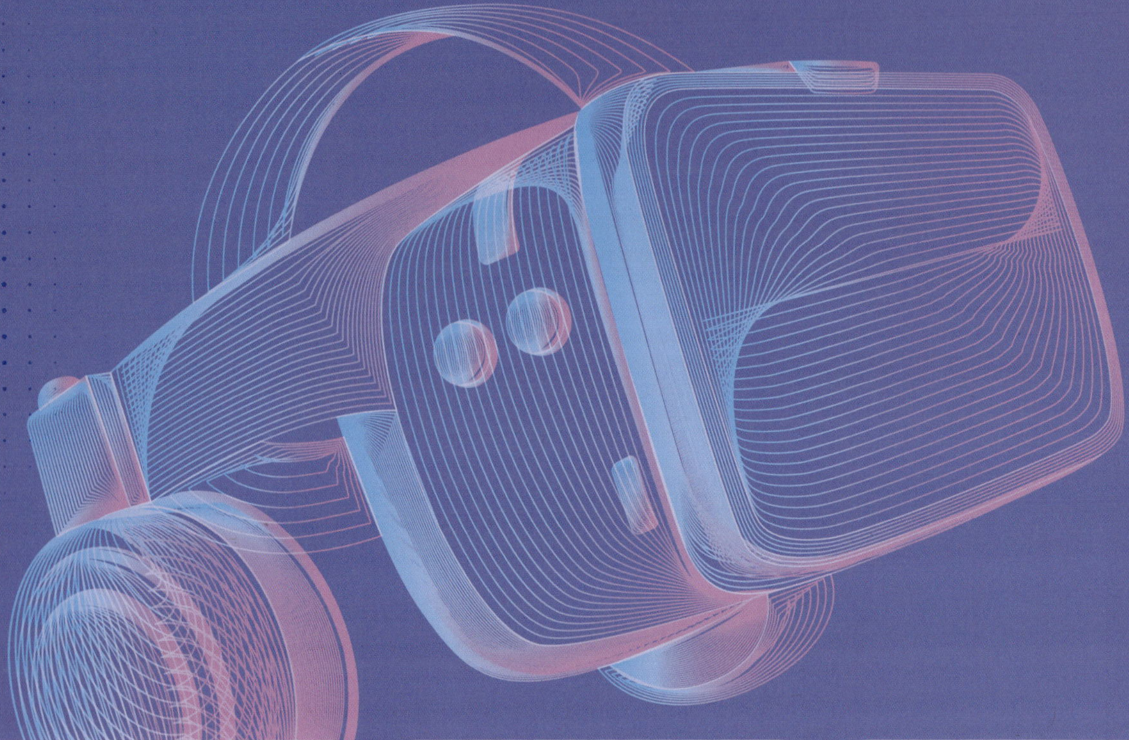

〈데드 헝그리(Dead Hungry)〉-액션 게임

〈데드 헝그리〉는 일본 Q-게임즈(Q-Games Ltd.)의 박진감 넘치는 첫 VR 게임으로 버거, 탄산 음료 등으로 무장한 푸드 트럭 셰프가 되어 일본 교토의 좀비화된 시민들을 구출하는 게임이다.

〈블루 이펙트 VR(Blue Effect VR)〉-슈팅 액션 게임

DIVR 랩스(DIVR Labs)의 〈블루 이펙트 VR〉은 외계 종족의 영역인 엑소-277 행성으로 가게 된 플레이어가 무자비하고 잔혹한 적들과 마주하게 된다는 SF 웨이브 슈팅 게임이다.

〈이글 플라이트(Eagle Flight)〉-레이싱 게임

유비소프트 몬트리얼 스튜디오(Ubisof Montreal Studio)의 〈이글 플라이트〉는 독수리가 되어 파리의 에펠탑부터 노트르담 대성당까지 활공하며, 멀티플레이어 공중전어 참여하게 되는 게임이다.

엘프 어쌔신(Elven Assassin)〉－액션 게임
클리 스튜디오(Wenkly Studio Sp. z o.o.)의
엘프 어쌔신(엘프족 암살자)〉은 메타 퀘스트
환 게임으로 가상 현실에서 활로 오크와
래곤 무리를 처치하는 게임이다.

VR 네트워크 제작

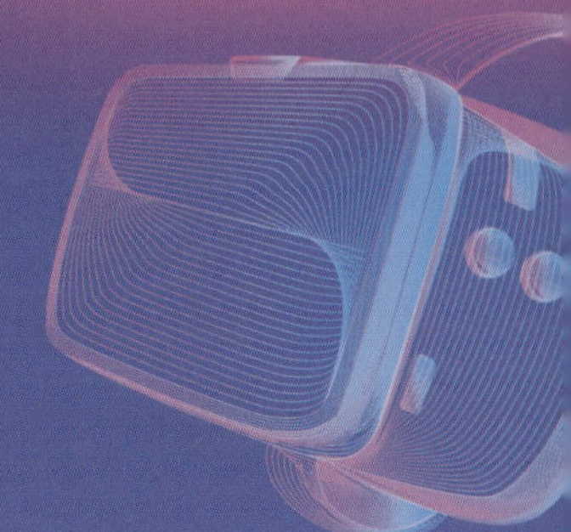

5.1 프로젝트 및 Photon 설정하기

이번에는 Photon을 이용한 VR 네트워크 게임 예제를 통해 네트워크 기반의 VR 콘텐츠 제작 방법에 대해 학습하겠습니다.

먼저 Photon 홈페이지(https://www.photonengine.com/ko-kr)에 접속해 계정을 생성합니다.

[그림 5-1] 포톤 홈페이지

[새 애플리케이션 만들기] 버튼을 누릅니다. Photon의 종류는 [Fusion]을 선택하고 이름은 'VRNetworkGame'으로 설정한 후 [작성하기] 버튼을 눌러 애플리케이션을 생성합니다.

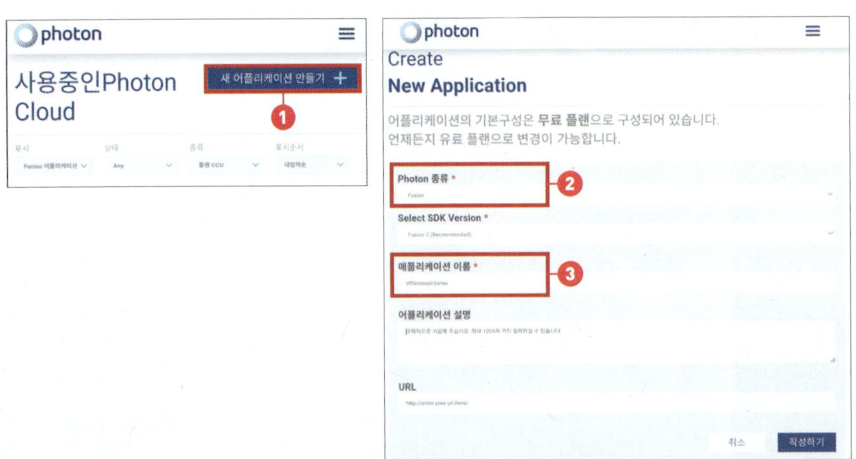

[그림 5-2] 새 애플리케이션 만들기

생성된 애플리케이션의 애플리케이션 ID(App Id)에 마우스 커서를 올려놓고 클릭하면 전체 애플리케이션 ID가 선택됩니다. [Ctrl]+[C]를 눌러 클립보드에 복사해 뒀다가 유니티 포톤 프로젝트 세팅에서 사용하겠습니다.

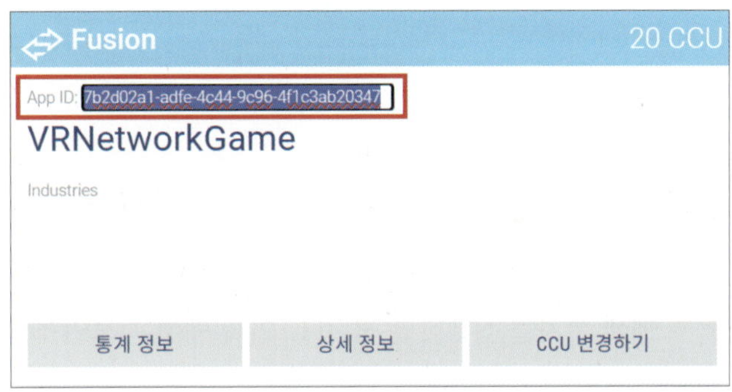

[그림 5-3] 애플리케이션 ID

이제 UnityHub를 실행해 3D(Built-in Render Pipeline) 타입의 'VRNetworkGame'이라는 이름으로 프로젝트를 생성하겠습니다.

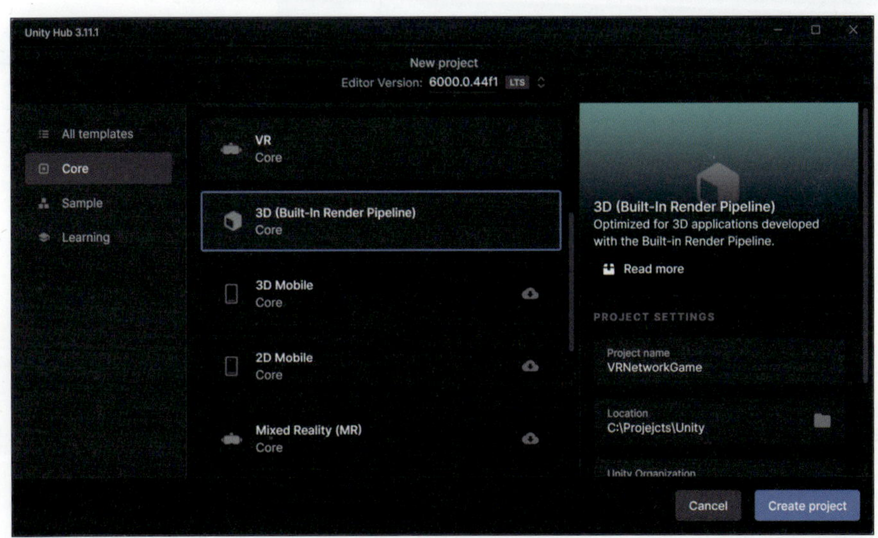

[그림 5-4] 프로젝트 생성하기

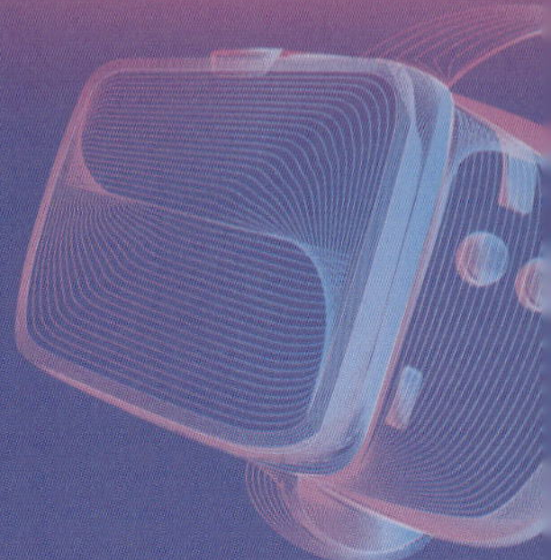

Unity 2020부터 에셋 스토어는 유니티 내부의 웹 브라우저가 아니라 외부 웹 브라우저로 변경됐습니다. 에셋 스토어는 계정과 연동되므로 Unity Hub에 로그인한 계정과 에셋 스토어에 로그인한 계정이 같은지 확인한 후 에셋 설치를 진행하면 됩니다. 이제 에셋 스토어에서 'Fusion2'를 검색한 후 [Unity에서 열기] 버튼을 눌러 추가합니다.

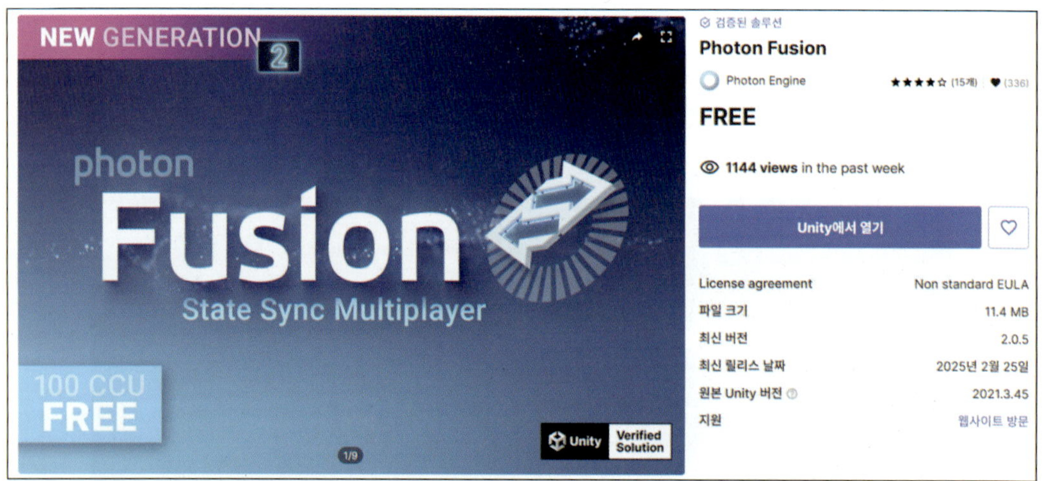

[그림 5-5] 에셋스토어에서 Photon Fusion 에셋 검색하기

유니티 프로젝트가 열려 있는 상태에서 해당 버튼을 누르면 유니티 프로젝트의 PackageManager 창이 활성화됩니다. [Download] 버튼을 눌러 에셋을 다운로드한 후 [Import] 버튼을 눌러 유니티 프로젝트에 추가합니다.

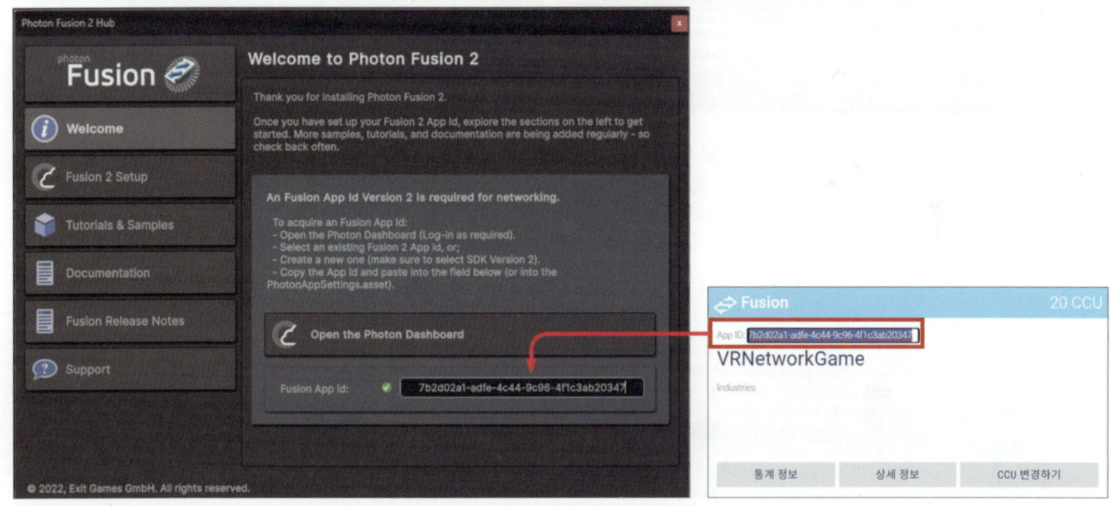

[그림 5-6] 유니티 프로젝트에 Photon Fusion 에셋 추가하기

에셋을 추가하면 Photon Fusion 2 Hub 창이 열리는데, 이곳에 Photon에서 발급받은 애플리케이션 ID를 입력합니다.

[그림 5-7] 포톤 웹 페이지에서 애플리케이션 ID를 등록하기

처음에 입력을 못했다면 프로젝트창에서 Photon – Fusion – Resource 폴더에 PhotonApp Settings 파일이 있습니다. App ID의 설정은 [그림 5-8]과 같이 PhotonAppSettings 파일의 인스 펙터 뷰에서 [App Id Fusion]에서 발급받은 App ID를 작성하면 됩니다.

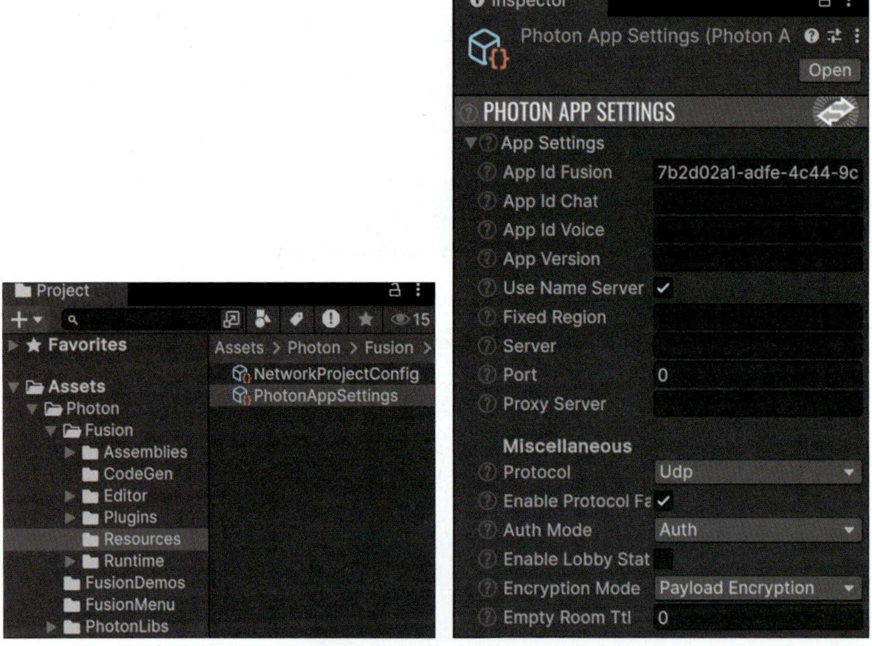

[그림 5-8] PhotonAppSettings 설정하기

5.3 Fusion의 구조

Photon Fusion는 멀티플레이어 게임용 유니티 패키지입니다. 플레이어들은 객체들이 네트워크를 통해 동기화될 수 있는 Room(방)으로 이끌어줍니다. 이 Room을 세션(Session)이라 합니다. 같은 방에 들어온 플레이어들 간에 통신을 할 수 있습니다. 다음은 포톤의 동작 방식을 그림으로 나타낸 것입니다.

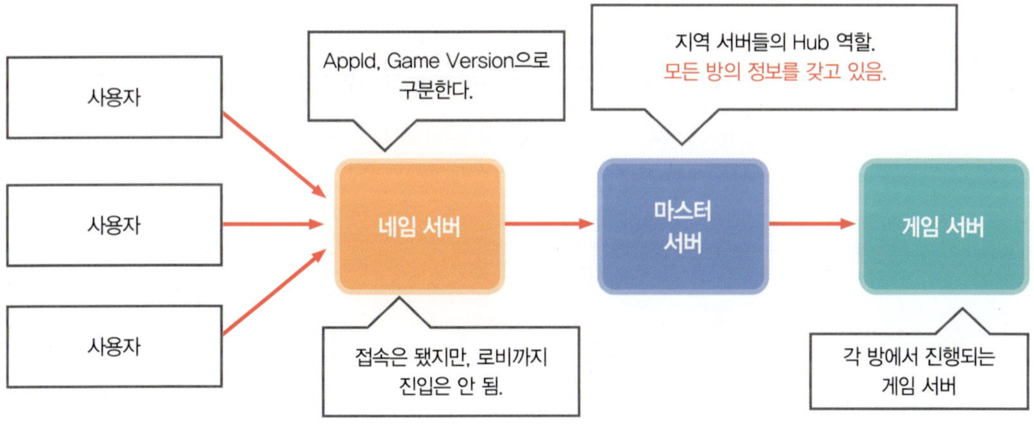

[그림 5-9] 포톤의 구조

사용자(client)가 네트워크에 접속하면 제일 처음 네임 서버에 접속합니다. 이곳에서 어떤 애플리케이션인지, 어느 서버인지에 관한 인증 처리를 진행하고, 다시 마스터 서버로 이동합니다. 마스터 서버에서는 게임에 들어가기 전에 들어가고 싶은 로비 및 방을 선택합니다. 마지막으로 방에 들어가면 사용자는 다시 게임을 진행하기 위해 설계된 게임 서버로 이동합니다. 최종 게임 서버에서 사용자는 멀티플레이 게임을 진행하게 되는 구조로 돼 있습니다. 포톤은 다양한 제품군을 갖고 있으며, [그림 5-10]은 포톤에서 제공하고 있는 기능별 서버 제품군을 나타냅니다.

[그림 5-10] 포톤 제품(출처: https://www.photonengine.com/)

참고로 이 책에서는 Fusion과 VR상에서의 음성 채팅을 위해 Voice를 사용합니다.

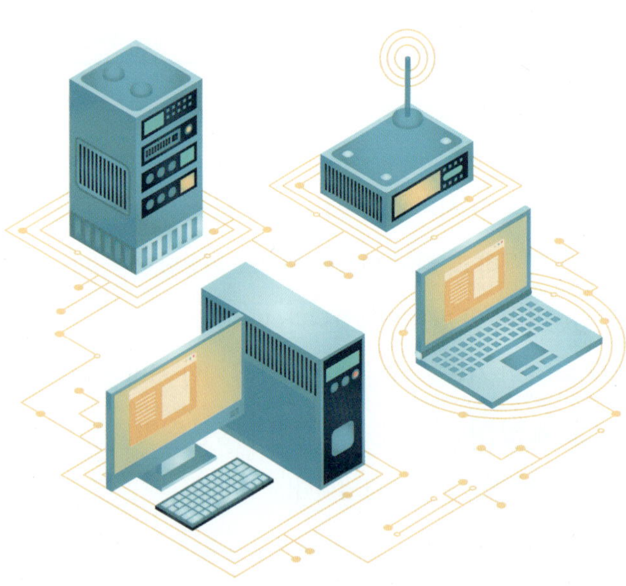

5.4 씬 생성 및 서버 접속하기

이제 본격적으로 VR 네트워크 게임을 제작해보겠습니다. 이번에는 생성된 VRNetworkGame 프로젝트에 네트워크 게임을 진행할 씬을 만들고, 포톤을 이용해 포톤 서버 구조에 맞도록 서버에 접속하는 과정을 학습합니다.

➡️ 학습 목표

VR 네트워크 게임을 위한 씬을 제작하고 포톤 게임 서버에 접속하고 싶다.

➡️ 순서

❶ 씬 생성   ❷ 포톤 게임 서버 접속

🥽 씬 생성

먼저 유니티에서 Ctrl + N 을 눌러 'NetPlayScene'이라는 이름으로 새로운 씬을 생성해 실시간 네트워크 플레이를 테스트할 수 있도록 하겠습니다.

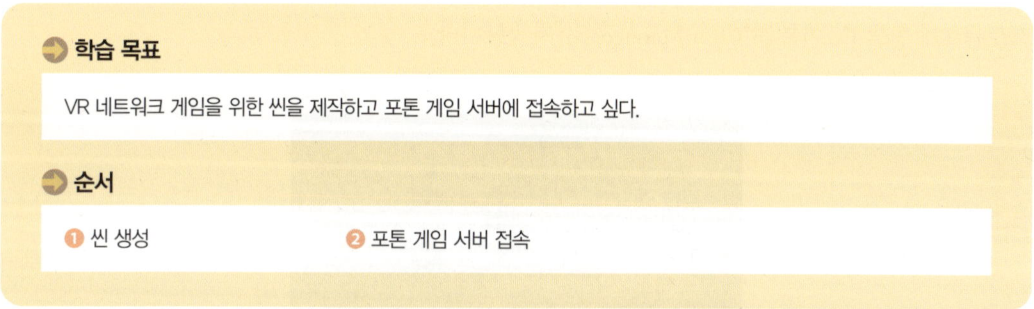
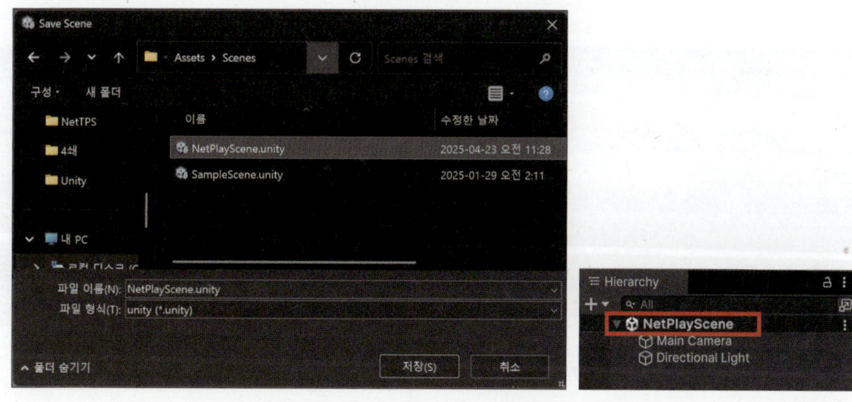

[그림 5-11] NetPlayScene 생성하기

일반적인 게임이라면 네트워크 게임을 하기 위해 로비 제작 및 방 만들기, 방 UI 관리하기 등 다양한 씬이 필요합니다. VR에서는 보통 VR 홈을 만드는데, 이곳에서 다중 사용자가 함께 활동하거나 원하는 기능 메뉴를 선택하는 등 다양한 작업을 합니다. 하지만 이 책에서는 네트워크상에서 사용자 간 위치, 애니메이션, 음성 등의 데이터 처리에 집중하기 위해 시작하면 바로 게임으로 들어갈 수 있도록 작성됐습니다. 그럼 NetPlayScene에서 바로 게임 서버에 접속해 플레이가 가능하도 록 해보겠습니다.

포톤 게임 서버 접속

네트워크 연결 및 게임에 참여한 플레이어를 만들어주는 역할을 할 ConnManager 객체를 만들어보겠습니다. 먼저 하이어라키 뷰에서 [+] 버튼을 누른 후 [Create Empty]를 선택해 빈 게임 오브젝트를 1개 만들고, 이름을 'ConnManager'로 지정합니다.

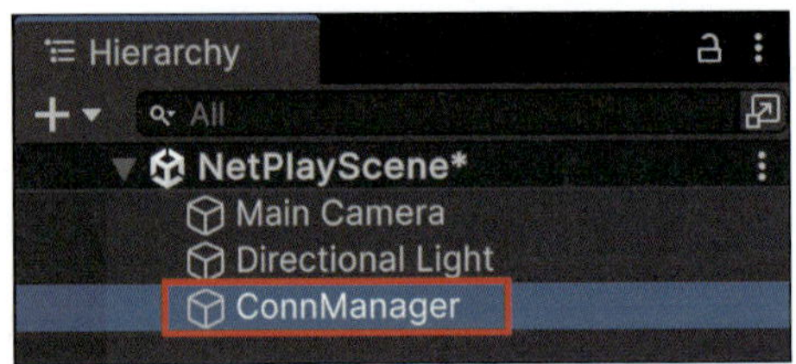

[그림 5-12] ConnManager 게임 오브젝트 추가하기

프로젝트 뷰에서 [+] 버튼을 클릭해 Scripts 폴더에 C# Script를 추가하고, 이름을 'ConnManager'로 지정합니다. 만들어진 ConnManager.cs 스크립트를 하이어라키 뷰의 ConnManager 게임 오브젝트에 컴포넌트로 붙이겠습니다.

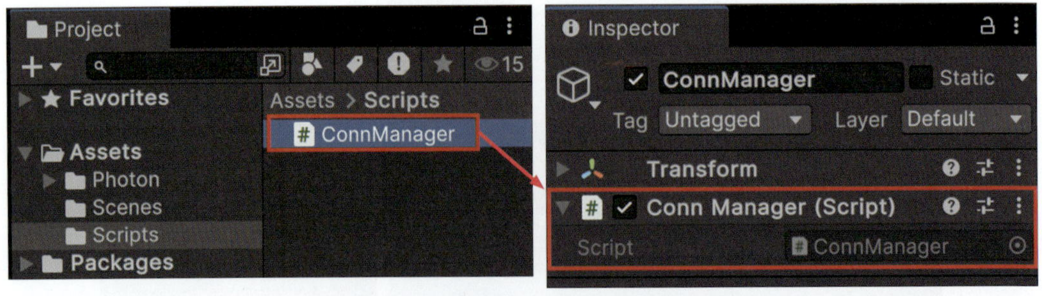

[그림 5-13] ConnManager.cs 생성 및 할당하기

ConnManager.cs 스크립트를 더블클릭해 편집기에서 엽니다. 스크립트에서 포톤 API를 사용하기 위해 포톤의 Fusion, Fusion.Sockets과 System, System.Collections.Generic 네임스페이스를 추가합니다. 그리고 INetworkRunnerCallbacks 인터페이스를 추가로 상속합니다. 인터페이스이기 때문에 필수 구현 함수들이 있습니다. 비주얼 스튜디오라면 Alt + Enter 키를 눌러 한번에 구현부를 다음과 같이 추가할 수 있습니다.

```csharp
using Fusion;
using Fusion.Sockets;
using System;
using System.Collections.Generic;
using UnityEngine;

public class ConnManager : MonoBehaviour, INetworkRunnerCallbacks
{
    public void OnConnectedToServer(NetworkRunner runner){}
    public void OnConnectFailed(NetworkRunner runner, NetAddress remoteAddress,
NetConnectFailedReason reason) { }
    public void OnConnectRequest(NetworkRunner runner, NetworkRunnerCallbackArgs.ConnectRequest
request, byte[] token) { }
    public void OnCustomAuthenticationResponse(NetworkRunner runner, Dictionary<string,
object> data) { }
    public void OnDisconnectedFromServer(NetworkRunner runner, NetDisconnectReason reason) { }
    public void OnHostMigration(NetworkRunner runner, HostMigrationToken hostMigrationToken) { }
    public void OnInput(NetworkRunner runner, NetworkInput input) { }
    public void OnInputMissing(NetworkRunner runner, PlayerRef player, NetworkInput input) { }
    public void OnObjectEnterAOI(NetworkRunner runner, NetworkObject obj, PlayerRef player) { }
    public void OnObjectExitAOI(NetworkRunner runner, NetworkObject obj, PlayerRef player) { }
    public void OnPlayerJoined(NetworkRunner runner, PlayerRef player) { }
    public void OnPlayerLeft(NetworkRunner runner, PlayerRef player) { }
    public void OnReliableDataProgress(NetworkRunner runner, PlayerRef player, ReliableKey
key, float progress) { }
    public void OnReliableDataReceived(NetworkRunner runner, PlayerRef player, ReliableKey
key, ArraySegment<byte> data) { }
    public void OnSceneLoadDone(NetworkRunner runner) { }
    public void OnSceneLoadStart(NetworkRunner runner) { }
    public void OnSessionListUpdated(NetworkRunner runner, List<SessionInfo> sessionList) { }
    public void OnShutdown(NetworkRunner runner, ShutdownReason shutdownReason) { }
    public void OnUserSimulationMessage(NetworkRunner runner, SimulationMessagePtr message) { }
```

```
    }
```

[코드 5-1] **ConnManager.cs** INetworkRunnerCallbacks 인터페이스 상속 및 함수 구현부 추가

세션(Session) 만들기

다음은 게임을 진행할 수 있는 게임 세션(Session)을 만들어 보도록 하겠습니다. 여기에서 세션이란 '방(Room)'을 뜻합니다. 유저들은 만들어진 세션(방)에 모여서 함께 게임을 하도록 구성되어 있습니다. 따라서 먼저 세션을 만들어야 합니다.

먼저 NetworkRunner의 인스턴스 변수 runner를 선언해 주겠습니다. NetworkRunner 클래스는 Photon Fusion의 핵심 컴포넌트로, 네트워크 기능의 중앙 제어 유닛(Central Manager) 역할을 합니다. Fusion에서 네트워크 게임을 만들 때, 이 NetworkRunner 하나로 대부분의 네트워크 실행/제어/관리 작업을 처리합니다.

NetworkRunner는 StartGame( ) 함수를 이용해 네트워크 실행 모드를 선택할 수 있습니다. 참고로, 네트워크 실행모드에는 Host, Client, Shared, Server, Single이 있으며 Single은 말그대로 혼자서 플레이하려고 할 때 사용하고, Host는 서버와 클라이언트를 함께 구현하고 있는 리슨(Listen)서버, Server는 흔히 데디케이티드(Dedicated) 서버라고 하며 서버 로직만 존재하는 순수하게 서버 역할만을 수행하는 독립적인 서버를 뜻합니다. Client는 이미 실행중인 서버에 접속하는 클라이언트이며, Shared는 모든 클라이언트가 상태를 공유하고, 로컬 시뮬레이션하는 역할을 합니다. 다음 표는 네트워크 실행 모드인 GameMode의 종류와 설명, 권한, 용도를 나타냅니다.

[표 5-1] GameMode 설명

GameMode	설명	권한	용도
Host	클라이언트가 서버도 겸함(Listen Server)	클라이언트 = 서버	소규모 게임, P2P 구조와 유사
Client	이미 실행 중인 서버(Host or Server)에 접속하는 클라이언트	서버로부터 동기화 받음	플레이어용 접속 클라이언트
Server	순수 서버 전용. 직접 플레이 불가	서버 권한(플레이 X)	데디케이티드 서버 환경
Shared	모든 클라이언트가 상태를 공유하고, 로컬 시뮬레이션 함	없음(권한 분산)	LAN, 실험적 P2P 또는 무권한 구조

이제 Start 함수를 구현해 보겠습니다. 비동기로 실행시키기 위해 async 키워드를 함수 앞에 붙여줍니다. 그리고 NetworkRunner 컴포넌트를 AddComponent() 함수를 이용해 붙여 주고 runner에 할당합니다. 다음으로 네트워크 상에서 사용자 입력을 가져와 처리할 수 있도 록 ProvideInput을 true로 설정합니다.

```csharp
public class ConnManager : MonoBehaviour, INetworkRunnerCallbacks
{
    private NetworkRunner runner;

    async void Start()
    {
        runner = gameObject.AddComponent<NetworkRunner>();
        runner.ProvideInput = true;
    }

    … 생략 …
}
```

[코드 5-2] ConnManager.cs Start 함수에서 NetworkRunner 생성

다음으로 현재 로드된 씬(Scene)을 가져와서 NetworkSceneInfo에 추가해 줍니다.

```csharp
public class ConnManager : MonoBehaviour, INetworkRunnerCallbacks
{
    private NetworkRunner runner;

    async void Start()
    {
        runner = gameObject.AddComponent<NetworkRunner>();
        runner.ProvideInput = true;

        var scene = SceneRef.FromIndex(SceneManager.GetActiveScene().buildIndex);
        var sceneInfo = new NetworkSceneInfo();
        if (scene.IsValid)
        {
            sceneInfo.AddSceneRef(scene, LoadSceneMode.Additive);
        }
    }
}
```

[코드 5-3] ConnManager.cs 씬 정보 추가

이제 세션을 만들거나 참가할 수 있습니다. NetworkRunner의 StartGame() 함수를 비동기로 호출해 줍니다. 함수의 인자로 StartGameArgs 클래스를 생성해서 넘겨줍니다. 이때 클래스의 변수 GameMode에는 AutoHostOrClient를 할당해서 세션이 없으면 Host로 만들고, 있으면 Client가 되도록 자동 설정해 줍니다. 그리고 방 이름인 SessionName에는 TestRoom을 할당하겠습니다. Scene에는 앞에서 로드해 놓은 scene을 할당하고, 네트워크상에서 씬 관리를 할 수 있도록 NetworkSceneManagerDefault 컴포넌트를 추가해 줍니다.

```csharp
using UnityEngine.SceneManagement
public class ConnManager : MonoBehaviour, INetworkRunnerCallbacks
{
    private NetworkRunner _runner;

    async void Start()
    {
        … 생략 …

        // TestRoom 이름의 세션만들기
        await runner.StartGame(new StartGameArgs()
        {
            GameMode = GameMode.AutoHostOrClient, SessionName = "TestRoom",
            Scene = scene,
            SceneManager = gameObject.AddComponent<NetworkSceneManagerDefault>()
        });
    }
}
```

[코드 5-4] ConnManager.cs 세션 만들기

▶ 세션 입장하기

사용자가 게임 세션에 입장하는지 알려주는 콜백 함수가 OnPlayerJoined()입니다. 앞에서 INetworkRunnerCallbacks 인터페이스가 구현해야 하는 함수라서 이미 추가해 놨습니다. 이 함수에서 플레이어의 세션 입장 여부를 출력해 보겠습니다.

```csharp
public class ConnManager : MonoBehaviour, INetworkRunnerCallbacks
```

```csharp
{
    ··· 생략 ···

    public void OnPlayerJoined(NetworkRunner runner, PlayerRef player)
    {

        Debug.Log($"OnPlayerJoined : {player.ToString()}");

    }
}
```

[코드 5-5] ConnManager.cs OnPlayerJoined 함수 구현

여기까지 하고 테스트를 해보겠습니다. [File-Build Profiles] 이나 [File-Build And Run] 메뉴를 선택해서 어플리케이션을 빌드해줍니다. 유니티 에디터와 빌드된 어플을 실행시키면 세션에 사용자가 추가될 때마다 콘솔 창에 OnPlayerJoined 함수 로그가 출력됩니다.

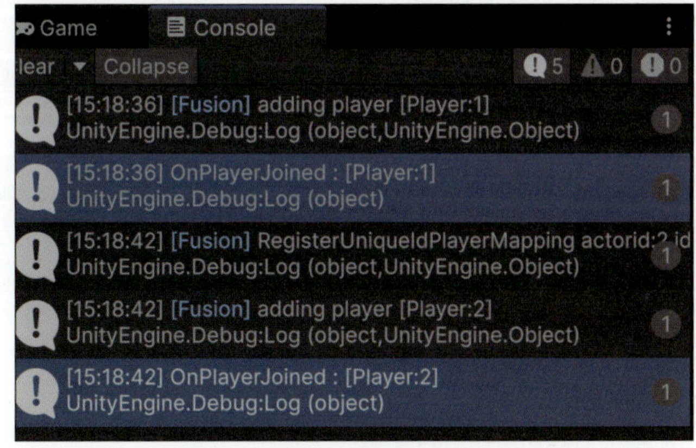

[그림 5-14] 세션 입장 결과

이제 게임 서버에 접속이 완료되면 방에 들어가게 됩니다. 이때 사용자가 컨트롤할 눈에 보이는 캐릭터가 있어야 합니다. 일반적으론 GameObject를 프리팹으로 만들고 Instantiate() 함수를 이용해 월드에 스폰하지만 네트워크 상에서는 NetworkPrefabRef를 이용해서 스폰해야 합니다. 게임에 참여할 플레이어 프리팹을 받을 NetworkPrefabRef 타입의 _playerPrefab 변수를 선언해 줍니다. 또한 방에 참여한 플레이어 목록을 관리할 Dictionary 타입의 _spawnedCharacters 변수도 추가해 줍니다.

OnPlayerJoined() 함수에서 서버일 경우에 랜덤한 위치를 만들줍니다. 그 곳에 NetworkRunner의 Spawn 함수를 이용해서 플래이어 캐릭터를 스폰해줍니다. 이렇게 만들어 진 NetworkObject를 참가자 목록인 _spawnedCharacters 딕셔너리에 추가합니다. 여기에서 핵심은 서버일 경우에만 캐릭터를 스폰한다는 것입니다. 네트워크상의 모든 동기화는 서버를 통해 모든 클라이언트들을 동기화 시키는 구조로 되어 있습니다. 따라서 반드시 서버에서 캐릭터를 생성해야 모든 클라이언트들에 동기화가 됩니다. 또한 NetworkObject는 Photon Fusion에서 네트워크를 통해 동기화되는 모든 객체의 핵심 베이스 클래스입니다. Fusion에서 어떤 게임 오브젝트가 다른 플레이어와 자동으로 위치/상태/이벤트가 동기화되려면 반드시 이 NetworkObject 컴포넌트를 가져야 합니다.

```csharp
public class ConnManager : MonoBehaviour, INetworkRunnerCallbacks
{
    … 생략 …
    // 게임에 참여할 플레이어 프리팹
    public NetworkPrefabRef _playerPrefab;
    // 게임에 참여하고 있는 플레이어들을 기억할 Dictionary
    Dictionary<PlayerRef, NetworkObject> _spawnedCharacters = new Dictionary<PlayerRef,
    NetworkObject>();
    public void OnPlayerJoined(NetworkRunner runner, PlayerRef player)
    {
        if (runner.IsServer)
        {
            // 랜덤한 위치 구하기
            Vector3 spawnPosition = UnityEngine.Random.insideUnitSphere * 5;
            spawnPosition.y = 0;
            // 게임에 참여한 플레이어를 위한 캐릭터 스폰
            NetworkObject networkPlayerObject = runner.Spawn(_playerPrefab, spawnPosition,
            Quaternion.identity, player);
            // 참가자 목록에 추가
            _spawnedCharacters.Add(player, networkPlayerObject);
        }
    }
}
```

[코드 5-6] ConnManager.cs 방 접속 후 랜덤 위치에 Player 생성하기

들어온 플레어가 방을 나갔을 때에도 처리가 되어야 합니다. 이 처리는 OnPlayerLeft() 함수에서

하면 됩니다. 방을 나간 플레이어는 함수의 파라미터 player 변수로 넘어오며 이 player가 목록에 있을 경우 Despawn() 함수로 월드에서 제거해 줍니다. 그리고 목록에서도 Remove() 함수로 제거합니다.

```csharp
public class ConnManager : MonoBehaviour, INetworkRunnerCallbacks
{
    … 생략 …
    public void OnPlayerLeft(NetworkRunner runner, PlayerRef player)
    {
        // 플레이어가 방을 나가면 삭제처리
        if (_spawnedCharacters.TryGetValue(player, out NetworkObject networkObject))
        {
            runner.Despawn(networkObject);
            _spawnedCharacters.Remove(player);
        }
    }
}
```

[코드 5-7] ConnManager.cs 퇴장한 플레이어 삭제 처리

 아직 우리는 플레이어 프리팹을 만들지 않았습니다. 이후 진행되는 단계에서 Player 게임 오브젝트를 만들어 프리팹으로 등록하겠습니다.

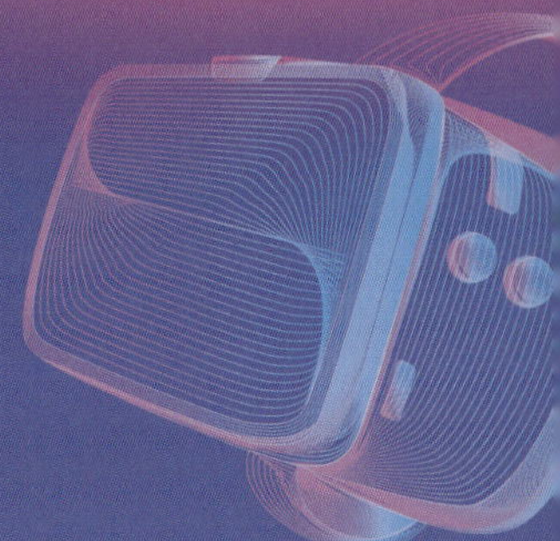

5.5 위치와 회전 동기화

방안에 들어왔으면 이제 본격적인 실시간 네트워킹을 하기 위한 씬을 제작해보겠습니다. 실시간 네트워킹에서는 무엇보다 같은 룸에 참여한 모든 사용자의 컴퓨터에서 서로의 현재 상황이 동일하게 보이도록 다른 유저의 정보를 갱신하는 것이 가장 중요합니다. 이러한 네트워크 동기화(Network synchronization)를 손쉽게 하기 위해 Fusion에서는 편리한 클래스들을 제공하고 있습니다.

🔸 학습 목표

사용자의 입력에 의한 이동과 회전 데이터를 다른 사용자와 동기화하고 싶다.

🔸 순서

❶ 게임을 플레이할 수 있는 환경을 구성한다.
❷ 사용자의 입력에 따라 캐릭터를 동작하고 애니메이션을 실행한다.
❸ 자신의 캐릭터 정보를 호스트에게 전달하고 다른 캐릭터의 정보를 호스트로부터 받아 갱신한다.

게임 플레이를 위한 환경 구성하기

우리 게임이 VR로 실행될 수 있도록 프로젝트 뷰에서 OVRCameraRig 프리팹을 하이어라키 뷰로 드래그해 씬에 추가합니다. 씬에 기본적으로 배치돼 있는 Main Camera 오브젝트는 삭제합니다.

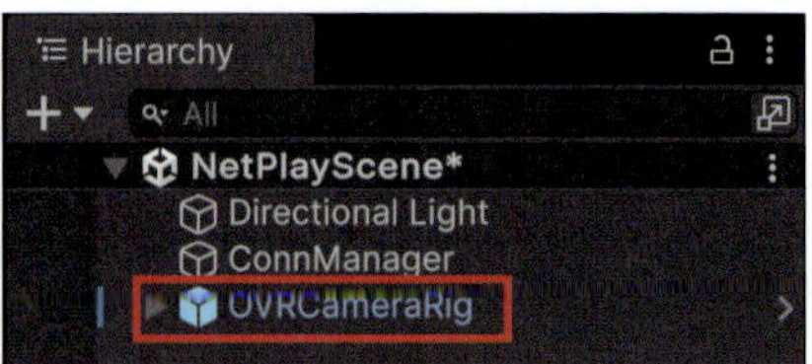

[그림 5-15] VR 네트워크 플레이용 씬 구성

하이어라키 뷰에서 [+] 버튼을 클릭한 후 [3D Object-Plane]을 선택해 바닥 면을 생성하고 이름을

'Ground'로 변경합니다. Plane은 기본적으로 가로 10m×세로 10m이므로 캐릭터 활동 영역을 여유롭게 확보하기 위해 x축과 z축의 스케일을 10배로 조정하겠습니다. 또한 바닥 면의 색상도 변경하기 위해 'M_Ground'라는 이름으로 머티리얼을 생성한 후 원하는 색상을 설정하고 Ground 오브젝트로 드래그해 바닥의 색상을 변경하겠습니다.

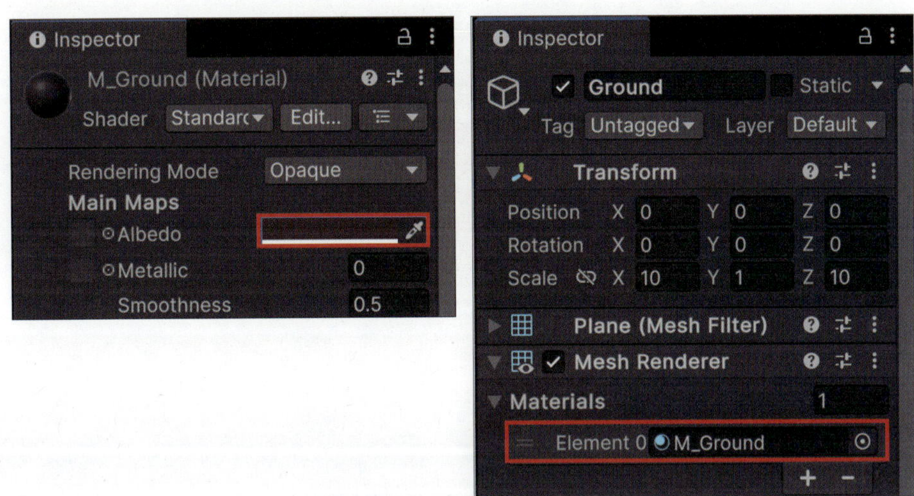

[그림 5-16] 바닥 오브젝트 설정

이번에는 플레이어로 사용할 무료 3D 캐릭터 에셋을 가져오겠습니다. 유니티 에셋 스토어 사이트로 이동한 후 'Female Warrior Assassin'를 검색합니다.

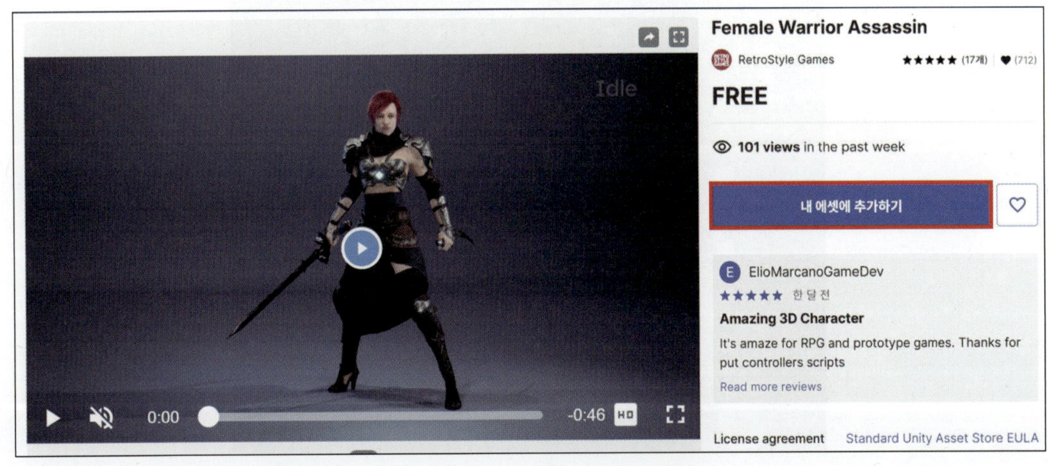

[그림 5-17] 에셋스토어에서 유니티로 에셋을 프로젝트로 가져오기

[Unity에서 열기] 버튼을 클릭한 후 유니티 에디터로 돌아와 패키지 매니저에서 [Download] 버튼을 선택해 패키지 파일을 다운로드하고, 이어서 활성화되는 [Import] 버튼을 클릭해 프로젝트로 가져옵니다.

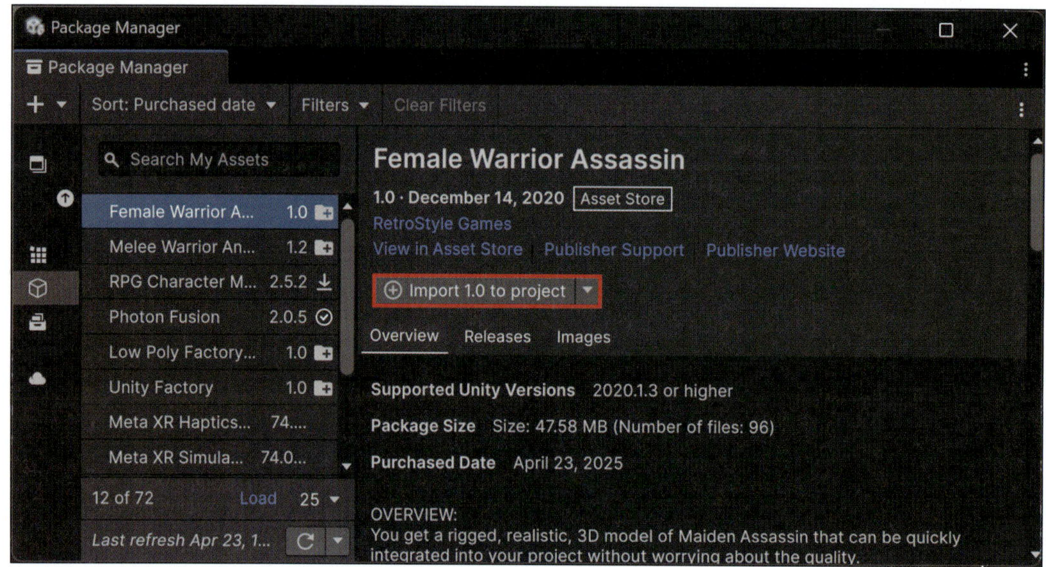

[그림 5-18] 패키지 매니저를 통해 에셋 가져오기

프로젝트 뷰에서 Assets/RFA 폴더 하위에 사용할 애셋들이 있는 것을 확인할 수 있습니다.

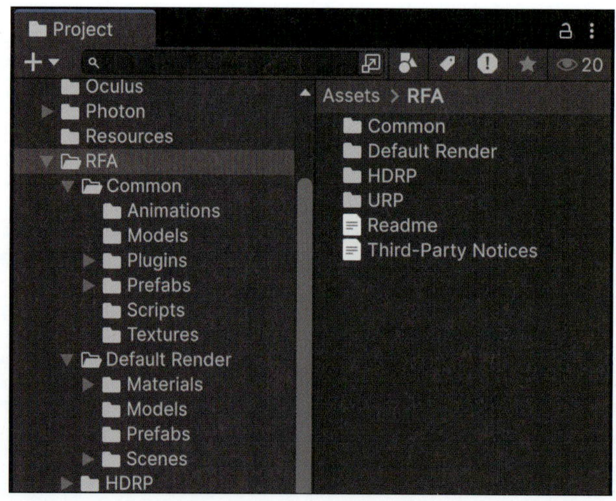

[그림 5-19] 추가된 애셋들

이제 Default Render/Models 폴더에 있는 RFA_Model 파일을 하이어라키 뷰로 드래그해 씬에 배치합니다.

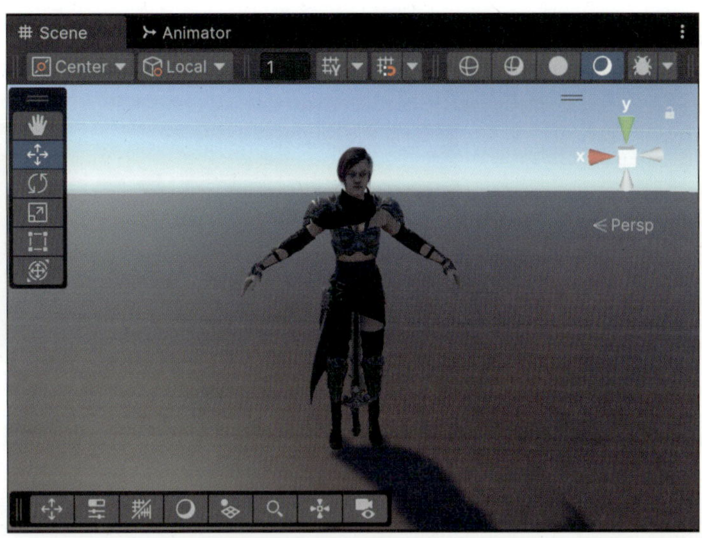

[그림 5-20] 캐릭터 크기 비교하기

'Player'라는 빈 게임 오브젝트를 1개 생성한 후 Camera Rig 오브젝트와 RFA_Model 오브젝트를 자식 오브젝트로 등록합니다. Camera Rig의 위치와 방향은 다음 그림과 같이 캐릭터의 머리 상단 뒤쪽에서 바라보는 3인칭 형태로 맞춰 놓겠습니다.

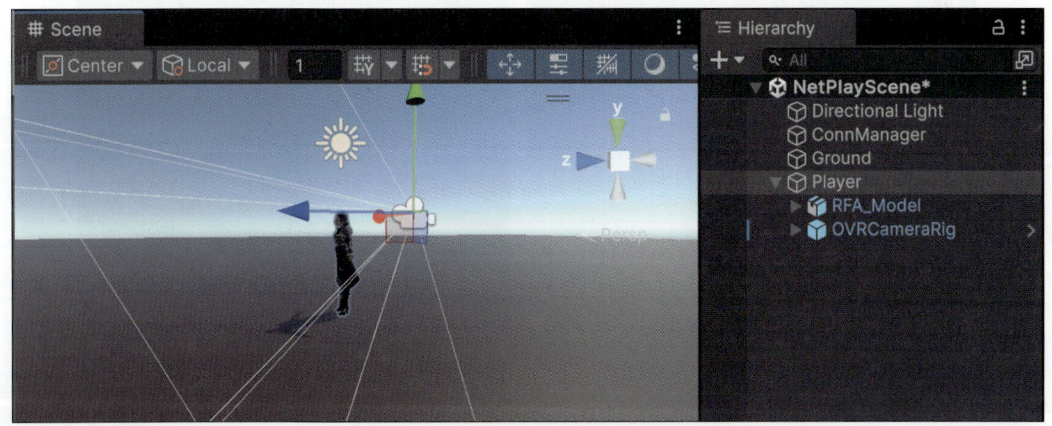

[그림 5-21] 캐릭터와 카메라의 위치 맞추기

이제 사용자의 입력에 따라 동작이 실행될 수 있도록 전체적인 애니메이션 설정을 변경해 보겠습니다. 먼저 Player가 사용할 Animator Controller를 만들겠습니다. 프로젝트 창에서 Assets 폴더 하위에 Animations 폴더를 하나 만들어 줍니다. 그리고 [+] 버튼을 눌러 Animations 폴더에 Animator Controller 애셋을 만들어서 이름을 'PlayerAnim'으로 정해 줍니다.

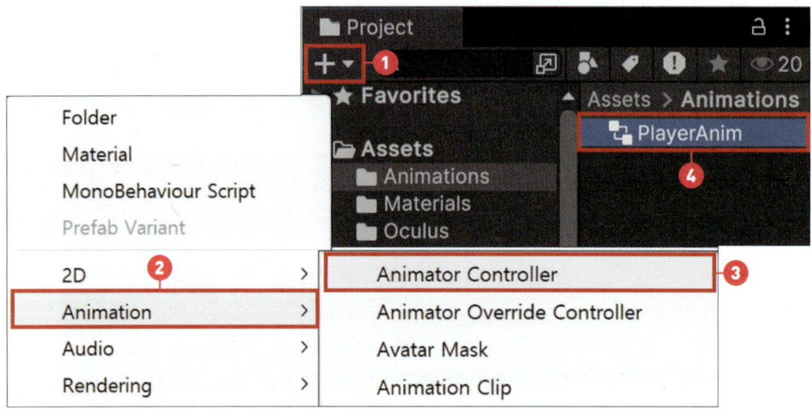

[그림 5-22] PlayerAnim 생성

RFA_Model 오브젝트에 있는 Animator 컴포넌트에서 [Controller] 항목에 PlayerAnim을 할당해 줍니다.

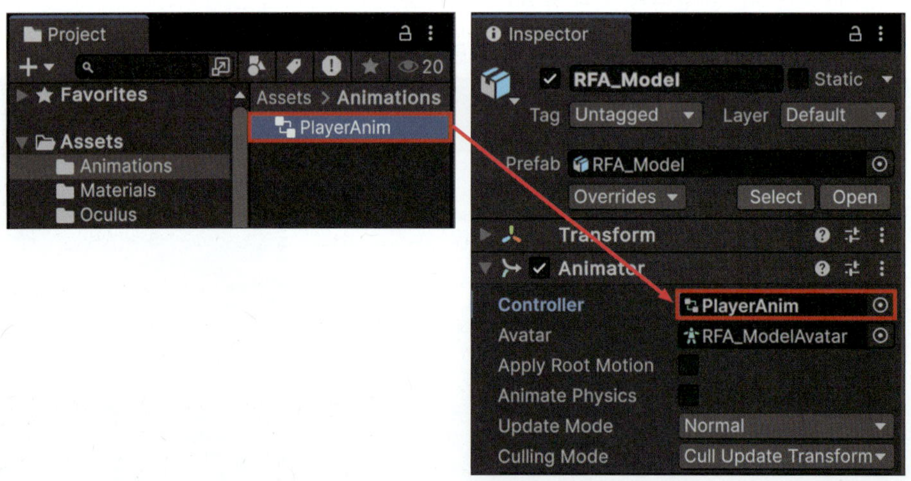

[그림 5-23] PlayerAnim 할당

이제 애니메이션 편집을 위해 PlayerAnim을 더블클릭해서 편집기를 열어 줍니다.

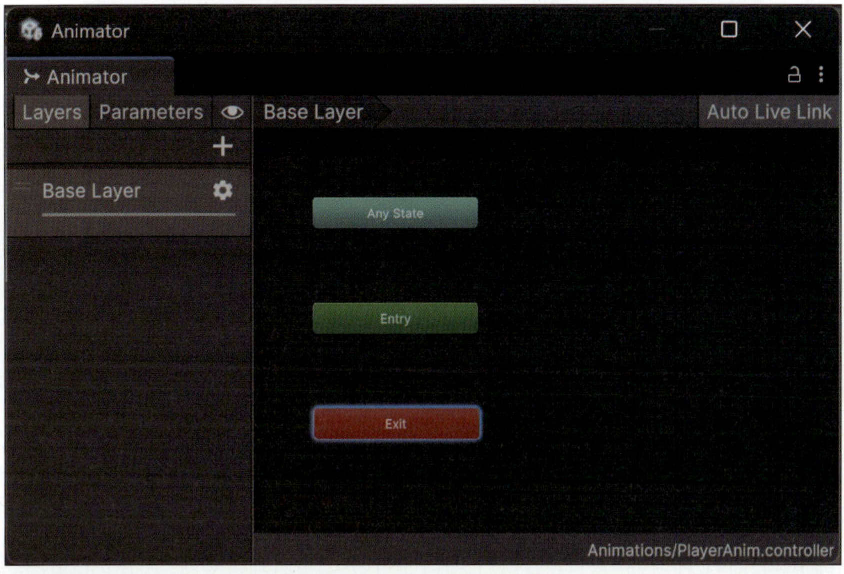

[그림 5-24] PlayerAnim 편집 창

캐릭터 메카님 애니메이션 구성하기

이번에는 간단히 대기 동작과 이동 동작을 추가해 보겠습니다. VR 컨트롤러의 왼손 썸스틱 또는 왼손 트랙 패드를 이용해 캐릭터를 이동시킬 때 달리는 애니메이션을 실행하게 하겠습니다. 왼손 썸스틱이나 왼손 트랙 패드를 기울였는지 여부는 Vector2의 크기를 이용해 알 수 있습니다. 즉, 벡터의 크기가 0이면 스틱을 기울이지 않은 상태, 0보다 크면 스틱을 기울인 것으로 볼 수 있겠죠. 이와 마찬가지로 애니메이션에서도 벡터의 크기가 0이면 대기 동작, 벡터의 크기가 0 이상이면 달리기 동작을 실행하도록 애니메이터를 구성하면 될 것 같습니다.

애니메이터 좌측의 [Parameters] 탭에서 [+] 버튼을 클릭하고 자료형은 'Float'으로 선택한 후 'Speed'라는 이름으로 파라미터 변수를 1개 생성합니다. 다음으로 우측의 Entry 박스 옆에서 마우스 오른쪽 버튼을 클릭하고 [Create State－From New Blend Tree]를 선택해 Blend Tree를 생성합니다.

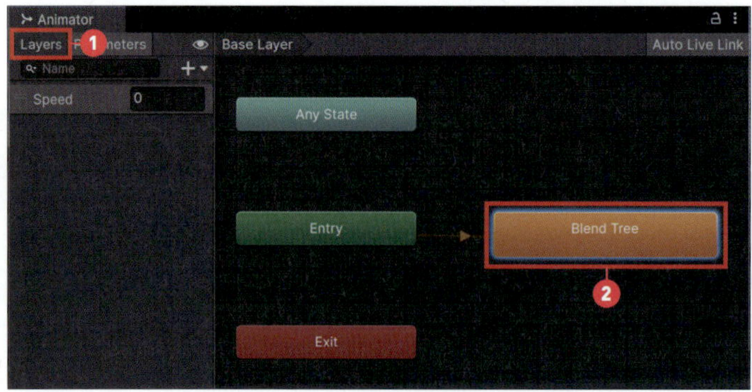

[그림 5-25] 파라미터 및 블랜드 트리 추가하기

새로 생성한 Blend Tree를 더블클릭해 블렌드 트리 속성 창으로 들어가면 바깥쪽과 마찬가지로 안쪽에도 블랜드 트리 박스가 존재하고 파라미터가 Speed로 설정돼 있을 것입니다. 여기에서 다시 Blend Tree를 한 번 클릭하고 우측의 인스펙터 뷰를 보면 [Motion] 항목이 보일 것입니다. 썸스틱의 기울기에 따라 대기 애니메이션과 달리기 애니메이션이 전환돼야 하므로 [Motion] 항목 아래의 [+] 버튼을 클릭한 후 [Add Motion Field]를 두 번 선택해 입력 필드를 2개 생성하겠습니다.

이제 애니메이션 파일을 등록하면 되는데, RFA-Common-Animations 폴더로 이동합니다. Threshold 값이 0인 필드에는 CombatIdle 애니메이션 클립, Threshold 값이 1인 필드에는 RunForward 애니메이션 클립을 추가합니다.

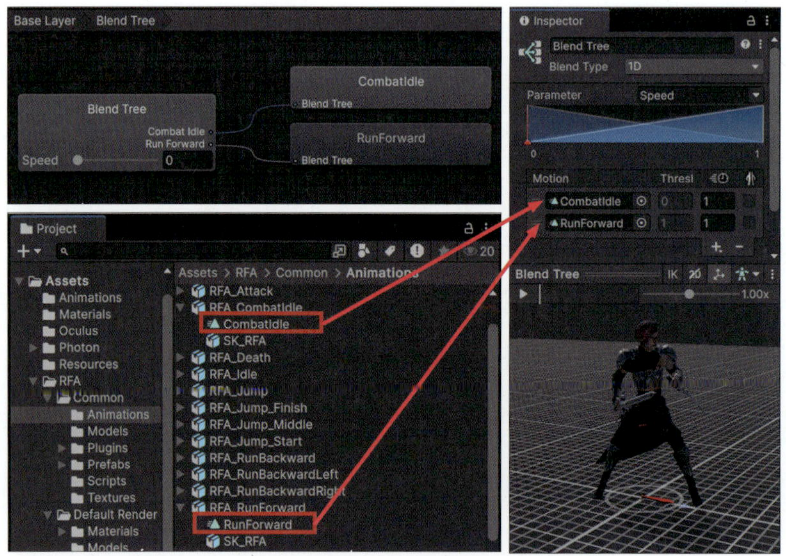

[그림 5-26] 모션 애니메이션 추가하기

여기까지 완료됐으면 테스트 삼아 플레이해 보겠습니다. 프로젝트를 실행하면 대기 동작 애니메이션을 실행합니다. 이 상태에서 블랜드 트리의 스피드 값에 '1'을 입력하면 캐릭터의 동작이 달리기 애니메이션으로 전환되는 것을 볼 수 있습니다.

이동 및 회전 기능 구현하기

이제 어느 정도 캐릭터 준비는 끝난 것 같으므로 기능을 본격적으로 구현해 보겠습니다. [Scripts] 폴더에 'PlayerMove'라는 이름으로 새로운 스크립트를 생성합니다. 생성된 PlayerMove 스크립트는 씬에 만들어둔 Player 오브젝트에 드래그 앤 드롭해 추가합니다.

우선 기본적인 이동과 회전을 구현해보겠습니다. VR 어지럼증 때문에 텔레포트를 쓰는 편이 좋지만, 이번에는 위치 동기화에 대한 이해를 위해 왼손 스틱을 이용해 위치를 이동시키고 오른손 스틱을 이용해 카메라의 기준(부모) 축을 회전하겠습니다. 물론 카메라의 방향은 VR 헤드셋 장비를 트래킹하기 때문에 사용자가 고개를 움직이면 회전되긴 하지만, 캐릭터가 사용자의 시선 뒤쪽으로 이동하거나 할 때 사용자가 직접 몸을 회전해야 하는 불편함을 보완하기 위해 카메라의 기준(부모) 축 자체를 회전하는 기능도 필요한 것입니다.

이를 위해 캐릭터의 Transform 컴포넌트와 Camera Rig 오브젝트를 담을 변수를 선언하고 이동 속도와 회전 속도를 설정할 변수도 선언하겠습니다. 또한 애니메이션도 적용해야 하므로 애니메이터 컴포넌트 변수도 필요하겠네요. 마지막으로 이동을 위해 CharacterController도 속성으로 추가해주겠습니다.

기능 구현에서의 가독성과 모듈화를 위해 이동은 Move() 함수에 구현하고 회전은 Rotate() 함수에 각각 구현하겠습니다. Start() 함수에서는 CharacterController 컴포넌트를 가져와서 변수에 할당합니다.

```csharp
using UnityEngine;

public class PlayerMove : MonoBehaviour
{
    public float moveSpeed = 3.0f;
    public float rotSpeed = 200.0f;
    public GameObject cameraRig;
```

```csharp
    public Transform myCharacter;
    public Animator anim;
    CharacterController cc;

    void Start()
    {
        cc = GetComponent<CharacterController>();
    }

    void Update()
    {
        Move();
        Rotate();
    }

    // 이동 기능
    void Move(){}

    // 회전 기능
    void Rotate(){}
}
```

[코드 5-8] PlayerMove.cs 전역 변수와 함수 선언하기

이동 기능부터 살펴보겠습니다. 네트워크 코드로 변환하기 쉽도록 사용자의 입력을 처리하는 함수 GetInput()를 만들어 줍니다. 이 함수는 사용자의 상하좌우 입력을 받아서 벡터로 넘겨주는 역할을 합니다.

```csharp
public class PlayerMove : MonoBehaviour
{
    … 생략 …

    public bool GetInput(out Vector3 direction)
    {
        // 왼손 썸스틱의 방향 값을 가져와 캐릭터의 이동 방향을 정한다.
        float h = ARAVRInput.GetAxis("Horizontal");
        float v = ARAVRInput.GetAxis("Vertical");
```

```
        direction = new Vector3(h, 0, v);
        return true;
    }
    … 생략 …
}
```

[코드 5-9] PlayerMove.cs GetInput() 함수 구현하기

이제 Move() 함수로 이동합니다. GetInput() 함수에서 넘겨 받은 캐릭터의 이동 방향 벡터는 CameraRig가 바라보는 방향이 정면이 되도록 TransformDirection() 함수를 이용해 다시 변환해 그 방향으로 캐릭터를 이동시킵니다.

이동할 때는 달리는 방향으로 캐릭터를 회전하는 코드도 추가하겠습니다. 이때 주의해야 할 점은 스틱을 기울였을 때, 즉 이동 중에만 캐릭터를 회전시켜야 한다는 것입니다. 현재 캐릭터가 이동 중인지를 알기 위해서는 이동 방향 벡터의 크기가 0이 아닌지를 확인하면 되겠죠?

마지막으로 이동 중에는 대기 애니메이션이 달리기 애니메이션으로 블렌딩되도록 SetFloat() 함수를 통해 애니메이터에 만들어둔 **Speed** 파라미터에 이동 벡터의 크기 값을 넘겨주겠습니다.

```
public class PlayerMove : MonoBehaviour
{
    … 생략 …

    // 이동 기능
    void Move()
    {
        Vector3 dir;
        if(GetInput(out dir) == false)
        {
            return;
        }
        dir.Normalize();

        // 캐릭터의 이동 방향 벡터를 카메라가 바라보는 방향을 정면으로 하도록 변경한다.
        dir = cameraRig.transform.TransformDirection(dir);
        cc.Move(dir * moveSpeed * Time.deltaTime);
```

```
        // 만일, 왼손 썸스틱을 기울이면 그 방향으로 캐릭터를 회전시킨다.
        float magnitude = dir.magnitude;

        if (magnitude > 0)
        {
            myCharacter.rotation = Quaternion.LookRotation(dir);
        }

        // 애니메이터 블렌드 트리 변수에 벡터의 크기를 전달한다.
        anim.SetFloat("Speed", magnitude);
    }


    … 생략 …
}
```

[코드 5-10] PlayerMove.cs 이동 기능 구현하기

이번에는 회전 기능을 구현해보겠습니다. 이동에 비해 회전 기능 구현은 매우 간단합니다. 카메라 축(CameraRig)은 좌우 회전만 하면 되므로 오른손 스틱의 방향 벡터에서 좌우 기울기에 해당하는 x축 값을 가 져와 카메라의 기준(부모) 축에서 좌우 회전을 담당하는 y축에 누적시킵니다.

```
public class PlayerMove : MonoBehaviour
{
    … 생략 …
    // 회전 기능
    void Rotate()
    {
        // 오른손의 방향 값에서 좌우 기울기를 누적시킨다.
        float rotH = ARAVRInput.GetAxis("Mouse X", ARAVRInput.Controller.RTouch);
        // CameraRig 오브젝트를 회전시킨다.
        cameraRig.transform.eulerAngles += new Vector3(0, rotH, 0) * rotSpeed *
        Time.deltaTime;
    }
}
```

[코드 5-11] PlayerMove.cs 회전 기능 구현하기

유니티 에디터로 돌아와 오른쪽 그림과 같이 Player Move 컴포넌트의 비어 있는 변수에 OVRCameraRg 와 RFA_Model을 할당합니다. 그리고 Character Controller 컴포넌트를 추가해 줍니다. Character Controller의 Center 값중 Y를 1로 설정해 줍니다.

[그림 5-27] 속성값 할당과 CharacterController 추가

[에디터 플레이] 버튼을 클릭해 이동과 회전이 잘 되는지 테스트해 보겠습니다. 그런데 문제가 있군요. 첫 번째 문제는 캐릭터가 정면 방향으로 이동하면 바닥 아래쪽으로 내려가고, 후면 방향으로 이동하면 공중으로 올라가는 문제가 있네요. 두 번째 문제는 카메라 기준(부모) 축을 회전시키면 캐릭터를 기준으로 회전 되지 않고 Camera Rig 축 으로 회전하기 때문에 특정 각도에서는 캐릭터가 시야 를 벗어나는 점입니다. 그럼 이제부터 문제를 해결해 볼까요?

[그림 5-28] 카메라 회전 축 문제와 캐릭터의 이동 방향 문제

먼저 원인 분석을 해보면 캐릭터의 이동 방향 문제는 3인칭 시점으로 보이도록 하기 위해 Camera Rig의 방향을 아래로 틀어 발생한 것입니다. 그리고 회전 문제는 오른손 스틱에 의해 회전되는 기준은 캐릭터의 위치여야 하는데, 현재는 캐릭터에서 일정한 거리만큼 떨어진 Camera Rig 오브젝트를 기준으로 회전시키기 때문입니다. 결국 두 문제점의 핵심은 캐릭터의 위치와 같지만 캐릭터의 회 전 값과는 독립된 또 하나의 기준 축이 하나 필요하다는 점입니다.

새로운 빈 게임 오브젝트를 만들고 오브젝트의 이름을 'CameraBase'로 변경합니다. 새로운 카메라 회전의 기준 축이 될 CameraBase 오브젝트를 드래그해 Player 오브젝트의 자식 오브젝트로 등록합니다. 자식 오브젝트로 등록된 CameraBase 오브젝트의 위치 값 및 회전 값은 모두 0으로 초기화합니다. 그리고 기존 Camera Rig 오브젝트는 새로 만든 CameraBase 오브젝트의 자식 오브젝트로 등록합니다.

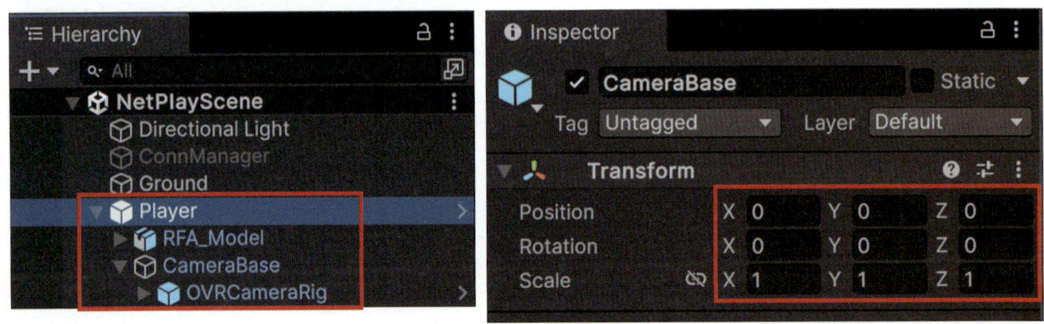

[그림 5-29] CameraBase 오브젝트 추가하기

캐릭터의 위치와 동일한 별도의 기준 축을 만들었으므로 회전 기능도 CameraBase 오브젝트를 회전시키도록 해야겠죠? Player 오브젝트의 PlayerMove 컴포넌트에서 CameraRig 변수 항목에 CameraBase 오브젝트를 드래그해 추가합니다.

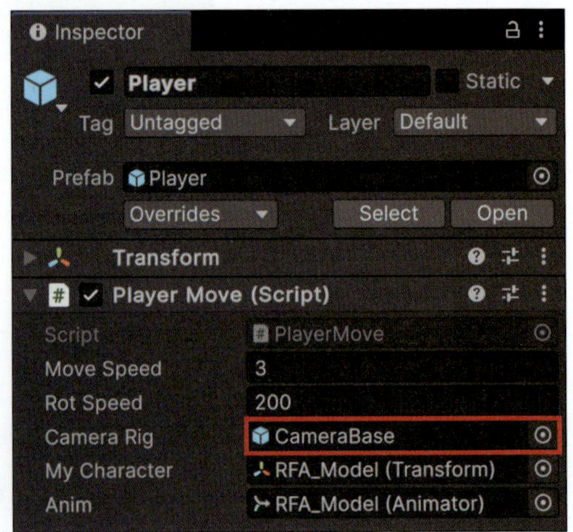

[그림 .5-30] 회전 축 오브젝트 교체하기

이제 다시 플레이해보면 캐릭터가 정상적으로 이동 및 회전하는 것을 확인할 수 있습니다. 기본 움직임은 구현됐으므로 지금부터는 포톤 네트워크를 통해 접속자마다 자신의 캐릭터를 생성하고 위치 및 회전 데이터를 동기화하는 작업을 해보겠습니다.

위치 및 회전 데이터 동기화하기

만일 같은 방(Room)에 접속 중인 여러 사용자(Client) 중에서 어느 한 사람이 생성한 오브젝트를 다른 유저에게 동일하게 보이게 하려면 개별 사용자의 상황을 모두 알고 있는 하나의 관리자가 필요하고 바로 그 역할을 하는 주체가 '서버(Server)'입니다. 쉽게 말해, 서버는 개별 사용자로부터 상황 정보를 전달받아 같은 방에 있는 모든 사람들에게 그 정보를 알리는 역할을 하는 것입니다. 예를 들어 같은 방에 접속한 3명의 사용자(사용자1, 사용자2, 사용자3)가 있다고 가정했을 때 그중 한 사용자(사용자 1)가 방에 입장하면 서버에서 캐릭터를 생성하고 사용자들 모두에게 전달해 다른 사용자도 그 정보대로 사용자 1의 캐릭터를 자신의 씬에 생성하는 식으로 상대방의 상황과 동일해지는 것입니다.

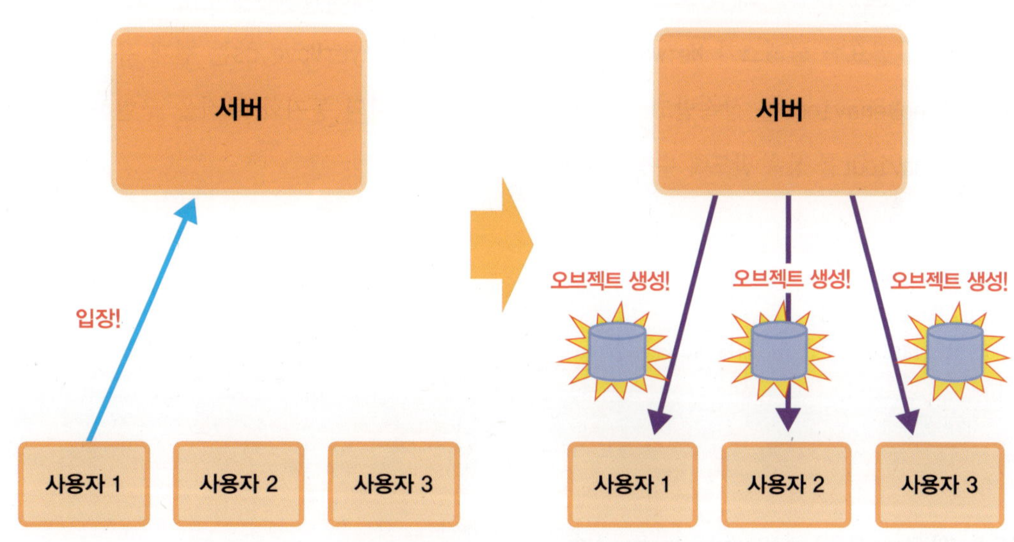

[그림 5-31] 서버를 이용한 동기화 방식

이러한 서버의 역할을 외부의 컴퓨터가 담당할 것인지, 방을 생성한 사용자(Host)가 담당할 것인지의 여부에 따라 서버 구현 방식이 달라집니다.

[표 5-1] 게임 서버의 종류

게임 서버 방식	게임 서버의 주체
전용 서버(Dedicated Server)	외부의 전용 서버 머신
리슨 서버(Listen Server)	방장(Host) 클라이언트

포톤 Fusion 방식은 게임 모드가 Host, Client, Server, Shared, Single를 지원한다고 앞에서 언급했습니다. 이번 샘플에서는 Host를 이용한 리슨 서버 방식을 사용하고 있습니다. 리슨 서버는 별도의 외부 서버가 필요하지 않은 장점이 있지만, 서버 역할을 하는 방장이 방장의 권한을 다른 사용자에게 넘기지 않고 접속을 종료할 경우, 모든 사용자의 서버가 종료된다는 단점이 있습니다. 클라이언트와 서버 간 데이터 송수신을 위해 프로토콜을 사용해 서버에 데이터를 전달하거나 서버로부터 데이터를 받는 매개체가 필요한데, Fusion에서는 'NetworkObject'라는 컴포넌트를 이용해 그 역할을 손쉽게 구현할 수 있습니다. NetworkObject는 네트워크에서 오브젝트의 정체성과 동기화 관리를 담당하는 핵심 컴포넌트입니다. 서버와 클라이언트 간의 데이터를 주고 받기 위해서는 필수가 되는 컴포넌트인 것입니다.

NetworkObject가 있는 게임 오브젝트를 이용해서 실제로 네트워크상에서 동기화 로직을 구현하기 위해 필요한 클래스가 NetworkBehaviour입니다. PlayerMove.cs는 현재 유니티 기본 클래스 MonoBehaviour를 상속받고 있지만 네트워크 상에서의 동기화 로직을 구현하기 위해 NetworkBehaviour를 상속 받도록 수정합니다.

```csharp
using Fusion;
using UnityEngine;
public class PlayerMove : NetworkBehaviour
{
    … 생략 …
}
```

[코드 5-12] PlayerMove.cs NetworkBehaviour 상속

저장하고 유니티에디터로 이동해서 Player의 인스펙터 창으로 가보면 다음 그림처럼 Network Object를 추가하라는 문구가 뜨게 됩니다. [Add Network Object] 버튼을 눌러 줍니다.

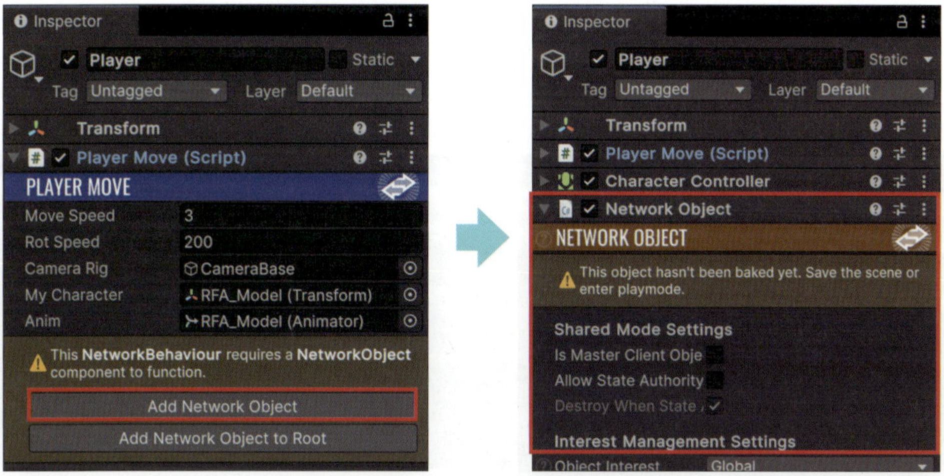

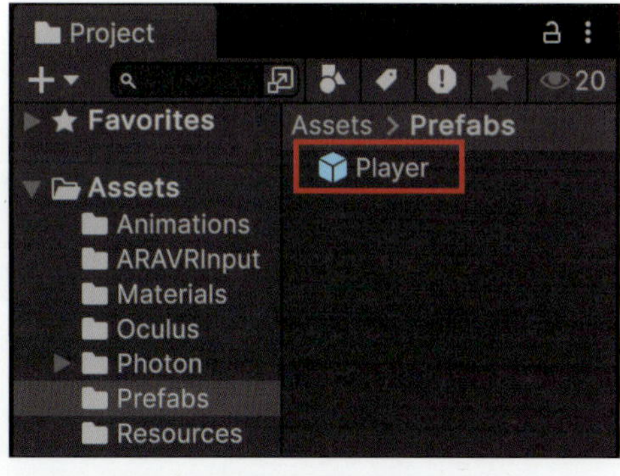

[그림 5-32] NetworkObject 컴포넌트 추가하기

NetworkObject 컴포넌트가 추가되면 베이크 해야하니 저장하라는 메시지가 NetworkObject 컴포넌트 밑에 보이게 됩니다. 씬을 저장해 주면 메시지는 사라집니다.

이제 Player 는 네트워크상에서 동기화 로직을 수행할 수 있게 되었습니다. 이는 플레이어가 서버에 접속했을 때 세션에서 활용할 플레이어 캐릭터로 활용될 수 있음을 나타냅니다. ConnManager.cs에서 선언한 NetworkPrefabRef 타입의 _playerPrefab 변수에 할당될 수 있도 록 Player 게임오브젝트를 프리팹으로 만들어 줍니다. 프로젝트 창에 Prefabs 폴더를 만들고 Player 게임 오브젝트를 드래그 앤 드롭해 줍니다. 하이어라키에 있는 Player는 삭제해 줍니다.

[그림 5-33] Player 프리팹 생성

Player 프리팹이 활용될 수 있도록 하이어라키에서 ConnManager 게임 오브젝트의 인스펙터창에 할당해 줍니다.

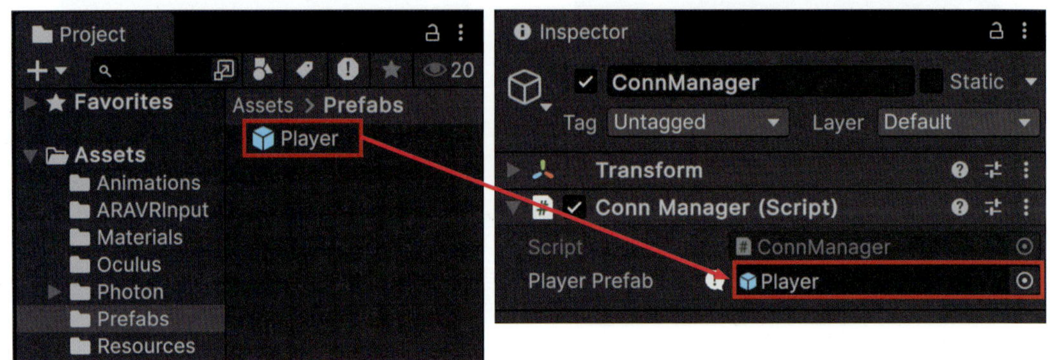

[그림 5-34] Player 프리팹 할당

다음으로 할 일은 사용자의 이동 및 회전 로직을 처리하는 PlayerMove.cs의 Update() 함수를 변경하는 것입니다. Update() 함수는 유니티 내부에서의 라이프사이클 흐름에 의해 처리가 되며 이는 네트워크 상의 클라이언트들마다 모두 다를 수 있습니다. 동기화처리를 위 해서는 이 부분의 동기화가 필요하며 FixedUpdateNetwork() 함수를 이용해야 합니다.

그리고 네트워크 상에서는 Start() 함수에서 오브젝트의 초기화를 진행하는 것이 아니라 플레이어가 스폰됐을 때 초기화 작업을 수행해야 합니다. 네트워크 상에서 스폰이 완료됐을 때 호출되는 이벤트 콜백 함수가 Spawned()입니다. 이 함수를 오버라이드해서 구현해 줍니다.

```csharp
public class PlayerMove : NetworkBehaviour
{
    … 생략 …
    // void Start()
    public override void Spawned()
    {
        cc = GetComponent<CharacterController>();
    }

    // void Update()
    public override void FixedUpdateNetwork()
    {
        Move();
```

```
        Rotate();
    }
}
```

[코드 5-13] PlayerMove.cs Update( )를 FixedUpdateNetwork( ) 함수로 교체

[File – Build Profiles] 메뉴를 선택해 빌드해 주겠습니다.

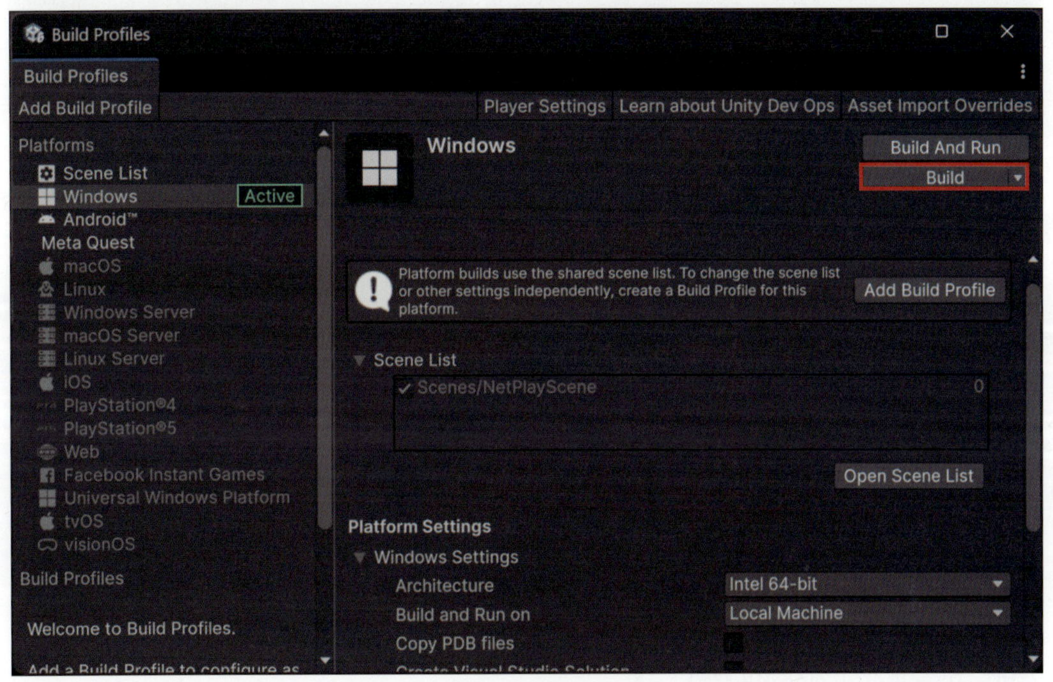

[그림 5-35] 앱 빌드 화면

빌드할 폴더를 정해주고 빌드가 완료되면 exe 실행 파일을 실행해 줍니다. 마찬가지로 유니티 에 디터에서도 실행시켜 줍니다. 캐릭터가 정상적으로 스폰되는 것을 확인할 수 있을 것입니다. 하지만 움직여 보면 캐릭터 둘이 같이 움직이고 다른 창에서와 동기화도 안 되는 것을 알 수 있습니다.

(a) 플레이어 1 화면(Unity Editior)

(b) 플레이어 2 화면(빌드 Ver.)

[그림 5-36] 사용자 간 동기화가 되지 않은 문제

문제가 하나 더 있습니다. 유니티 에디터에서 콘솔 창을 보면 '씬에 하나만 존재해야 하는 Audio Listner 컴포넌트가 2개 있다'는 로그가 계속 출력되고 있습니다.

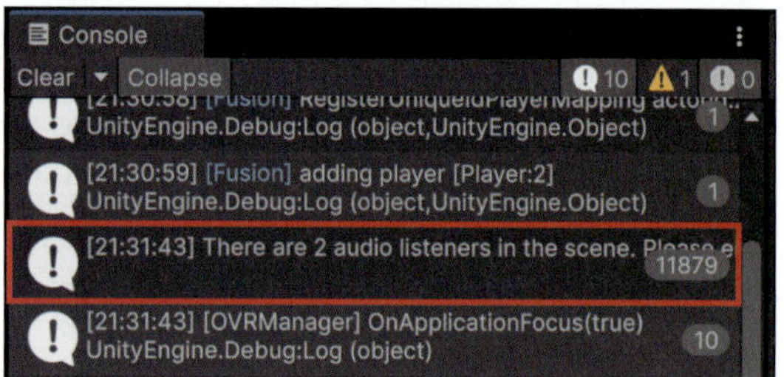

[그림 5-37] AudioListener 중복 문제 발생

Fusion에서는 동기화 처리를 위해 입력을 서버로 보냅니다. 그리고 서버에서 처리해서 클라이언트에 결과가 바로 반영되지 않는 지연 문제를 해결하기 위해 클라이언트에서 먼저 계산을 합니다.

서버도 이를 똑같이 계산하며 클라이언트와 값이 다를 경우 서버에서 계산된 값을 동기화 처리합니다. 이렇게 하면 바로바로 사용자의 입력에 빠르게 반응해야 하는 게임의 경우 지연시간을 줄일 수 있습니다. 이를 도식화로 나타내면 오른쪽 그림과 같습니다.

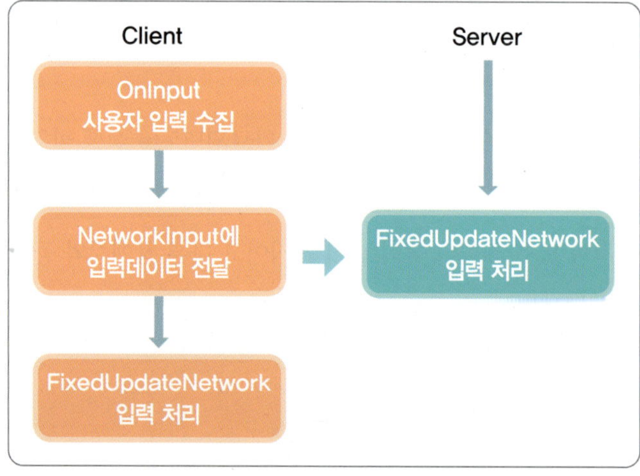

[그림 5-38] 입력 처리 도식화

그림에서 보는 것처럼 먼저 사용자의 입력은 OnInput() 함수에서 수집합니다. 해당 입력으로 처리하고 싶은 데이터를 INetworkInput을 상속받은 클래스에 담습니다. 이를 NetworkInput 구조체에 담아서 서버로 전달합니다. 이 값을 처리하는 함수가 FixedUpdateNetwork()입니다. 이때 클라이언트도 이 입력 데이터를 가져와서 바로 처리할 수 있습니다. 이렇게 하는 이유는 네트워크 상에서의 통신 지연을 막기 위함이라고 앞에서 언급했습니다. 서버에서도 같은 처리를 수행하고 클라이언트와 값이 다르면 동기화시키는 흐름으로 진행됩니다.

먼저 플레이어의 상하좌우 입력을 받아서 방향을 구하는 부분을 처리해 보겠습니다. 이를 위해 INetworkInput 인터페이스를 상속받은 NetworkInputData 클래스를 만들어 주겠습니다. Scripts 폴더에 NetworkInputData.cs를 만들어 줍니다.

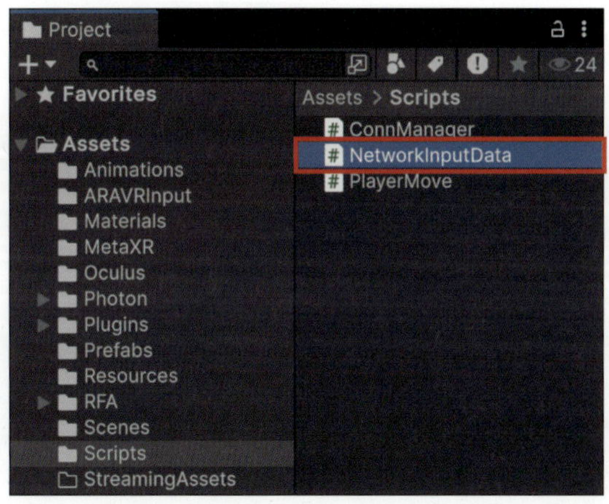

[그림 5-39] NetworkInputData.cs 생성

편집기를 열어 INetworkInput을 상속받는 struct 타입으로 수정합니다. 그리고 사용자의 입력을 받아 방향 데이터에 담아 주도록 하기 위해 Vector3 타입의 direction 선언을 추가합니다.

```csharp
using Fusion;
using UnityEngine;
public struct NetworkInputData : INetworkInput
{
    public Vector3 direction;
}
```

[코드 5-14] NetworkInputData.cs INetworkInput 상속 및 방향 변수 추가

이렇게 만들어진 NetworkInputData 구조체를 입력에 데이터를 넣어주는 곳은 INetwork
RunnerCallbacks를 상속받는 ConnManager 클래스의 OnInput() 함수입니다. 이곳에서 사용자의
입력을 매 프레임 수집해서 NetworkInputData 타입의 데이터를 만들어 네트워크 상으로 전달합
니다.

ConnManager.cs로 이동합니다. 이곳에서 OnInput() 함수를 작성해주겠습니다. OnInput() 함수
의 파라미터인 NetworkInput은 Photon Fusion 내부에서 네트워크 입력을 전달하기 위해 제공하
는 래퍼(wrapper) 객체입니다. 클라이언트가 생성한 입력 데이터를 Fusion 엔진에 전달하는 매개체
역할을 합니다. 이 구조체에 앞에서 만들어 준 NetworkInputData를 넘겨주면 됩니다. OnInput()
함수에서 사용자의 입력을 처리하기 때문에 기존 PlayerMove.cs에서 사용자 상하좌우 입력을
받는 부분을 이리로 옮겨줘야 합니다. 해당 입력으로 이동 방향을 구하려는 목적이었기 때문에
NetworkInputData의 direction에 값을 할당해 주겠습니다.

```csharp
public class ConnManager : MonoBehaviour, INetworkRunnerCallbacks
{
    … 생략 …
    // 사용자의 입력을 매프레임 수집하는 함수
    public void OnInput(NetworkRunner runner, NetworkInput input)
    {
        // NetworkInput에 전달될 데이터
        NetworkInputData data = new NetworkInputData();
        // 왼쪽 컨트롤러 썸스틱 값 얻어오기
        float h = ARAVRInput.GetAxis("Horizontal");
        float v = ARAVRInput.GetAxis("Vertical");
        data.direction = new Vector3(h, 0, v);
        // 데이터 전달
        input.Set(data);
    }
}
```

[코드 5-15] ConnManager.cs OnInput() 함수 구현

이제 PlayerMove.cs로 이동합니다. 우리가 수정할 부분은 사용자의 입력을 처리하는 GetInput()
함수입니다. 이 부분을 NetworkBehaviour의 GetInput()를 사용하도록 수정합니다.

```
public class PlayerMove : NetworkBehaviour
{
    … 생략 …
    public bool GetInput(out Vector3 direction)
    {
        // NetworkBehaviour의 GetInput 함수로 입력 데이터 가져오기
        if (GetInput(out NetworkInputData data))
        {
            direction = data.direction;
            return true;
        }
        direction = Vector3.zero;
        return true;
    }
}
```

[코드 5-16] **PlayerMove.cs** GetInput( ) 함수 구현

이 GetInput( ) 함수는 FixedUpdateNetwork( )에서만 정상적으로 동작합니다. 이유는 Fusion은 프레임 기반 시뮬레이션 엔진이기 때문에 모든 입력 처리와 상태 계산은 정확한 네트워크 프레임 기준으로 이루어져야 하기 때문입니다.

이번에는 이동에 관해 수정할 부분이 있습니다. 이동 코드를 수정하는 것은 아니고 이동을 수행하는 컴포넌트를 CharacterController에서 NetworkCharacterController로 수정해 주겠습니다. 이 클래스는 포톤 퓨전에서 네트워크 동기화를 지원하는 캐릭터 이동용 컴포넌트입니다. 물리 동기화+예측+보정이 자동으로 동작되도록 구성되어 있습니다.

PlayerMove 클래스의 선언부 바로 위쪽에 해당 컴포넌트가 반드시 붙도록 [RequireComponent] 어트리뷰트(attribute)를 이용합니다. 그리고 CharacterController 변수 선언 부분과 Spawned( ) 함수에서 GetComponent( )로 가져오는 부분을 NetworkCharacterController로 변경합니다.

다음으로 할 일은 씬이 시작되면 Player 오브젝트를 생성하는 기능을 구현하는 것입니다. 새로운 빈 게임 오브젝트를 생성하고 이름을 'GameManager'로 변경합니다. 그리고 같은 이름으로 C# 스크립트도 만들어 추가해 주겠습니다.

```
[RequireComponent(typeof(NetworkCharacterController))]
```

```csharp
public class PlayerMove : NetworkBehaviour
{
    public float moveSpeed = 3.0f;
    public float rotSpeed = 200.0f; public GameObject cameraRig;
    public Transform myCharacter;
    public Animator anim;
    NetworkCharacterController cc;
    public override void Spawned()
    {
        cc = GetComponent<NetworkCharacterController>();
    }
}
```

[코드 5-17] PlayerMove.cs NetworkCharacterController로 교체

이제 저장하고 유니티 프로젝트를 다시 빌드해서 실행해 봅니다. 이제 캐릭터들이 잘 나오고 입력에 맞게 위치도 잘 동기화가 되는 것 같지만 좌우로 이동하려고 하면 빙글 빙글 제자리를 도는 문제가 발생합니다. 이유는 NetworkCharacterController 클래스의 내부 구현에 있습니다. 이 함수는 내부적으로 캐릭터가 이동하는 방향을 바라보도록 회전하는 코드가 들어있습니다. 우리는 따로 myCharacter에 저장된 모델링 객체를 회전시키도록 했는데 NetworkCharacterController는 최상단의 부모인 Player 게임 오브젝트를 회전시켜서 문제가 됩니다. NetworkCharacterController에 F12 키를 눌러 클래스 구현부로 이동합니다.

Move( ) 부분으로 이동해 주세요. 이곳에 보면 transform.rotation 값을 넘겨받은 방향으로 회전보간 해주는 코드가 있습니다. 이 부분을 주석 처리해 주세요.

```csharp
public void Move(Vector3 direction) {
    … 생략 …

  if (direction == default) {
    horizontalVel = Vector3.Lerp(horizontalVel, default, braking * deltaTime);
  } else {
    horizontalVel = Vector3.ClampMagnitude(horizontalVel + direction * acceleration *
deltaTime, maxSpeed);
```

```
    // transform.rotation = Quaternion.Slerp(transform.rotation, Quaternion.LookRotation(dir
ection), rotationSpeed * Runner.DeltaTime);
    }


        … 생략 …

}
```

[코드 5-18] NetworkCharacterController.cs Move() 함수의 회전 기능 막기

이제 다시 빌드해서 실행해 보면 이동에 관한 기능이 정상적으로 동작하는 것을 확인할 수 있습니다. 다만 캐릭터의 회전 처리가 동기화 안 되고 있는 문제가 있음을 발견했을 것입니다.

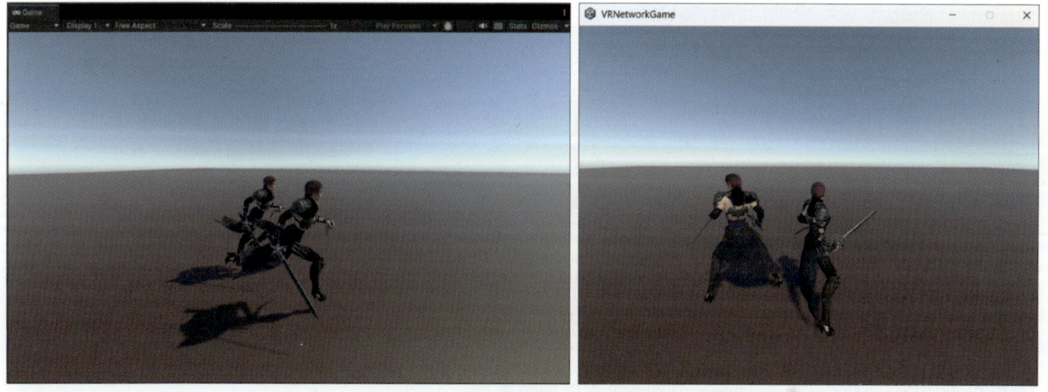

[그림 5-40] 방향이 맞지 않는 오류

이제는 Rotate() 함수에서 사용하는 컨트롤러의 오른쪽 썸스틱 조작에 따른 회전 처리를 동기화시켜보겠습니다. 먼저 NetworkInputData.cs로 이동합니다. 이곳에 썸스틱 값을 저장할 float 타입의 rotation 속성을 추가해 줍니다.

```
public struct NetworkInputData : INetworkInput
{
    public Vector3 direction;
    public float rotation;
}
```

[코드 5-19] NetworkInputData.cs rotation 변수 추가

입력을 받는 부분은 ConnManager의 OnInput()에서 처리한다고 했습니다. 이곳에 다음 코드처럼 ARAVRInput의 GetAxis() 함수 호출 부분을 추가합니다.

```csharp
public class ConnManager : MonoBehaviour, INetworkRunnerCallbacks
{
    … 생략 …
    // 사용자의 입력을 매프레임 수집하는 함수
    public void OnInput(NetworkRunner runner, NetworkInput input)
    {
        // NetworkInput 에 전달될 데이터
        NetworkInputData data = new NetworkInputData();
        // 왼쪽 컨트롤러 썸스틱 값 얻어오기
        float h = ARAVRInput.GetAxis("Horizontal");
        float v = ARAVRInput.GetAxis("Vertical");
        data.direction = new Vector3(h, 0, v);

        data.rotation = ARAVRInput.GetAxis("Mouse X", ARAVRInput.Controller.RTouch);


        // 데이터 전달
        input.Set(data);
    }
}
```

[코드 5-20] ConnManager.cs OnInput() 함수에 회전 입력 추가

PlayerMove.cs의 Rotate()에서 회전 처리하는 방식도 OnInput()에서 설정된 데이터를 기반으로 회전할 수 있도록 처리해야 합니다.

```csharp
// 회전 기능
void Rotate()
{
    if (GetInput(out NetworkInputData data))
    {
        // 오른손의 방향 값에서 좌우 기울기를 누적시킨다.
        float rotH = data.rotation;
        // CameraRig 오브젝트를 회전시킨다.
        cameraRig.transform.eulerAngles += new Vector3(0, rotH, 0) * rotSpeed *
```

```
        Runner.DeltaTime;
    }
}
```

[코드 5-21] PlayerMove.cs Rotate( ) 함수의 입력 처리 수정

이제 실행해 보면 다음 그림처럼 접속한 캐릭터들의 카메라가 모두 활성화 되어 있는 것을 볼 수 있습니다. 자신 것만 남기고 다른 캐릭터의 카메라는 없어져야 합니다.

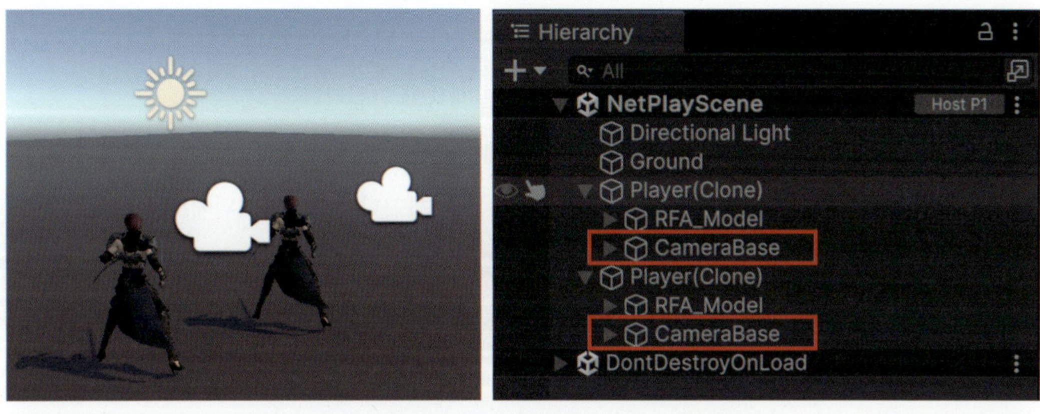

[그림 5-41] 카메라가 모두 활성화 되어 있는 상태

플레이어가 스폰될 때 자신 것이 아니면 − InputAuthority 권한이 없을 때−카메라를 비활성화 시켜주겠습니다. PlayerMove.cs의 Spawned( ) 함수로 이동합니다. 자신의 권한이 InputAuthority 가 아닐 경우, CameraBase의 자식인 OVRCameraRig를 비활성화시켜 줍니다.

```
public class PlayerMove : NetworkBehaviour
{
    … 생략 …
    public override void Spawned()
    {
        cc = GetComponent<NetworkCharacterController>();
        // 다른 캐릭터의 카메라는 비활성화
        if (HasInputAuthority == false)
        {
            cameraRig.transform.GetChild(0).gameObject.SetActive(false);
```

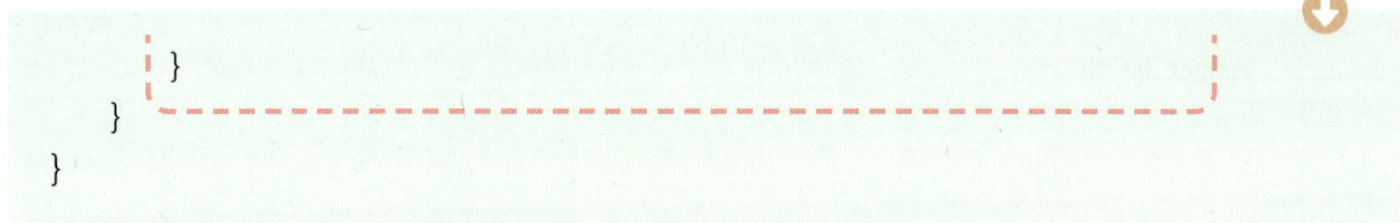

[코드 5-22] PlayerMove.cs 다른 캐릭터의 카메라 비활성화

빌드하고 실행해 보면 카메라는 자신의 것만 남기고 비활성화된 것을 확인할 수 있습니다. 하지만 이번에는 이동할 때 다른 쪽에서는 애니메이션이 정상적으로 재생되지 않는 부분이 있습니다. 보통 서버(StateAuthority)도 아니고, 자신(InputAuthority)도 아닌 캐릭터일 경우가 이런 문제가 발생합니다. 서버에서 단순히 위치, 회전에 대한 동기화 처리만 된 상태이기 때문에 Move( ) 함수에서 애니메이션 처리를 해도 속도 값이 없어서 애니메이션 재생이 안됩니다.

포톤 퓨전에서는 입력을 전달해서 처리하는 것 외에, 두 가지 동기화 처리 방식을 지원합니다.

하나는 속성(데이터) 동기화, 다른 하나는 RPC 함수 동기화입니다. RPC는 뒤에서 배워보고 이번에는 속성 동기화를 통해서 애니메이션 처리를 해보겠습니다.

속성 동기화는 [Networked] 어트리뷰트를 이용해서 사용할 수 있습니다. 그리고 속성은 반드시 get/set 프로퍼티로 만들어져야 합 니다. PlayerMove.cs에 float 타입의 magnitude 변수를 get/set 프로퍼티로 만들어 줍니다. 물론 선언부 맨 앞에 [Networked]를 붙여줍니다.

```
public class PlayerMove : NetworkBehaviour
{
    … 생략 …
    // 네트워크로 동기화될 이동 속도 크기 변수
    [Networked] float magnitude { get; set; }
    … 생략 …
}
```

[코드 5-23] PlayerMove.cs magnitude 속성 추가

현재 플레이어의 애니메이션 처리는 Move( ) 함수에 있고 이는 FixedUpdateNetwork( )에서 처리가 됩니다. 이 함수는 네트워크 상에서의 물리 동기화 담당으로 생각하면 됩니다. 하지만 화면에 렌더링하기 위해서는 별도의 함수를 사용합니다. 유니티의 Update( ), LateUpdate( ) 함수가 있지만 네트워크 모드에서 렌더링을 하기 위한 별도의 함수가 필요합니다. 그 역할을 하는 함수가 바로

Render()입니다. 이곳에서 캐릭터의 애니메이션 처리를 하도록 코드를 이동시켜줍니다. 그리고 Move()에서 지역변수로 사용하고 있는 magnitude는 멤버 변수로 승격시켰기 때문에 float 선언은 삭제해 줍니다.

```csharp
public class PlayerMove : NetworkBehaviour
{
    … 생략 …
    public override void Render()
    {
        // 애니메이터 블랜드 트리 변수에 벡터의 크기를 전달한다.
        anim.SetFloat("Speed", magnitude);
    }
    // 이동 기능
    void Move()
    {
        … 생략 …
        // 만일, 왼손 썸스틱을 기울이면 그 방향으로 캐릭터를 회전시킨다.
        magnitude = dir.magnitude;
        if (magnitude > 0)
        {
            myCharacter.rotation = Quaternion.LookRotation(dir);
        }
        // anim.SetFloat("Speed", magnitude);
    }
}
```

[코드 5-24] PlayerMove.cs Render() 함수 추가

다시 빌드하고 실행해서 테스트해 봅니다. 이제 이동에 대한 동기화는 애니메이션과 함께 처리가 잘 되는 것을 볼 수 있습니다. 다만, 회전에 문제가 있는 것이 보일 것입니다. 이 문제는 Player 게임 오브젝트는 이동, 회전 동기화가 되고 있지만 Move() 함수에서 실제로 우리가 회전시키는 대상은 myCharacter입니다. 현재 myCharacter에는 그림 처럼 RFA_Model이 할당되어 있습니다.

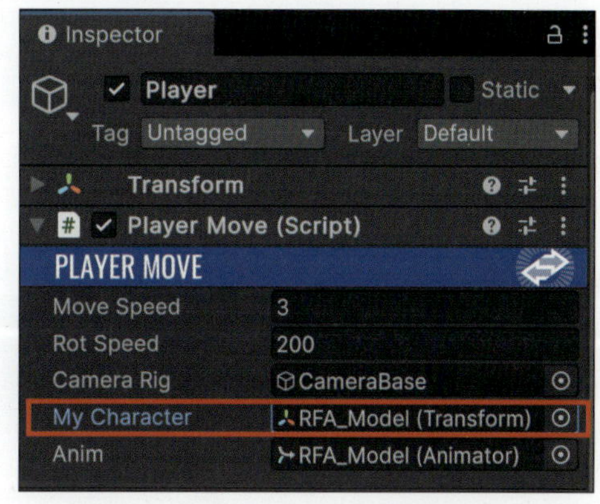

[그림 1.4-42] My Character에 할당된 데이터

이 RFA_Model 게임 오브젝트는 위치나 회전에 대한 동기화 처리가 되어 있지 않기 때문에 각 플레이어들 화면에서 회전 결과가 다르게 보이는 것입니다. 이를 해결하기 위해 지금까지 해온 것처럼 처리 루틴을 만들어 주어도 되지만 간단히 이를 해결할 수 있는 컴포넌트가 있습니다. 포톤 퓨전에 서는 Transform 정보를 자동으로 동기화시켜주기 위해 제공하는 컴포넌트가 있습니다. 바로 NetworkTransform 컴포넌트가 그것입니다.

Player 프리팹을 더블클릭해서 편집모드로 이동합니다. RFA_Model을 선택하고 인프렉터 창에서 [Add Component] 버튼을 클릭히 NetworkTransform 컴포넌트를 찾아 추가해 줍니다.

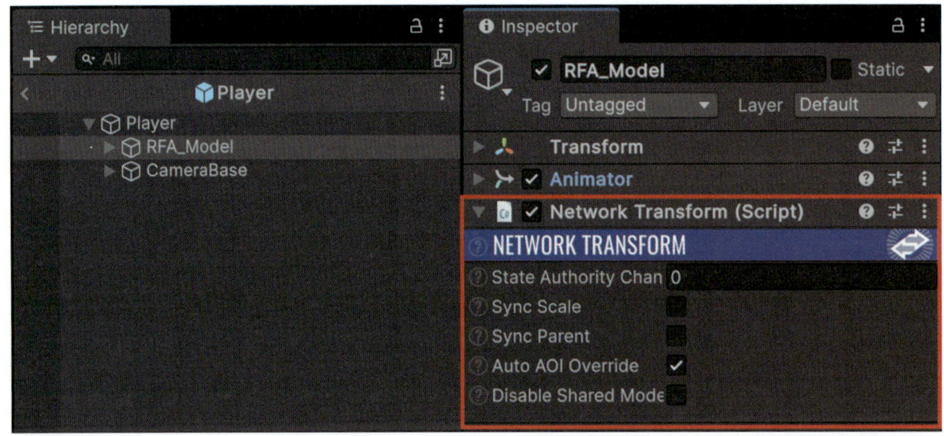

[그림 5-43] Network Transform 컴포넌트 추가

마찬가지로 카메라 회전에 대한 동기화를 위해서 Player의 자식인 CameraBase에도 Network Transform을 붙여줍니다.

[그림 5-44] CameraBase에 Network Transform 컴포넌트 추가

여기까지 하고 빌드해 실행해 보면 이동, 회전 모두 잘 동기화되는 것을 확인할 수 있을 것입니다.

[그림 5-45] 동기화 완료된 결과

플레이어 행동은 동기화가 잘 이뤄지고 있지만, 이름이 표시되지 않아 3인 이상이 동시 접속했을 때 누가 누군지 알기 어려워 보이네요. 접속할 때의 닉네임을 머리 위에 표시하는 것이 구분하는 데 도움이 될 것 같습니다.

Player 프리팹을 더블클릭한 후 하이어라키 뷰에서 [+] 버튼을 클릭하고 [UI/Text-TextMeshPro]를 선택해 새 텍스트 UI를 생성한 후 오브젝트의 명칭을 'PlayerName'으로 변경합니다.

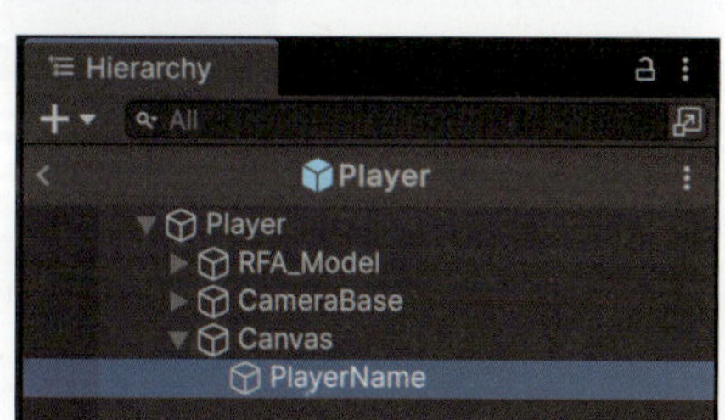

[그림 5-46] TextMeshPro UI 추가하기

TextMeshPro UI를 생성하면 Canvas 오브젝트도 자동으로 생성되는데, 우선 월드 공간 좌표를 사용하기 위해 Canvas 컴포넌트의 Render Mode 항목을 'World Space'로 변경합니다. [그림 5-47]과 같이 위치와 크기를 조정합니다.

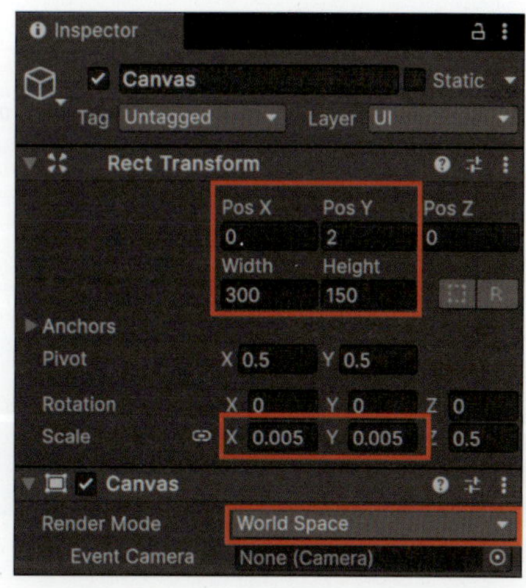

[그림 5-47] 이름 표시를 위한 UI Canvas 설정

PlayerName 오브젝트에서는 캔버스 크기에 맞춰 가로, 세로의 크기를 300×50으로 설정하고 폰트의 크기를 '40'으로 변경합니다. 인스펙터 창을 좀 더 내려보면 Text MeshPro의 Alignment 속성을 볼 수 있습니다. 이 속성도 [그림 5-48]의 왼쪽 화면(정렬)의 그림처럼 가운데 정렬이 되도록 수정합니다.

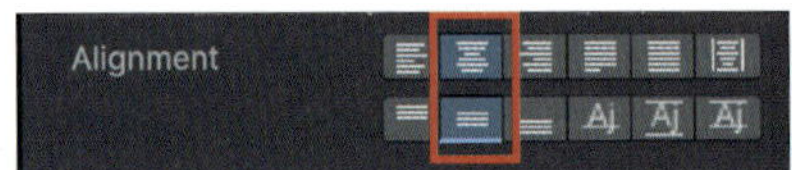

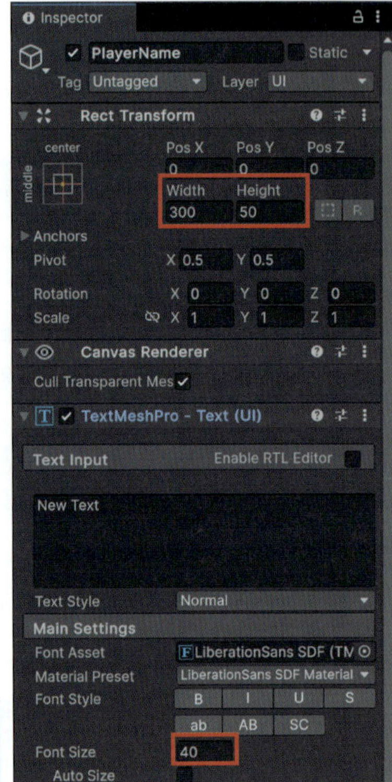

[그림 5-48] PlayerName 오브젝트 설정

다시 NetPlayScene 씬으로 돌아와 PlayerMove 스크립트를 더블클릭해 비주얼 스튜디오를 실행합니다. 먼저 TextMeshPro를 사용할 수 있도록 네임스페이스를 맨 위에 추가합니다. 그리고 네트워크로 사용자의 입력을 동기화시킬 수 있도록 앞에서 언급한 [Networked] 어트리뷰트를 이용한 nickName 변수를 get/set 프로퍼티로 추가합니다. 이를 출력할 TextMeshProUGUI 변수도 추가해줍니다. 마지막으로 일반 게임에서 로그인하거나 사용자 정보를 입력받을 때 기입했을 것으로 생각되는 사용자 이름을 기억할 myInputName 변수를 추가해 줍니다.

```csharp
using TMPro;
[RequireComponent(typeof(NetworkCharacterController))]
public class PlayerMove : NetworkBehaviour
{
    … 생략 …
    // 네트워크로 동기화될 사용자 이름
    [Networked] string nickName { get; set; }
```

```csharp
    // 화면에 표시할 TextUI
    public TextMeshProUGUI nameText;
    // UI 등으로 입력받은 사용자 이름
    public string myInputName = "Player";
}
```

[코드 5-25] PlayerMove.cs 사용자 이름 속성 추가

이제 사용자가 게임에 참여했을 때 사용자 이름을 보여주기 위한 처리 과정을 살펴보겠습니다. 사용자가 로그인이 되면 OnPlayerJoined()에서 Spawn() 함수를 호출해주고 이 작업이 완료되면 PlayerMove의 Spawned() 함수가 호출됩니다.

여기에서 Spawned() 함수에 들어왔을 때 사용자는 자신의 이름을 비롯한 정보를 다른 사용자들에게 알려줘야 합니다. 그래야 다른 사용자들도 세션(방)에 참가한 사용자의 입력을 출력할 수 있을 것입니다. 여기에서 알 수 있는 것은 "다른 사용자들에게 내가 들어왔으니 내 이름을 받아서 출력해라"라는 알림이 필요하다는 것입니다. 포톤 퓨전에서는 이를 클라이언트들끼리 직접 통신하지 말고 서버를 통해서 처리하도록 해놨습니다. 이를 그림으로 나타내면 다음과 같습니다.

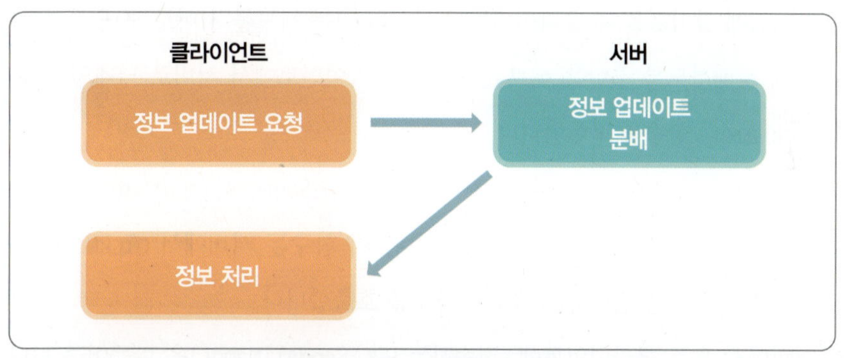

[그림 5-49] 이름 데이터 공유 흐름

그림에서 보는 것처럼 클라이언트는 자신의 이름 정보를 혼자 처리하는 것이 아니라 서 버에 이 정보를 업데이트할 것을 요청합니다. 그러면 서버는 이를 받아서 세션에 참여한 클라이언 트들한테 이 내용을 분배하는 역할을 합니다. 그럼 클라이언트들은 이 내용을 받아서 UI에 출력하 는 흐름으로 동작합니다. 이렇게 클라이언트와 서버, 또는 다른 클라이언트한테 처리 요청을 하는 통신 구조를 'RPC(Remote Procedure Call)'라고 합니다.

용어의 영어 단어가 의미하는 것처럼 원격(Remote)에 있는 함수(Procedure)를 호출(Call) 하는 것입니다. RPC는 반드시 클라이언트와 서버 간의 통신만을 지원하며 클라이언트 끼리는 통신할 수 없습니다. 이런 RPC 통신은 3가지 유형의 전송 방식이 있습니다.

이렇게 3가지 방식의 RPC가 있으며 이를 표로 나타내면 다음과 같습니다.

[표 5-2] RPC 통신의 처리 방식과 예시

통신 유형	RpcSources	RpcTargets	설명	예시
클라이언트 ➡ 서버	InputAuthority	StateAuthority	클라이언트가 서버에 입력이나 요청을 전달	이동 요청, 총 발사 요청
서버 ➡ 특정 클라이언트	StateAuthority	InputAuthority	서버가 특정 클라이언트에게만 알림 전달	특정 플레이어에게만 이벤트 전송
서버 ➡ 모든 클라이언트	StateAuthority	All	서버가 모든 클라이언트에게 브로드캐스트	게임 시작 신호, 아이템 스폰 알림

플레이어가 게임에 참여했을 때 클라이언트는 자신의 이름 정보를 서버로 보내고 서버는 이를 전체 클라이언트에 분배하도록 구현을 해보겠습니다. 클라이언트에서 서버로 닉네임을 보내기 위해 RPC_UpdateNickName() 함수를 구현합니다.

이때 RPC 통신을 위해 [Rpc] 어트리뷰트를 사용하며 RpcSources.InputAuthority(보내는 쪽)와 RpcTargets.StateAuthority(받는 쪽)를 설정합니다. 이 함수는 서버에서 nickName 값을 저장한 뒤, 모든 클 라이언트에 이를 전파하는 별도의 함수를 호출합니다.

다음으로 서버에서 모든 클라이언트에 전송하는 RPC_SendAllName()을 만들어줍 니다. 이 함수에서는 넘겨받은 플레이어의 이름을 UI로 출력합니다.

```
public class PlayerMove : NetworkBehaviour
{
    … 생략 …
    [Rpc(RpcSources.InputAuthority, RpcTargets.StateAuthority)]
    public void RPC_UpdateNickName(string strName)
```

```
    {
        nickName = strName;
        RPC_SendAllName(strName);
    }
    [Rpc(RpcSources.StateAuthority, RpcTargets.All)]
    public void RPC_SendAllName(string strName)
    {
        nameText.text = strName;
    }
}
```

[코드 5-26] **PlayerMove.cs** 이름 업데이트 RPC 함수 구현 추가

이렇게 만든 RPC 함수는 플레이어가 스폰됐을 때 서버에 자신의 이름 정보를 업데이트하도 록 호출합니다. Spawned() 함수로 이동합니다. HasInputAuthority가 true일 때가 클라이언트 자신일 경우입니다. 입력 권한을 갖고 있다는 의미이기 때문에 플레이어 자기자신이 되는 것입니다. 이 곳에서 서버에 자신의 이름 정보를 보내는 RPC_UpdateNickName() 함수를 호출합니다. 여기에서 이름은 'Player' 뒤에 랜덤으로 숫자를 붙여주겠습니다. 마지막으로 자기 캐릭터의 이름 폰트 색은 빨간색으로 설정합니다.

```
public class PlayerMove : NetworkBehaviour
{
    … 생략 …
    public override void Spawned()
    {
        cc = GetComponent<NetworkCharacterController>();
        // 다른 캐릭터의 카메라는 비활성화
        if (HasInputAuthority == false)
        {
            cameraRig.transform.GetChild(0).gameObject.SetActive(false);
        }
        else
        {
            myInputName += UnityEngine.Random.Range(0, 1000);
            RPC_UpdateNickName(myInputName);
            nameText.color = Color.red;
```

```
        }
    }
}
```

[코드 5-27] PlayerMove.cs 서버로 RPC 함수 호출하기

빌드해서 실행하기 전에 Player 프리팹의 PlayerMove 컴포넌트의 Name Text 속성에 PlayerName 오브젝트를 할당해 줍니다. 이제 빌드하고 실행해 봅니다. 그러면 클라이언트 화면에서는 참가한 다른 사용자의 이름이 제대로 표시되지 않는 것을 볼 수 있습니다.

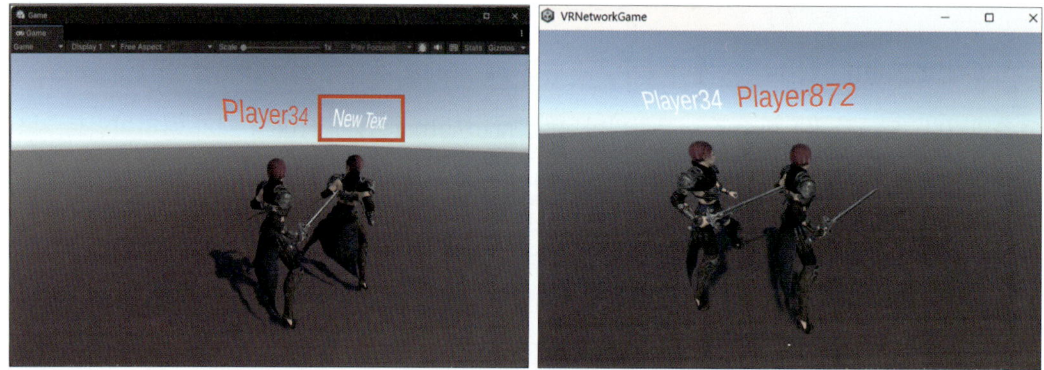

[그림 5-50] 이름 동기화 오류

이런 문제가 발생하는 원인은 발생한 이벤트의 흐름 순서 때문입니다. 다음 RPC 전달 흐름을 나타내는 그림을 보겠습니다. 리슨 서버는 클라이언트가 처음 세션을 만들 때 세션이 없으면 직접 세션을 만들고 자신이 클라이언트이지 서버가 되는 구조입니다. 여기에서는 Client1이 이에 해당합니다. 그림에서 처럼 Client1은 처음 스폰이 되고 서버에 자신의 이름정보를 RPC로 보냅니다. 그리고 서버는 클라이언트로 다시 이를 전송하는 구조입니다. 이때 클라이언트는 자신만 존재하니까 Client1만 이 내용을 전송받습니다.

다시 Client2가 스폰되고 서버에 RPC를 보냅니다. 그러면 서버는 다시 접속한 모든 클라이언트들한테 RPC를 호출합니다.

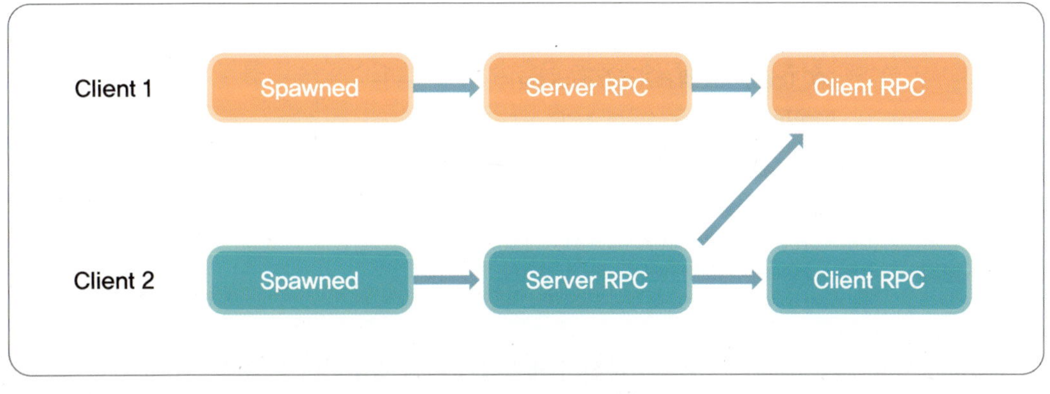

[그림 5-51] RPC 전달 흐름

하지만 여기에서 한 가지 문제가 있습니다. Client2의 데이터는 Client1, Client2 모두에 정상적으로 전송되는데 반해 Client1의 정보는 Client2 입장에서는 전송받을 방법이 없습니다. 서버에서 모든 클라이언트 정보를 데이터로 보내주는 방법도 있지만 우리는 앞에서 배운 속성 동기화 [Networked] 어트리뷰트를 이용해 처리하겠습니다. 이미 우리의 nickName 변수는 [Networked]로 만들어져 있습니다. 이는 다시 말해 Client1에서 서버 RPC로 보낼 때 이 정 보를 서버에서 값을 저장해놨기 때문에 Client2 입장에서는 자동으로 해당 데이터가 동기화되어 있을 것입니다. 이를 반영해 수정한 코드는 다음과 같습니다.

```csharp
public class PlayerMove : NetworkBehaviour
{
    … 생략 …
    // 네트워크로 동기화될 사용자 이름
    [Networked] string nickName { get; set; }
    public override void Spawned()
    {
        cc = GetComponent<NetworkCharacterController>();
        // 다른 캐릭터의 카메라는 비활성화
        if (HasInputAuthority == false)
        {
            cameraRig.transform.GetChild(0).gameObject.SetActive(false);
            nameText.text = nickName;
        }
        else
        {
```

```csharp
            myInputName += UnityEngine.Random.Range(0, 1000);
            RPC_UpdateNickName(myInputName);
            nameText.color = Color.red;
        }
    }
```

[코드 5-28] PlayerMove.cs 다른 캐릭터 nickName 값 가져와 적용하기

HasInputAuthority가 false인 상황은 자신의 캐릭터가 아닐 경우이며 이때 서버에서 이미 동기화 처리해 놓은 nickName 정보를 가져와 TextMeshProUGUI에 적용해 주면 됩니다.

이제 다시 빌드해서 실행해 보면 모두 정상적으로 표시되는 것을 확인할 수 있습니다.

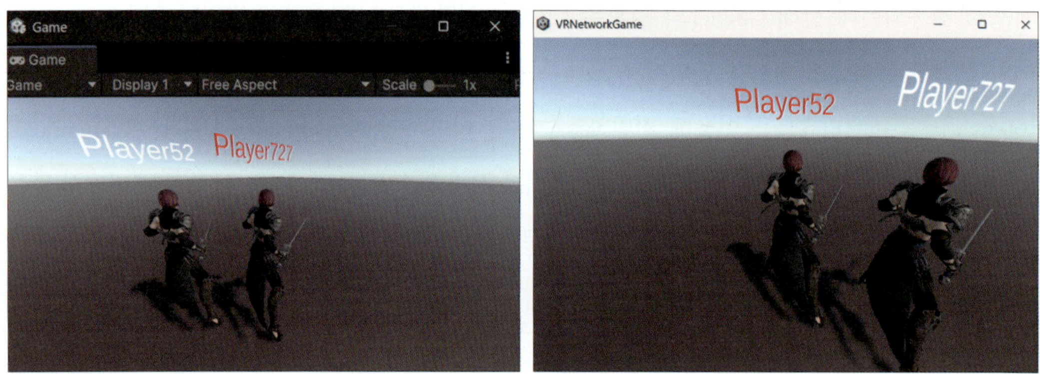

[그림 5-52] 동기화된 화면

다만, 플레이어의 머리 위에 자신의 닉네임이 표시되는 것은 정상적이긴 한데, 캐릭터를 바라보는 각도에 따라 텍스트가 기울어져 보이는군요. 간단한 빌보드 스크립트를 만들어 수정해 보겠습니다.

Scripts 폴더에 'Billboard'라는 이름으로 새 C# 스크립트를 생성합니다. 빌보드 기능은 텍스트 UI와 메인 카메라의 정면 방향을 동일한 방향으로 일치시키면 간단하게 구현할 수 있습니다.

```csharp
using UnityEngine;
public class Billboard : MonoBehaviour
{
    public Transform canvas;
    void Update()
```

```csharp
    {
        canvas.forward = Camera.main.transform.forward;
    }
}
```

[**코드 5-29**] Billboard.cs 캔버스가 메인 카메라를 바라보도록 방향 조정하기

　Player 프리팹을 다시 한번 더블클릭해 프리팹 설정 화면으로 전환한 후 방금 만든 Billboard 스크립트를 Player 오브젝트 쪽으로 드래그해 추가합니다. 그리고 Canvas를 Billboard에 할당해 줍니다.

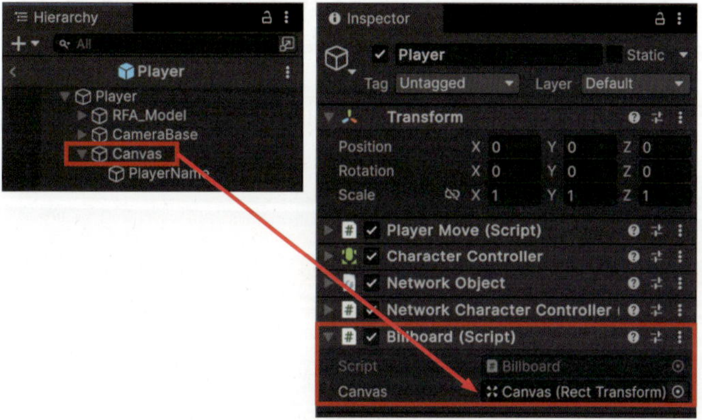

[**그림 5-53**] Player 오브젝트에 Billboard 스크립트 추가하기

　NetPlayScene 씬으로 돌아와 다시 빌드해 테스트해보면 캐릭터의 방향과 관계없이 잘 보이는 것을 확인할 수 있습니다.

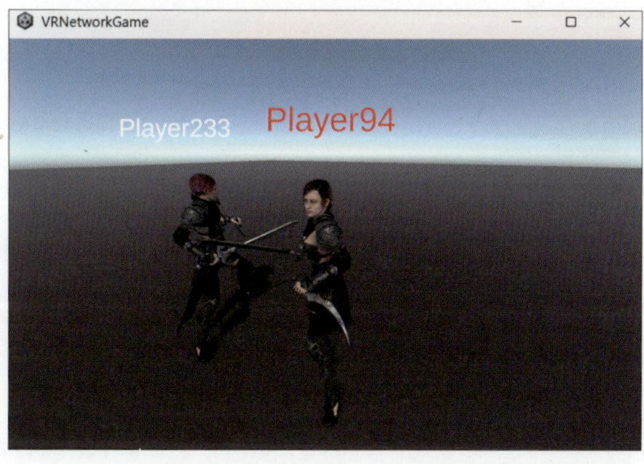

[**그림 5-54**] 빌보드가 적용된 화면

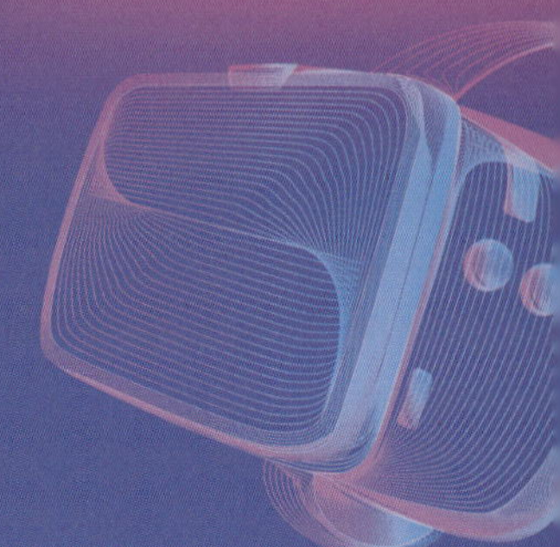

이번에는 오른손 컨트롤러의 트리거 버튼을 누르면 캐릭터가 검을 휘두르는 공격 애니메이션을 실행하고 그 검에 닿은 다른 캐릭터의 HP를 감소시키는 이벤트를 발생시켜보겠습니다. 단독 클라이언트 상태에서는 구현하는 데 큰 문제가 없지만, 네트워크 접속 상태에서는 다른 사람의 클라이언트에서도 특정 캐릭터에 대한 피격 이벤트가 발생되도록 해야 하는 숙제가 남습니다. 그래서 접속중인 모든 클라이언트에서 동일하게 특정 캐릭터의 함수를 실행하는 원격 호출 방식을 사용해 처리하겠습니다.

> **➡ 학습 목표**
>
> 사용자의 입력에 따른 공격 이벤트를 다른 사용자와 동기화하고 싶다.

> **➡ 순서**
>
> ❶ 공격 애니메이션 상태 설정 및 HP 슬라이더를 설정한다.
> ❷ 사용자의 입력에 따라 공격 애니메이션을 실행한다.
> ❸ 자신의 검이 상대방에게 닿았을 때 상대방의 HP를 감소시키고 피격 이벤트 내용을 접속 중인 다른 클라이언트에 동기화한다.

🆅🆁 공격 애니메이션 동기화하기

공격 이벤트가 발생하면 가장 먼저 검을 휘두르는 애니메이션이 실행돼야 합니다. 현재 Animator에는 대기와 이동에 대한 애니메이션 상태만 설정돼 있으므로 공격 애니메이션을 준비해 보겠습니다.

기존에 대기, 이동 블렌드 트리를 설정했던 PlayerAnim 애니메이터를 더블클릭해 애니메이터 창을 연 후 프로젝트 뷰에서 RFA-Common-Animations의 Attack 파일을 드래그해 상태 박스를 추가합니다.

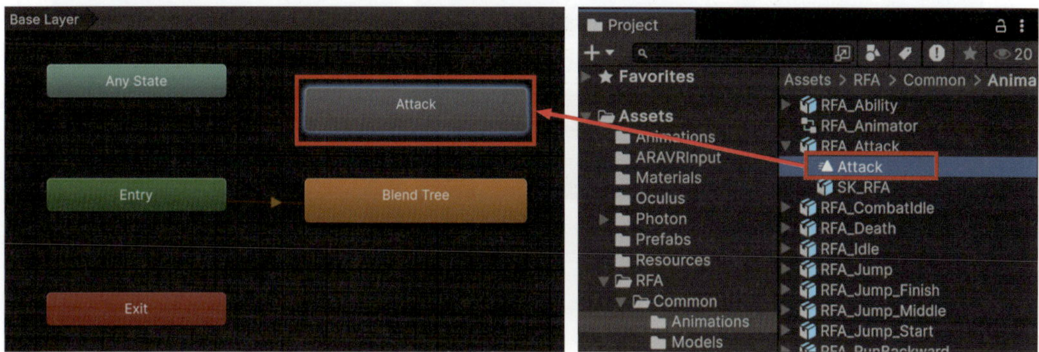

[그림 5-55] 공격 애니메이션 상태 박스 추가하기

공격 애니메이션을 코드에서 호출하려면 트리거 파라미터가 필요합니다. Animator 창 좌측 상단에 있는 [+] 버튼을 클릭한 후 [Trigger] 버튼을 클릭해 새로운 트리거 파라미터를 생성하고 이름을 'Attack'으로 변경합니다.

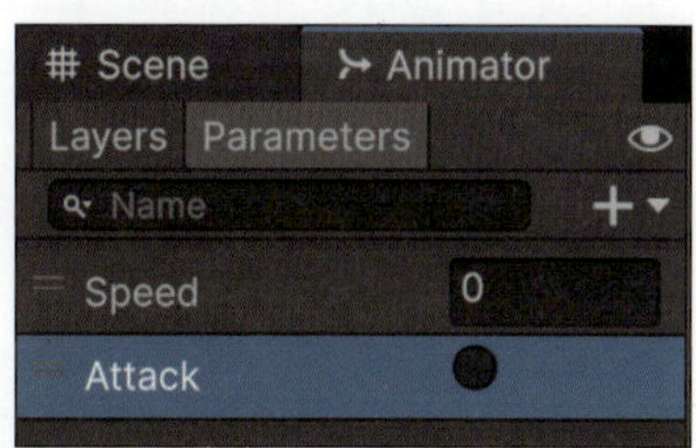

[그림 5-56] Attack 파라미터 추가하기

공격 동작은 어떤 상황에서도 실행돼야 하므로 Any State로부터 트랜지션이 연결돼야 하겠죠? Any State 박스에서 마우스 오른쪽 버튼을 클릭한 후 [Make Transition]을 선택하고 화살표를 공격 애니메이션 상태 박스 쪽으로 연결합니다. 트랜지션 화살표를 마우스로 선택한 후 인스펙터 뷰 하단의 [Conditon] 항목에서 [+] 버튼을 클릭해 새로운 호출 조건을 추가하고 Attack 파라미터를 선택합니다. Any State는 현재 애니메이션 상태를 특정할 수 없으므로 [Has Exit Time] 항목에 체크 표시를 하면 안 됩니다.

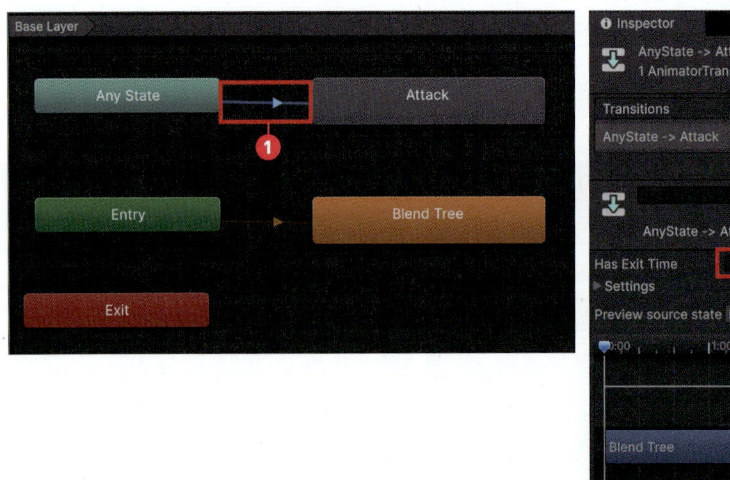

[그림 5-57] 공격 애니메이션 시작 트랜지션 설정하기

공격 애니메이션이 끝나면 자동으로 다시 대기 또는 이동 상태로 돌아가야 하므로 공격 애니메이션 상태 상자에서 마우스 오른쪽 버튼을 클릭한 후 [Make Transition]을 선택하고 화살표를 블랜드 트리 상자에 연결합니다. 애니메이션이 끝나기만 하면 조건 없이 애니메이션이 전환되도록 [Condition] 항목은 비워두고 [Has Exit Time] 항목에만 체크 표시를 합니다.

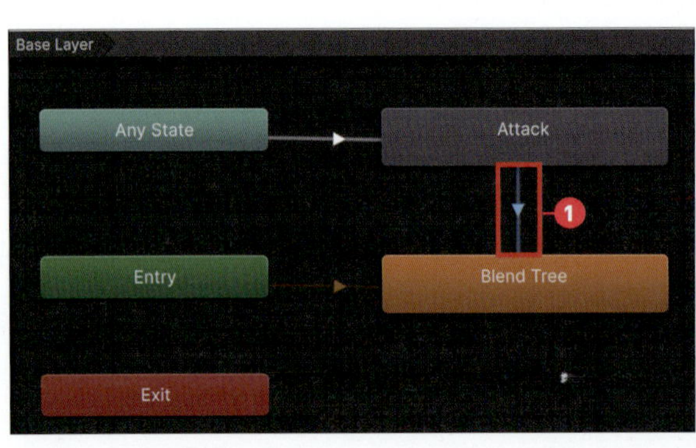
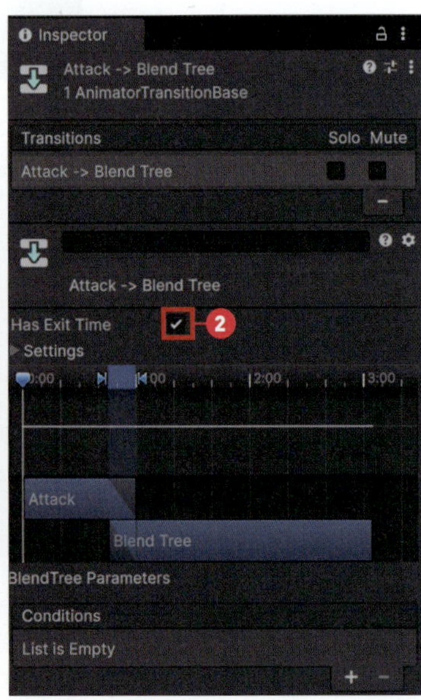

[그림 5-58] 공격 애니메이션 종료 트랜지션 설정하기

공격 애니메이션에 대한 준비는 마친 것 같으므로 이제 스크립트를 구성해보겠습니다. Scripts 폴더에 'PlayerAttack'이라는 이름으로 새로운 C# 스크립트를 생성합니다. Prefabs 폴더에 있는 Player 프리팹을 더블클릭해 프리팹 설정 창을 열고 방금 생성한 PlayerAttack 스크립트를 Player 오브젝트에 드래그해 추가합니다.

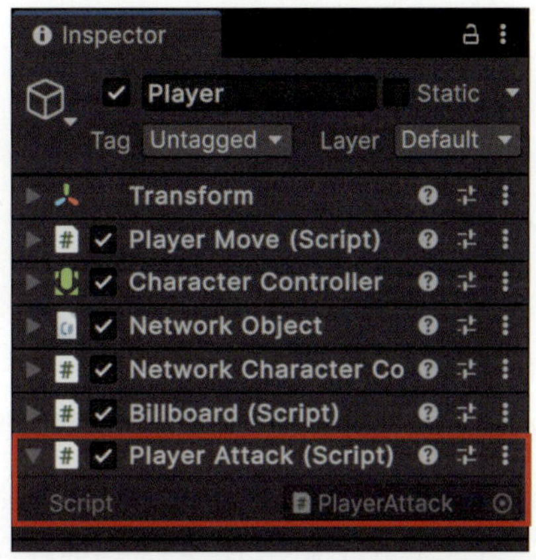

[그림 5-59] PlayerAttack.cs 스크립트 추가하기

Player Attack 스크립트를 더블클릭해 편집 창을 연 후 네임스페이스에 Fusion을 추가하고 상속 클래스도 NetworkBehaviour 클래스로 변경합니다. 그런 다음 Animator에 접근하기 위해 Animator 클래스 변수를 선언합니다.

이벤트 동기화를 위해 중요한 것은 이벤트가 발생할 때 실행될 함수를 RPC 함수로 만들어야 한 다는 점입니다. 서버에서 처리할 RPC_ServerAttackAnimation() 함수를 추가하고, 클라이언트 에서 처리할 RPC_ClientAttackAnimation() 함수도 추가합니다. RPC_ServerAttackAnimation() 에서는 RPC_ClientAttackAnimation()를 호출하도록 처리합니다. RPC_ClientAttackAnimation() 에서 애니메이션 재생을 처리합니다. 각 처리 함수에는 [Rpc] 어트리뷰트를 붙여줍니다.

```csharp
public class PlayerAttack : NetworkBehaviour
{
    public Animator anim;
    // 서버에서 실행되는 서버 RPC
    [Rpc(RpcSources.InputAuthority, RpcTargets.StateAuthority)]
    public void RPC_ServerAttackAnimation()
```

```csharp
    {
        RPC_ClientAttackAnimation();
    }
    [Rpc(RpcSources.StateAuthority, RpcTargets.All)]
    public void RPC_ClientAttackAnimation()
    {
        anim.SetTrigger("Attack");
    }
}
```

[코드 5-30] PlayerAttack.cs 공격 애니메이션 함수 만들기

공격 애니메이션 함수를 만들었으므로 이제 오른손 [One] 버튼을 눌렀을 때 만들어둔 RPC() 함수를 실행하면 됩니다. 앞에서 사용자의 입력 처리는 OnInput() 함수에서 처리한다고 했습니다. 그러면 입력 데이터를 NetworkInput을 통해 보내고 이를 FixedUpdateNetwork()에서 받아서 처리하는 구조로 동작한다고 했습니다. 하지만 이렇게 처리했을 때 발생할 수 있는 문제가 있습니다.

아무래도 이렇게 데이터를 보내고 다시 받아서 처리하는 것은 사용자의 입력을 바로 반영하는 것에 문제가 생길 수 있습니다. 공격을 위해 마우스를 빠르게 클릭 클릭하면 입력이 씹히는 경우가 발생할 수 있습니다. 이를 위해 유니티 라이프사이클 함수 Update()에서 입력을 처리하고 이를 서버로 RPC 전송하면 될 듯합니다.

그리고 또 하나 생각해 볼 수 있는건 입력 처리는 빠르게 할 수 있지만 사용자 눈에 보이는 애니메이션 처리가 지연될 수 있다는 것입니다. 내 단말기에서 입력한 결과가 애니메이션으로 바로 재생되어야 하는데 지연되면 랙 걸린 것처럼 보일 수 있습니다. 따라서 입력 권한을 갖고 있는 사용자가 Update()에서 공격 입력을 하면 바로 애니메이션 처리하고 서버로 RPC 통신을 보내 줘서 다른 사용자들도 이 애니메이션 처리를 할 수 있도록 하면 지연 없이 깔끔하게 동작하도록 할 수 있습니다.

그러면 이미 자신의 캐릭터에서 애니메이션을 처리한 사용자는 RPC_ClientAttackAnimation()에서 따로 애니메이션을 재생할 필요가 없겠습니다. 이를 반영한 구현 코드는 다음과 같습니다.

```csharp
public class PlayerAttack : NetworkBehaviour
{
```

```csharp
… 생략 …

[Rpc(RpcSources.StateAuthority, RpcTargets.All)]
public void RPC_ClientAttackAnimation()
{
    // 자신의 캐릭터가 아닐경우 애니메이션 재생
    if (HasInputAuthority == false)
        anim.SetTrigger("Attack");
}


void Update()
{
    // 입력 권한을 갖는 사용자가 공격버튼을 클릭하면
    if(HasInputAuthority && ARAVRInput.GetDown(ARAVRInput.Button.One))
    {
        // 애니메이션 처리
        anim.SetTrigger("Attack");
        // 서버 RPC 로 이벤트 전송
        RPC_ServerAttackAnimation();
    }
}
}
```

[코드 5-31] PlayerAttack.cs 공격 RPC 처리

동일한 프리팹으로 생성된 여러 캐릭터 중에서도 자신의 캐릭터가 아닐 경우에만 RPC() 함수가 실행돼야 하기 때문에 자신의 캐릭터(HasInputAuthority == false)일 때만 애니메이션 처리가 되도록 했습니다.

이제 다시 프리팹 설정 화면으로 돌아와 PlayerAttack 스크립트의 Anim 변수 항목에 Player의 자식인 Animator 컴포넌트가 붙어 있는 RFA_Model 오브젝트를 드래그 앤 드롭해 추가합니다.

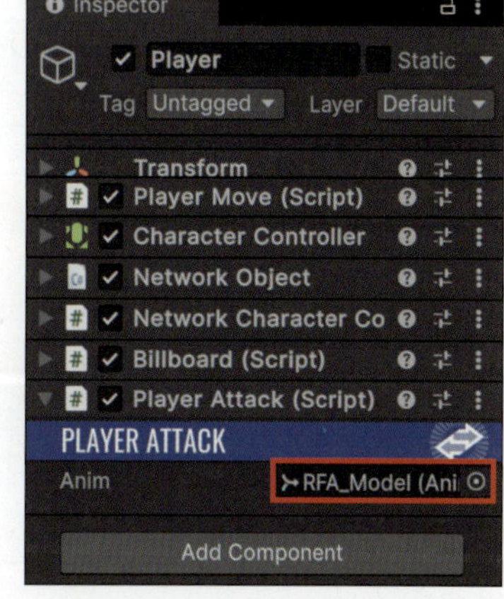

[그림 5-60] Anim 변수에 애니메이터 컴포넌트 할당하기

다시 두 명 이상으로 접속해 확인해 보겠습니다. 오른손 [One] 버튼을 누르면 캐릭터가 검을 휘두르는 공격 애니메이션이 실행되며 자신의 클라이언트뿐 아니라 상대방의 클라이언트 화면에서도 애니메이션 동작이 동일하게 보이는 것을 알 수 있습니다.

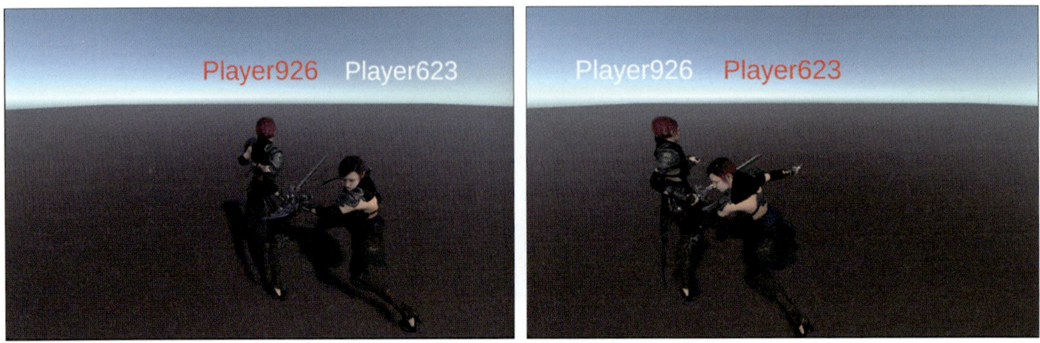

[그림 5-61] 공격 애니메이션 동기화 확인하기

RPC 통신의 동작 흐름을 나타낸 다음 그림을 보겠습니다. 먼저 클라이언트1에서 서버 RPC를 호출합니다. 이때 서버 RPC를 호출할 수 있는 대상은 InputAuthority 권한을 가진 자기 캐릭터 입니다. 그러면 서버에서는 다시 RpcTargets.All로 모든 클라이언트한테 RPC 호출을 합니다. 그림에서처럼 내가 서버에 보냈고(이때 내부적으론 Player id를 활용), 서버가 모든 사용자에게 메시지를 보내면 받는 대상은 본인의 RPC 함수가 호출됩니다. 원격의 다른 캐릭터도 이 Player id에 해당하는 캐릭터가 RPC 메시지를 받는 것을 확인할 수 있습니다.

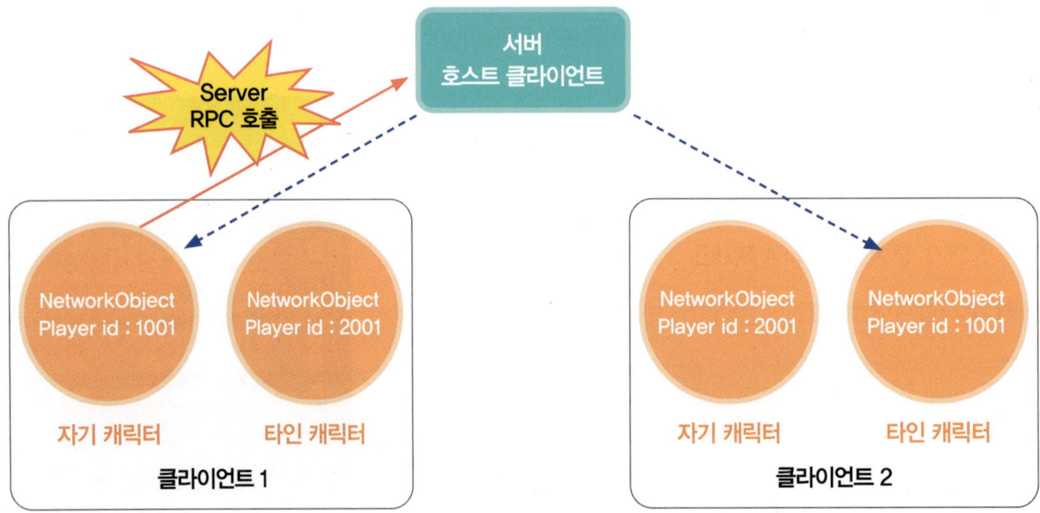

[그림 5-62] RPC 동작 순서

실행 시 애니메이션 이벤트 관련 오류가 발생할 수 있습니다. 이유는 우리가 사용하는 Attack 애니메이션에 호출이 들어가 있어서 그렇습니다. RFA_Attack을 선택하고 인스펙터 창에서 Animation 탭의 Events 항목을 열어줍니다. 그림처럼 타임라인에 표시된 이벤트를 선택해서 Delete 키를 눌러 지워줍니다. [Apply] 버튼을 눌러 마무리 합니다.

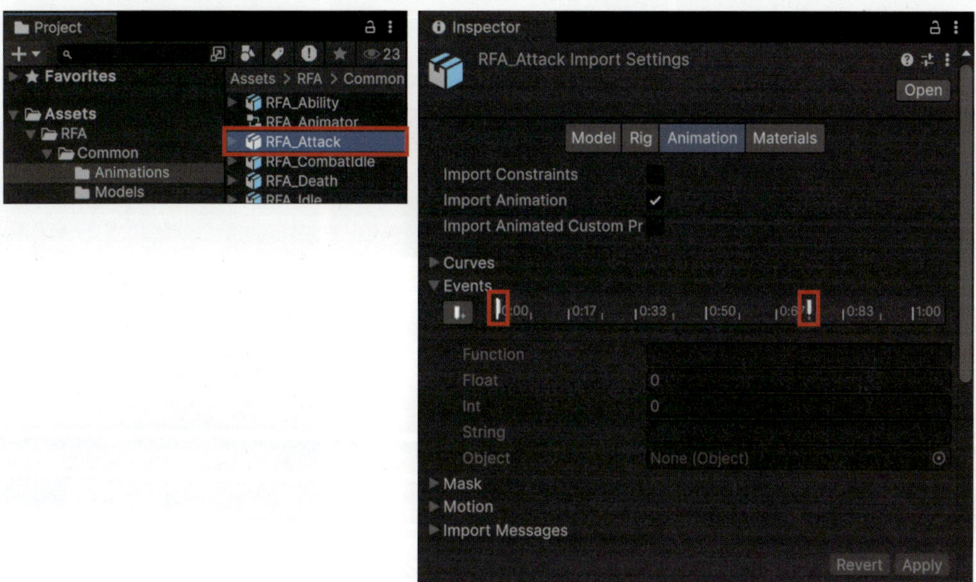

[그림 5-63] 애니메이션 이벤트 삭제

피격과 체력 동기화

이번에는 자신의 캐릭터로 상대방 캐릭터에게 공격을 적중시키면 체력을 감소시키고 그 이벤트를 동기화하는 방법을 알아보겠습니다. 일단 공격을 받았을 때 체력이 감소되는 것을 시각적으로 인지하기 위해 체력 슬라이더 UI가 필요할 것 같습니다.

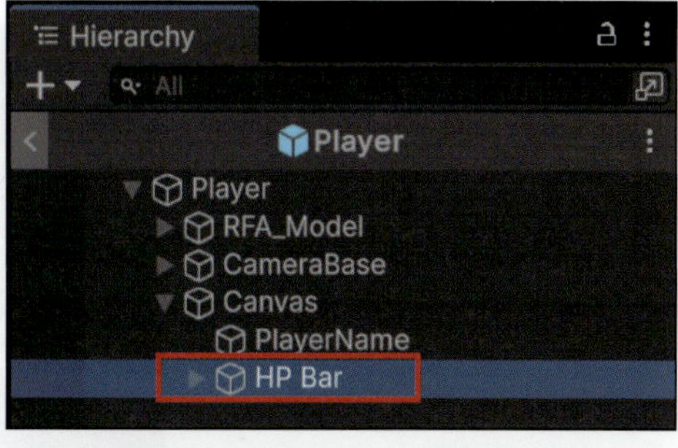

[그림 1.4-64] HP 슬라이더 추가하기

Player 프리팹을 더블클릭해 프리팹 설정 창을 연 후 플레이어의 닉네임을 출력할 때 사용했던 Canvas 오브젝트를 선택한 상태에서 마우스 오른쪽 버튼을 클릭하고 [UI-Slider]를 선택해 새로운 슬라이더 오브젝트를 추가합니다. 생성한 슬 라이더의 이름은 'HP Bar'로 변경합니다. Handle Slide Area는 삭제해 줍니다. HP 슬라이더의 위치와 크기는 [그림 5-65]와 같이 설정합니다. 체력 슬라이더의 색상은 '녹색'으로 설정했습니다.

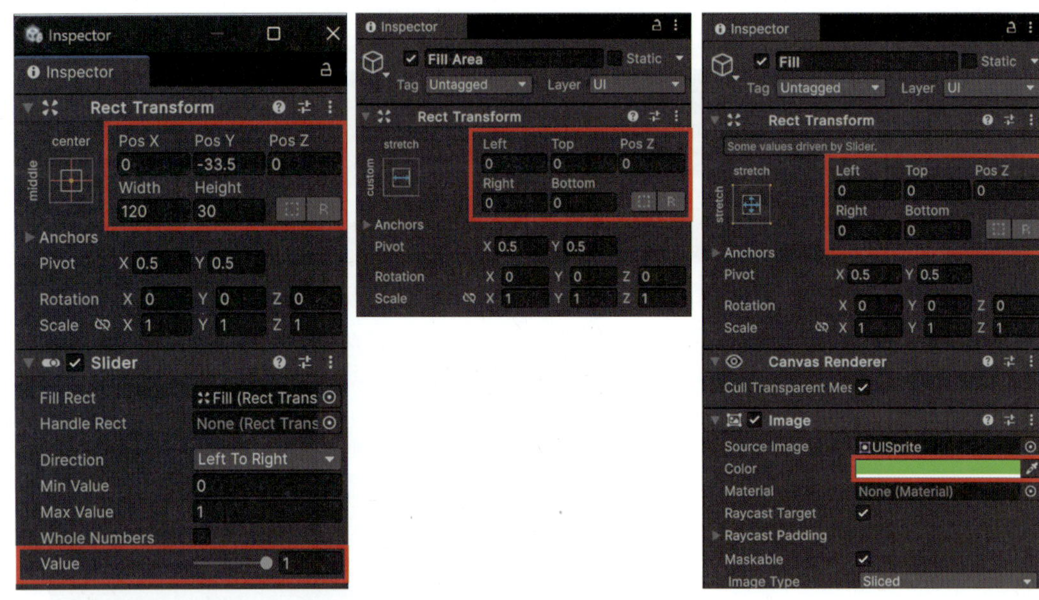

[그림 5-65] HP 슬라이더 설정하기

검에 충돌하는 액션을 하려면 캐릭터와 검에 각각 충돌체가 있어야 합니다. Player 프리팹에서 [Add Component-Physics-Capsule Collider]와 [Add Component-Physics-Rigidbody]를 선택해 캡슐 콜라이더와 리지드보디 컴포넌트를 추가합니다. 캡슐 콜라이더의 크기는 캐릭터의 크기에 맞춰 적절한 값을 설정합니다. 또한 리지드보디 컴포넌트의 Is Kinematic에 체크 표시를 합니다.

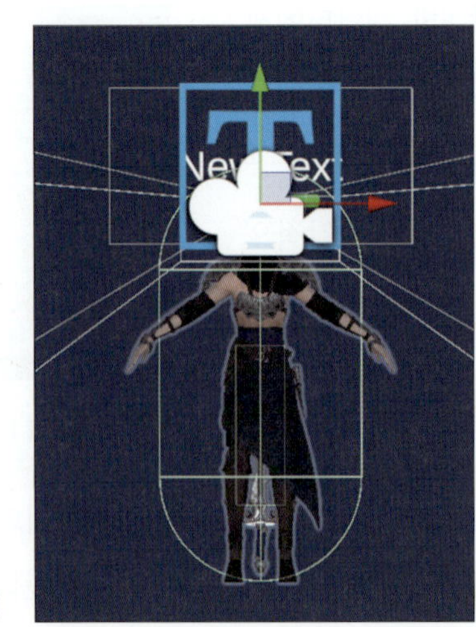
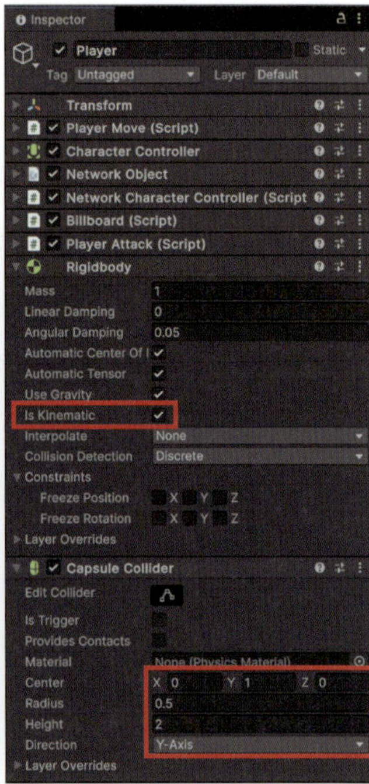

[그림 5-66] 캡슐 콜라이더 설정하기

검으로 공격하려면 검쪽에도 충돌 영역이 있어야 하겠죠? Player의 RFA_Model의 자식 오브젝트 중에서 그림처럼 dagger 오브젝트에 [Add Component – Physics – Box Collider]를 선택해 박스 콜라이더를 추가하고 그림과 같이 Center와 Size를 설정해 검의 상단부를 감싸는 모습으로 보이도록 합니다. 검과 캐릭터의 몸통이 충돌할 때 물리적인 충돌까지 생길 필요는 없으므로 Box Collider 컴포넌트의 [Is Trigger] 항목에 체크해 닿았는지 여부를 확인하는 용도로만 사용하겠습니다.

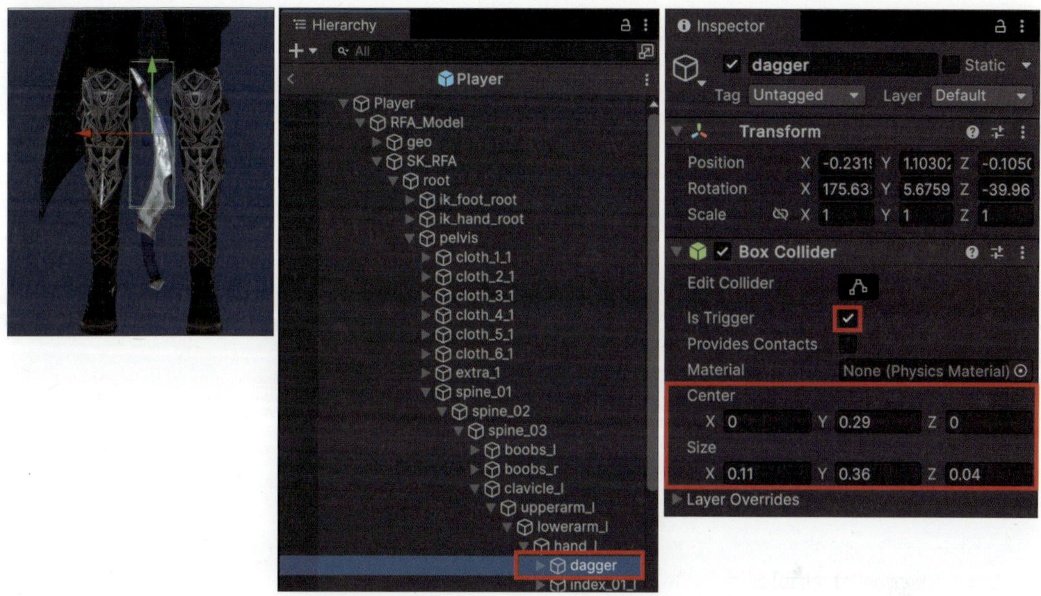

[그림 5-67] 검에 박스 콜라이더(트리거) 추가하기

만일 검에 트리거가 계속 활성화돼 있다면 공격을 하지 않는 중에도 검이 다른 오브젝트에 닿기만 하면 데미지를 주는 불상사가 발생할 수 있습니다. 따라서 평소에는 콜라이더를 비활성화해 두었다가 공격을 하는 순간에만 콜라이더가 활성화되도록 공격 애니메이션에 콜라이더 활성화 및 비활성화 이벤트를 추가하겠습니다.

[Scripts] 폴더에 'WeaponCollider'라는 이름으로 새로운 스크립트를 만들고, Animator 컴포넌트가 있는 RFA_Model 오브젝트에 드래그 앤 드롭해 추가합니다.

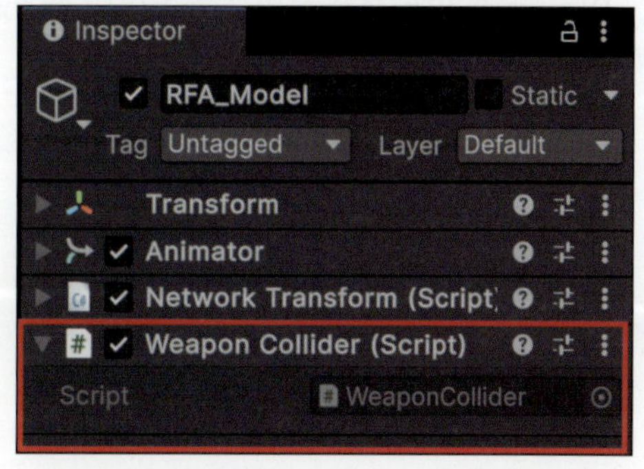

[그림 5-68] WeaponCollider 스크립트 추가하기

WeaponCollider 스크립트의 구현 내용은 매우 간단합니다. 무기에 달아 놓은 BoxCollider 컴포넌트를 활성화하는 함수와 비활성화하는 함수를 만들고, 시작 시에는 비활성화 상태로 만들어 두는 것뿐입니다.

```csharp
using System.Collections;
using System.Collections.Generic;
using UnityEngine;
public class WeaponCollider : MonoBehaviour
{
    public BoxCollider weaponCol;
    void Start( )
    {
        // 무기의 충돌 영역을 비활성화한다.
        DeactivateCollider( );
    }
    // 콜라이더 활성화 함수
    public void ActivateCollider( )
    {
        weaponCol.enabled = true;
    }
    // 콜라이더 비활성화 함수
    public void DeactivateCollider( )
    {
        weaponCol.enabled = false;
    }
}
```

[코드 5-32] WeaponCollider.cs 콜라이더 활성화/비활성화 기능 구현하기

Player 프리팹 설정 화면으로 돌아와 WeaponCollider 컴포넌트의 [Weapon Col] 항목에 dagger 오브젝트를 드래그해 추가합니다.

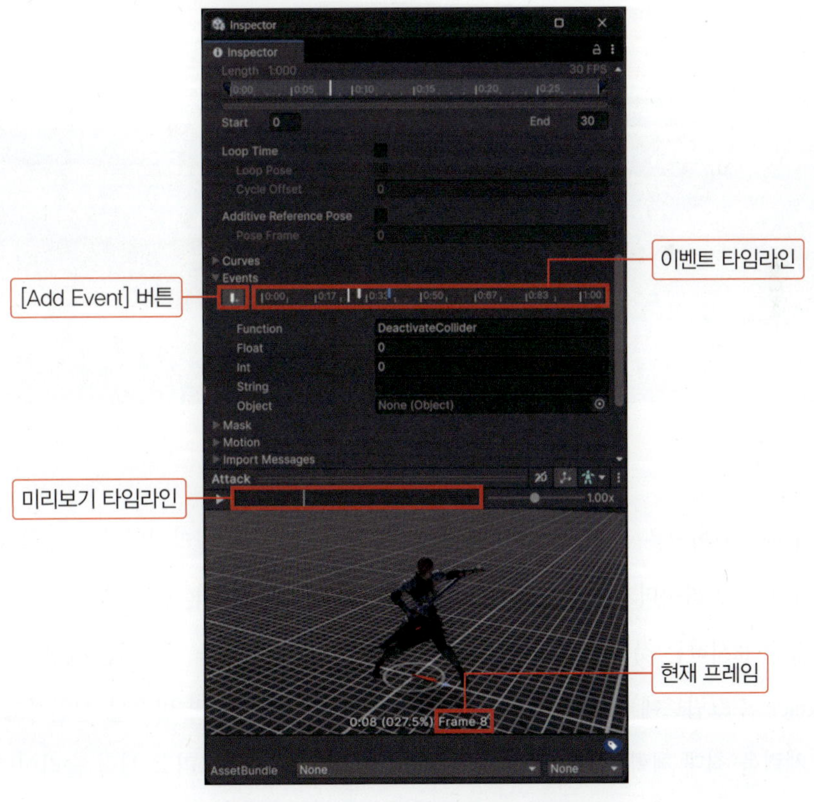

[그림 5-69] Weapon Col 항목에 무기 콜라이더 할당하기

함수를 만들었으므로 이제 애니메이션 동작 프레임에 함수 이벤트 키를 추가하겠습니다. 프로젝트 뷰에서 공격 애니메이션인 RFA_Attack 파일을 선택하고 인스펙터 뷰 하단의 [Events] 항목을 클릭해 이벤트 키 설정을 엽니다. 이곳에 이미 등록된 애니메이션 이벤트는 앞에서 삭제했습니다.

[그림 5-70] 애니메이션 이벤트 키 화면

제일 아래쪽에 있는 미리 보기 박스에서 타임라인 바를 마우스로 움직여 캐릭터의 움직임을 보면서 공격이 시작되는 9프레임과 공격이 끝나는 12프레임에 각각 [Add Event] 버튼을 눌러 키를 추가합니다. [Add Event] 버튼은 이벤트 타임 라인 좌측에 있습니다.

9프레임 이벤트 키에서는 [Function] 항목에 콜라이더를 활성화하는 함수의 이름인 'ActivateCollider', 12프레임 이벤트 키에는 콜라이더 비활성화 함수의 이름인 'DeactivateCollider'를 입력합니다. [Apply] 버튼을 눌러 저장합니다.

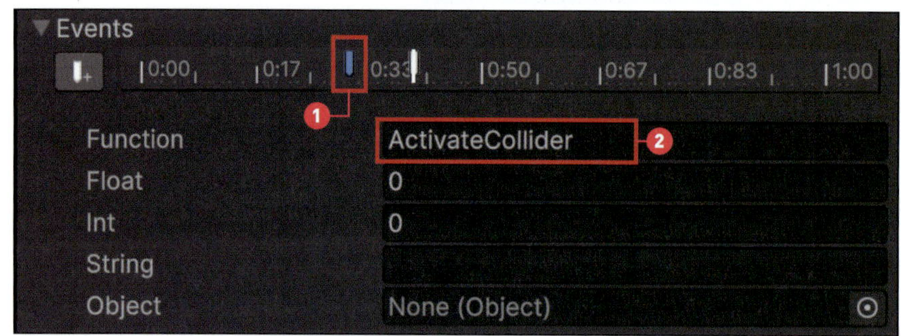

[그림 5-71] 9프래임 이벤트 함수 설정하기

[그림 5-72] 12프래임 이벤트 함수 설정하기

이제 공격 애니메이션을 플레이하면 9프레임의 검에 있는 박스 콜라이더가 활성화됐다가 12프레임에 다시 박스 콜라이더가 비활성화되는 것을 확인할 수 있습니다. 남은 것은 체력 슬라이더에 실제 체력 값을 표시하는 것과 트리거에 충돌했을 때 처리하는 기능을 구현하는 것뿐입니다.

PlayerAttack 스크립트에 공격력 변수와 최대 체력 변수, 현재 체력 변수를 선언하고 최초 시작 시에 현재 체력을 최대 체력 상태로 설정하는 코드를 추가합니다. 그리고 체력 슬라이더를 할당할 UI 슬라이더 변수와 검의 트리거 박스를 할당할 BoxCollider 변수를 각각 선언하겠습니다.

```csharp
using Fusion;
using UnityEngine;
using UnityEngine.UI;
public class PlayerAttack : NetworkBehaviour
{

    public Animator anim;
    public float maxHP = 10;
    public float attackPower = 2;
    public Slider hpSlider;
    public BoxCollider weaponCol;
    float curHP { get; set; }

}
```

[코드 5-33] PlayerAttack.cs 변수 추가

공격을 받으면 피격 처리를 하는 로직을 추가해 보겠습니다. 공을 받는 다는 것은 칼에 자신이 부딪히는 것으로 해석할 수 있습니다. 이때 체력을 감소하게 해야 하는데, 이때 체력이라는 데이터는 클라이언트가 관리하는게 아니라 동기화를 위해 서버에서 관리하는 것이 원칙입니다. 따라서 서버에 현재 체력을 업데이트하도록 RPC 메시지를 보내게 처리합니다. 그러면 서버에서 이 체력을 업데이트하도록 합니다.

다음 코드를 보면 부딪혔을 때 OnTriggerEnter()에서 피격받은 캐릭터가 자신인지 HasInput Authority로 검증합니다. 이때만 RPC를 호출할 수 있습니다. 그리고 부딪힌 대상이 칼(dagger)인지 체크합니다. 조건이 만족하면 서버로 RPC 호출을 하고 중복 이벤트 처리가 되지 않도록 칼의 충돌체는 비활성화 처리합니다.

서버 RPC 함수 RPC_ServerDamage()에서는 현재 체력 curHP를 넘겨받은 인수로 계산 처리합니다. 다음은 이를 구현한 코드입니다.

```csharp
public class PlayerAttack : NetworkBehaviour
{
    … 생략 …
    private void OnTriggerEnter(Collider other)
    {
        // 만일, 자신의 캐릭터이면서 부딪힌 대상이 dagger 일때 처리
```

```csharp
        if (HasInputAuthority && other.gameObject.name.Contains("dagger"))
        {
            // 데미지 처리 함수를 RPC 로 호출한다.
            RPC_ServerDamage(attackPower);
            PlayerAttack pa = other.transform.root.GetComponent<PlayerAttack>();
            // 무기의 콜라이더를 비활성화한다.
            pa.weaponCol.enabled = false;
        }
    }
    // 데미지 서버 RPC
    [Rpc(RpcSources.InputAuthority, RpcTargets.StateAuthority)]
    public void RPC_ServerDamage(float pow)
    {
        curHP = Mathf.Max(0, curHP - pow);
    }
}
```

[코드 5-34] PlayerAttack.cs 데미지 처리

이렇게 처리하면 서버에서 피격받은 캐릭터의 체력 데이터를 갱신합니다. 이를 클라이언트들이 받아서 자신의 UI에 적용해야 하겠습니다. 앞에서 배운 대로 하면 클라이언트의 RPC 함수를 호출해 줌으로써 해결할 수도 있지만 속성동기화 어트리뷰트인 [Networked]를 이용해서 처리할 수도 있습니다. 우리는 어트리뷰트를 이용해 구현하겠습니다.

먼저 curHP 변수 선언 앞에 [Networked]를 붙여 동기화 될 수 있도록 합니다. 다음으로 이 값은 서버에서만 처리하려고 하기 때문에 Start() 함수에서 서버일 경우 초깃값을 설정하도록 처리합니다.

```csharp
public class PlayerAttack : NetworkBehaviour
{
    … 생략 …
    [Networked] float curHP { get; set; }
    void Start()
    {
        if (HasStateAuthority)
        {
            // 현재 체력을 최대 체력으로 채운다.
            curHP = maxHP;
```

[코드 5-35] **PlayerAttack.cs** 체력을 네트워크 동기화 속성으로 선언

자 이제 현재 체력을 나타내는 **curHP** 변수의 값을 변경하는 것은 서버에서 모두 처리되도록 했습니다. 다만 이렇게 변경된 값을 클라이언트에서 감지해서 UI에 업데이트하도록 해야 합니다.

포톤 퓨전에서는 특정 속성이 변경되면 이를 감지할 수 있는 로직을 제공합니다. 바로 ChangeDetector를 사용해서 이를 처리할 수 있습니다. 사용중인 NetworkBehaviour의 변화가 있으면 DetectChanges() 함수를 통해 변화된 속성이 무엇인지 알려줍니다. 이 변화를 감지하는 로직은 매 프레임 호출되는 Render() 함수에서 처리합니다. 모든 변경된 속성을 검출하기 위해 foreach 문을 이용합니다. 해당 변경 속성은 문자열로 넘겨받으며 nameof() 를 이용해 변수 이름을 문자열로 변화해 검출합니다. 이 코드에서는 **curHP**의 변경 부분을 검출하며 변경 사항이 있을 경우 hpSlider의 값에 반영해 줍니다.

```csharp
public class PlayerAttack : NetworkBehaviour
{
    … 생략 …
    private ChangeDetector _changeDetector;
    void Start()
    {
        // 이 NetworkBehaivour 를 위한 변화 감지 객체를 생성한다.
        _changeDetector = GetChangeDetector(ChangeDetector.Source.SimulationState);
    … 생략 …
    }
    public override void Render()
    {
        foreach (var change in _changeDetector.DetectChanges(this))
        {
            switch (change)
            {
                case nameof(curHP):
```

```csharp
                    hpSlider.value = curHP / maxHP;
                    break;
                }
            }
        }
    }
```

[코드 5-36] PlayerAttack.cs 속성 변화를 감지 로직 추가

Player 프리팹 설정 화면으로 돌아와 슬라이더 UI와 애니메이터, 무기 콜라이더에 대한 변수 항목을 [그림 5-73]과 같이 할당합니다.

[그림 5-73] PlayerAttack의 변수에 오브젝트 할당하기

이제 프로젝트를 빌드해 테스트해봅시다. 상대방과의 거리를 좁힌 상태에서 오른손 [One] 버튼을 눌러 공격하면 검에 닿은 상대방 캐릭터의 HP가 감소하는 것을 확인할 수 있습니다.

(a) 플레이어 1 화면

(b) 플레이어 2 화면

[그림 5-74] 피격 데미지 동기화 테스트하기

5.7 음성 채팅 기능 구현

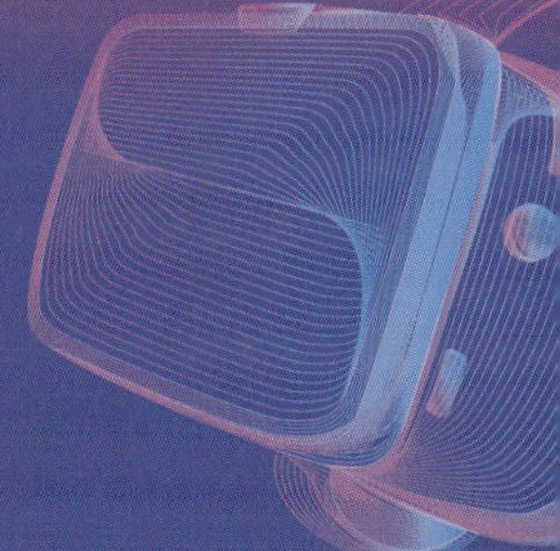

VR에서는 키보드를 사용하기 어렵기 때문에 상대방과 대화를 나누기가 매우 불편합니다. 이번에는 사용자가 VR 장비를 착용한 상태에서 입으로 말을 하면 그 음성을 같은 룸에 접속된 다른 모든 사용자에게 들리도록 하는 음성 채팅 기능을 추가해 보겠습니다.

🔶 학습 목표

VR 장비를 착용한 상태에서 말을 하면 다른 사용자에게 음성이 전달되게 하고 싶다.

🔶 순서

❶ Photon Voice 2 SDK를 설치하고 애플리케이션 등록 설정을 한다.
❷ 음성 데이터 처리를 관리하는 Voice Manager 오브젝트를 씬에 생성한다.
❸ Player 오브젝트에 음성 데이터를 출력하는 스피커 컴포넌트를 추가한다.

Photon Voice 2 SDK 설치 및 앱 등록하기

포톤 실시간 네트워크를 사용하기 위해 Photon Fusion을 설치했던 것처럼 포톤 음성 채팅 기능을 사용하기 위해서는 Photon Voice 2 SDK를 설치해야 합니다.

유니티 에셋 스토어로 접속해 검색 창에 'Photon Voice 2'를 입력하면 첫 번째 에셋으로 포톤 보이스 SDK가 표시됩니다. 오른쪽에 있는 [내 에셋에 추가하기] 버튼을 클릭해 유니티 패키지 매니저로 가져옵니다.

[그림 5-75] Photon Voice 2 에셋 가져오기

패키지 매니저에서 [Download] 버튼을 클릭해 에셋을 다운로드하고, 다운로드가 완료되면 활성화되는 [Import] 버튼을 클릭해 현재 프로젝트에 에셋을 설치합니다.

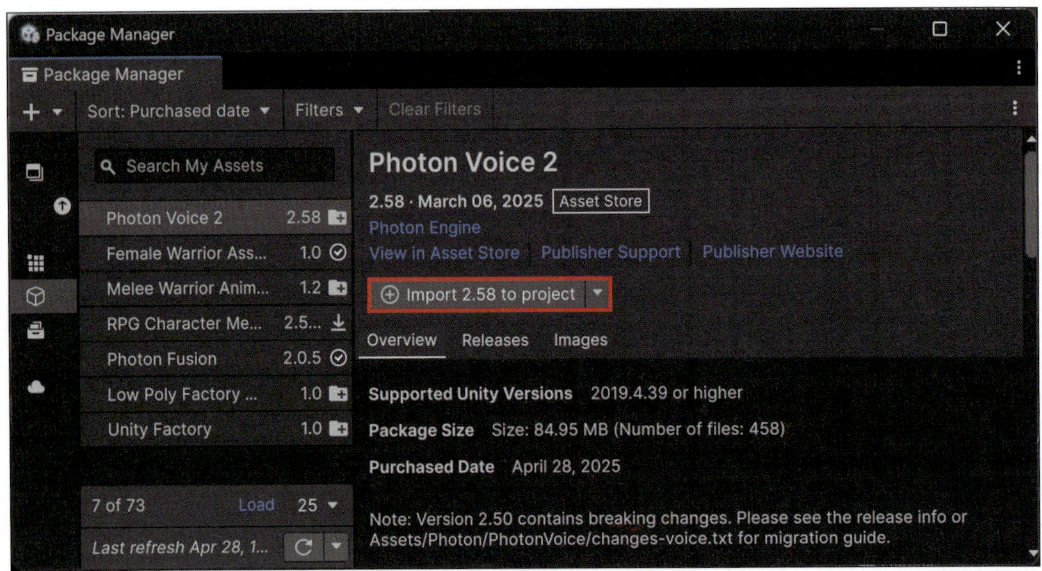

[그림 5-76] 패키지 다운로드 및 임포트하기

자신의 프로젝트에서 Photon Voice 2를 사용하려면 Fusion에서 만들었던 Realtime 앱 등록 외에 별도로 Voice 앱을 등록해야 합니다. Voice 앱 등록을 하기 위해 Realtime 앱 등록 때와 마찬가지로

웹 브라우저를 열고 포톤 홈페이지(www.photonengine.com)에 접속해 우측 상단의 [로그인] 탭을 클릭하고 자신의 계정으로 로그인합니다. 로그인을 마쳤으면 웹 페이지 우측 상단에 있는 [관 리 화면으로 이동] 탭을 클릭하고 [새 어플리케이션 만들기]를 클릭합니다.

[그림 5-77] 새 어플리케이션 만들기(출처: www.photonengine.com)

앱 등록 화면 중앙의 Photon 종류에서는 'Voice'를 선택하고 [이름] 항목에는 자신이 알아볼 수 있는 이름을 입력합니다. 프로그래밍과 관련된 모든 것이 그렇듯이 가급적 이름은 영문으 로 작성하는 편이 나중에 오류가 발생할 위험이 적습니다. [애플리케이션 설명] 항목과 [URL]은 선택 항목이므로 필요에 따라 작성하면 됩니다. 모든 작성이 완료됐으면 하단의 [작성하기] 버튼을 클릭해 앱 등록을 마칩니다.

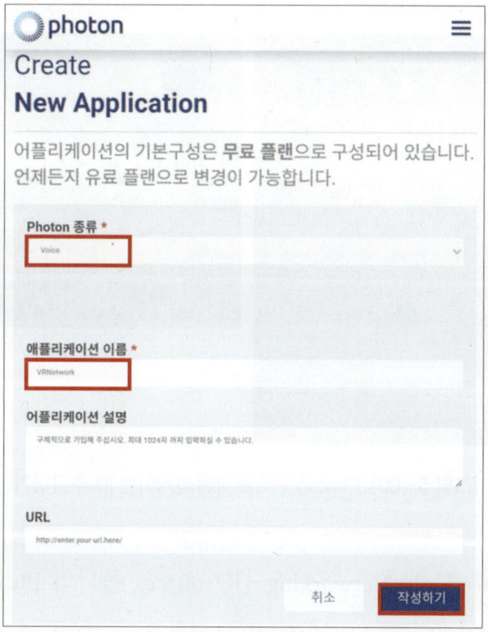

[그림 5-78] Photon Voice 앱 등록(출처: www.photonengine.com)

앱 등록을 마치면 다시 포톤 클라우드 애플리케이션 관리 화면으로 돌아옵니다. 'VRNetwork'이라는 이름의 Voice 앱 박스가 추가돼 있군요. Voice 앱 박스에서 [애플리케이션 ID] 항목에 있는 키 값을 마우스로 클릭하고 Ctrl + C를 눌러 클립보드에 복사합니다.

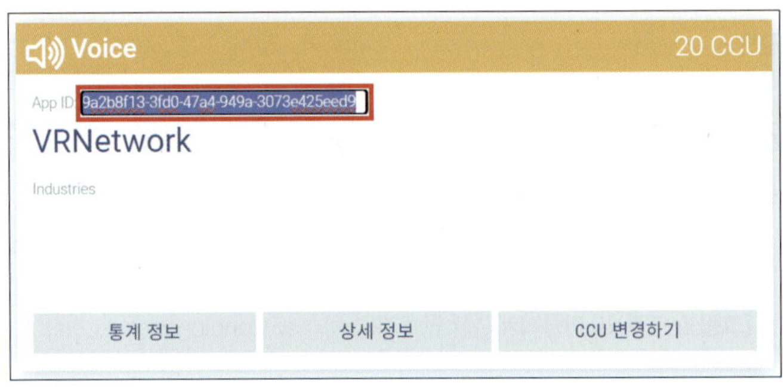

[그림 5-79] 애플리케이션 ID 복사하기 (출처: www.photonengine.com)

유니티 에디터로 돌아와 프로젝트 뷰의 Assets-Photon-Fusion-Resources 폴더에 있는 PhotonAppSettings 파일을 선택합니다. 인스펙터 뷰를 보면 기존 [App ID Fusion] 항목에 키 값을 입력했던 내용이 보입니다. 아래에 있는 [App ID Voice] 항목에도 방금 복사한 키 값을 Ctrl + V를 눌러 붙여 넣습니다.

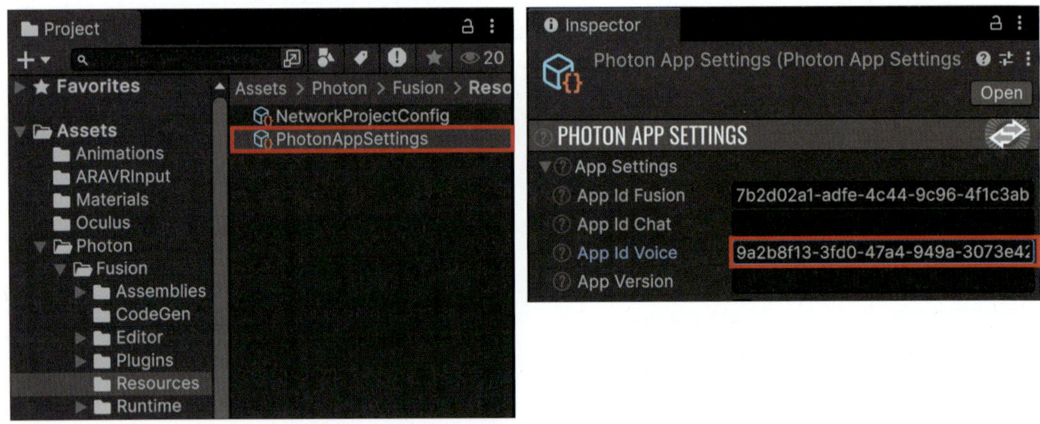

[그림 5-80] Photon Voice 애플리케이션 ID 추가하기

다음으로 Photon-PhotonUnityNetworking-Resources 폴더의 PhotonServerSettings 파일을 선택합니다. 인스펙터 창에서 [App Id PUN]에도 복사한 App ID를 붙여 넣기 해줍니다.

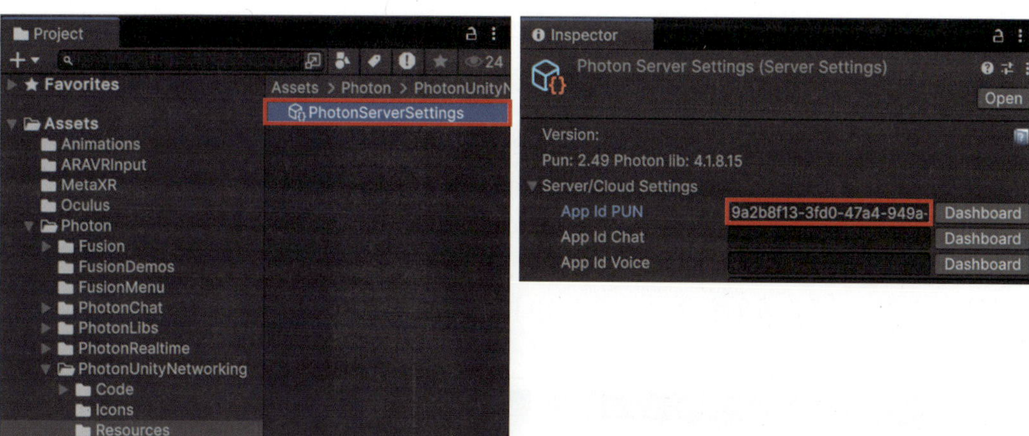

[그림 5-81] PhotonServerSettings에 Photon Voice 애플리케이션ID 추가하기

여기까지 진행했다면 음성 채팅을 위한 기본 준비는 모두 마친 것입니다. 이제 본격적으로 음성 채팅 기능을 구현해 보겠습니다.

음성 채팅 구현하기

이제 음성 채팅을 구현해 보겠습니다. 'Conn Manager'게임 오브젝트에 [Add Component]를 눌러 Fusion Voice Client 컴포넌트를 찾아 붙여줍니다. FusionVoiceClient는 Photon Fusion과 Photon Voice 를 통합하여 실시간 음성 채팅 기능을 제공하는 핵심 컴포넌트입니다. Fusion Voice Client 컴포넌트를 붙 이면 NetworkRunnger 컴포넌트가 자동으로 추가됩 니다. 또한 하이어라키에 자동으로 VoiceLogger 게임 오브젝트가 생성됩니다.

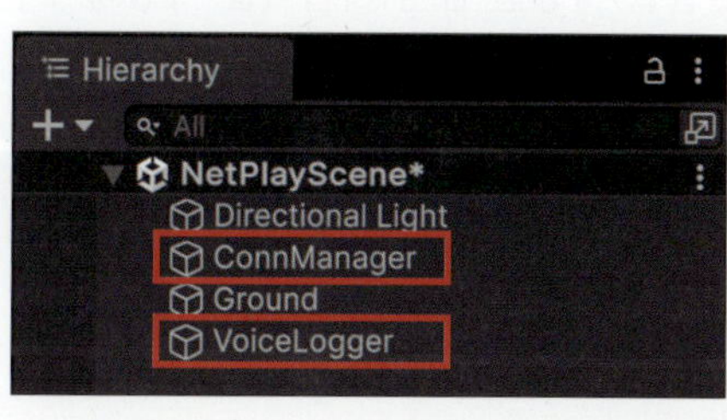

[그림 5-82] Fusion Voice Client 컴포넌트 추가

음성을 동기화하기 위해서는 접속한 유저가 마이크를 통해 소리를 내면 그 데이터를 저장했다가 동시에 다른 유저들에게 전달해야 하기 때문에 음성 데이터를 저장하는 Recorder 기능이 필요합니다.

ConnManager에 빈 게임오브젝트로 자식 객체를 추가하고 이름을 Recorder로 짓습니다. Recorder 오브젝트를 선택하고 인스펙터에서 [Add Component −Photon Voice− Recorder]를 선택해 Recoder 컴포넌트를 추가합니다. [Microphone Type] 항목을 'Photon'으로 변경하면 음성이 디바이스 설정을 그대로 적용해 더 크고 잘 들립니다.

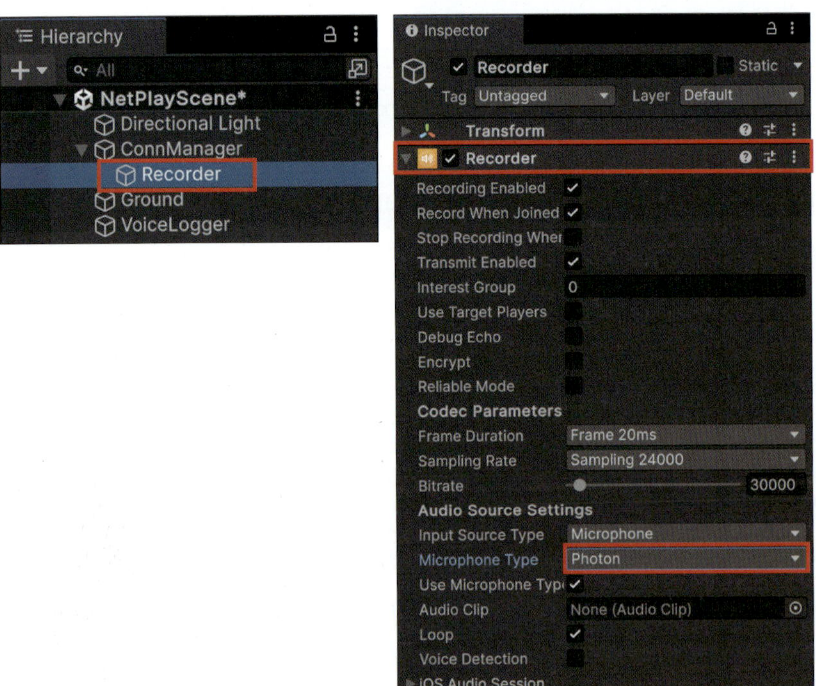

[그림 5-83] Recorder 컴포넌트 추가하기

리코더 컴포넌트를 추가했으면 ConnManager의 Fusion Voice Client 컴포넌트로 이동합니다. 이곳에서 [Primary Recorder] 항목에 Recorder 오브젝트를 드래그 앤 드롭해 추가합니다. 이 설정은 네트워크를 통해 접속 중인 모든 클라이언트에게 전달할 저장된 음성 데이터를 지정해 주는 것입니다.

[그림 5-84] 네트워크 컴포넌트에 주 리코더 설정하기

음성 데이터 처리에 관련된 준비를 마쳤으므로 이제 사용자의 목소리를 마이크를 통해 입력받는 역할을 하는 스피커를 설정할 차례입니다. 플레이어의 음성은 아무래도 캐릭터에서 발산되는 것이 좋겠죠?

Player 프리팹을 더블클릭해 인스펙터 뷰에서 [Add Component-Photon Voice-Fusion-Voice Network Object]를 선택해 추가합니다. 즉, 이 컴포넌트를 통해 어느 클라이언트가 소리를 냈는지를 서버가 구분할 수 있게 됩니다.

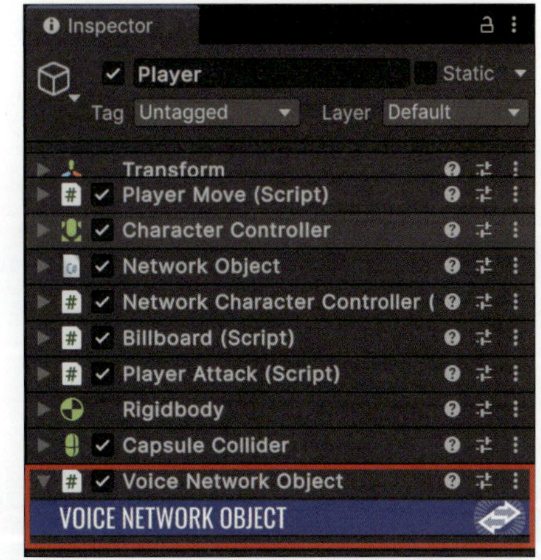

[그림 5-85] Voice Network Object 컴포넌트 추가하기

다음은 소리를 출력할 스피커가 필요합니다. Player에 빈 게임오브젝트를 자식으로 추가하고 이름을 'Speaker'로 합니다. Speaker의 인스펙터 창에서 [Add Component-Photon Voice-Speaker]를 선택해 스피커 컴포넌트를 추가합니다. 스피커 컴포넌트는 Audio Source 컴포넌트에 의존하는 클래스이기 때문에 스피커 컴포넌트를 추가하면 자동으로 Audio Source 컴포넌트도 추가될 것입니다. 음성의 볼륨이나 음소거 설정 등은 이 곳 Audio Source 컴포넌트에서 조정하면 됩니다.

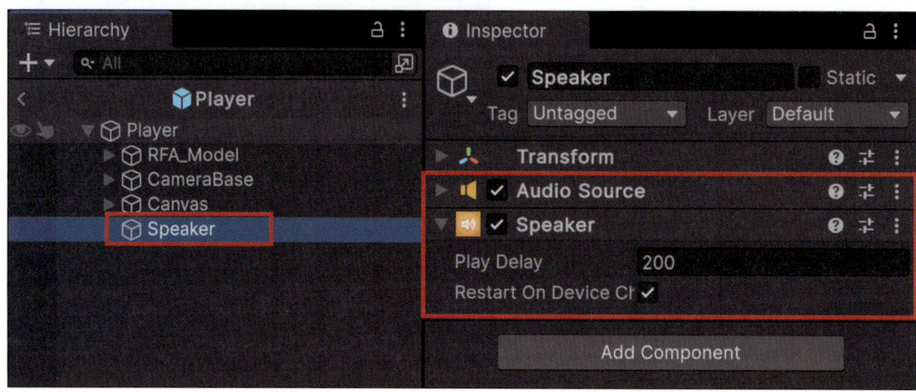

[그림 5-86] Speaker 및 Audio Source 컴포넌트 추가하기

이것으로 포톤 보이스 설정이 모두 끝났습니다. ConnManager.cs에서 NetworkRunner를 추가하는 부분을 GetComponent()로 얻어오도록 수정합니다.

```csharp
public class ConnManager : MonoBehaviour, INetworkRunnerCallbacks
{
    … 생략 …
    async void Start()
    {
        runner = GetComponent<NetworkRunner>();
        runner.ProvideInput = true;
    }
}
```

[코드 5-37] ConnManager.cs NetworkRunner 가져오기

다시 NetPlayScene으로 돌아가 빌드합니다.

빌드가 완료되면 2개 이상의 앱을 실행해 각자 VR 헤드셋을 착용한 상태에서 상대방이 말을 할 경우 그 목소리를 들을 수 있습니다. 여기까지 해서 음성 통신까지 알아봤습니다.

VR에서 필요한 기본 설정부터, 다양한 플랫폼에 대응하기 위한 모듈 작업 방식, 자유 이동, 텔레포트, 워프 등의 VR에 특화된 이동 방식도 알아봤습니다. 더불어 다양한 샘플을 통해 VR 인터랙티브 콘텐츠 제작, 360 영상 및 다중 사용자가 함께 플레이할 수 있도록 VR 네트워크 콘텐츠 제작까지 전 분야를 다뤄봤습니다. 현재 VR은 다시 한번 그 가능성이 기대되고 있는 분야입니다. 많은 스마트 클라스 관련 제품들이 앞다퉈 출시가 되고 있는 상황이며 메타 또한 올해 2025년 하반기에 드디어 소형 디스플레이가 탑재된 하이퍼노바 스마트 글래스 출시도 예정되어 있는 상황입니다. VR 혹은 스마트 글래스, PC, 스마트폰 등의 단말기는 콘텐츠를 담는 그릇이라고 볼 수 있습니다. 결국 가장 중요한 것은 콘텐츠 그 자체이며, 이를 다양한 플랫폼에 대응할 수 있게 한다면 개인과 회사의 경쟁력이 높아질 것은 당연한 요소입니다.

개발을 진행하며 발생하는 모든 문제를 다룰 수 없어 아쉽지만, 나머지 부분은 이를 바탕으로 계속 학습해 나가길 응원하겠습니다. 수고하셨습니다.

Meta XR Simulator 활용하기

메타에서는 VR 콘텐츠 제작의 편의를 위해 XR Simulator를 제공하기 시작했습니다. 개발 중 수정하고 테스트하는 작업은 개발 기간 내내 계속되는 반복 작업이라고 할 수 있습니다. 그럴 때마다 계속 VR HMD를 착용하고 링크로 테스트 하는 과정은 상당히 번거롭습니다. 게다가 VR 기기가 CPU나 메모리 등을 상당히 많이 소모하기 때문에 하드웨어 사양 또한 우려가 되는 부분이기도 합니다. 이런 문제를 해결하기 위해 우리의 VR 콘텐츠 제작 방법은 PC의 키보드와 마우스만을 이용해 작업을 할 수 있도록 구성했습니다. 메타에서도 개발 시 이런 어려움이 있는 것을 파악하고 XR Simulator 플러그인을 제공합니다. 이번 부록에서는 Meta XR Simulator 플러그인을 설치해서 테스트하는 과정까지 살펴 보겠습니다.

Meta XR Simulator 설치하기

애셋스토어 웹페이지로 이동합니다. 검색 란에 Meta XR Simulator를 찾아 [내 애셋에 추가하기] 버튼을 눌러줍니다.

[그림 부록-1] 애셋스토어 Meta XR Simulator 검색

유니티 패키지매니저 창이 열리면 Meta XR Simulator를 다운로드해서 프로젝트에 인스톨해 줍니다.

[그림 부록-2] Meta XR Simulator 설치

설치가 완료되면 Meta XR Tools 드롭다운 메뉴 안에 Meta XR Simulator 항목이 추가된 것을 볼 수 있습니다. 마찬가지로 실행 버튼 왼쪽에도 관련 아이콘이 나타납니다.

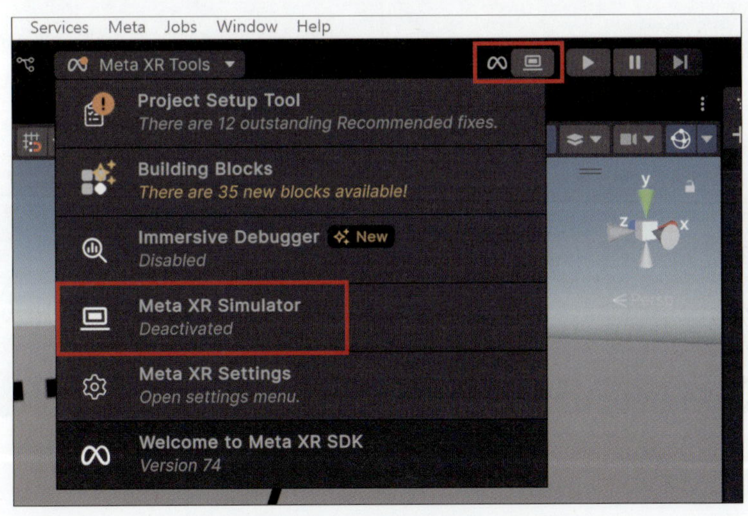

[그림 부록-3] Meta XR Simulator 메뉴

 # Meta XR Simulator 실행하기

Meta XR Simulator는 Window 플랫폼 환경에서 실행해야 합니다. 혹시 Build And Profiles 창에서 Windows가 아니라면 Windows로 플랫폼을 변경해 주세요. 그리고 [Project Settings]-[XR Plug-in Management]에서 Plug-in Providers를 PC 환경에서의 Oculus로 체크합니다. 마찬가지로 [Project Settings]-[Meta XR]에서 오류 표시가 있으면 [Fix] 버튼을 눌러 해결합니다.

시뮬레이터 실행은 간단합니다. 실행 버튼 왼쪽에 있는 시뮬레이터 버튼을 클릭합니다. 이렇게 하면 Meta XR Simulator 기능이 활성화됩니다.

[그림 부록-4] Meta XR Simulator 실행

그런 다음 실행 버튼을 클릭하면 Meta XR Simulator 창이 화면에 나타납니다.

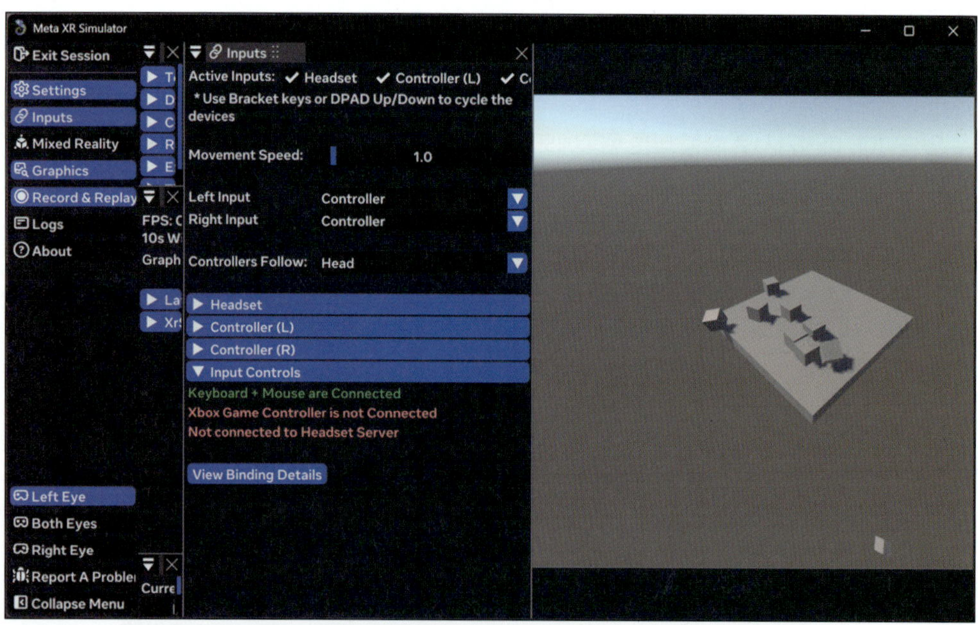

[그림 부록-5] Meta XR Simulator 창

시뮬레이터는 메타 퀘스트의 입력을 그대로 재연할 수 있습니다. 키보드와 마우스 뿐이지만, 우리가 했던 것처럼 키보드와 마우스를 입력 맵핑해 놨습니다.

중간에 있는 Inputs 창의 [View Binding] 버튼을 클릭하면 맵핑되어 있는 키들에 대한 설명이 나타납니다.

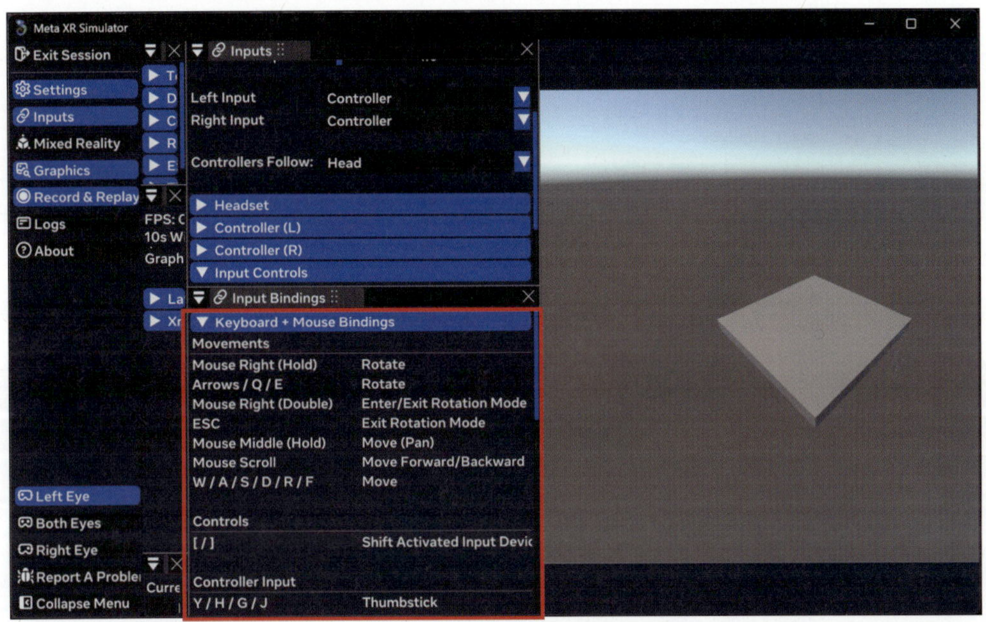

[그림 부록-6] 맵핑된 키 정보

기본적으로는 마우스 우클릭한 상태로 마우스를 이동시켜 보면 마치 VR HMD를 착용하고 둘러보는 것처럼 회전이 됩니다. 또한, WASDRF는 VR HMD를 착용하고 이동할 때의 동작을 구현합니다. 우리가 썸스틱(Thumbstick)으로 구현한 이동 구현은 Y/H/G/J 키로 맵핑되어 있습니다. Touch 컨트롤러의 [One] 버튼은 B 키로 맵핑되어 있으며 매직복셀 프로젝트를 실행해 마우스 오른쪽 버튼을 클릭해서 회전시킨 다음 크로스헤어를 바닥에 조준한 다음 B 키를 눌러 보면 복셀이 생성되는 것을 확인할 수 있을 것입니다.

Meta XR Simulator에 관한 자세한 설명은 다음 링크에서 확인할 수 있습니다.

https://developers.meta.com/horizon/documentation/unity/xrsim-getting-started

인생 유니티 VR 교과서

2025. 6. 18. 1판 1쇄 인쇄
2025. 6. 25. 1판 1쇄 발행

지은이 | 이영호, 박현상, 탁광욱, 이영훈, 김현진, 김정윤, 나유선
펴낸이 | 이종춘
펴낸곳 | **BM** (주)도서출판 **성안당**
주소 | 04032 서울시 마포구 양화로 127 첨단빌딩 3층(출판기획 R&D 센터)
　　　 10881 경기도 파주시 문발로 112 파주 출판 문화도시(제작 및 물류)
전화 | 02) 3142-0036
　　　 031) 950-6300
팩스 | 031) 955-0510
등록 | 1973. 2. 1. 제406-2005-000046호
출판사 홈페이지 | **www.cyber.co.kr**
ISBN | 978-89-315-3595-2 (93000)
정가 | 35,000원

이 책을 만든 사람들
책임 | 최옥현
기획 · 진행 | 조혜란
교정 · 교열 | 안종군
본문 · 표지 디자인 | 앤미디어, 박원석
홍보 | 김계향, 임진성, 김주승, 최정민
국제부 | 이선민, 조혜란
마케팅 | 구본철, 차정욱, 오영일, 나진호, 강호묵
마케팅 지원 | 장상범
제작 | 김유석

■ **도서 A/S 안내**

성안당에서 발행하는 모든 도서는 저자와 출판사, 그리고 독자가 함께 만들어 나갑니다.
좋은 책을 펴내기 위해 많은 노력을 기울이고 있습니다. 혹시라도 내용상의 오류나 오탈자 등이 발견되면 **"좋은 책은 나라의 보배"**로서 우리 모두가 함께 만들어 간다는 마음으로 연락주시기 바랍니다. 수정 보완하여 더 나은 책이 되도록 최선을 다하겠습니다.
성안당은 늘 독자 여러분들의 소중한 의견을 기다리고 있습니다. 좋은 의견을 보내주시는 분께는 성안당 쇼핑몰의 포인트(3,000포인트)를 적립해 드립니다.
잘못 만들어진 책이나 부록 등이 파손된 경우에는 교환해 드립니다.